Zeno Diegelmann

In Gottes Hand

Für Anita

Zeno Diegelmann

Thriller

*Und der Teufel macht, dass sie allesamt, die Kleinen und Großen,
die Reichen und Armen, die Freien und Sklaven, sich ein Zeichen machen
an ihre rechte Hand oder an ihre Stirn.«*

Johannesoffenbarung Kapitel 13, Vers 16

ISBN 978-3-7900-0416-8
© 2009 by Parzellers Buchverlag, Fulda
Umschlagmotiv: Dr. Hinrich Bäsemann (polarphoto.de, Hamburg)
Foto des Autors: Angela Kropp (ak-photodesign.com, Frankfurt)
Layout und Umschlaggestaltung: Peter Link
Gesamtherstellung: Parzeller Druck- und Mediendienstleistungen
Alle Rechte vorbehalten · Printed in Germany

PROLOG

– Botschaft der USA, Moskau, Russland 1987 –

Das US-Banner hing kraftlos von dem weiß getünchten Mast herab, als würde es eine kurze Pause einlegen wollen, nur, um kurz darauf wieder mit umso größerer Kraft im Wind stehen zu können. Jedoch war den ganzen Morgen über kein Lüftchen zu spüren gewesen. Dabei hatte der typisch russische Morgen noch verhangen begonnen, als braue sich etwas am Himmel zusammen, aber mittlerweile hatte er sich zu einem klaren, kalten Oktobertag gewandelt.

Laut knatternd schoben sich die Automassen über die breite Fahrbahn des Nuvinskiy Bulvar unaufgeregt durch den Verkehr und zogen dabei graubäuchige Abgaswolken hinter sich her. Der Bulvar führte genau vor dem Botschaftsgebäude im Nordwesten Moskaus entlang und erstickte jede Form gesellschaftlichen Lebens unter einem undurchlässigen Mantel aus Lärm und Schmutz. Doch nicht nur aus diesem Grund traf man nur selten Fußgänger in diesem Teil der Stadt. Um in dieses Viertel zu gelangen, benötigte man einen speziellen Passierschein. Da die meisten Gebäude verwaist und unbewohnbar waren, gab es nur wenige Menschen, die dennoch hier lebten, und die waren entweder alt und wohnten schon immer hier oder hatten etwas zu verbergen und versuchten daher, in einer der verlassenen Ruinen unterzutauchen.

Die Botschaft der Vereinigten Staaten von Amerika war daher bei den US-Beamten und ihren Angehörigen kein allzu beliebter Ort, um seinen Dienst zu leisten, doch der Job in der fremden Sowjetunion hatte zwei entscheidende Vorteile:

Erstens konnte man sich nach dieser Einsatzzeit in jede andere Botschaft der Welt versetzen lassen und wurde dabei bevorzugt behandelt. Zweitens, und das war der weitaus wichtigere Aspekt: Diese, in Zeiten des kalten Krieges durchaus risikoreiche, Arbeit wurde außerordentlich gut bezahlt.

Vor dem rot und weiß markierten Schlagbaum an der Einfahrt standen wie immer zwei uniformierte US-Soldaten mit ihren Maschinengewehren im Anschlag, die das Zutrittsverbot für jeden Unbefugten auch optisch unmissverständlich verdeutlichten. Zwei weitere Patrouillen schritten zusätzlich in zehnminütigem Wechsel das Gelände rund um das Gebäude ab, um ein Höchstmaß an Sicherheit sowohl für die Angestellten als auch etwaige Feinde zu suggerieren. Nicht nur aus diesem Grund glich die Botschaft eher einer Festung oder einem Bunker als einem Bürogebäude. Lediglich die geschniegelten Anzugträger, die man durch die großen Glasfenster erkannte, verdeutlichten, dass sich im Inneren Angestellte und keine Soldaten aufhielten.

Zu dieser Tageszeit hatten sich die meisten der Mitarbeiter bereits in ihre Mittagspause verabschiedet. Einige verließen dazu die Botschaft, um in einem der wenigen, dafür aber umso bemerkenswerteren, internationalen Hotels der Stadt zu speisen. Jedoch mussten sie dazu nicht nur die Schikanen der russischen Kontrollposten über sich ergehen lassen, sondern auch acht Blocks quer durch die Stadt fahren, um sich dann im Anschluss der ganzen Prozedur erneut zu unterziehen. Aus diesem Grund blieb der Großteil der Mitarbeiter meist innerhalb der vertrauten Wände der Botschaft und begnügte sich mit aufgewärmten Speisen, die man von zu Hause mitbrachte.

In der zweiten Etage ratterte eine Kaffeemaschine in der Küche des großen Hauptbüros und spendete unaufhörlich Nachschub. Eine junge Frau mit blonden, schulterlangen Haaren, weißer Bluse und knielangem Rock lachte laut auf, als ein Kollege im selben Alter an ihr vorbeiging und sich einen schlechten Scherz über Frauen in der Küche nicht verkneifen konnte. Schmunzelnd stellte sie eine weitere Tasse unter die Maschine und der Kaffee gluckerte langsam hinein. Dann ging sie einige wenige Schritte hinüber zu einer mächtigen Flügeltür aus dunklem Holz, klopfte zweimal an und trat ein. Am anderen Ende des Raums, umgeben von zahllosen Akten, war der Botschafter zu erkennen, der sich hinter seinem mächtigen Schreibtisch verschanzt hatte. Neben einem Bild von Präsident Reagan hingen mahnend die Überreste einer US-Fahne aus dem Vietnamkrieg an der Wand und ließen den vor ihnen sitzenden Mann mit Halbglatze und Brille noch wichtiger erscheinen. Er blickte nur kurz über seine Gläser auf, nickte und vergrub seinen Kopf daraufhin wieder hinter den aufgetürmten Akten. Ohne ein Wort zu verlieren stellte die Frau eine Tasse Kaffee auf den Schreibtisch und ging zurück in das Büro, wo sie sogleich von einem weiteren Kollegen begrüßt wurde. Einen wohlbeleibten Mann mit schütterem Haar und speckigem Nacken. Umringt von seiner Zeitung und dem Essbesteck für die in Plastikboxen aufbewahrten Speisen, beugte er sich über den Tisch und breitete seinen „Lunch" vor sich aus, während seine bis zum Bersten gespannten Hosenträger vergeblich versuchten seine Hose irgend möglich über dem mächtigen Bauch zu halten. Der Witzbold, der sich zuvor den Scherz erlaubt hatte, kam ebenfalls wieder zurück in den Raum und gesellte sich zu dem Dicken an den Tisch. Sein Blick wanderte jedoch immer wieder zu der Blon-dine hinüber. Er lächelte ihr zu, löste den obersten Knopf seines Hemds und lockerte den Knoten seiner Krawatte.

Es war genau der Augenblick, in dem sich die beiden Zeiger der großen Uhr über der Ausgangstür exakt übereinander legten.

12:00 Uhr.

Es war der Dicke, der als erstes reagierte. Seine Mundwinkel begannen mit einem Mal seltsam zu zucken und sein Gesicht färbte sich puterrot. Dazu schien sein Herz mit jeder Sekunde wilder in seiner Brust zu rasen. Ächzend sprang er von dem Tisch auf und schüttelte sich, als wolle er einen bösen Geist aus seinem Körper vertreiben. Nur Bruchteile darauf folgte sein jüngerer Kollege, dem das Lachen mit einem Schlag aus dem Gesicht gewichen war. Zunächst wischte er sich über die schweißnasse Stirn, dann versuchte er sich durch das Tätscheln seiner Wangen wachzurütteln, um nicht bewusstlos zu werden. Als letztes reagierte die blonde Frau und begann panisch nach Luft zu schnappen. Dabei riss sie sich die Knopfleiste ihrer Bluse auf. Im nächsten Moment brach sie laut schreiend zusammen und hielt sich die Hände reflexartig vor ihr Gesicht, ohne zu wissen, was sie dort abzuwehren versuchte. Inzwischen wischte der Dicke schwer keuchend mit einer Hand suchend über den Tisch, so dass seine Essensboxen durch den Raum wirbelten und deren Inhalt sich quer über den Boden verteilte. Sein speckiger Nacken spannte sich zu einem wulstigen Klumpen, dann fanden seine Hände das Messer des Essbestecks und er riss sich hastig Hosenträger und Hemd vom Leib. Mit entblößtem Oberkörper begann er nun wie von Sinnen zu schreien und rammte sich, ohne zu zögern, das Messer in die haarige Brust. Die Klinge war jedoch nicht scharf genug, um beim ersten Versuch das dicke Gewebe zu durchdringen. Er wiederholte das Ganze einige Male und stieß sich so lange mit aller Kraft ins eigene Fleisch, bis dieses endlich marode nachgab und er röchelnd zusammenbrach. Neben ihm hatte sich die blonde Frau mittlerweile büschelweise Haare von ihrem Kopf gerissen und blickte entsetzt den Botschafter an, der just in diesem Moment aus seinem Büro gestürmt kam und das grausige Treiben mit weit aufgerissenen Augen wahrnahm.

Doch auch ihm blieb keine Zeit mehr. Noch schneller als bei den anderen setzten bei ihm die Krämpfe ein. Er krümmte sich schlagartig, von blankem Schmerz gepeinigt, stürzte zu Boden und kroch auf allen Vieren zurück zu seinem Schreibtisch. Verkrampft zog er sich an einem Tischbein nach oben, öffnete die oberste Schublade und fand seinen dort versteckten Revolver. Er richtete ihn gegen sich, spannte den Hahn und drückte ohne zu zögern ab. Wie durch ein Sieb geschossen verteilte sich sogleich ein Teil seiner Hirnmasse in dem weißgetünchten Raum und auf der gerahmten Vietnamflagge hinter seinem Schreibtisch. Sein Schädel und der gesamte Oberkörper wurden dabei von der Wucht des Schusses so heftig zurückgerissen, dass er gegen die Wand schleuderte und dabei das Bild von Präsident Reagan mit sich riss, das klirrend auf dem dunklen Holzboden zersprang.

Die beiden jungen Kollegen zeigten sich am standhaftesten. Doch von dem blonden Haar der Frau waren nur mehr einzelne Strähnen übrig und ihr Kopf wirkte dadurch nahezu skalpiert. Mit letzter Kraft riss sie das Kabel des Backofens aus der Rückwand und führte das blanke Ende in ihren Händen zusammen. Darauf begannen in der gesamten Büroetage die Schreibtischlampen für einen Moment zu flackern, erloschen aber nicht. Ihr Körper krampfte nur kurz, jedoch so stark, dass sich ihre Glieder unwirklich verbogen. Dann sank auch sie leblos zu Boden. Ihr junger Kollege stand nur wenige Schritte entfernt, bekam jedoch nichts von ihrem Todeskampf mit, da er unaufhörlich mit den eigenen Fäusten gegen seinen Schädel hämmerte, bis knackend der Nasenrücken brach und das Blut in einer Fontäne aus der offenen Wunde schoss. Hektisch versuchte er im Anschluss die abgebrochene Klinge aus der Brust des Dicken zu ziehen, doch die steckte zu tief in dem Fleisch des massigen Oberkörpers fest, als dass er sie lösen konnte. Stattdessen hob er den Kopf und blickte sich Hilfe suchend nach einem Ende seiner Pein um. Doch durch seine geschwollenen Augen und die starke Blutung in seinem Gesicht konnte er kaum noch klar sehen. Schließlich nahm er Anlauf und hechtete mit einem mächtigen Satz durch eines der geschlossenen, bodentiefen Glasfenster des Büros.

Sein Körper schlug auf dem Pflaster direkt neben einer der Patrouillen auf, sodass einer der Soldaten vor Schreck stolperte und stürzte. Der zweite Mann der Patrouille richtete reflexartig die Waffe auf den vor ihnen liegenden Schwerverletzten, der noch schwach atmete, und schoss eine Salve seines Maschinengewehrs in dessen Oberkörper, bis er sich nicht mehr regte. Alarm wurde geschlagen und weitere bewaffnete Personen traten aus einem kleinen Nebengebäude. Soldaten und Männer in Anzügen mit Funk im Ohr, die ebenso panisch wie überfordert wirkten, blickten sich um, oder zum Himmel hinauf, als gäbe es dort eine plausible Erklärung für den Vorfall. Einer der Männer deutete auf das zerstörte Fenster im zweiten Stock, worauf der Trupp sich sofort in Bewegung setzte und mit gezückten Waffen durch das Treppenhaus nach oben stürmte. Als sie das verwüstete Büro betraten, war jedoch niemand mehr lebend anzutreffen. Ihre Waffen vor sich haltend, schritten die Soldaten fassungslos über die vor ihnen liegenden Leichen. Einer schaltete unter Schock als Erstes die Kaffeemaschine aus, aus der sich noch immer der Kaffee in eine übergelaufene Tasse goss. Ein weiterer Mitarbeiter des Büros, der gerade von seiner Pause zurückgekehrt und eigentlich nicht wusste, warum er überhaupt mit nach oben gestürmt war, sah nun, dass es seine Kollegen waren, die tot vor ihm verteilt am Boden lagen. Sofort stieg Übelkeit in ihm auf und er musste sich in das Waschbecken der Spüle übergeben. Die anderen gingen weiter in das Büro des Botschafters und konnten schon von der Flügeltür aus erkennen, wie Blutspritzer quer über die Wand verteilt waren und der Botschafter tot am unteren Ende der Wand lehnte. Es war ein schauderhaft bizarres Bild. Obwohl sein halber Schädel fehlte, saß seine Brille noch immer akkurat auf der Nase.

Der Minutenzeiger der großen Uhr bewegte sich klackend weiter. Es war exakt 12:09 Uhr.

*

Auf der mehrspurigen Straße des Nuvinskiy Bulvar bewegte sich der Verkehr vor der Botschaft noch immer langsam kriechend über den Asphalt. Niemand hatte Notiz von dem Vorfall hinter den dicken Mauern der Botschaft genommen.

In einem der verlassenen Gebäude auf der gegenüberliegenden Straßenseite herrschte derweil ein sonderbares Treiben. Eilig, aber sehr diszipliniert wurden von gut einem halben Dutzend junger Männer unscheinbare Holzkisten gepackt und innerhalb weniger Minuten war die Wohnung wie leergefegt. Nichts erinnerte mehr an das, was sich hier in den vergangenen Tagen zugetragen hatte.

Nur ein einziger Mann stand noch immer am Fenster und blickte zur Botschaft hinüber. Dabei spiegelten sich die Sonnenstrahlen in dem Fernglas, das er die ganze Zeit über vor seine Augen gehalten hatte, um alles, was sich ereignet hatte, bis ins letzte Detail verfolgen zu können. Wortlos setzte er es nun ab und schnippte eine Zigarette zu Boden. Es folgten einige routinemäßig klingende Anweisungen, die er in sein Funkgerät weitergab. Dann drehte er den Empfangskanal ab, zerdrückte die Glut des Zigarettenstummels mit dem groben Absatz seines Stiefels und verließ die verfallene Wohnung. In aller Ruhe und mit sichtlicher Zufriedenheit.

eins.

– Rom, Italien, heute –

Der Septembermorgen war noch jung. Dennoch erwärmten die sonnigen Strahlen die Luft in der Stadt bereits auf eine angenehme Temperatur. Ideal für ein wenig Frühsport hatte Markus Schuhmann daher für sich entschieden und seine Laufschuhe geschnürt. Seine Wohnung lag in der Via Valadier. Von dort aus war er losgelaufen. Die Strecke führte vorbei an den prächtigen Bauten des Lungotevere Michelangelo und über die Brücke Ponte Regina Margherita, auf der er den Tiber überquerte. Dann lief er über die Piazza del Popolo, hinein in den mächtigen Park der Villa Borghese. Markus versuchte, ein gewisses Laufpensum regelmäßig zu absolvieren, doch es gelang ihm in letzter Zeit immer seltener. Von der Schönheit der Plätze nahm er mittlerweile auch nur noch am Rande Notiz. Zu sehr war er auf seine momentane Arbeit konzentriert.

Mit durchschwitztem Shirt ging er eine knappe Stunde später wieder die Stufen hinauf zu seiner Dachwohnung. Ein kleines Zweizimmer-Apartment, das zentral zwischen Tiber und dem Vatikan lag. Er öffnete die Tür, zog sein Shirt aus, warf es über einen Stuhl und ging in die Küche. Aus dem Kühlschrank griff er sich eine Flasche Wasser und löschte damit hastig seinen Durst. Dabei blickte er zum Fenster hinaus.

Ein grandioser Blick über die Dächer Roms. Neben der guten Lage des Apartments war dies der zweite Grund gewesen, warum er sich für diese Wohnung entschieden hatte. Sogar die Spitze des Petersdoms konnte er ausmachen, wenn die Luft in der Stadt nur klar genug war. Was sie jedoch nur selten war.

Markus nahm einen weiteren Schluck aus der Flasche und ging hinüber in das Bad. Er streifte die restliche Kleidung von seinem Körper, drehte die Dusche auf und fühlte mit seiner Hand, bis das Wasser die gewünschte Temperatur hatte. Er genoss den ersten Strahl, der kräftig prasselnd auf seinen Rücken klatschte und dabei schlagartig seine Muskulatur entspannte. Das Wasser lief ihm heiß über Gesicht und Haare. Dann drehte er sich wieder um. Mehrere Minuten verweilte er nun fast starr in dieser Position, bis seine Haut an manchen Stellen bereits gerötet war. Erst dann begann er damit sich einzuseifen. Das dauerte gegenüber den fast meditativen ersten Minuten geradezu verschwindend kurz. Schnell spülte er sich die Seife ab, drehte die Dusche aus, griff sich ein Handtuch und trocknete sich zunächst Oberkörper und Beine. Dann rubbelte er noch kurz durch seine lockigen Haare und wickelte im Anschluss das Tuch um seine Hüfte, während er dabei eine belanglose Melodie pfiff, die ihm spontan in den Sinn kam.

In der Küche nahm er einen weiteren Schluck Wasser und wollte gerade ins Bad zurückgehen, als er bemerkte, dass das rote Licht neben seinem Telefon aufgeregt blinkte. Im Vorbeigehen drückte er die Taste des Anrufbeantworters, ging ins Bad und betrachtete sich im Spiegel. Sein austrainierter Körper hatte trotz der wenigen Laufeinheiten der vergangenen Wochen nichts an Fitness eingebüßt. Auch sonst entsprach er äußerlich eher dem klassischen Bild eines Sportstudenten als dem eines Theologen. Dazu verliehen ihm seine braunen Locken trotz seines Alters von Anfang dreißig ein eher jugendliches Aussehen. Entweder erntete er dafür Komplimente oder Spott von Kollegen. Für Markus war ein attraktives und gepflegtes Aussehen für einen Theologen weiß Gott nichts Widersprüchliches und er verstand auch nicht, was daran besonders sein sollte.

Der erste Anruf war von seiner Mutter aus Deutschland, die sich beschwerte, dass er sich nicht wie versprochen bei ihr gemeldet hatte. Markus grinste und griff zum Rasierpinsel. Er schäumte sich Gesicht und Hals ein, nahm sich seinen Nassrasierer und begann mit gleichmäßigen Zügen über die Halspartie. Dann piepste der Anrufbeantworter ein zweites Mal.

Markus erkannte die Stimme sofort, obwohl er sie bisher noch nie auf seinem Anrufbeantworter gehört hatte. Er war darüber so überrascht, dass er sich aus Versehen schnitt und etwas Blut an seinem Hals hinunterlief.

»Herr Schuhmann, hier ist Bischof Jeresmies aus Fulda. Ich hoffe, es fehlt Ihnen in Rom an nichts. Da Sie ja momentan an Ihrer Doktorarbeit schreiben und sich dabei auch mit aktuellen Fällen befassen, habe ich Ihnen eine E-mail zugeschickt und würde Sie bitten sich diese einmal näher anzuschauen. Wahrscheinlich ein abwegiger Gedanke meinerseits, aber ich würde trotzdem gerne Ihre Meinung dazu hören. Ich bin allerdings bis 11:00 Uhr in einer Besprechung. Rufen Sie mich doch bitte danach zurück.«

Ein weiterer langer Piepston beendete die Nachricht. Noch immer stand Markus ungläubig dreinblickend vor dem Spiegel. Alfons G. Jeresmies. Der Bischof von Fulda rief ihn in Rom an, um ihn um seine Meinung zu bitten? Und um was für ein aktuelles Problem sollte es sich dabei genau handeln, bei dem er ihm helfen könnte? Anscheinend hatte es mit seiner momentanen Tätigkeit zu tun.

Hastig wusch er sich den Schaum vom Gesicht, tupfte sich die kleine Wunde mit einem Handtuch ab und ging zu seinem Schreibtisch hinüber, wo Stapel von Aufzeichnungen darauf warteten abgearbeitet zu werden.

Anfänglich war er mit großem Enthusiasmus an die Auswertungen herangegangen, doch die Masse des Materials hatte die Euphorie schnell auf ein, wie er befand, gesundes Maß schrumpfen lassen. Zu viel Zeit hatte er in schlecht beleuchteten Archiven inmitten schimmeliger Bücher und Aufzeichnungen verbracht. Doch für seine Doktorarbeit mussten noch gewaltige Berge gesichtet, bearbeitet und ausgewertet werden.

Manchmal dachte er fast wehmütig an das beschauliche Leben als Student der Theologischen Fakultät Fuldas zurück. Nicht, dass er seine Entscheidung nach Rom zu gehen bereits bereute, aber die Umstellung war groß. Rom war zweifelsohne eine faszinierende und pulsierende Stadt. Doch an manchen Tagen pulsierte sie für Markus zu stark. Die Abgase des Verkehrs, die oftmals wie eine Käseglocke über der Stadt lagen und die Sonne milchig wirken ließen, die Hektik der Menschen und die Horden der Touristen, die sich durch die engen Gassen zu den zahllosen Attraktionen der Stadt schoben. All das war ihm an manchen Tagen zuwider. Doch es war sein eigener Wille gewesen. Er hatte es sich so ausgesucht. Nach seinem Studium am Fuldaer Priesterseminar hatte er sich gegen die Priesterweihe entschieden und wollte stattdessen zunächst einen anderen Weg einschlagen. Er bat um seine Versetzung nach Rom, um dort als Mitarbeiter von Monsignore di Castillo zu arbeiten, dem Sicherheitsbeauftragten des Vatikans. Nicht nur, weil dieser ihm und dem Bistum einen Gefallen schuldig war, hatte di Castillo gerne eingewilligt. Unter der Führung des Monsignore wollte Markus seine Doktorarbeit zum Thema »*Evidente und non-evidente Bedrohungen der katholischen Kirche durch externe Aggressoren*« schreiben.

Neben all den alten Aufzeichnungen, die teilweise über mehrere Jahrhunderte zurückreichten, wurden erstmalig auch aktuelle Drohbriefe und Anrufe, die alle Bistümer erhielten, eingehend untersucht und katalogisiert. Bisher hatte man sie, mit Ausnahme der historischen Briefe, immer an die Polizei weitergegeben, ohne großes Aufhebens darum zu machen. Die Drohungen wurden zwar untersucht, aber meist wurden entsprechende Ermittlungen nach kurzer Zeit wieder eingestellt. Markus erhoffte sich durch die Auswertung Muster zu erkennen, mit Hilfe derer man in Zukunft ernst gemeinte Drohungen von Spinnereien unterscheiden konnte. Leere Drohungen machten den Löwenanteil aus. Markus schätzte ihren Anteil auf weit über 90 Prozent.

Fast täglich erreichten ihn neue Botschaften aus aller Welt, die es zunächst zu übersetzen galt, um sie dann näher auswerten zu können. Hier ein Drohbrief, der die Kirche aufforderte, sich stärker der Ökumene zu öffnen, und dort ein Schreiben, dass den Untergang der Kirche prognostizierte, wenn sie sich nicht auf die alten Tugenden besinnen würde. Immer gepaart mit Drohungen, dass ein Attentat verübt werden würde, wenn man nicht sofort den Forderungen entspräche. Doch in all der Zeit war, gottlob, nichts geschehen. Bereits seit zehn Monaten saß er nun an dieser Arbeit. Zehn Monate, in denen er jeden Zentimeter seiner Wohnung und diverser Archive des Vatikans in- und auswendig kennen gelernt hatte und in denen sich die Drohungen ins Unermessliche zu steigern schienen. Allmählich bekam er eine Art Platzkoller, was auch di Castillo nicht verborgen blieb, der ihn aufgefordert hatte Urlaub zu nehmen. Doch er wollte seine Recherchen beenden und nicht vorzeitig abbrechen. Noch ein paar Wochen würde er weitere Daten sammeln. Dann hätte er genug Material beisammen, das eine empirische Auswertung ermöglichen würde.

Markus loggte sich in seinen E-Mail-Account ein und sah, dass er neue Nachrichten erhalten hatte. Darunter auch die angekündigte Mail aus dem Bischöflichen Generalvikariat in Fulda. Er öffnete sie. Außer dem Anhang gab es keine weiteren Informationen. Ein Blick auf seine Uhr verriet ihm, dass er noch vierzig Minuten Zeit hatte, bis Bischof Jeresmies wieder erreichbar war. Er druckte sich den Anhang aus, schnappte sich seine Sachen und ging die wenigen Meter zu seinem Lieblingscafé »Portofino«. Das Straßencafé lag in einer der schmalen, kopfsteingepflasterten Seitenstraßen in der Nähe des Piazza Cavour und hatte auch schon frühmorgens geöffnet. Außerdem offerierten sie dort ein passables Frühstück zu moderaten Preisen.

Obwohl das Wetter kaum besser sein konnte, zog Markus es vor, sich in eine Ecke im Innern zurückzuziehen. Fern der Abgase und der knatternden Vesparoller, die sich in regelmäßigen Abständen vor dem Lokal vorbei schoben. Er bestellte einen Cappuccino und Croissants, die tatsächlich auch nach solchen schmeckten, was außergewöhnlich für Italien und insbesondere Rom war. Ausgebreitet vor ihm lag der Ausdruck mit dem angekündigten Text. Konzentriert las er sich jeden Satz genau durch. Dennoch hinterließ der Brief in ihm nach dem ersten Durchlesen einen eher diffusen Eindruck. Einerseits wurde keine direkte Drohung ausgesprochen, andererseits deutete gerade dies auf eine tatsächliche Gefahr hin. Auch hier galt das Sprichwort: Hunde, die bellen, beißen nicht. Zumindest nicht fest. Und dieser Hund knurrte noch nicht einmal. Ein weiterer Punkt, der Markus irritierte, war die Tatsache, dass er den Text bereits kannte. Der Verfasser schien gebildet zu sein. Auch das sprach für die Authentizität der Drohung. Ungebildete Personen machten sich meist nicht die Mühe solch anspruchsvolle Texte zu verfassen. Sie zogen es vor mit direkter Ausübung von Gewalt, ohne Vorwarnung ihr Ziel zu erreichen. Es folgten noch weitere Gedankenspiele, um den möglichen Personenkreis einzugrenzen, der als Verfasser in Frage kommen könnte. Doch einen nennenswerten Hinweis in eine bestimmte Richtung fand er nicht. Nachdem die Zeit fast verstrichen war und er bezahlt hatte, ging er zurück in seine Wohnung und konnte es kaum erwarten, mehr über diesen Brief zu erfahren. Er hörte die Nachricht noch einmal an, notierte sich die Nummer, die dabei im Display seines Anrufbeantworters aufleuchtete, und tippte sie auf der Tastatur nach. Er ließ es einige Male klingeln, doch niemand nahm ab. Gerade als er wieder auflegen wollte, meldete sich doch noch die vertraute Stimme am anderen Ende.

»Jeresmies.«

»Guten Tag Bischof Jeresmies, hier ist Markus Schuhmann. Ich habe Ihre Nachricht auf meinem Anrufbeantworter abgehört. Wie kann ich behilflich sein?«

»Lieber Herr Schuhmann! Ich freue mich Sie zu hören. Wie ich bereits erfahren habe, bereitet Ihnen Ihre neue Aufgabe viel Freude.«

»Ja, das tut sie«, bestätigte Markus und überlegte, ob dem wirklich so war. »Ich danke Ihnen nochmals für die Möglichkeit, die Sie mir damit gegeben haben.«

»Schön, dass es Ihnen gefällt. Sie wissen, dass ich Ihren Wunsch nach mehr Ruhe und Zeit für Ihre Entscheidungsfindung voll und ganz unterstütze. Vielleicht legen Sie ja doch noch die Priesterweihe ab.«

»Zunächst bin ich mit meiner Doktorarbeit ganz gut ausgelastet.«

»Ich hoffe wirklich, dass Ihnen Rom und der Vatikan gefallen.«

»Ja, danke der Nachfrage. Ich bin Ihnen sehr dankbar und weiß Ihre Hilfe auch zu schätzen. Aber ich denke, dass ist nicht der einzige Grund, warum Sie mich angerufen haben.«

Bischof Jeremsies hielt einen kurzen Moment inne, dann ergriff er erneut das Wort. Dabei schien er sich seine nächsten Sätze gut zu überlegen.

»Richtig, wie ich schon andeutete und Sie unschwer aus der Mail entnehmen können, verlangt die aktuelle Situation nach einer besonderen Reaktion. Ich möchte ganz offen zu Ihnen sein. Sie haben in einer schwierigen Phase Ihre Loyalität bewiesen. Ich vertraue Ihnen. Außerdem besitzen Sie, wie sagt man so salopp, einen guten Riecher und Spürsinn.«

Komm schon, dachte sich Markus, rück raus mit der Sprache. Was willst du wirklich? Irgendetwas stimmt hier doch nicht. Er wusste nicht genau, worauf Jeremsies hinaus wollte. Sollte er also nicht nur den Brief auswerten, sondern darüber hinaus Nachforschungen anstellen? Allein die Vorstellung daran ließ seinen Puls beschleunigen. Das muss das Jagdfieber sein, ertappte er sich selbst und schämte sich beinahe dafür. Doch vielleicht war die Ausschüttung seiner Endorphine auch verfrüht. Er entschied, dass eine ehrliche Frage nicht falsch sein konnte.

»Sie wollen, dass ich den Drohbrief untersuche und gegebenenfalls weitere Schritte einleite?«

»Ja, und zwar so schnell wie möglich. In vier Tagen wird ein islamischer Imam zu Besuch in unserem Bistum erwartet. Es geht um Konsensgespräche und darum, die beidseitige Bereitschaft für ein friedliches Miteinander zu untermauern. Eine große Chance.«

»Aber auch eine große Gefahr in der heutigen Zeit«, erkannte Markus die Brisanz eines solchen Treffens.

»In der Tat«, stimmte Jeresmies zu. »Allerdings hatten wir schon des Öfteren solche freundschaftlichen Gespräche. Nie gab es dabei Probleme.«

»Aber diesmal hat jemand etwas dagegen.«

»Anscheinend, ja. Zumindest lässt dieses Schreiben das vermuten. Wissen Sie, ich möchte einfach nur sicher gehen und alle weiteren Risiken ausschließen.«

»Ich werde mich darum kümmern und Ihnen so schnell wie möglich Bescheid geben. Und falls ich etwas herausfinden sollte, werde ich es weiterverfolgen.«

»Ich danke Ihnen, dass Sie sich der Sache annehmen und freue mich bald wieder von Ihnen zu hören.«

»Ja, Wiederhören.«

Markus legte den Hörer auf und las den Brief noch einmal genauer durch. Deutlich konnte er ein Gefühl des Unbehagens in sich aufkommen spüren. Sicher erreichten die Bistümer des Öfteren Briefe mit seltsamem Inhalt. Er selbst hatte in den letzten Wochen unzählige davon untersucht. Doch dieser war anders. Er war subtiler und schien damit weitaus bedrohlicher. Und sein Gefühl betrog ihn in solchen Angelegenheiten eigentlich nie. Er überlegte, was er dem Bischof raten könnte.

Die Polizei einschalten? Das hätte der Bischof längst selbst getan, wenn er es gewollt hätte. Und was lag schon vor, außer einem Brief, der noch nicht einmal eine direkte Drohung aussprach, sondern nur eine Art Zitat wiedergab. Die Polizei würde keine Veranlassung sehen tätig zu werden. Und selbst wenn, der Inhalt des Textes bedurfte einer besonderen Leseart, die eher einen Kirchenmann forderte denn einen Polizisten. Alles auf sich beruhen zu lassen schien ihm aber ebenso unangebracht. Ein Privatdetektiv hatte ebenso wenig Fachwissen über kirchliche Belange wie die Polizei und war somit auch keine befriedigende Alternative. Er würde den Brief zunächst nach diversen Kriterien analysieren. Vielleicht würde sich ja schnell eine Art Handschrift erkennen lassen, die Rückschlüsse auf den Verfasser zulassen könnte. Markus spitzte seine Lippen und las sich den Brief noch einmal durch.

Du sollst keinen Bund mit ihnen schließen und keine Gnade gegen sie üben.
Ihre Altäre sollt ihr einreißen, ihre Steinmale zerbrechen, ihre heiligen Pfähle abhauen und ihre Götzenbilder mit glühendem Feuer verbrennen.
Denn du bist ein heiliges Volk dem Herrn, deinem Gott.
Dich hat der Herr, dein Gott, erwählt zum Volk des Eigentums aus allen Völkern, die auf Erden sind.
So sollst du nun wissen, dass der Herr, dein Gott, allein Gott ist, der treue Gott, der den Bund und die Barmherzigkeit bis ins tausendste Glied hält denen, die ihn lieben und seine Gebote halten, und vergilt ins Angesicht denen, die ihn hassen, und bringt sie um und säumt nicht, zu vergelten ins Auge denen, die ihn hassen. So halte nun die Gebote und Gesetze und Rechte, die ich dir heute gebiete, dass du danach tust.

Ein seltsamer Brief.

zwei.

Die nächsten Tage waren für Markus wie im Flug vergangen. Viel zu schnell, um alle möglichen Eventualitäten durchzuspielen. Frühmorgens hatte er jeden Tag damit begonnen herauszufinden, aus welcher Richtung die Drohung gekommen sein konnte. Dazu hatte er bei allen deutschen Bistümern angefragt, ob in den letzten Tagen ähnliche Drohungen eingegangen waren. Doch nirgends war etwas Vergleichbares zu verzeichnen gewesen. Lediglich eine Schmiererei mit rechtsradikalen Parolen an einer Kirche bei Hamburg hatte für einiges Aufsehen gesorgt. Doch hatte man schon nach kurzer Zeit die Täter gefasst. Eine Gruppe Jugendlicher, die nach einer Feier mit zu viel Alkohol über die Stränge geschlagen hatte. Ansonsten gab es keine Drohungen und erst recht keine Briefe.

Vielleicht, überlegte Markus, würde sich sein und Bischof Jeresmies` Gefühl ja doch nur als Spinnerei eines Wichtigtuers mit einem gewissen Maß an kirchlichem Grundwissen herausstellen. Jemand, der sich ein Zitat zu Nutze machte, um für etwas Aufsehen zu sorgen. Um für einen kurzen Augenblick eine Form von Macht zu besitzen. Vielleicht würde der Verfasser im nächsten Schritt versuchen seine Drohung öffentlich zu machen und ein Exemplar an die Presse weitergeben, um den kurzen Augenblick der Illusion, noch länger im Rampenlicht stehen zu können, auszukosten.

Dennoch fühlte Markus aufkeimende Enttäuschung in sich. Er

war sich sicher gewesen, dass er etwas herausfinden würde. Doch wollte er trotz allem nichts dem Zufall überlassen und jede weitere Möglichkeit durchspielen. Dazu hatte er sich schließlich dem Schreiben selbst gewidmet und sich das Original aus Fulda schicken lassen, um es verschiedenen Tests zu unterziehen. In einem Labor, das ihm vom Vatikan für seine Untersuchungen zur Verfügung gestellt worden war, standen ihm hierzu die besten Möglichkeiten offen. Der Vatikan war diesbezüglich besser ausgerüstet, als die meisten kriminalistischen Polizeilabore es jemals sein würden.

Auch das Original wirkte unscheinbar. Kein Absender. Ein schlichter Umschlag. Der Brief war zweimal ganz exakt mit großer Sorgfalt gefalzt worden und die wenigen Sätze standen zentriert in der Mitte des Blattes. Die Beschaffenheit des Papiers deutete auf eine hohe Qualität hin, das es allerdings in jedem gut sortierten Schreibwarenhandel zu erwerben gab. Im Anschluss hatte Markus pedantisch die Schriftart untersucht. Tatsächlich handelte es sich dabei um einen mit mechanischer Schreibmaschine geschriebenen Text. Das war insofern bemerkenswert, als dass solche Geräte heute kaum noch benutzt wurden. Jeder drittklassige Computer erzielte eine bessere Qualität und verzieh einem durch die Löschtaste dazu noch jegliche Fehler.

Markus hatte sich die einzelnen Buchstaben unter dem Mikroskop angesehen und gehofft, dass bei einem der Buchstaben-Typenhebel eine Auffälligkeit erkennbar wäre. Damit könnte man zumindest eine eindeutige Identifizierung erzielen, falls man die dazugehörige Schreibmaschine sicherstellen sollte. Und tatsächlich zeigte sich bei dem kleinen `k` eine Auffälligkeit. Eine winzig kleine, aber deutlich sichtbare Kante am oberen Ende war eingebrochen und stellte somit eine markante Eigenheit dar. Ansonsten waren die einzelnen Typenhebel allesamt ohne besondere Abnutzungsauffälligkeiten. Um die vollständige Entschlüsselung der Maschinenschrift oder den Hersteller der Maschine herauszufinden, müsste man noch komplexere Methoden anwenden, die jedoch nur von ausgebildeten Spezialisten durchgeführt werden konnten. Alleine dieser Vorgang hätte mehrere Tage, wenn nicht Wochen benötigt. Fachwissen und Zeit. Beides Faktoren, über die Markus nicht verfügte. Somit hatte er sich der letzten Möglichkeit zur Entschlüsselung zugewandt.

Dem eigentlichen Text.

Es dämmerte bereits und seine Augen brannten, als er nach dem langen Tag wieder nach Hause in sein Apartment kam. Er hatte das Original mit sich genommen, schaltete das Licht ein und nahm den Brief mitsamt einer Bibel mit in die Küche und brühte sich einen Kaffee. Eigentlich mochte er, außer einem morgendlichen Cappuccino, keinen Kaffee. Doch er wusste, dass er ohne das belebende Koffein sehr bald seine Konzentration verlieren würde. Dazu hatte das Gluckern der Maschine etwas Beruhigendes an sich und auch den Duft frischen Kaffees mochte er entgegen dem Geschmack sehr. Als der Kaffee durchgelaufen war, schenkte er sich eine Tasse mit einem großen Schuss Milch ein. Er nippte an dem heißen Getränk und verbrannte sich sogleich die Zunge.

»Verdammt.« Er stellte die Tasse fluchend in die Spüle, goss etwas Kaffee ab und füllte die Tasse wieder mit kaltem Leitungswasser auf. Den Rest stellte er zur Seite. Sicher würde er noch einige Tassen für eine lange Nacht benötigen. Er nahm am Küchentisch Platz und legte den Brief vor sich.

Einige Dinge schienen klar und einfach. So handelte es sich weniger um einen klassischen Brief als vielmehr um ein Bibelzitat des Alten Testaments. Es war eine gekürzte Passage aus dem siebten Kapitel des fünften Buch Mose. Markus kannte es, hatte es aber dennoch bereits dutzende weitere Male gelesen. Erst zusammenhängend, dann Passagen, schließlich einzelne Wörter. Nichts war daran zu finden, was ihn stutzig werden ließ. Nun schlug er den identischen Text aus seiner Bibel auf, legte die beiden Passagen nebeneinander und verglich die beiden Texte.

Du sollst keinen Bund mit ihnen schließen und keine Gnade gegen sie üben.
Ihre Altäre sollt ihr einreißen, ihre Steinmale zerbrechen, ihre heiligen Pfähle abhauen und ihre Götzenbilder mit glühendem Feuer verbrennen.
Denn du bist ein heiliges Volk dem Herrn, deinem Gott.
Dich hat der Herr, dein Gott, erwählt zum Volk des Eigentums aus allen Völkern, die auf Erden sind.
So sollst du nun wissen, dass der Herr, dein Gott, allein Gott ist, der treue Gott, der den Bund und die Barmherzigkeit bis ins tausendste Glied hält denen, die ihn lieben und seine Gebote halten, und vergilt ins Angesicht denen, die ihn hassen, und bringt sie um und säumt nicht, zu vergelten ins Auge denen, die ihn hassen. So halte nun die Gebote und Gesetze und Rechte, die ich dir heute gebiete, dass du danach tust.

Markus fiel auf, dass der Verfasser im Vergleich zu seinem vorliegenden Bibelzitat neben der deutlichen Kürzung eine etwas andere Übersetzung gewählt hatte. Der Unbekannte hatte zwei Änderungen gegenüber dem Originaltext vorgenommen. Er hatte dem Wort »*Feuer*« das Attribut »*glühend*« verliehen. Außerdem war im letzten Abschnitt das eigentliche Wort »*Angesicht*« einmal gegen »*Auge*« ausgetauscht worden. Jedenfalls wich diese Schreibweise von der ab, die Markus in seinem Bibelexemplar vorfand. Allerdings gab es bei fast allen Übersetzungen Spielraum für Interpretationen. Markus wusste dies nur allzu gut. Bei fast allen historischen Schriften, die er im Laufe seiner Arbeit übersetzt hatte, waren verschiedenste Lesearten das Resultat. Und insbesondere bei der Bibel gab es ebenso viele verschiedene Übersetzungen wie Deutungen der einzelnen Passagen. Diese beiden kleinen Abweichungen waren alles, was Markus anhand des Textes erkennen konnte. Nicht viel, wie er selbst befand.

Er nahm einen weiteren Schluck aus seiner Tasse und schüttelte enttäuscht den Kopf. Sollte er den Brief einfach so wieder zurückschicken mit dem Vermerk, dass er nichts hatte finden können?

Allein der Gedanke daran war ihm peinlich.

Eigentlich hätte er seine Einschätzung dem Bischof lieber in einem persönlichen Gespräch verdeutlicht. Dass er alle Untersuchungen, die ihm zur Verfügung standen, durchgeführt hatte; jedoch ohne zwingendes Resultat. Und dass es ihm leid tue, in dieser Angelegenheit nicht mehr für ihn tun zu können.

»Warum eigentlich nicht?«, sagte er sich selbst. Di Castillo drängte ihn ja geradezu Urlaub zu nehmen und ein paar Tage Erholung zu Hause würden ihm tatsächlich gut tun. Er könnte Bischof Jeresmies seine Erkenntnisse überbringen und vor seinen abschließenden Arbeiten in Rom noch mal die beruhigende Atmosphäre Fuldas genießen. Nichts. Nichts sprach eigentlich dagegen.

Motiviert von dieser Idee stand Markus auf, kippte den Rest seines Kaffees in den Ausguss, löschte das Licht in der Küche und ging ins Wohnzimmer zu seiner Couch. Mit dem Brief in seinen Händen legte er sich kurz nieder und schloss die Augen. Eine kurze Pause würde ihm vielleicht auch jetzt gut tun. Er dachte an den Brief, die Übersetzung, dann schweiften seine Gedanken ab zu seiner Familie in Fulda, zu der Ruhe und Vertrautheit seiner Heimatstadt. Ihm gefiel der Gedanke von Ruhe, sauberer Luft und weniger Hektik.

Keine zwei Minuten später war er eingeschlafen.

drei.

– Fulda, Deutschland –

Es war alles sehr schnell gegangen. Markus Schuhmann hatte Monsignore di Castillo von seinem Vorhaben unterrichtet. Dieser hatte nichts dagegen einzuwenden und nur einen weiteren Tag später hatte Markus den ersten Flieger des Tages vom Flughafen Leonardo da Vinci in Rom nach Frankfurt genommen und von dort die Bahn nach Fulda. Erst gegen Mittag war er zu einem Termin mit Bischof Jeresmies verabredet. Ihm blieb als noch etwas Zeit. Er hatte während seines Aufenthalts ein Zimmer im Priesterseminar beziehen dürfen, was ihm kostenfrei zur Verfügung gestellt wurde. Es war ein Gefühl des »*nach Hause kommens*«, als Markus sein Gepäck in dem Zimmer abstellte, das über den gleichen Grundriss verfügte wie jenes, das er während seines Studiums für mehrere Jahre bewohnt hatte. Alles war vertraut und schien unverändert, als wäre er niemals fort gewesen. Der Schreibtisch, die Sitzecke mit Couch und Tisch. Die kleine Kochnische mit Spüle und einem Kühlschrank samt Mikrowelle fand sich ebenso auf dem angestammten Platz der wenigen Quadratmeter wieder wie das fensterlose Bad. Man hatte ihm sogar einen kleinen Willkommensgruß bereitgestellt. Kaffee, Tee sowie ein wenig Obst standen in einer Schale auf dem Tisch.

Er sah aus dem Fenster hinaus in die Krone eines Kastanienbaums, in dem ein kleiner, schwarzweiß gefiederter Vogel umherflatterte. Im Schnabel einen kleinen Zweig, der ihn ein ums andere Mal an einer sicheren Landung hinderte. Schließlich gelang es dem Vogel doch noch sicher auf einer Astgabel direkt vor seinem Fenster zu landen. Ein fast vollständiges Nest und ein brütender zweiter Vogel erwarteten ihn dort bereits schon und er legte sein neuestes Mitbringsel stolz zu den anderen.

Unwillkürlich musste Markus schmunzeln. Er sah in dem kleinen Vogel eine Parallele zu sich selbst. Er, der nicht genau wusste, wo er sein Nest bauen sollte und momentan umherflatterte, ohne dabei einen sicheren Ast finden zu können.

Markus seufzte und begann damit seine Sachen auszupacken. Es war nicht viel, was er mitgebracht hatte, und so war er bereits kurze Zeit später zu einem Besuch bei seiner Mutter aufgebrochen. Dort hatte er sein altes Auto wieder an sich genommen, dass er für seine Zeit in Rom untergestellt und seiner Mutter überlassen hatte, die jedoch das Fahrzeug anscheinend nicht ein einziges Mal bewegt hatte. Es lagen sogar noch die Kaugummipapiere in der Mittelkonsole, die Markus stets unachtsam dort ablegte.

Im Anschluss war er mit dem Wagen in die Innenstadt gefahren, die ihm aber viel kleiner vorkam, als er sie in Erinnerung hatte. Der Dom, das Stadtschloss, die gepflasterten Straßen der Fußgängerzone. Alles lag Hand in Hand nebeneinander, verbreitete den gewohnten Charme und floss fast unsichtbar ineinander. Und doch wirkte es mit einem mal winzig auf ihn.

Markus hatte vor einem Lokal in der Kanalstraße Platz genommen, dass die Einheimischen nur ‚*Rädchen*' nannten und beobachtete die vorbeiflanierenden Passanten. Obwohl es beinahe Mittagszeit war, tummelte sich nur eine überschaubare Anzahl Menschen in der Stadt, die aber immer wieder Zeit fanden, sich die Schaufenster der Läden anzuschauen oder auf ein Schwätzchen stehen zu bleiben, da anscheinend jeder zufällig irgendjemanden traf, den er kannte. Markus fand dies gleichermaßen erstaunlich wie befremdlich und er überlegte, ob er in Rom überhaupt schon einmal jemanden getroffen hatte, den er wenigstens einmal zuvor gesehen hatte, geschweige denn sogar kannte. Nicht dass ihm das missfiel, im Gegenteil. Er genoss die Anonymität der Großstadt durchaus. Einfach einzutauchen und sich treiben zu lassen, ohne unter ständiger Beobachtung zu stehen. Doch ab und an hätte er sich über ein bekanntes Gesicht und ein kurzes ‚Hallo, wie geht's?' durchaus gefreut.

Nach einem überschaubaren Mittagssnack und einem kurzen Blick auf seine Armbanduhr erkannte er, dass es an der Zeit war aufzubrechen. Der Bischof hatte ihn in seine Privaträume bestellt, was Markus leicht nervös machte. Noch nie zuvor war er auf dem privaten Grundstück von Bischof Alfons G. Jeresmies gewesen. Sicher, man hatte viel darüber gehört. Demnach hatte der Bischof bei seinem Amtsantritt umfangreiche Umbauten an dem ehrwürdigen Haus vornehmen lassen. Aber geredet wurde bekanntlich ja immer sehr viel. Und jeder neue Würdenträger des Amtes ließ schließlich einige Veränderungen an dem Privatsitz durchführen. Angeblich gab es sogar geheime Gänge, die zur angrenzenden Michaelskirche führten und durch die man direkten Zugang zu der alten Grabeskirche erlangte. Ein Schmunzeln konnte sich Markus bei diesem Gedanken nicht verkneifen. Früher hätte er dies als Fantasterei abgetan, doch hatte er nur allzu sehr am eigenen Leibe erfahren müssen, wie real so manche dieser angeblichen Hirngespinste waren. Und warum sollte es diesen Zugang nicht geben?

Markus stoppte den Wagen direkt vor dem schweren Eingangstor aus Holz. Es musste mehrere Meter hoch sein. Eine mannsdicke Mauer umschloss das restliche Grundstück wie eine Festung. Er betätigte die Klingel und wartete auf eine Antwort. Doch statt dieser deutete ihm einige Sekunden später ein Summen an, dass das Tor nun geöffnet war. Er drückte gegen das Tor, das trotz seiner Massivität erstaunlich leicht zurückwich. Das Haus selbst erweckte nicht den feudalen Eindruck, den er erwartet hatte. Ein großes, jedoch nicht überproportioniertes Haus und die wenigen Meter zur eigentlichen Haustür waren schnell beschritten. Gerade als Markus klingeln wollte, wurde ihm geöffnet und eine ältere Frau in Schwesterntracht lächelte ihm höflich zu, zog aber sogleich ihre Brauen fragend zusammen.

»Herr Schuhmann, oder irre ich mich?«

»Nein, Sie irren nicht«, trat Markus einen Schritt näher.

»Der Bischof erwartet Sie bereits, bitte kommen Sie doch herein«, deutete die Schwester mit einer flüchtigen Handbewegung den Weg und schloss die Tür hinter ihm. Über den mit einem edlen Perserteppich ausgelegten Boden folgte er ihr bis zum letzten Zimmer am Ende des Flurs. Das musste das Arbeitszimmer des Bischofs sein. Mit einem kurzen Nicken dankte Markus der Schwester und klopfte zweimal gegen die mit aufwändigen Schnitzereien verzierte Tür.

»Herein«, tönte die bekannt kräftige Stimme aus dem Inneren des Raums.

Das Zimmer war entgegen dem Büro im Generalvikariat, das Markus bereits kannte, deutlich eleganter eingerichtet. Über dem dunklen Parkettboden waren vereinzelt feine Teppiche ausgelegt und wenige, dafür aber sorgfältig ausgewählte Antiquitäten unterstrichen die zeitlose Eleganz des Raums.

Hinter dem Eichenschreibtisch sitzend, legte der Bischof ein Schriftstück nieder, nahm seine Lesebrille ab und trat auf Markus zu. Der Bischof trug eine einfache, schwarze Soutane und um den Hals, wie fast immer, sein geweihtes Kreuz. Obwohl die Kleidung des Bischofs eher schlicht erschien, verfügte er über eine Autorität, die den gesamten Raum erfüllte. Jedoch keine Aura, die bedrückend oder gar Angst einflößend wirkte, sondern vielmehr strahlte er eine überaus menschliche Wärme aus, die der eines Vaters oder Großvaters gleichkam. So etwas konnte man nicht erlernen, es war tatsächlich gottgegeben.

»Herr Schuhmann«, reichte er Markus die Hand und ein erleichtertes Lächeln spielte um die Mundwinkel des Bischofs. »Ich freue mich, Sie wieder zu sehen und dass Sie den weiten Weg extra auf sich genommen haben, um mir Ihre Ergebnisse vorzulegen.«

Markus setzte sich, nahm den Brief hervor und legte ihn auf die Mitte des Tischs.

»Der Brief«, erkannte der Bischof und sein Blick wurde ernster, »nun, was haben Sie herausfinden können?«

»Ich erzähle Ihnen sicher nichts Neues, wenn ich Ihnen sage, dass es sich bei der Textpassage um einen Auszug aus dem Alten Testament handelt, nicht wahr?«

»Nein, das ist in der Tat nichts Neues«, zog Jeresmies seine Augenbrauen belustigt nach oben. »Aus dem fünften Buch Mose, auch Deuteronomium genannt. Kapitel sieben, um noch genauer zu sein, es geht in diesem Kapitel um die Warnung vor der Gemeinschaft mit den Heiden.«

»Ja, was auf Ihre Vermutung hinweisen könnte, dass es sich bei dem Verfasser um einen Gegner Ihres Treffens handeln könnte. Allerdings haben alle Untersuchungen zu dem Ergebnis geführt, dass man keine bestimmte Person oder Gruppe damit in Verbindung bringen kann. Ebenso wenig kann man Rückschlüsse auf die zeitliche Ausrichtung ziehen. Also, ob es sich um eine unmittelbare oder mittelbare Gefahr handelt. Es könnte also durchaus auch noch nach dem Treffen zu einem Übergriff kommen. Vielleicht ist auch etwas anderes als das Treffen gemeint.«

»Sie haben also nichts herausgefunden, was die Ernsthaftigkeit dieser Drohung untermauern, stützen oder zumindest auf den Verfasser deuten könnte?«

»Nein, nichts«, hob Markus fast entschuldigend seine Arme. »Alle meine Untersuchungen haben nichts ergeben. Vielleicht sollten Sie doch die Polizei informieren.«

»Die Polizei?«, klang deutlicher Zweifel in Jeresmies Stimme, »nein, nein. Wahrscheinlich habe ich da überreagiert. Im Moment gibt es viel Arbeit zu erledigen. Das Treffen mit dem Imam, die Vorbereitungen zur Bischofskonferenz. Da kann man schon mal über das Ziel hinausschießen.«

»Glaube ich nicht.«

»Was glauben Sie nicht?«

»Dass Sie den Brief überschätzen.«

»Wieso? Sie sagten doch gerade, dass Sie ebenfalls der Meinung sind, dass nichts Greifbares darin zu finden ist.«

»Was nicht bedeutet, dass die Drohung weniger real ist. Wir sollten Ihr Gefühl, und wenn ich ehrlich bin auch mein Gefühl, dabei nicht unterschätzen. Ich kann Ihnen nicht sagen warum, aber der Brief besitzt tatsächlich ein Bedrohungspotenzial, das man ernst nehmen sollte.«

»Da gebe ich Ihnen natürlich recht, nur fehlen uns die nötige Zeit und vor allen Dingen Alternativen. Eine Absage des Treffens käme einer Provokation gleich, ein Verzögern ebenfalls.«

Markus ersparte sich einen Kommentar. Obwohl er anderer Meinung war und die Polizei gerne eingeweiht hätte, respektierte er Jeremies' Meinung. Und tatsächlich könnte der Brief von beiden schlichtweg überschätzt worden sein.

»Dann möchte ich Ihnen nochmals für Ihr Vertrauen danken, dass Sie ausgerechnet mich mit dieser Angelegenheit betraut haben und Ihnen alles Gute für das Treffen wünschen. Sprechen Sie vielleicht doch mit der örtlichen Polizei über höhere Sicherheitsmaßnahmen für den Imam und auch für Sie. Das kann zumindest nichts schaden.«

»Das werde ich tun. Und ich danke Ihnen für Ihre Diskretion und für die Zeit, die Sie geopfert haben. Ich weiß, dass Sie gerade an ihrer Arbeit schreiben und Sie zeitlich dadurch sehr eingespannt sind.«

Markus´ Verstand sagte, dass der Bischof wahrscheinlich Recht behalten würde und keine Gefahr von dem Brief ausging, doch sein Bauchgefühl behauptete noch immer standhaft das Gegenteil.

vier.

Das heiß ersehnte Gefühl der Leichtigkeit kroch nur langsam in ihm herauf. Dann breitete es sich jedoch wie gewohnt vom Inneren seines Körpers langsam nach außen, bis in die Spitzen seiner Finger und Zehen aus. Fasziniert blickte er auf seine ausgestreckten Hände und jeden einzelnen seiner Finger, die aus ihren Gelenken zu springen schienen. Doch verspürte er dabei keinerlei Schmerzen.

Nur pure Euphorie.

Die Pupillen seiner Augen drehten sich wild, wie Diskokugeln, und projizierten dabei Bilder von bunten Ballons, die in einen blutroten Himmel stiegen, bis sie von ihm verschlungen wurden und schließlich komplett darin verschwanden. Im gleichen Moment konnte er hören, wie sein Blut zu rauschen begann. Wie es vom Herzen angesaugt und im nächsten Moment mit gewaltigem Druck wieder zurück durch seine Adern bis in die kleinsten Kapillargefäße gepumpt wurde. In jede einzelne Zelle seines Körpers.

Dann setzte für einen Moment die gewohnte Kurzatmigkeit ein, bevor er wieder ruhiger zu atmen begann. Das war der Moment, den er am meisten genoss. Er löste sich aus seinem Körper und blickte auf sich selbst herab. Auf das Häufchen Elend, das in sich gekehrt auf der kleinen Couch lag.

Schwach und hilflos.

Unwertes Leben.

Nur langsam erlangte er wieder Klarheit und Orientierung. Zögerlich blickte er sich dabei in dem Zimmer um, sah aber niemanden. Dennoch hörte er eine Stimme, die ohne Unterlass auf ihn einsprach. Zunächst leise, dann lauter. Er kannte die Stimme. Es war die Stimme des Padre, die in seinem Kopf unaufhörlich die immer gleichen Wörter wiederholte und die ihn an seine Aufgabe erinnerte.

Du musst zu ihm. Kenne keine Gnade. Er ist ein schlechter Christ, ein ungehorsamer Prophet und unwürdiger Bischof. Tu, was ich dir aufgetragen habe und erlöse ihn vom Teufel.

fünf.

Markus schaltete den Fernseher ein, doch er verfolgte nur beiläufig das Programm. Sein Koffer stand ausgebreitet vor ihm auf dem Boden und er begann, seine Sachen wieder zusammenzupacken. Die letzten Tage hatte er damit verbracht, Freunde zu besuchen und ausgiebige Spaziergänge zu unternehmen. Jedoch ohne die von ihm gewünschte Ruhe zu finden. Es hatte ihn eher aufgewühlt, dass er sich nun auch hier nicht mehr recht heimisch fühlte. Er war täglich abwechselnd in Dom, Stadtpfarrkirche und Michaelskirche gewesen und hatte im Gebet um die Kraft gebeten, dass er geduldig bleiben könnte und wusste im selben Moment, dass es noch lange Wochen in Rom werden würden. Bereits am nächsten Tag würde er wieder zurückfliegen, um seine Arbeit fortzuführen. Jedenfalls war es in den vergangenen Tagen zu seiner und zu Bischof Jeresmies´ Beruhigung ruhig geblieben und während des Treffens mit dem Imam zu keinem Zwischenfall gekommen.

Wobei das nur die halbe Wahrheit war.

Er musste zugeben, dass er sich nur zu gerne an die Fersen eines möglichen Verbrechers geheftet hätte und sich damit eingestehen, dass ihm diese Form der Jagd mehr gab, als er wahrhaben wollte. Durch den Brief war in ihm erneut ein Feuer entfacht worden, das anscheinend ständig in ihm loderte und nur darauf wartete immer wieder aufs Neue entfacht zu werden. Auch für diese Gedanken bat er um Vergebung.

Jeresmies hatte Markus im Anschluss an das Treffen mit dem Imam nochmals für dessen Hilfe gedankt und ihm als Dankeschön angeboten, bei der Eröffnungsfeier der Deutschen Bischofskonferenz sein Gast zu sein. Doch Markus hatte es aufgrund seines frühen Rückflugs am nächsten Morgen vorgezogen, das Eintreffen der über siebzig Bischöfe im Fernsehen zu verfolgen.

Ein regionaler Sender berichtete in einer Live-Übertragung direkt aus Fulda und klärte die Zuschauer medienwirksam über Sinn und Tradition der Konferenz auf. Das oberste Organ der Deutschen Bischofskonferenz war demnach die Vollversammlung. Dazu traten zweimal jährlich die gesamten Mitglieder zu einem viertägigen Treffen zusammen, um unter anderem den Erlass allgemeiner Dekrete abzusegnen. Es gab zwei dieser Vollversammlungen: Die Frühjahrs-Vollversammlung, die an wechselnden Orten stattfand und die Herbst-Vollversammlung, die bereits seit 1867 stets am gleichen Ort begangen wurde. In Fulda.

Herbstlich zeigte sich auch das Wetter. Mit einer Verlässlichkeit, wie sie für die osthessische Region fast selbstverständlich war, hatte sich eine breite Regenfront über der Stadt aufgebaut und sich in einem heftigen Unwetter entladen. Doch pünktlich zur Ankunft der Bischöfe hatte der peitschende Regen in ganz untypischer Weise doch noch ausgesetzt und hier und da blinzelte sogar etwas Sonne durch das graue Wolkenband.

Eine ernst dreinblickende Reporterin versuchte verzweifelt einige Live-Stimmen einzufangen, doch die strenge Zeitfolge trieb die eintreffenden Geistlichen an den Reportern vorbei ins Innere des Kongresscenters. Einer nach dem anderen entstieg den Limousinen, die vor dem großen Eingang hielten. Markus kannte einige Männer persönlich.

Während seines Studiums hatten die Alumnen der Theologischen Fakultät einige Fahrten zu anderen Bistümern unternommen und wurden dabei von den Bischöfen und Weihbischöfen meist persönlich in Empfang genommen.

Er erkannte Bischof Heixler aus Trier, der freundlich in die Kameras lächelte. Ein Mann, den Markus sehr bewunderte. Er war ein sehr aufgeschlossener und an der Jugend interessierter Bischof, der, ebenso wie Jeresmies, stets den Dialog mit anderen Glaubensrichtungen suchte. Auch die Reporterin schien gut vorbereitet und konnte nicht nur fast jeden neu Eintreffenden den jeweiligen Diözesen korrekt zuordnen, sondern sogar noch in der für Reporter typischen Singsangstimme ein paar interessante Fakten über den ein oder anderen erzählen.

Wir sehen nun, dass soeben hinter Bischof Heixler Weihbischof Eugen Bellmann aus Limburg seinem Fahrzeug entsteigt. Und wenn ich es von meinem Standort aus richtig sehe, meine Damen und Herren, folgt direkt dahinter auch schon von einem großen Regenschirm geschützt der Vorsitzende der Konferenz, Kardinal Walter Seckbach. Seckbach gilt in Fachkreisen als konservativer Verfechter des Katholizismus. Seine oftmals extreme Meinung sorgt immer wieder für hitzige Diskussionen auch innerhalb der Kirche. Wir sind gespannt, ob es auch diesmal zu hitzigen Diskussionen kommen oder ob man sich strikt an den eng gesteckten Zeitplan der Geistlichen halten wird. Denn bereits in zwei Stunden werden sich die Geistlichen zu einem Gebet am Grab des Heiligen Bonifatius im Dom zu Fulda einfinden und sich im Anschluss zu ihren Beratungen zurückziehen, die fernab der Öffentlichkeit stattfinden. Natürlich werden wir dennoch versuchen für Sie ein paar O-Töne einzufangen. Zu den fünf Aufgaben der Konferenz gehören die Förderung gemeinsamer pastoraler Aufgaben, die gegenseitige Beratung, Koordination kirchlicher Aufgaben in Deutschland, der Kontakt zu anderen Bischofskonferenzen und das Treffen gemeinsamer Entscheidungen. Hinzu kommt noch ein weiterer wesentlicher Fakt. So stellt die Konferenz den wichtigen Kontakt zum Vatikan her...

Markus verfolgte den Trubel im Fernsehen und las nebenbei die Tageszeitung, in der ebenfalls ausführlich über die Konferenz berichtet wurde. Die Zeitung spekulierte über eine ausgesprochen wichtige Geheimabstimmung, die in unmittelbarem Zusammenhang mit Rom stehe. Um was es sich dabei genau handelte, wurde aber nicht bekannt.

Interessiert stellte Markus den Ton lauter, als Bischof Jeresmies schließlich doch noch vor die Mikrofone trat. Er wirkte ruhig und gelassen. Keine Spur von der Nervosität und Angespanntheit, die Markus noch vor wenigen Tagen in seinem Gesicht erkannt hatte.

»Guten Tag, sehr verehrte Damen und Herren. Zunächst einmal freue ich mich als Gastgeber alle Teilnehmer hier in unserem schönen Bistum Fulda begrüßen zu dürfen. Ich bin glücklich, Ihnen mitteilen zu können, dass meine Glaubensbrüder und ich neben all den anderen wichtigen Themen auch einer Anhörung von Jakob Remond beiwohnen werden. Und es ist richtig, dass wir hiernach eine Entscheidung fällen werden, die den Heiligen Vater in Rom betrifft. Des Weiteren werden Sie sicherlich Verständnis dafür haben, wenn wir zu diesem Zeitpunkt noch keine genauen Angaben über den Inhalt der Gespräche geben können. Vielen Dank.«

Erstaunt legte Markus die Zeitung beiseite und verfolgte den Bericht im Fernsehen weiter. Umgehend und präzise erläuterte die Reporterin den Zuschauern die Neuigkeiten. Wussten die Medien doch schon mehr? Markus drehte den Ton noch etwas lauter und setzte sich auf.

»Bei Jakob Remond handelt es sich um den Gründer der Religionsgemeinschaft Candens Oculus. Man geht davon aus, dass die deutsche Bischofskonferenz eine Beurteilung zu einem Antrag der Gemeinschaft erstellt. Hierbei soll es sich nach unseren Informationen um den Antrag zu einer Personalprälatur handeln. Sollte die deutsche Bischofskonferenz dies befürworten, geht man weiter davon aus, dass der Vatikan diesem

Vorschlag nachkommen wird. Bei der so genannten Personalprälatur handelt es sich um einen von allerhöchster Stelle, nämlich vom apostolischen Stuhl, verliehenen Titel, der dem Auserwählten einen Sonderstatus ermöglicht. Der Prälat kann demnach auch ein nationales und internationales Seminar eigenständig errichten.«

Markus schaute ungläubig auf den Bildschirm seines Fernsehers. Wenn dem so wäre, käme es einer absoluten Sensation gleich. Es gab weltweit bisher nur eine einzige Organisation, die vom päpstlichen Stuhl in den Stand einer Personalprälatur erhoben worden war.

Die sagenumwobene Opus Dei.

sechs.

Gebannt hatte Markus den anschließenden Fernsehberichten gelauscht, die sich allesamt mit Candens Oculus befassten. Sein eigenes Wissen über diese religiöse Gemeinschaft war nur sehr vage. Der Sender ließ eine Dokumentation laufen, die sich mit der Glaubensgemeinschaft befasste. Er sog die Informationen der Dokumentation geradezu in sich auf. Bei Candens Oculus handelte es sich um eine katholische Glaubensgemeinschaft, die sich im Jahre 1990, nach dem Fall der Mauer, gegründet hatte. Einige Tausend Mitglieder mit stark ansteigender Tendenz konnte Candens Oculus demnach bereits verzeichnen. An der Spitze der Organisation stand deren Gründer und Leiter Jakob Remond. Der katholische Pfarrer hatte bereits vor der Wende zum unbewaffneten und friedlichen Protest gegen den Eisernen Vorhang aufgerufen. Mit Fackelzügen, wie man sie aus Leipzig und Dresden kannte, hatte er für großes Aufsehen gesorgt und wurde nach dem Fall der Mauer wie ein Held gefeiert. Viele Menschen machten jedoch schon bald Bekanntschaft mit den harten Gegebenheiten der Marktwirtschaft. Wieder suchten sie Hilfe und Unterstützung. Und fanden sie erneut bei Jakob Remond.

Er gründete daraufhin die Glaubensgemeinschaft Candens Oculus. Eine Gemeinschaft, in der nicht nur katholische Gläubige Zuflucht fanden, sondern Menschen aller Glaubensrichtungen. Dies hatte zwar zur Folge, dass die katholische Kirche das Ganze zunächst nicht unterstützte, doch die Organisation wurde immer populärer. Gerade in den letzten Jahren freute sich die Organisation über wachsenden Zulauf und wurde geradezu frenetisch gefeiert. Mitglieder berichteten von tiefgreifenden Veränderungen, die Erleuchtungen glichen. Viele fassten durch Candere Occuli neuen Lebensmut und konnten sich somit wieder den Herausforderungen des Alltags stellen. Bis in die höchsten Ebenen von Wirtschaft und Politik drangen die Mitglieder vor und vergaßen dabei nicht, wem sie ihren Erfolg zu verdanken hatten:

Candens Oculus und Jakob Remond.

Es wurden Stiftungen gegründet und Spenden in Millionenhöhe angewiesen. Candens Oculus wurde in den darauf folgenden Jahren eine mächtige Institution. Mittlerweile unterhielt die Organisation nicht nur in Deutschland eigene Kindergärten, Schulen und Akademien, in denen der Geist von Candens Oculus vermittelt wurde. Auch in Österreich, der Schweiz und Italien traten immer mehr Menschen der jungen Glaubensgemeinschaft bei.

In der Sendung wurde der Vergleich mit Opus Dei angeführt, der aber von allen Experten entschieden widerlegt wurde. Candens Oculus war demnach keine erzkonservative Organisation, sondern vielmehr genau das Gegenteil. Es gab auch keine Skandale oder Vorwürfe der Geheimniskrämerei, tendenziöser politischer Ausrichtung oder extremer Praktiken. Alle schienen von der Grundidee von Candens Oculus angetan. Einzig und allein aus den konservativen Kreisen gab es deutliche Misstöne. Dass die Kirche sich nicht für diese ökumenische Richtung versklaven dürfe, sondern es vielmehr Zeit wäre, zurück zu einem stringenten Kurs zu finden. Doch diese Stimmen nahmen in den vergangenen Jahren zusehends ab und der ökumenische Grundgedanke von Candens Oculus wurde stillschweigend akzeptiert.

Wenn nun aber der Papst entschied, dass Candens Oculus als Personalprälatur eingestuft werden sollte, würde dies einschneidende Veränderungen für die katholische Kirche nach sich ziehen. Die Kirche würde den Weg für die ökumenische Idee frei machen. Denn dem

Gedanken der Personalprälatur lag im Prinzip die nicht territoriale Seelsorge zu Grunde. Der Prälat war somit mit besonderen Befugnissen ausgestattet und genoss den Stand eines Bischofs, ohne örtlich gebunden zu sein.

Die Experten, die zu diesem Thema befragt wurden, zeigten sich jedoch eher kritisch ob der Erhebung von Candens Oculus zu einer päpstlichen Personalprälatur. Zumal, wie sich in dem Fernsehbericht herausgestellt hatte, ausgerechnet der junge, aber ultrakonservative Kardinal Seckbach die Voruntersuchung geleitet hatte. Dies bedeutete, dass er den Antrag im Namen der deutschen Bischöfe vor Ort bei Candens Oculus untersucht hatte. Nach einem letzten Besuch in der Hauptzentrale der Organisation war er nun direkt zur Vollversammlung der Bischöfe gekommen, um diese von seinen Erkenntnissen zu informieren. Seckbach war in rekordverdächtigem Tempo bis zum Vorsitzenden der Bischofskonferenz aufgestiegen. Die Experten vermuteten vielmehr, dass die Untersuchung nichts weiter als ein cleverer Schachzug der katholischen Kirche war. Allein dass sich die Bischofskonferenz mit dieser Untersuchung befasste, würde für eine immense Medienpräsenz sorgen und die Kirche bei vielen jungen Christen verlorenen Kredit zurückgewinnen, die sich mehr Weltoffenheit wünschten. Kein einziger der Experten glaubte an die tatsächliche Möglichkeit einer Personalprälatur. Dafür, so die einhellige Meinung, gab es noch zu viele reaktionäre Entscheidungsträger.

Nach dem Fernsehmarathon der vergangenen Stunden schmerzten Markus´ Augen und er ging früh zu Bett. Seine Gedanken drehten sich um den Drohbrief, der sich letztendlich als Blindgänger herausgestellt hatte und um Candens Oculus. Er hätte nur allzu gerne Bischof Jeresmies gefragt, wie er die Chancen dieser Organisation persönlich einschätzte. Ob er sich der Meinung der Medien anschließen würde? Doch den Bischof würde er in nächster Zeit sicherlich nicht zu Gesicht bekommen, geschweige denn dazu befragen können.

Ein Irrtum, wie sich schon bald herausstellen sollte.

sieben.

Auch die restlichen Bischöfe zogen nun langsamen Schrittes, chorale Verse murmelnd, über die Treppen hinunter in die Gruft. Die meisten von ihnen waren schon den Weg durch das Hauptschiff, vorbei am großen Altar gegangen. Dann schritten sie die Stufen hinab zum Grab des Heiligen Bonifatius. Das sakrale Bild und die beeindruckende Anzahl der Bischöfe erschuf eine ganz besondere Atmosphäre in den Mauern des altehrwürdigen Doms.

Nach alter Tradition hielt jeder der Würdenträger eine brennende Kerze in seiner Hand. Das einzige Licht, das zu diesem speziellen Ritus zulässig war. Der gesamte Bau und insbesondere die Gruft wurden dadurch nur spärlich erhellt und ließen stattdessen skurrile Schatten an den hohen Sandsteinwänden tanzen. Die einzelnen Bischöfe trugen eigens zu diesem Anlass ein spezielles Gewand, das lediglich aus einen weißem Talar mit Gürtel und Skapulier, einem Überwurf, bestand. Außerdem verhüllten weiße Kapuzen ihr Antlitz, wie es gläubige Büßer traditionell zu tun pflegten. Man verzichtete mit Absicht auf moderne Errungenschaften jedweder Art. Der Tradition folgend, wollten sie so dem Martyrer Bonifatius mit gesenktem Haupt ihre Ergebenheit verdeutlichen. Die einzelnen Plätze waren bereits Wochen vorher strikt zugeordnet worden und jeder wusste, an welchem Platz er zu knien und zu beten hatte. Nur ausgesuchten Kardinälen und Bischöfen war es vergönnt, einen der wenigen Plätze in den Bänken der Gruft einzunehmen.

Andächtig saßen sie nebeneinander und ließen lateinische Psalme über ihre Lippen sprudeln. Jeder für sich und alle zusammen waren sie voller Konzentration und meditativer Ruhe.

Nur einer unter ihnen schien aufgeregter zu sein als die anderen. Er atmete schwer unter seiner Kopfbedeckung, doch lag es nicht an seiner ungewöhnlichen Kleidung, dass sich Schweißtropfen auf seiner Stirn bildeten und den weißen Stoff durchdrangen.

Er war angespannt und zitterte.

Dann nahm er all seinen Mut zusammen, zog einen kleinen Zettel unter seinem weiten Ärmel hervor und stieß seinen Nachbarn an, der neben ihm in der Bank kniete. Doch dieser reagierte nicht. Wie versteinert blickte sein Kopf weiter starr nach unten gerichtet auf den kahlen Boden. Ein weiterer verzweifelter Versuch folgte, bei dem der Stoß kräftiger ausfiel und einige andere in der Bank verständnislos den Kopf schütteln ließ. Erneut wurde der kleine Zettel zur Übergabe angereicht. Zunächst wurde er ein weiteres Mal ignoriert, doch dann, ohne Aufzublicken, schob sich plötzlich die Hand mit dem Bischofsring aus dem weiten Ärmel und nahm den Zettel zögerlich an sich.

acht.

Es musste irgendwo zwischen Wach- und Schlafphase gewesen sein. Der Gedanke traf ihn jedenfalls ohne Vorankündigung. Sofort saß Markus aufrecht in seinem Bett und war schlagartig hellwach. Sein Puls raste und nur noch ein einziger Gedanke hämmerte in seinem Kopf.

Konnte es wirklich sein?

Noch einmal überlegte er... Candens Oculus! Latein... Candens... glühend... Oculus... das Auge... verdammt, natürlich!

Das war es. Das musste es sein. Im Drohbrief hatte der Verfasser vor der Gemeinschaft mit den Heiden gewarnt. Vielleicht konnte damit auch die Annäherung der katholischen Kirche zur ökumenischen Glaubensgemeinschaft Candens Oculus gemeint sein und der Drohbrief hatte sich somit tatsächlich nicht auf den Imam bezogen, sondern auf die Gemeinschaft. Die beiden Übersetzungsfehler waren demnach keinesfalls Fehler gewesen, sondern ein Hinweis. Candens Oculus war die lateinische Übersetzung der Bezeichnung *‚Glühendes Auge'*. Genau die beiden Worte, die im Brief ausgetauscht worden waren.

Die Bezeichnung, die Jakob Remond gewählt hatte, um das Funkeln des Glaubens und der Menschlichkeit in den Augen niemals zu verlieren. Dass die Flamme des Glaubens im Inneren eines Menschen niemals verenden solle. Diesen Begriff hatte er als Namen seiner Organisation gewählt: *‚Candens Oculus'*.

Für Fanatiker könnte dieser Schritt hin zur Ökumene, die Candens Oculus mehr oder weniger öffentlich propagierte, als der Anfang vom Ende verstanden werden. Erst die Versöhnung mit den Protestanten, dann mit den Juden und schließlich der komplette Verlust der eigenen Identität. Das war eines der Horrorszenarien, das sich ultrakonservative Hardliner ausmalten.

Markus sprang aus seinem Bett zum Telefon und versuchte Bischof Jeresmies zu erreichen. Ein aussichtsloses Unterfangen, wie sich herausstellte. Niemand nahm das Gespräch im Büro des Bischofs an. Ein Blick auf die Armbanduhr verriet Markus, dass es Viertel nach elf war. Er beschloss, direkt zum Privathaus des Bischofs zu fahren. Ohne Zeit zu verlieren schlüpfte er in seine Sachen und fuhr los. Wenn er Recht behalten würde, waren auch alle anderen Bischöfe sowie der mögliche Prälat Jakob Remond in größter Gefahr. In Lebensgefahr.

*

Markus hatte Glück. Eine der Nonnen, die die Haustätigkeiten des Bischofs übernahmen, war zufällig noch anwesend. Es war die gleiche Frau, die ihm schon vor einigen Tagen geöffnet hatte. Zum Glück erkannte sie Markus wieder, was ihm einen gewissen Vertrauensvorschuss gab. Er konnte sich gut vorstellen, dass diese Nonne ansonsten eine unüberwindbare Barriere darstellte, an der nicht leicht vorbeizukommen war. Doch er konnte sie von der Dringlichkeit seines Besuchs überzeugen. Der Bischof war gerade erst von dem gemeinsamen Gebet am Grab des Heiligen Bonifatius zurückgekehrt und empfing ihn tatsächlich in seinem Privatbüro. Sichtlich überrascht von Markus´ Vermutung, war er in seinen Sessel zurückgesackt und hatte sich Markus´ Worte noch einmal in aller Ruhe durch den Kopf gehen lassen. Nun gab es zumindest einen ersten schlüssigen Verdacht, der zwar lediglich auf die beiden Worte des Briefs zurückzuführen war, aber immerhin. Dennoch galt es besonnen zu reagieren, um keine Panik unter den Geistlichen aufkommen zu lassen. Sowohl Markus als auch Bischof Jeresmies war klar, welche fatalen Auswirkungen ein falscher Alarm nach sich ziehen würde. Andererseits wäre ein Anschlag auf einen Gast der Konferenz ungleich prekärer.

»Was schlagen Sie vor zu unternehmen, Herr Schuhmann?«, blickte der Bischof fragend aus seinem Sessel.

»Zunächst müssen wir herausfinden, wo alle Bischöfe untergebracht sind und sie darüber informieren, dass es einen Drohbrief gibt, der als ernstzunehmend einzustufen ist. Die Sicherheitsvorkehrungen müssen verschärft und vor allen Dingen muss Jakob Remond sofort gewarnt werden. Er könnte im Fokus dieser Drohung stehen.«

»Gut, die Listen mit den Unterkünften der Bischöfe sollten keine Schwierigkeit darstellen. Unser Generalvikariat hat alle Buchungen vorgenommen. Es schien uns von Vorteil, dass diesesmal alle unter einem Dach wohnen. Daher haben wir Jakob Remond, ebenso wie die meisten Bischöfe, im Kongresshotel untergebracht. Kommen Sie, wir sollten ihn persönlich von der Entwicklung unterrichten.«

Markus nickte zustimmend. Er wirkte nervös und aufgebracht. Immer mehr verfestigte sich der furchtbare Gedanke, dass er mit seiner Vermutung Recht behalten könnte. Doch auch der Puls von Bischof Jeresmies schlug erhöht. Noch im Gehen gab er die nächsten Anweisungen. »Ich bestelle meinen Sekretär ins Hotel. Er soll uns die Liste mit den Unterbringungen der Bischöfe dorthin bringen.«

Kurz darauf fuhren sie durch die dunkle Stadt in Richtung des Kongresscenters. Während der Fahrt sprachen sie kaum miteinander. Die Anspannung bei Jeresmies war spürbar. Markus lenkte derweil seinen Wagen durch die historische Unterstadt, vorbei an Dom und Stadtschloss in Richtung des Bahnhofs, wo sich das Kongresscenter mit dem angegliederten Hotel befand.

Während der Bischof telefonierte, sammelte Markus verschämt einige Kaugummipapiere aus der Mittelkonsole zusammen. Es war ihm peinlich, den höchsten Würdenträger des Bistums in seinem unaufgeräumte, alten Opel durch die Stadt zu kutschieren. Doch dann schob er diesen Gedanken beiseite. Wie konnte er in diesem Moment nur an sein unaufgeräumtes Auto denken? Das war sicherlich das Letzte, woran der Bischof im Moment Anstoß nehmen würde.

Zehn Minuten später betraten sie das Foyer und gingen direkt zur Rezeption, wo eine freundlich lächelnde Empfangsdame den Bischof erkannte.

»Guten Abend, Hochwürden, kann ich Ihnen behilflich sein?«

»In der Tat, das können Sie. Bitte melden Sie uns bei Jakob Remond an.«

»Sind Sie sich sicher? Ich meine, um diese Uhrzeit?«

Die junge Frau blickte auf ihre Uhr und war sichtlich überrascht. Doch im nächsten Moment erkannte sie, dass es nicht ihre Aufgabe war, dies zu bewerten.

»Es ist dringend.«

»Selbstverständlich. Einen kleinen Augenblick bitte.«

Eilig wählte sie eine Nummer, legte sich den Hörer ans Ohr und tippte parallel dazu etwas in den Computer. Gebannt blickten der Bischof und Markus auf die junge Frau, ob sie Remond erreichen konnte. Es klingelte, doch niemand nahm am anderen Ende ab.

»Tut mir leid, ich kann ihn leider nicht erreichen«, antwortete sie entschuldigend und legte den Hörer zurück auf das Telefon.

»Ist er außer Haus?«

»Nicht dass ich wüsste, und eine Nachricht hat er auch nicht hinterlassen.«

»Versuchen Sie es bitte bei Professor Wilhelm von Leyen, seinem Berater«, drängte Jeresmies weiter. So leicht wollte er sich nicht geschlagen geben.

Nach einem kurzen Blick in ihrem Computer fand sie auch diese Zimmernummer und ließ das Telefon ein weiteres Mal klingeln. Schon nach zweimaligem Läuten bekam sie eine Antwort und reichte den Hörer weiter zu Bischof Jeresmies.

»Herr Professor, hier spricht Bischof Jeresmies. Entschuldigen Sie vielmals die späte Störung, aber es handelt sich um einen Notfall. Wissen Sie, wo sich Herr Remond im Moment befindet?«

Gerne hätte Markus den Lautsprecher angestellt, um die Reaktion des Professors mitzubekommen, doch blieb ihm nichts anderes übrig als abzuwarten. Eine Situation, die er überhaupt nicht mochte.

»Ich verstehe, ja«, hörte Markus den Bischof sagen. »Gut, bis gleich.«

Dann wurde der Hörer zurück an die Empfangsdame gereicht.

»Professor von Leyen meinte, dass Remond noch in die Sauna gehen wollte. Der Professor kommt sofort herunter.«

Nach nicht einmal drei Minuten öffnete sich die Aufzugtür und ein gut gekleideter Mann in einem teuren Nadelstreifenanzug, mit runden Schultern, einem schmalen, intelligenten Gesicht und einem spitzen Kinnbart, der nicht recht zum Rest der Erscheinung passte, trat in das Foyer. Die dunkelblonden Haare des groß gewachsenen Mannes waren glatt nach hinten gegelt. Er hielt sich ein Blackberry Mobiltelefon ans Ohr, steckte es aber wieder zurück, als er Bischof Jeresmies erkannte.

»Guten Abend«, schüttelte von Leyen zunächst dem Bischof, dann Markus die Hand. Ein schwarzer Siegelring schmückte dabei seine rechte Hand. Darin eingraviert die verschlungenen Initialen der Glaubensgemeinschaft. Ein goldenes C und O. »Ich habe gerade versucht Remond über sein Handy zu erreichen, ohne Erfolg. Was ist denn überhaupt passiert?«

»Ich hoffe nichts, Herr Professor, ich hoffe nichts. Ich erkläre Ihnen alles später, nur lassen sie uns jetzt bitte zunächst Remond suchen.«

»Ja doch«, ging von Leyen einige Schritte, blieb dann aber stehen und wandte sich zur Rezeption. »Vielleicht können Sie uns den Weg zum Saunabereich zeigen?«, fragte er in Richtung der Empfangsdame.

»Ich? Das ist etwas schlecht. Ich bin erst seit wenigen Tagen hier und alleine in der Nachtschicht. Eigentlich darf ich den Empfang nicht verlassen.«

Der Professor trat auf die junge Frau zu und baute sich vor ihr auf. »Gnädigste, falls Herrn Remond etwas zugestoßen sein sollte, er vielleicht Hilfe benötigt und nicht rechtzeitig gefunden werden kann, weil Sie Ihre Rezeption nicht verlassen wollten, verspreche ich Ihnen, dass Sie sich in Zukunft keine Gedanken mehr um Ihre Nachtschicht, sondern um einen neuen Job machen müssen.«

Die junge Dame schluckte einmal, holte eine kleine Taschenlampe hervor und griff in den Schlüsselkasten hinter ihrem Schreibtisch. Mit verletztem, aber entschlossenem Blick trat sie hinter der Rezeption hervor und ging voran.

»Folgen Sie mir bitte.«

Die junge Frau leuchtete mit ihrer Taschenlampe den Weg durch ein verwinkeltes Treppenhaus. »Das ist eine Abkürzung. Die Hauptsicherung für dieses Treppenhaus wird aus Sicherheitsgründen automatisch per Zeitschaltuhr ausgeschaltet. Normalerweise haben wir ja den Saunabereich so spät nicht geöffnet, da keiner unserer Angestellten mehr dort oben ist, aber auf ausdrücklichen Wunsch der Konferenzgäste haben wir es ausnahmsweise gestattet, sich alleine dort aufhalten zu dürfen. Ich hoffe, wir bekommen deswegen jetzt keine Probleme?«

»Nein, machen Sie sich deswegen keine Gedanken«, antwortete Jeremies und schob die junge Frau weiter vor sich durch das Treppenhaus.

Markus überlegte einen Moment, wie sich die Bischöfe nächtens in der Sauna gegenübersitzen würden und über Entscheidungen philosophierten. Ein Bild wie bei den alten Römern und ihren Räten, die auch in Saunen Politik betrieben hatten. Der Gedanke verflog, als sie an eine Metalltür traten, auf der ein Messingschild mit dem Wort *SAUNABEREICH* angebracht war. Ein Schlüsselbund raschelte, die junge Frau schloss auf und ging voran, hinter ihr von Leyen und Bischof Jeresmies. Markus folgte ihnen. Vorsichtig bewegten sie sich durch den gefliesten Nassbereich, bis sie schließlich zu den einzelnen Saunen kamen. Die erste war unbeleuchtet und leer, doch ihr gegenüber befand sich eine weitere. Das Licht darin war eingeschaltet und warf einen hellen Kegel auf den Gang. Sie traten vor die Glastür und sahen hinein. Auf der unteren Sitzfläche konnte man einen nackten Mann erkennen. Er lag auf seinem Handtuch. Ein Arm hing schlaff herunter, während der andere regungslos auf seinem großen Bauch ruhte. Der Kopf war leblos zur Seite geneigt und die Augen verschlossen. Dennoch konnte man das Gesicht gut erkennen.

Es war Jakob Remond, das geistige Oberhaupt von Candens Oculus.

– Nordossetien, Russland, 30. August 2004 –

Das vorherrschende Einheitsgrau der ehemals sozialistischen Stadt verschwand langsam im Rückspiegel des kleinen Transporters. Doch auch außerhalb der Stadtgrenze Wladikawkas wirkte das Leben nicht einladender. Aslan Mazaev kniff seine Augen gegen den aufwirbelnden Staub der vor ihm fahrenden Fahrzeuge zusammen, als könnten die Staubkörner im nächsten Moment die Windschutzscheibe durchschlagen und ihm schmerzhaft in den Augen schneiden. Sein massiger Brustkorb und die starken Arme zeugten noch von der harten Ausbildung seiner Armeezeit. Und mit seiner Größe von fast einem Meter neunzig wirkte er von sich aus bedrohlich, ohne dass er etwas dazu tun musste.

Er rieb sich kurz die Augen und strich sich mit einer Hand durch sein dichtes Haar, das ebenso schwarz war wie sein kurz geschnittener Vollbart, der in der Nachmittagssonne schimmerte. Er sah hinüber zum vorbeifliegenden Fahrbahnrand und erkannte zwei grimmig dreinblickende Soldaten, die hinter einem Schlagbaum standen und die Zufahrt zu einer Kaserne bewachten. Ihre Blicke ähnelten dabei den heruntergekommen Häusern um sie herum.

Grau und leer.

Hier am äußeren Rand Russlands schienen sich Soldaten und Gebäude einig darüber, dass es früher nicht gut, aber zumindest besser gewesen war. Sie wünschten sich in die Zeit zurück, in der die Stadt noch Ordschonikidse hieß, unter dem Befehl der Sowjets stand und noch Recht und Ordnung herrschte. Zumindest das Recht und die Ordnung, die sie unter diesen Begriffen verstanden. Doch viel weiter als zur Provinzhauptstadt Nordossetiens reichte der Einfluss des russischen Reichs weder damals noch heute. Er reichte nur genau bis hierher. Zum Kaukasus. Bis zu dem Punkt, wo Russland aufhörte, aber nichts Neues begann.

Die Achse des Transporters setzte bei jedem der zahllosen Schlaglöcher hart auf und schüttelte sowohl die Insassen als auch die drei großen Metallwerkzeugkoffer im hinteren Teil der Ladefläche durcheinander. Obwohl ihr Ziel nur 15 Kilometer entfernt von Wladikawkas lag, benötigten sie auf den verwinkelten Straßen mehr als dreißig Minuten. Das lag zum einen an dem hohen Verkehrsaufkommen zu dieser Tageszeit, zum anderen daran, dass der größte Teil der Strecke aus einfacher Schotterpiste bestand.

Endlich stoppte der Wagen und sie stiegen aus. Zwei der drei Männer gingen um den Wagen herum und nahmen ihre sperrigen Werkzeugkisten an sich. Aslan Mazaev hingegen entfernte sich zunächst einige Schritte vom Fahrzeug und verschaffte sich einen Überblick über das gesamte Grundstück. Ein zweigeschossiges Haus aus rotem Ziegel, mit dunklem Dach und hellen Sprossenfenstern. Das Gebäude hatte, wie die meisten der angrenzenden Häuser, die besten Tage schon lange hinter sich gelassen und empfing seine Gäste mit einem Mix aus Ruß und Rissen. Nur eine verdorrte Rasenfläche grenzte das Grundstück von den nah verlaufenden Gleisen ab, die eine lange Schneise durch die karge Landschaft schlugen und von der Hoffnung zeugten, dass es irgendwo doch noch etwas anderes geben musste.

Gerade als auch Mazaev an die Heckklappe des Transporters trat, um nach seiner Werkzeugkiste zu greifen, fuhr ein älterer Passant mit seinem Fahrrad vorbei. Als er die Männer sah, stoppte er, stieg von seinem Sattel und trat zu Mazaev. Der Mann schien Rentner und dazu auch sehr neugierig zu sein.

»Ah, Handwerker«, nickte er erkennend, »wird ja auch mal Zeit, dass man hier was tut. Schließlich geht es ja in wenigen Tagen wieder los.«

»Ja«, nickte Mazaev dem Mann zu, zog den Träger seiner Arbeitshose etwas strammer und deutete auf das marode Dach, »das wird wirklich mal Zeit. Wir fangen erstmal mit der Heizung an und arbeiten uns dann weiter nach oben.«

Doch die Antwort schien den Greis nicht im Geringsten zu interessieren. Stattdessen fühlte er sich durch Mazaevs Verständnis dazu motiviert weitere Details seines Wissens auszubreiten.

»Ich habe zweiundvierzig Jahre als Maurer gearbeitet und wir haben damals den ganzen Bau hier hochgezogen. Seitdem ist nichts mehr gemacht worden. Selbst die Rohrleitungen sind noch dieselben wie vor vierzig Jahren.«

Die beiden anderen Männer, die mit Mazaev gekommen waren, warteten einige Schritte entfernt genervt darauf, dass er sich endlich von dem Rentner loseisen würde, und winkten ihn zu sich.

»Ich komme ja schon«, beruhigte er sie und drehte sich zu dem alten Mann. »Also, einen schönen Tag noch.«

»Ja, wünsch ich Ihnen auch. Und wenn Sie einen guten Rat haben wollen: Am besten, Sie reißen die Bruchbude komplett ab und bauen was Neues hin.«

»Das wird dem Bürgermeister aber nicht gefallen«, lachte Mazaev und ging zu den anderen hinüber.

»Was wollte der Alte?«, fragte einer der Männer ihn barsch, als er vor ihnen stand und sie gemeinsam zum Eingang gingen.

»Ach nichts, konzentrier dich lieber auf deine Arbeit.«

»Mein ja nur«, kam es brummend zurück.

An der Tür angekommen, hielten sie kurz inne und der andere der beiden suchte nervös seine Hosentasche ab.

»Sag mir jetzt bloß nicht, dass du den Schlüssel vergessen hast!«, schnauzte Mazaev ihn an.

Doch in diesem Moment fand der Mann den gesuchten Schlüssel, reichte ihn kommentarlos weiter und Mazaev öffnete kopfschüttelnd die einfache Holztür. Die Sicherungen waren noch ausgeschaltet, sodass es kein Licht gab und alle ihre Taschenlampen herausnahmen. Sie gingen einige Schritte durch den Flur, dann kramte Mazaev eine Karte mit dem Grundriss des Gebäudes aus der Seitentasche seiner Arbeitshose hervor und breitete sie aus. Nach einem kurzen Blick fand er, wonach er suchte, klappte den Plan wieder zusammen und deutete mit seiner Hand zum Ende des Gangs.

»Ihr müsst dort vorne rüber in den zweiten Raum auf der rechten Seite. Ich geh runter und suche nach dem Heizungsraum. Wir treffen uns hier wie besprochen in genau zwanzig Minuten wieder. Habt ihr das verstanden?«

Statt einer Antwort erhielt Mazaev von beiden ein zustimmendes Kopfnicken, dann teilten sie sich wie befohlen auf. Mazaev ging hinüber zur Treppe, die ihn in den Keller führte. Es roch modrig und der Schimmel kratzte bei jedem Atemzug in seiner Lunge. Der Greis hatte Recht, an dem Gebäude war in den letzten Jahrzehnten nichts mehr gemacht worden. Unbeirrt ging er durch den Gang bis zur letzten Tür, hinter der er die Heizungsanlage vermutete. Er öffnete sie und erkannte, dass er damit richtig lag. In aller Ruhe legte er seine Sachen ab, kniete sich auf den blanken Betonboden und öffnete seine Werkzeugkiste.

Zuoberst lag eine prall gefüllte Umhängetasche, die er direkt hinter dem Heizungskessel verstaute. Dann hob er vorsichtig den oberen Teil des Koffers ab, auf dem eine Rohrzange sowie ein paar andere kleine Werkzeuge lagen, und stellte das Ganze neben sich auf den Boden. Als er erneut in den Koffer griff, musste er an die Worte des alten Mannes denken, den sie gerade getroffen hatten und der sich für den kompletten Abriss des Gebäudes ausgesprochen hatte.

Wie makaber, ertappte sich Mazaev bei dem Gedanken und musste schmunzeln, obwohl ihm eigentlich nicht danach zumute war.

Ein Stoffbündel kam zum Vorschein. Er wickelte es auf und legte die metallischen Einzelteile seiner Lieblingswaffe sorgfältig in einer ganz bestimmten Anordnung nebeneinander. Die alte Kalaschnikow war in den vergangenen Jahren und Jahrzehnten fast etwas wie ein zusätzliches, externes Körperteil für ihn geworden. Er kannte die Waffe in- und auswendig. Sie war mit fast fünf Kilogramm zwar schwerer als die meisten anderen vergleichbaren Sturmgewehre, doch war sie robuster und verlässlicher als viele der modernen Waffen. Das nach vorn gekrümmte Magazin des Gewehrs fasste exakt 30 Schuss und man konnte damit seinen Gegner wahlweise mit gezielten Einzelschüssen oder auch mit vernichtendem Dauerfeuer niederstrecken. Er hatte die Waffe in seinem Leben schon unzählige Male zerlegt und wieder zusammengesetzt.

Sein Atem war flach und ganz ruhig, als er mit geschlossenen Augen begann die Waffe zusammenzubauen. Zunächst fügte er Schlagbolzen, Lauf und Handlauf zusammen. Dann steckte er das Magazin ein, das mit einem deutlich vernehmbaren Klicken einrastete. Zum Schluss entsicherte er die Kalaschnikow, legte sie kurz an, folgte mit seinem Auge dem Lauf und machte eine Testbewegung. Er fühlte den kalten Stahl in seiner Hand, der ihm das vertraute Gefühl von Sicherheit vermittelte.

Ein weiteres Mal griff er in die Kiste und nahm vorsichtig ein schuhkartongroßes Päckchen heraus, aus dem mehrere Kabel wie einzelne Stacheln herausragten. Er wickelte das Ganze in Aluminiumpapier, fixierte es im Anschluss mit Klebeband, verknotete einige der Kabel miteinander und packte alles ebenfalls hinter den Brenner.

Es war deutlich mehr Sprengstoff, als er vermutet hatte. Die Explosion würde reichen, um das gesamte Gebäude zu zerstören.

Und, wenn es sein musste, alles Leben darin.

neun.

»Oh mein Gott«, schrie Professor von Leyen auf und riss die Glastüre der Sauna auf. Die anderen stürmten hinter ihm hinein. Der eben noch leblos wirkende Körper Remonds zuckte im nächsten Moment zusammen. Reflexartig schnellte sogleich Remonds Kopf nach oben und stieß heftig gegen die Holzkante der oberen Sitzbank. Abrupt blieb die kleine Gruppe vor ihm stehen, als hätte sie einen Geist gesehen und starrte ihn mit einer Mischung aus Erleichterung und Scham an. Sofort griff sich Remond an den schmerzenden Kopf, zog es dann aber vor, mit beiden Händen seine Scham zu bedecken, als er die junge Frau unter den Männern erkannte.

»Himmel, was fällt Ihnen ein, wie kommen Sie dazu mich dermaßen zu erschrecken?«, entfuhr es krächzend seinem Hals, während er nach dem unter ihm liegenden Handtuch griff. Der Professor war indes peinlich berührt darüber, dass er Remond gerade fast zu Tode erschreckt hatte.

»Entschuldigen Sie vielmals. Wir waren der Annahme, dass Ihnen etwas zugestoßen sein könnte.«

»Etwas zugestoßen?«, wiederholte Remond, nur deutlich lauter. »Außer, dass Sie mir mitten in der Nacht einen Höllenschreck eingejagt haben, ich mir den Kopf gestoßen habe und ich mich nackt vor Ihnen und dieser jungen Dame präsentieren muss, ist alles in bester Ordnung. Würden Sie mich nun bitte für einen Moment entschuldigen.«

Geniert verließ die kleine Gruppe die Sauna. Die Empfangsdame war die erste, die sich mit hochrotem Kopf verabschiedete. Als Remond sich angekleidet hatte, gingen sie zurück ins Foyer und nahmen auf einer dunklen Ledersitzgruppe, um einen kleinen Tisch herum, Platz. Der Gründer von Candens Oculus war ein korpulenter Mann von gedrungener Statur. An seinem Ringfinger erkannte Markus den gleichen Siegelring, den auch der Professor trug. In seinen Händen hielt Remond einen Rosenkranz, was Markus zunächst seltsam vorkam. Wollte er etwa gerade jetzt den Rosenkranz beten? Doch dann erkannte er, dass er ihn nur zu seiner Beruhigung in seinen Händen hielt. Immer wieder ließ er die einzelnen Perlen durch seine Finger gleiten. Dabei musterte Remond Markus mit einem Blick, den dieser nicht recht zu deuten wusste. Dieser Mann hatte etwas Gemütliches an sich, doch in seinen dunklen Augen, die an die Augen eines großen Hundes erinnerten, lag auch eine feste Entschlossenheit, die Markus Respekt einflößte. Eine dicke Beule zeichnete sich mittlerweile auf der Stirn von Remond ab, als er seinen Stuhl zurechtgerückt hatte und in die Runde blickte. Er sprach nun mit ruhigerer Stimme und machte den Eindruck eines intelligenten und gelehrten Mannes.

»Also, nun erklären Sie mir mal, warum Sie sich alle so um mich gesorgt haben.«

»Mein Mitarbeiter, Herr Schuhmann«, deutete Jeresmies auf Markus, »hatte von mir vor ein paar Tagen den Auftrag erhalten, einen Brief genauer zu untersuchen, der unmittelbar vor der Bischofskonferenz an das Bistum geschickt worden ist.«

»Ein Brief?«, fragte Professor von Leyen interessiert.

»Ja, ein Brief, und wir verstehen ihn als eine Art Drohbrief. Herr Schuhmann glaubte heute Abend einen tieferen Sinn darin erkannt zu haben. Markus, wenn Sie die Herren netterweise über Ihre Einschätzung der Dinge in Kenntnis setzen würden.«

Markus begann mit der Erläuterung. Angefangen von der Vermutung über den Besuch des Imam bis hin zu dem versteckten Hinweis auf Candens Oculus.

»Nun, selbst wenn man dies so interpretiert, hätte dies nicht Zeit bis morgen gehabt, um mir das mitzuteilen?«, rieb sich Remond mit einer Hand über die Beule.

»Wir haben vermutet, dass sich diese Drohung gegen Sie richtet.« Der Professor ergriff das Wort und lehnte sich nach vorne, als wolle er seinen Worten damit besonderes Gewicht verleihen.

»Könnte es sich hier nicht um einen Fehlalarm oder Störfeuer handeln? Wir alle wissen, dass die nächsten Tage für uns von elementarer Bedeutung sein werden. Ein Presserummel in dieser Richtung würde nicht gerade positive Auswirkungen für unsere Sache haben, wenn Sie verstehen, was ich meine.«

In diesem Moment trat die Empfangsdame an den Tisch. Ihre Gesichtsfarbe hatte sich inzwischen wieder fast auf ein neutrales Rosa reduziert, wenn auch ihr Lächeln noch immer frostig wirkte.

»Entschuldigen Sie, da ist ein Herr, der angeblich von Bischof Jeresmies erwartet wird.«

»Ja«, erkannte Jeresmies nach einem kurzen Blick seinen Sekretär. »Schicken Sie ihn bitte zu uns herüber.«

Trotz der ernsten Situation konnte Markus sich ein winzig kleines Schmunzeln nicht verkneifen, als er der Empfangsdame hinterher blickte. Er hatte Mitleid mit ihr. Erst seit wenigen Tagen war sie in ihrem neuen Job und schon hatte sie gegen ihre Berufsregeln verstoßen, eine Entlassungsdrohung von Professor von Leyen erhalten sowie dem Gründer von Candens Oculus mitten in der Nacht nackt in der Sauna einen Heidenschreck eingejagt.

Der Sekretär des Bischofs war schlaksig und verhielt sich gegenüber Jeresmies fast ein wenig devot. Dazu besaß er eine samtweiche Stimme, die geradezu hypnotisierend wirkte, als er die Anwesenden begrüßte. Dann trat er neben den Bischof, beugte sich zu ihm, übergab die Liste und flüsterte ihm dabei kurz etwas ins Ohr, was sonst keiner hören konnte, und verabschiedete sich sogleich wieder. Die Reaktion des Bischofs war eindeutig und Markus erkannte, dass wohl etwas mit der Liste nicht in Ordnung war. Der Bischof blickte noch einmal ungläubig auf den Ausdruck in seiner Hand, als versuche er mit seinen bloßen Augen darauf etwas zu ändern. Doch alle Buchstaben und Zahlen blieben an ihrem angestammten Platz. Er legte den Ausdruck in die Mitte des Tisches, so, dass nun alle Einblick hatten.

»Es gibt eine Unregelmäßigkeit auf dieser Liste«, deutete der Bischof mit seinem Zeigefinger auf einen gelb gemarkerten Namen auf dem Ausdruck.

»Was ist das für eine Liste?«, fragte Remond achselzuckend und steckte den Rosenkranz zurück in seine Tasche. Er schien sich soweit wieder beruhigt zu haben, dass er ihn nicht mehr benötigte.

»Das ist eine Liste aller Teilnehmer der Bischofskonferenz und ihrer Unterbringung. Wie mein Sekretär mir gerade berichtet, hat es Unregelmäßigkeiten auf den Computern des Generalvikariats gegeben. Dabei wurden anscheinend einige Reservierungen abgeändert. Irgendjemand hat die Aufteilung der Zimmer neu bearbeitet. Es ist bisher nicht aufgefallen, da alle Bischöfe und sonstige Personen ohne Probleme untergebracht wurden.«

»Ich kann mich nicht beklagen«, blies Remond seine Backen auf. »Mein Zimmer ist hervorragend. Machen sie sich also deswegen keine Gedanken. Ist das alles, was Ihnen Sorge bereitet?«

»Nein«, tippte Jeresmies auf die Liste. »Dieser Name hier bereitet mir am meisten Kopfzerbrechen.«

»Weihbischof Johannes Sermann von Münster«, las Markus den Namen. Er kannte ihn nicht persönlich, aber den Namen glaubte er schon einmal gehört zu haben. »Was ist mit ihm?«

»Mein Sekretär hat die neue Liste extra noch mal abgeglichen. Weihbischof Johannes Sermann hat demnach heute am frühen Nachmittag in diesem Hotel eingecheckt.« Der Bischof schüttelte erneut verwundert den Kopf, als wolle er es einfach nicht wahrhaben. Dabei massierte er sich immer wieder seinen Nasenrücken. Dann fing er sich wieder. »Aber das kann schlichtweg einfach nicht sein.«

»Warum nicht?« Auch Professor von Leyen zeigte sich gegenüber der Aussage verwundert. »Fast alle Teilnehmer der Konferenz sind doch hier untergebracht, soweit ich weiß.«

Erneut blickte Jeresmies starr auf das Papier und schüttelte dabei unentwegt und ebenso ungläubig seinen Kopf. Es war einfach nicht möglich. Es ergab keinen Sinn.

»Weihbischof Sermann kann nicht eingecheckt haben. Er ist tot. Er ist vor zwei Monaten an einem Herzinfarkt gestorben.«

zehn.

Achter Stock. Zimmer 44.

Das Zimmer, das laut der Reservierungsliste von Weihbischof Sermann bezogen worden war. Hier sollte er früher am Tag eingecheckt haben. Bischof Jeresmies hatte sich von der Empfangsdame den Generalschlüssel der Zimmer geben lassen, der mittlerweile alles recht zu sein schien, was die Männer nur möglichst weit von ihr fern hielt. Gemeinsam gingen sie über den roten Teppichboden des Flurs, der mit goldenen Lilien verziert war, zum gesuchten Zimmer. Der Schlüssel war eine Sicherheitskarte, die man in einen schmalen Metallspalt an der Tür einfügen musste. Jeresmies tat genau dies, umringt von Markus, Jakob Remond und Professor Wilhelm von Leyen. Ein kurzes Klicken und eine grüne Leuchtdiode signalisierten, dass die Tür nun offen war. Sie traten in das Zimmer und machten Licht.

Das Zimmer schien völlig unbenutzt. Die Vorhänge verdunkelten die Fenster und das Bett lag frisch bezogen vor ihnen. Der Stuhl stand akkurat vor dem Schreibtisch und als Markus das Bad inspizierte, entdeckte er auch dort keinerlei Gebrauchsspuren. Keine Wasserspritzer im Waschbecken oder der Dusche. Selbst das Toilettenpapier trug noch den obligatorischen Knick der Nichtbenutzung.

Von Leyen ließ sich auf einem Stuhl nieder und legte die Hände in seinen Schoß.

»Es scheint niemand hier zu wohnen oder gewohnt zu haben. Wahrscheinlich ein geschmackloser Scherz.«

Markus nickte zustimmend. Doch in seinem Kopf kreisten die Gedanken. Irgendetwas musste hier doch zu finden sein. Ein Hinweis, eine Spur, irgendetwas, das seiner Theorie nötiges Futter geben konnte. Er spürte förmlich, dass irgendetwas nicht stimmte, doch konnte er es nicht greifen oder sagen, was es war.

»Ja, scheint zumindest so.«

»Sie sind sich da nicht sicher, Herr Schuhmann?«, fragte Remond.

»Ich wundere mich nur, warum sich jemand die Mühe macht, sich als den verstorbenen Weihbischof auszugeben, wenn er damit doch nur ein Risiko eingeht.«

»Ich verstehe nicht. Risiko? Was meinen Sie damit? Können Sie bitte etwas genauer werden?«

»Gerne, Herr Remond. Allem Anschein nach hat sich ein Unbekannter unter hohem Aufwand in das Computersystem des Generalvikariats eingehackt, unter Sermanns Namen ein Zimmer genommen und sich zu diesem auch Zutritt verschafft.«

»Sie denken, es war tatsächlich jemand hier im Zimmer?«

»Es ergibt ansonsten keinen Sinn. Warum sollte sonst jemand diese Anstrengungen auf sich nehmen?«

»Aber erstens sieht es in dem Zimmer nicht danach aus, dass sich hier jemand aufgehalten hat, und zweitens denke ich, dass die entsprechende Person unter den ganzen Würdenträgern doch aufgefallen wäre.«

»Richtig, daher gehe ich davon aus, dass er sich als Bediensteter ausgegeben, eine Soutane besorgt hat oder in irgendeine andere Verkleidung geschlüpft ist, die ihn in der Masse der Würdenträger praktisch unsichtbar machte.«

»Aber warum sollte er das tun? Nur um durch das Hotel zu geistern und sich einen Spaß daraus zu machen? Und warum hat er am Hotelempfang extra eingecheckt? Dies erhöht doch nur das Risiko ertappt zu werden.«

»Auch dabei gebe ich Ihnen Recht. Wobei es bei dem Chaos, das heute herrschte, wohl das geringste Problem war. Außerdem denke ich, dass er damit gerechnet hat, dass man ihm auf die Schliche kommen würde. Dass er mit Absicht eine Fährte gelegt hat.«

Bischof Jeresmies verstand den Gedankengang und ging ein paar Schritte in dem Zimmer auf und ab.

»Sie meinen, er wollte, dass man seine Spur findet und ihn bis hierher in das Zimmer verfolgt?«

»Ja, das erscheint mir zumindest logisch.«

»Ich weiß nicht, was soll daran denn logisch sein? Das klingt mir doch allzu abenteuerlich. Vielleicht wurde das Zimmer einfach nur irrtümlich auf seinen Namen gebucht. Oder jemand aus dem Umfeld der Konferenz erlaubt sich tatsächlich einen schlechten Scherz.«

»Wohl kaum, Herr Professor«, bezweifelte Markus diese These. »Ich denke nicht, dass jemand aus dem Kreis der Bischöfe diese Art von Humor pflegt. Die Frage ist doch vielmehr, warum er uns hierher führt, wenn er diesen Raum noch nicht einmal benutzt hat.«

Jeresmies wusste um Markus Begabung, komplexe Handlungen schnell und schlüssig zusammenzuführen. Das war einer der Gründe, warum er ihn mit dem Auftrag betraut hatte. Doch auch auf ihn wirkte Markus' Theorie konstruiert.

»Das ist eine gute Frage. Haben Sie hierfür auch eine Erklärung?«

»Ich denke, dass er den Raum sehr wohl benutzt hat. Vielleicht nicht um hier zu verweilen, sondern, um einen weiteren Hinweis zu hinterlassen.«

»Also ich kann hier beim besten Willen keinen Hinweis erkennen«, antwortete von Leyen, strich sich über seinen Kinnbart und verschränkte im Anschluss die Arme vor seiner Brust. Er glaubte Markus anscheinend kein Wort. »Mir scheint, dass Ihre Phantasie doch allzu bunte Blüten treibt. Verzeihen Sie mir, ich meine das nicht persönlich, aber...«

»Ich kann Sie gut verstehen, Professor. Aufgrund des Drohbriefes glaube ich aber, dass wir es hier mit einem sehr intelligenten Gegner zu tun haben. Wir sollten ihn keinesfalls unterschätzen.«

»Gegner?«, blickte sich der Professor amüsiert um. »Ich kann hier keinen Gegner entdecken.«

Nun beteiligte sich auch Remond wieder an dem Geschehen. Er hatte in den letzten Minuten still in der Ecke gestanden und den Ausführungen gelauscht.

»Herr Schuhmann, da es ja anscheinend in der Hauptsache um meine Person geht, die hier in der Schusslinie stehen könnte, möchte ich Ihnen sagen, dass es Sie wirklich ehrt, wenn Sie sich solche Sorgen um mich machen. Aber wie Sie sehen, geht es mir immer noch sehr gut, wenn man mal von Ihrem nächtlichen Überfall absieht. Wenn es tatsächlich jemanden geben sollte, der mir nach dem Leben trachtet, dann hätte er dies doch schon längst in die Tat umsetzen können. Selbst Sie und sogar die Dame von der Rezeption konnten mich ungestört aufsuchen. Für einen, von Ihnen als intelligent eingestuften, möglichen Täter wäre dies doch ein Kinderspiel gewesen.«

Markus musste zugeben, dass dieser Einwand berechtigt war. Für einen Profi oder auch nur halbwegs cleveren Täter wäre es in der Tat ein Kinderspiel gewesen, Remond aufzufinden. Allerdings glaubte er nicht, dass es dem möglichen Täter darum ging. Er hatte dazu eine Theorie.

»Ich schätze diese Person nicht nur als intelligent, sondern als äußerst intelligent ein. Ich denke, er möchte uns testen, ob wir ihm überhaupt ebenbürtig sind.«

»Nun hören Sie schon auf, Herr Schuhmann«, stand der Professor erzürnt von seinem Stuhl auf. »Ihr Detektivspiel mag ja für Sie unterhaltsam sein, aber wir können uns doch nicht vor jedem dahergelaufenen Spinner verkriechen oder uns auf irgendwelche Spielchen einlassen. Wir sind vielmehr hier, um einen historischen Moment zu erleben. Falls Candens Oculus dem heiligen Vater in Rom tatsächlich als

Personalprälatur anempfohlen werden sollte, wird dies für noch weitaus größeres Aufsehen sorgen als dieser vermeintliche Drohbrief.«

Noch einmal versuchte Markus zu intervenieren.

»Es liegt mir fern, Sie in irgendeiner Form zu etwas überreden zu wollen, doch sollte man zumindest alle Eventualitäten bedenken.«

Mit einer abwertenden Handbewegung beendete von Leyen das Gespräch. Er hatte nun endgültig die Geduld verloren.

»Es ist spät geworden, meine Herren. Ich denke, wir sollten uns nun zurückziehen, um uns auf unsere wahren Aufgaben zu konzentrieren.«

Der Professor und Remond gingen daraufhin zur Tür. Kurz vor dem Verlassen des Zimmers drehte Remond sich aber noch einmal zu Markus und Bischof Jeresmies herum.

»Ich muss Professor von Leyen Recht geben. Konzentration auf die eigentlichen Aufgaben und nicht auf ein Detektivspiel. Und falls diese nächtliche Aktion nur zur Ablenkung inszeniert worden sein sollte, werde ich dies bei der Konferenz zur Sprache bringen. Verlassen Sie sich darauf, gute Nacht.«

Eine kurze Pause entstand, als die Tür ins Schloss fiel und Markus und Jeresmies alleine zurückblieben. Der Bischof war es, der als erster wieder das Wort ergriff.

»Machen Sie sich keine Gedanken, Herr Schuhmann. Sie haben alles richtig gemacht. Ich werde für das Vorgehen heute Abend die volle Verantwortung übernehmen.«

Markus konnte es immer noch nicht fassen, dass er dermaßen danebengelegen haben sollte. Es war ihm peinlich, dass Jeresmies sich schützend vor ihn stellen musste. Seufzend wand er sich diesem zu.

»Ich hoffe, Sie bekommen nun keine Probleme. Aber ich war davon überzeugt, dass er in Lebensgefahr schwebt.«

»Wir können alle mal danebenliegen. Sie wollten nur das Beste. Seien wir froh, dass Sie nicht Recht behalten haben und dass alle wohlauf sind.«

Auch sie verließen das Zimmer. Der Bischof ging voran. Durch die Tür in den Hotelflur in Richtung der Fahrstühle. Dort mussten sie warten, bis der nächste Fahrstuhl auf ihrem Stockwerk stoppte. Noch immer grübelte Markus über das auf den Namen des verstorbenen Bischofs gemietete Zimmer. Die versteckten Worte im Brief an Jeresmies deuteten klar auf Candens Oculus. Hatte er den unbekannten Gegner tatsächlich überschätzt und handelte es sich doch nur um einen Wichtigtuer, der die Bischofskonferenz nutzen wollte, um einmal im Rampenlicht zu stehen? Warum hatte er sich dann aber die Mühe gemacht, genau dieses Zimmer auf den Namen des verstorbenen Bischof Sermann zu buchen, aber dort nichts zu hinterlassen?

Markus blickte auf die Anzeige über dem Fahrstuhl, der sich langsam über die unteren Stockwerke bis zu ihnen herauf in den achten Stock nach oben hievte. Das Display blieb schließlich bei der Zahl acht stehen. Mit einem Signalton öffnete sich die Tür. Jeresmies ging hinein und drehte sich zu Markus herum. Doch der stand noch immer wie angewurzelt vor dem Aufzug. Starr blickte er auf die Anzeige über dem Fahrstuhl.

Im nächsten Moment drehte er sich herum und rannte zurück in Richtung des Zimmers von Bischof Sermann.

elf.

Sein Atem war schwer und jeder Schritt, den er gebückt durch den Tunnel gehen musste, schmerzte in seiner Brust. Doch sein Körper war noch immer voller Adrenalin, das sich nur langsam wieder im Blut abbaute. Jeder Herzschlag spülte die Euphorie und die Stimme des Padre ein wenig mehr aus seinem Körper, bis sie schließlich ganz verschwunden und durch Angst und Depression ersetzt waren.

Der Gedanke, dass er sich nur noch schemenhaft daran erinnern konnte, was in den letzten beiden Stunden alles passiert war, trieb ihn fast in den Wahnsinn. Anscheinend hatte er aber seinen Auftrag erfüllt. Ohne zu zögern hatte er ihn durchgeführt. Die Stimme des Padre in seinem Kopf würde ihm nun hoffentlich eine Pause gönnen.

Er blickte an sich herab. Der dunkle Stoff seines Gewands saugte sich am Saum voll Wasser, als er durch das Rinnsal watete. Er schob die Ärmel seines Habits zurück, drehte seine Handflächen so, dass er sie sehen konnte und schrak entsetzt zurück. Sie waren voller verkrusteter Blutreste, die bis über die Handgelenke reichten. Sofort versuchte er sich das durchdringende Rot abzuwischen, doch beide Hände waren bis tief in die kleinste Hautfalte verfärbt. Er fiel auf die Knie und wusch hastig seine Hände in dem kleinen Wasserlauf. Krampfhaft versuchte er die Erinnerung in seinem Kopf zu finden, die das Blut erklären würde, doch so sehr er sich auch anstrengte, er fand sie nicht. Stechende Kopfschmerzen stellten sich stattdessen plötzlich ein und dröhnten in seinem Kopf so sehr, dass er sich die Hände an die Ohren hielt und fest zudrückte, als könne er sie ersticken. Totmachen.

Doch sie verstummten nicht. Das Blut löste sich nur langsam von seiner Haut, worauf er sich mit den Fingernägeln solange das fremde Blut von den Händen kratzte, bis sich sein eigenes darunter mischte. Als er kurz darauf den Gang weiterging, schnaubte er laut vor Wut und Ärger. Nach einigen weiteren Metern mischte sich unter das Schnauben ein leises Wimmern, das erst verstummte, als er um die nächste Biegung verschwunden war.

zwölf.

Markus? Was ist los mit Ihnen?«, hechelte Bischof Jeresmies atemlos hinter ihm durch den Hotelflur. Doch Markus war ihm bereits einige Meter voraus und hörte die Worte des Bischofs nicht mehr. Dann hielt er abrupt vor dem Zimmer, das sie bereits erfolglos durchsucht hatten, und Jeresmies konnte wieder zu ihm aufschließen.

»Was um Himmels Willen ist denn in Sie gefahren?«

Doch anstatt zu antworten, stand Markus nur gebannt vor dem Zimmer, murmelte etwas Unverständliches vor sich hin und fuhr dabei mit seinem Zeigefinger immer wieder die angeschlagene Zimmernummer nach.

»Achter Stock, Zimmer 44, ja. Achter Stock, Zimmer 44, natürlich«, sprudelten die Wörter aus seinem Mund. »Achter Stock, Zimmer 44. Das ist der Hinweis.«

»Wovon reden Sie? Welcher Hinweis?«

»Sehen Sie doch«, deutete Markus auf die Zimmernummer, doch der Kirchenmann verstand noch immer nicht und hob fragend die Achseln.

»Ja, sehe ich. Zimmer 44. Das Zimmer von Sermann.«

»Nein, es ist mehr als das. Es sind Koordinaten, Register, Unterteilungen. Warum ist mir das nicht gleich aufgefallen?«

Markus nahm dem verdutzten Bischof den Generalschlüssel aus

der Hand und öffnete die Tür. Zielsicher ging er zum Nachttisch und suchte offensichtlich etwas darin.

»Nun sagen Sie doch schon, was suchen Sie?«

»Genau das hier.«

Markus hielt eine Bibel triumphierend nach oben. Doch auch das überzeugte den Bischof nur wenig. Was sollte daran besonderes sein? In fast allen Hotelzimmern des Landes konnte man schließlich eine Bibel vorfinden.

»Eine Bibel. Was ist damit?«

»Ich wusste, dass dies nicht nur ein Zufall gewesen sein konnte. Er wollte, dass wir genau in dieses Zimmer kommen.«

Der Bischof trat hinter Markus und hob erneut fragend die Schultern.

»In Sermanns Zimmer?«

»Nein, er war nur das Mittel zum Zweck. Es ging nicht um ihn, sondern um das Zimmer.«

»Und weiter?«

»Achter Stock, Zimmer vierundvierzig. Eine Art Register, wie man es oft anwendet. Zum Beispiel auch in der Bibel. Und in jedem Hotelzimmer findet sich eine solche. Die Bibel ist ganz logisch aufgeteilt und zugeordnet. Mit immer gleichen Rhythmen und Einteilungen.«

Nun verstand Jeresmies Markus Gedankengang mit der Bibel allmählich. Aber von welchem Kapitel sprach er? Schließlich gab es eine ganze Menge Kapitel 8, mit mehr als vierzig Versen. Noch bevor er fragen konnte, gab Markus ihm auch darauf eine Antwort.

»Unser Gegner hat alles genau bedacht. Nichts überließ er dem Zufall. Daher war es auch kein Zufall, dass er den Namen des bereits verstorbenen Bischofs wählte. Wie war doch gleich sein vollständiger Name?«

»Sermann«, antwortete Jeresmies, fügte dann aber zu seinem eigenen Erstaunen den Vornamen hinzu. »Johannes Sermann.«

Zustimmend nickte Markus und wandte sich wieder der Bibel zu.

»Wir suchen also die Bibelstelle Johannes, Kapitel acht, Vers vierundvierzig.«

Ungeduldig blätterte er in der Bibel und schlug die gewünschte Seite nach. Bischof Jeresmies überlegte einen Moment, dann blickte er zu Markus. Denn er kannte die Bibelstelle und wusste, was sie dort im Text erwarten würde.

»Freie und Sklaven, nicht wahr? Es geht an dieser Stelle um Freie und Sklaven.«

Und der Bischof hatte Recht. Doch das war bei weitem noch nicht alles. Der wirkliche Beweis Markus' These befand sich am unteren Ende der Seite. Es waren einige Zeilen unterstrichen worden.

»Ja, das ist es, wir sind auf der richtigen Spur«, atmete Markus schwer. Dann fuhr er mit dem Zeigefinger über die angezeichneten Zeilen und las sie laut vor.

»Ihr seid Kinder des Teufels, der ist euer Vater, und nach seinen Wünschen handelt ihr. Er ist von Anfang an ein Mörder gewesen und hat niemals auf der Seite der Wahrheit gestanden, weil es für ihn keine Wahrheit gibt. Wenn er lügt, so entspricht das seinem Wesen; denn er ist ein Lügner, und alle Lüge stammt von ihm.«

Ein kurzer Moment schnürenden Schweigens hing wie eine schwere Regenwolke mitten in dem Zimmer. Markus' Hals fühlte sich trocken an und er musste unwillkürlich schlucken, um seine Kehle mit Speichel zu benetzen. Auch Jeresmies' Augen zeugten von einem kurzen Schockmoment. Doch dann fing sich der Bischof wieder.

»Markus, Sie hatten Recht. Aber wen meint er damit? Die gesamte katholische Kirche?«

»Wohl kaum. Bei dem Unbekannten scheint es sich ja eher um einen Kirchentreuen zu handeln. Ich denke, er spricht gezielt eine Person an. Denken Sie an die erste Zeile:

»Ihr seid Kinder des Teufels, der ist euer Vater, und nach seinen Wünschen handelt ihr.«

»Er könnte Remond meinen. Schließlich ist er für seine Anhänger eine Art Vater, nach dessen Wünschen die Gemeinschaft handelt.«

»Möglich«, pflichtete Markus ihm bei. »Aber warum macht er sich die Mühe, uns extra hier in das Zimmer zu locken. Remond hatte mit seiner Äußerung absolut Recht. Wenn es um ihn gegangen wäre, hätte man ihm viel leichter in der Sauna auflauern können, anstatt unter großem Aufwand eine Botschaft in diesem Zimmer zu hinterlassen.«

Markus blickte noch einmal auf die Zeilen, die vor ihm aufgeschlagen auf seinem Schoß lagen.

»…er ist von Anfang an ein Mörder gewesen…«, wiederholte er, dann kam ihm eine Idee. »Ich weiß, das klingt vielleicht etwas verrückt, aber gibt es einen unter den anwesenden Bischöfen, der in einen Todesfall oder sogar einen Mord verwickelt war?«

»Wie bitte?«, zuckte Jeresmies erschrocken zurück.

»Verstehen Sie mich bitte nicht falsch. Aber vielleicht ist in dessen Familie oder Jugend etwas in dieser Richtung geschehen, für das er nun bestraft werden soll?«

Der Bischof schüttelte vehement den Kopf.

»Nein, zumindest weiß ich davon nichts.«

»Dann muss es einen anderen Zusammenhang geben, obwohl der Text des Bibelzitats…«

»Halt!«, fuhr der Bischof mit einem Sprung auf. »Moment mal. Das hatte ich fast vergessen. Vor einigen Jahren musste sich ein Bischof schlimmer Verleumdungen aussetzen. Er hatte im Irakkrieg den Soldaten als Seelsorger zur Seite gestanden. Ihm wurde daraufhin vorgeworfen Mörder zu unterstützen. Es gab viele Gerüchte, die noch weiter gingen. Aber keine dieser Anschuldigungen konnte bewiesen werden.«

»Das ist es«, war Markus überzeugt. »Das muss es sein. Wer war dieser Bischof?«

Mit einem Mal wurde es dem Bischof bewusst. Entsetzt legte Jeresmies sein Gesicht in beide Hände. Jetzt war auch er endgültig überzeugt davon, dass die Bischofskonferenz das Ziel eines Psychopathen geworden war.

»Wer, Bischof Jeresmies? Wer war es?«

Langsam hob sich das Gesicht wieder aus den schützenden Händen.

»Kardinal Seckbach. Der Vorsitzende der Untersuchungskommission Candens Oculus.«

dreizehn.

»Verdammt«, entfuhr es Markus in böser Vorahnung. »Wissen Sie, in welchem Zimmer Kardinal Seckbach untergebracht ist?«

Hin- und hergerissen blätterte Jeresmies in der Liste der Zimmerreservierungen. Erst auf dem dritten Blatt des Ausdruckes wurde er schließlich fündig, weil die Nummerierungen hier durch Punktierungen anders aufgelistet waren. Die Suiten befanden sich auf dieser Seite.

»Zimmer 2.010. Das sind die Suiten. Und auch diese Reservierung wurde nachträglich geändert.«

»Kommen Sie, wir dürfen keine Zeit verlieren.«

Markus und der Bischof liefen zurück zum Aufzug. Unendlich langsam glitt der Fahrstuhl Stockwerk für Stockwerk hinab in die zweite Etage. Der Fahrstuhl schien ungleich länger zu brauchen als zuvor. Als würde eine unbekannte Macht versuchen, ihn mit aller Kraft abzubremsen. Nach einer gefühlten Ewigkeit schoben sich schließlich die beiden Türen rumpelnd auseinander und gaben den Weg zum Stockwerk und den einzelnen Zimmern frei. Markus sprang von Tür zu Tür, bis er schließlich vor der gesuchten mit der Nummer 010 stand und aufgeregt mit seinen Händen den Bischof zu sich winkte.

»Hier, hier ist es.«

Nach mehrmaligem Klopfen wurde noch immer nicht geöffnet. Jeresmies eilte herbei, wartete noch einen kurzen Moment, dann öffnete er die Tür mit dem Generalschlüssel. Wieder klickte es kurz und sie war offen.

»Hallo«, rief Jeresmies vorsichtig in das Dunkel des Zimmers. Doch eine Antwort blieb ebenso aus wie die Hoffnung, dass vielleicht doch nur ein Missverständnis vorlag und sich alles in Wohlgefallen auflösen würde. Beide hatten kein gutes Gefühl, als sie eintraten und Markus den Lichtschalter betätigte. Sofort wurde das Zimmer von einigen Lampen hell erleuchtet und sie konnten bereits in dem kleinen Flur der Suite erkennen, dass diese Räume sich gänzlich anders darstellten als das unbenutzt wirkende Zimmer Sermanns. Hier, in dieser Suite, hatte offenbar ein Kampf stattgefunden. Kleider und ein umgestürzter Mülleimer lagen verstreut am Boden. Von Seckbach war indes keine Spur zu entdecken. Doch das war beileibe noch nicht das Schlimmste, was sie feststellen mussten.

Als sie vor das Bett traten, wurden selbst ihre schlimmsten Vermutungen übertroffen. Wie angewurzelt blieben sie mit offenen Mündern in der Mitte des Raumes stehen. Etwas Bedrohliches thronte über ihnen wie ein Damoklesschwert, das nur darauf wartete hinabzufahren, um Zerstörung und Leid zu bringen. Mit handtellergroßen, roten Buchstaben hatte jemand eine Nachricht auf der Wand hinter dem Bett hinterlassen. Markus stockte das Blut in den Adern, als er einige Schritte zurücktrat, um die Botschaft besser lesen zu können.

Und der Teufel, der sie verführte, wurde geworfen in den Pfuhl von Feuer und Schwefel, wo auch das Tier und der falsche Prophet waren; und sie werden gequält werden Tag und Nacht, von Ewigkeit zu Ewigkeit.

Beide erkannten sofort, dass es sich um die Offenbarung 20, Absatz 10 handelte. Wieder hatte der Täter eine Bibelstelle mit einer identischen Zimmernummer gekoppelt. Bei dieser Bibelstelle ging es um den letzten Kampf vor dem Jüngsten Gericht.

2010, schoss es Markus durch den Kopf, *wie die Nummer dieser Suite.*

Markus trat noch einen Schritt näher an die Wand heran, fühlte die rote Farbe, verrieb sie zwischen seinen Fingern, bis sie antrocknete und schnupperte daran. Es roch metallisch und bestätigte damit auch diese Vermutung.

Die Nachricht war mit Blut geschrieben worden.

– Nordossetien, Russland, 31. August 2004 –

Ihre nackten Körper schwitzten und ihr Puls regulierte sich nur langsam wieder auf eine normale Schlagzahl. Aslan Mazaev drehte sich zur Seite und zog das Bettlaken über die Beine und den Bauch der Frau neben ihm. Ohne ein Wort zu sagen, lagen sie so noch eine ganze Weile nebeneinander auf dem Rücken und schauten zur Decke hinauf. In beiden Köpfen breitete sich der gleiche Gedanke aus, doch keiner wollte ihn aussprechen. Farisa wagte es schließlich doch, drehte sich zu Mazaev und legte ihren Kopf auf seine schwarz behaarte Brust.

»Denkst du, dass wir es morgen früh schaffen werden? Oder war das der letzte Sex, den wir in unserem Leben hatten?«

Mazaev schmunzelte, schaute aber noch immer starr zur Decke hinauf. Anstatt einer Antwort tastete seine Hand zum Nachttisch und fand ein Päckchen Zigaretten. Er zündete sich eine davon an, nahm einen tiefen Zug und gab sie an Farisa weiter, dann steckte er sich eine weitere an.

»Es wird genauso laufen wie damals in Budjonnowsk. Erinnerst du dich? Sommer 1995?«

»Natürlich erinnere ich mich. Es war einer unserer größten Erfolge.« »Eben, und auch dieses Mal wird es die gesamte Bewegung ein gewaltiges Stück näher an ihr Ziel bringen.«

Farisa antwortete nicht und blies stattdessen den Rauch aus ihrer Kehle frei. Dann stellte sie eine weitere Frage.

»Wird Vlad dabei sein?«

Obwohl er es sich nicht anmerken lassen wollte, verspannten sich Mazaevs Gesichtszüge.

»Ja, er wird die ganze Operation anführen und wenn unser Plan aufgeht, werden wir schon in ein paar Tagen wieder zusammen sein.«

»Ich traue ihm nicht. Vlad ist einfach nicht zu durchschauen.«

»Mach dir keine Sorgen, Farisa. Ich werde dafür sorgen, dass alles so funktioniert, wie wir es besprochen haben.«

Mazaev blies Ringe in die Luft und zupfte an seinem Bart. Dann drehte Farisa sanft seinen Kopf zu ihrem, so, dass sie ihm in die Augen sehen konnte. Sie wusste, dass sie jede Lüge darin finden konnte, die sich dort zu verstecken versuchte.

»Schau mich an, Aslan. Du weißt, dass ich dich liebe. Und aus diesem Grund möchte ich, dass du mir etwas versprichst.«

»Was?«, lächelte er sie neugierig an.

»Ich weiß, dass du voll und ganz hinter dieser Sache stehst, aber falls morgen irgendetwas schiefläuft, möchte ich, dass du verschwindest.«

»Es wird nichts schieflaufen, du kennst mich«, setzte er sich energisch auf und versuchte dabei ihrem Blick zu entfliehen, »mir passiert nichts, ich bin wie Unkraut. Egal, was man auch tut, man wird mich einfach nicht los. Das müsstest du doch am besten wissen.«

»Im Ernst, Aslan. Ich kann es dir nicht erklären, aber ich habe diesmal ein ungutes Gefühl. Es ist einfach zu riskant.«

Farisa ließ sich zurück in ihr Kissen fallen. Sie überlegte einige Sekunden und nahm ein paar Züge an ihrer Zigarette. Dann strich sie sich eine der langen Strähnen aus ihrem Gesicht.

Mazaev sah sie an. Sie war schön. Ihre langen, braunen Haare bedeckten ihre Brüste und reichten beinahe bis zur Hüfte. Leider trug sie die Haare auch für ihn nur noch sehr selten offen. Früher hingegen hatte sie mit ihren Reizen weniger gegeizt. Hier ein atemberaubender Augenaufschlag, dort ein aufreizend unschuldiges Kreisen der Finger in einer ihrer Haarsträhnen. Das Ganze gepaart mit ihrem strahlend weißen Lächeln, dass ihn fast genau so gefangen nahm wie ein Blick ihrer mandelbraunen Augen. Doch seit auch sie in der bewaffneten Bewegung war, hatte sie sich verändert.

Es war vor einigen Jahren, als er endgültig aus der russischen Armee ausgetreten war, um sich dem Kampf seiner Väter anzuschließen. Anfänglich war Tschetschenien noch weit weg gewesen. Natürlich hörte man des Öfteren von Übergriffen, doch alles spielte sich immer weit fort von seinem Heimatdorf und seiner Familie ab, die in einem Bergdorf von Viehzucht und Ackerbau lebte. Er war bereits als junger Mann in die Armee eingetreten und hatte eine beachtliche Karriere vorzuweisen, die ihn schließlich bis in das *Komitet Gossudarstwennoy Besopasnosti*, den KGB, gebracht hatte. Doch nach dem gescheiterten Putschversuch von General Krjutschkow und der daraus resultierenden Auflösung des KGB im Jahr 1991 wusste er zunächst nicht mehr wohin. Das änderte sich schnell, als das kleine Dorf seiner Eltern an einem Sonntagmorgen ohne jeglichen Grund von den Russen mit einem Luftangriff ausgelöscht wurde. Ausgerechnet von der Armee, der er die Treue geschworen hatte und der er mit Blut und Schweiß diente.

Es gab weder Soldaten noch Guerillas in dieser abgelegenen Region, die man dort hätte vermuten können. Nichts. Nur ein Dorf voller armer Bauern.

Seit diesem Tag sprach Mazaev nur noch von »*den Russen*« und stellte sich gegen seine ehemaligen Genossen, um für diesen feigen Anschlag blutige Rache zu nehmen. Ein Mann wie er war begehrt und er fand sehr bald Anschluss an die tschetschenische Untergrundbewegung. Dann lernte er Vlad kennen, der bereits dutzende Anschläge auf militärische Einrichtungen geplant und ausgeführt hatte. Nach einiger

Zeit lernte er durch die Organisation schließlich auch Farisa kennen, die für die logistischen Dinge zuständig und zu dieser Zeit noch mit Vlad liiert war. Anfänglich versuchte sie noch Mazaev mit aller Macht zu ignorieren und ihre eigenen Gefühle zu leugnen. Es durfte nicht sein. Doch je mehr sie sich kennen lernten, desto stärker wurde das unsichtbare Band zwischen ihnen. Sie fühlten beide eine Nähe zueinander, die sie so zuvor noch nie empfunden hatten. Farisa sprach später oft von Bestimmung und Schicksal und Mazaev widersprach ihr nicht. Schließlich trennte sie sich von Vlad, was dieser seitdem Mazaev ankreidete. Doch verbot Vlads Stolz dies ihm gegenüber zu zeigen. Stattdessen befahl er Farisa, in den bewaffneten Widerstand einzutreten und an den Anschlägen teilzunehmen. Ihre Gesichtszüge hatten sich seitdem verhärtet. Doch egal wie sehr sie sich auch durch das Tragen von Uniform und Waffen veränderte, für Mazaev würde sie immer das Mädchen mit den mandelbraunen Augen, dem strahlend weißen Lächeln und dem langen, wallenden Haar sein.

Mazaev beugte sich zu ihr. Seine Hände strichen sanft über ihren Bauch hinauf zu den Brüsten. Sie schloss die Augen, genoss die Berührung und fuhr mit ihren Fingern durch sein dichtes Haar. Dabei stöhnte sie leise auf. Dann küsste er ihre Lippen, sah ihr tief in die Augen und lächelte.

»Zumindest kann ich dir die Angst nehmen, dass dies eben unser letzter Sex im Leben war.«

»Warte«, schob Farisa ihn zurück, ging zu der Tür, die ins Nachbarzimmer führte und öffnete diese vorsichtig. Ohne das Licht anzuschalten, schaute sie hinein. Die Laternen der Straße erhellten das Zimmer nur schwach, doch es genügte, um das zu erkennen, wonach sie Ausschau hielt. Beruhigt schloss sie die Tür wieder und drehte sich zu Mazaev. »Sie schläft. Unser Engelchen schläft tief und fest.«

vierzehn.

Nach einer zähen Verhandlung hatte Bischof Jeresmies in einem Gespräch mit dem Fuldaer Hauptkommissar Kohler eine Einigung erzielen können, nach der die Medien vorerst nicht unterrichtet werden sollten. Gerade die Tatsache, dass Kardinal Walter Seckbach das Opfer war, besaß besondere Brisanz. Er, der konservative Vertreter, dessen Meinung über Candens Oculus von entscheidender Bedeutung war. Außerdem wollte man Seckbachs Leben nicht durch eine wilde Berichterstattung aufs Spiel setzen, falls er als Geisel gehalten wurde.

Kohler hatte unter der Voraussetzung eingewilligt, dass das Bundeskriminalamt eingeschaltet würde, um sich dieses Falls anzunehmen. Schließlich war die Bischofskonferenz eine Veranstaltung mit nationaler Verantwortung. Bischof Jeresmies war damit einverstanden. Es war ihm sogar lieber, da er hoffte, mit Beamten sprechen zu können, die Erfahrung mit dieser Form von Verbrechen vorweisen konnten. Nachdem ein erster telefonischer Kontakt stattgefunden hatte, erklärte sich der Vizepräsident des Bundeskriminalamts umgehend bereit, einen Spezialisten mit einem kleinen Team nach Fulda zu entsenden. Alles sollte so diskret und unauffällig wie möglich durchgeführt werden. Aus diesem Grund stellte man der Untersuchungskommission des BKA von Stadtseite aus Räumlichkeiten im Stadtschloss zur Verfügung, da hier zurzeit Umbauten stattfanden und ein paar neue Gesichter daher nicht weiter auffallen würden. Nach dieser

Entscheidung hatte Bischof Jeresmies auch Markus davon unterrichtet, dass das BKA mit eingeschaltet worden war. Außerdem, und das war für Markus weitaus wichtiger, hatte der Bischof entschieden, dass Markus derjenige sein sollte, der im Namen der Kirche zusammen mit dem Spezialisten des BKA den Fall weiter untersuchen sollte.

Markus überlegte nicht lange und willigte ein. Bereits am späten Nachmittag sollte er in das Privatbüro des Bischofs kommen, um die weitere Vorgehensweise zu besprechen. Er kannte dieses Prozedere bereits und war sich sicher, dass der BKA-Beamte seine Arbeit gewissenhaft und gut, aber vor allen Dingen streng nach Vorschrift und ungeachtet von Markus' Tätigkeiten ausführen würde. Er selbst würde seine eigenen Wege suchen, um Fakten zu schaffen. Denn obwohl er nur allzu gut um die Brisanz des gesamten Themas wusste, konnte er nicht leugnen, dass das Jagdfieber nun vollends in ihm entflammt war.

*

Pünktlich zur ausgemachten Uhrzeit stand Markus vor dem Privathaus des Bischofs und klingelte. Auch diesmal öffnete ihm die bekannte Ordensschwester. Sie lächelte ihm freundlich zu und führte ihn zum Arbeitszimmer des Bischofs. Er klopfte an. Die vertraute Stimme Jeresmies' ertönte und als Markus eintrat, musste er zu seiner Überraschung feststellen, dass der Bischof nicht allein war. Eine weitere Person saß an dem großen Eichenschreibtisch und erhob sich nun.

»Guten Tag, Herr Schuhmann, mein Name ist Anna Peterson.«

Damit hatte Markus nicht gerechnet. Was suchte diese junge Frau, gerade zu diesem brisanten Zeitpunkt, im Büro des Bischofs? Zunächst tippte er auf die Presse, doch hatten sie nicht entschieden genau die zunächst erstmal aus der Sache herauszuhalten? Markus musterte die Frau genauer. Sie trug einen eleganten, aber unaufdringlichen Hosenanzug, der ihr eine gewisse Seriosität verlieh. Trotz einiger tiefer

Falten um die Augen schätzte er sie höchstens auf Anfang bis Mitte dreißig. Ihre glatten, blonden Haare hatte sie zu einem Dutt streng nach hinten genommen und ihr Blick wirkte analytisch. Obwohl sie noch kein persönliches Wort gewechselt hatten, fühlte sich Markus bereits unbehaglich in ihrer Nähe. Als sie auf ihn zutrat, blitzte ein kurzes, dem Anstand geschuldetes Lächeln auf ihrem ansonsten ausdruckslosen Gesicht. Der Händedruck, der folgte, war passend. Kräftig und entschlossen. Sie schien Markus´ Zögern bemerkt zu haben und fügte sogleich eine Erklärung an. »Ich bin Kriminalistin des Bundeskriminalamts und bin mit diesem Fall beauftragt worden.«

»Guten Tag«, antwortete Markus betont lässig, doch schien er von seinen eigenen Worten nicht überzeugt. Ein guter Tag würde es nicht mehr werden.

»Frau Peterson ist eine erfahrene Fallanalytikerin und hat bereits bemerkenswerte Erfolge zu verzeichnen«, erklärte Bischof Jeresmies hinter dem Tisch sitzend und deutete auf einen Ausdruck, der vor ihm lag. Dieser hatte wohl den groben Abriss des Karriereverlaufs der Beamtin zum Inhalt.

»Fallanalytikerin also«, sagte Markus und nahm auf dem zweiten Sessel an dem Schreibtisch Platz.

»Ich bevorzuge diese Bezeichnung«, erklärte Anna Peterson überdeutlich. »Aber Ihnen wird die Bezeichnung *Profilerin* wohl mehr sagen.«

»Profilerin?«, zuckte Markus überrascht zurück. »Allerdings, das sagt mir was. Sie erstellen psychologische Täterprofile und versuchen somit, den möglichen Kreis der Täter einzuengen.«

Anna Peterson schürzte ihre Lippen und bedeutete damit, dass sie mit dieser Erklärung überhaupt nicht einverstanden war.

»Eine Fallanalytikerin erstellt eigentlich kein charakteristisches Erscheinungs- und Persönlichkeitsbild eines unbekannten Straftäters, wie es im Fernsehen immer so schön gezeigt wird.«

Sie sprach bis hierher langsam und freundlich, wechselte aber nun in einen pedantischeren Duktus, der Markus an seine früheste Schulzeit erinnerte. Keine allzu guten Erinnerungen.

»Bei den Ihnen wohl bekannten TV-Serien entdeckt die Beamtin ja nur ein Streichholz am Tatort und kann sofort bestimmen, das es sich um einen vierundfünfzigjährigen Buchhalter handelt, dessen sexuelle Orientierung hetero ist und dessen deutscher Schäferhund auf den Namen Bruno hört. Vergessen Sie diese Spielereien, Herr Schuhmann, das ist Unsinn.«

Ein »Ach, tatsächlich«, konnte sich Markus nicht verkneifen. Natürlich war er nicht so naiv, das zu glauben, was sich Hollywood zu diesem Thema ausgedacht hatte. Und noch viel weniger gefiel es ihm, dass ihn die Beamtin vor den Augen des Bischofs wie einen kleinen Jungen vorführte.

»Leider ist es nicht ganz so einfach«, erklärte Anna Peterson unbeirrt weiter. »Vielmehr schließe ich auf der Basis kriminalistischer Erkenntnisse, also anhand von Indizien, Spuren am Tatort und den Umständen der Straftat auf das Verhalten des Täters. Meist lässt dies Rückschlüsse zu, die eine Täterbeschreibung deutlich eingrenzen können.«

»Ich verstehe, Frau Peterson. In erster Linie ist es wie überall. Harte Arbeit.«

Peterson nickte zustimmend.

»So ist es. Die Psychologie ist nur ein Aspekt, um das Verhaltensmuster eines Täters zu erkennen. Man analysiert alle Spuren und durchspielt alle Eventualitäten. Deswegen trifft die Bezeichnung Fallanalytikerin deutlich besser auf meinen Beruf zu.«

Bischof Jeresmies bemerkte den kleinen Zwist und lehnte sich etwas nach vorn auf die Eichenplatte des Schreibtischs, um eine Art menschliche Grenze zwischen den beiden Parteien zu schaffen.

»Nachdem wir das nun geklärt hätten, würde ich Sie beide bitten, mit Ihrer Arbeit umgehend zu beginnen. Wir dürfen keine Zeit verlieren.«

»Heißt das, wir sollen gemeinsam an dem Fall arbeiten?«

»Selbstverständlich, oder haben Sie damit ein Problem?«, wandte Jeresmies sich wieder zu Markus, ohne dessen Antwort abzuwarten. »Ich habe Frau Peterson auf unseren Erkenntnisstand gebracht und ihr den Drohbrief ausgehändigt, den Sie untersucht hatten.«

Die Beamtin nahm den ihr ausgehändigten Brief für alle sichtbar aus ihrer Tasche hervor und tippte mit ihren Fingern darauf, als hätte Markus bei seinen Untersuchungen einen Fehler gemacht.

»Wir werden den Brief natürlich noch von unseren Experten untersuchen lassen. Denn ein auf Maschine geschriebener Brief ist keineswegs so anonym wie man vielleicht glaubt.«

»Was meinen Sie damit, Frau Peterson?«, zeigte sich Jeresmies interessiert.

Gerne hätte Markus ihm das Ganze erklärt. Schließlich hatte auch er den Brief daraufhin untersucht, aber auf Details bei der Erklärung verzichtet. Er verkniff sich eine Antwort und hörte stattdessen Anna Peterson bei ihrer Ausführung zu, die nun die Anerkennung dafür einstreichen würde.

»Man kann verschiedene Methoden anwenden, die Auskunft über Herkunft und Baujahr der Schreibmaschine geben. Darüber hinaus werden unsere Experten anhand der Farbbandrichtung und Geschwindigkeit der einzelnen Anschläge wichtige Schlüsse ziehen können. Außerdem hinterlässt jeder Verfasser durch seine individuelle Anschlagskraft eine Art Fingerabdruck im Schriftbild, der unverkennbar ist.«

Sichtlich beeindruckt ob der kurzen Vorstellung der Untersuchungsmöglichkeiten, zeigte sich Jeresmies trotz der angespannten Lage ein wenig beruhigt.

»Gut, Frau Peterson. Das klingt doch zuversichtlich. Sie werden zusammen mit Herrn Schuhmann an dieser Sache arbeiten und von mir alle Unterstützung erhalten, die sie benötigen. Hat noch jemand Fragen?«

»Nein, alles verstanden. Jedenfalls, was mich angeht«, zwang sich Markus zu einem Lächeln. Unhörbar für die anderen atmete er einmal tief durch und biss sich dabei auf die Zähne, bis es schmerzte.

»Auch ich habe keine weiteren Einwände«, erklärte Anna Peterson und sah dabei zu Markus hinüber. »Nur noch eine Frage. Hat Bischof Seckbach Gegner aus Kreisen der Kirche?«

»Gegner?«, fragte Jeremsies stutzig in Richtung der Kriminologin. »Man kann sicher nicht behaupten, dass er ein unkomplizierter Charakter ist. Er hat eine Art Blitzkarriere hingelegt. Ungemütlich dürfte er einigen sein, aber ich kann mir nicht vorstellen, dass ihn jemand so hassen könnte, dass er ihn entführen würde oder gar...«

Jeremsies hielt in seiner Ausführung inne. Er wollte nicht aussprechen, was alle in diesem Moment dachten. Doch die Möglichkeit, dass Seckbach bereits tot war, ließ sich nicht leugnen. Erst nach einer Gedankenpause beendete er seine Ausführung. »Nein, das kann ich mir wirklich beim besten Willen nicht vorstellen. Sicher nicht. Niemals.«

Anna sagte nichts weiter dazu. Ihr Gesichtsausdruck verriet jedoch, dass sie aus ihrer Erfahrung eine eindeutige Meinung zu subjektiven Äußerungen wie *niemals* und *beim besten Willen nicht* hatte.

»Wir werden es sicherheitshalber genauer überprüfen.«

»Sie wissen, dass wir nur diese eine Woche Zeit haben, bevor uns die Presse in der Luft zerreißen wird. Eine Woche. Dann ist die Deutsche Bischofskonferenz vorbei. Dazu steht die Entscheidung über Candens Oculus an, die das Ganze noch brisanter macht. Sie müssen äußerst behutsam und vorsichtig an die Sache herangehen. Und ich kann Ihnen beiden nicht versichern, dass alle meine Mitbrüder Sie so unterstützen werden, wie ich es tue.«

Anna Peterson nickte zustimmend und blickte zu Markus herüber. Auch ihm schien klar zu sein, dass er und Anna sich gewaltig zusammenreißen mussten.

fünfzehn.

Noch von seinem Büro aus hatte Jeresmies einen Termin mit Jakob Remond ausgemacht, damit die Beamtin und Markus sich einen Überblick über Candens Oculus verschaffen konnten. Sie sollten keine Zeit verlieren. Auch der geistige Führer der Gemeinschaft schien von den Ereignissen geschockt zu sein und wollte alles dazu beitragen, was in seiner Macht stand, um zu helfen. Zuvor wollte Anna Peterson sich jedoch die Blutbotschaft an der Wand von Bischof Seckbachs Hotelzimmer noch einmal persönlich ansehen. Zwar hatte sie die Fotoaufnahmen der Spurensicherung erhalten, doch wollte sie den emotionalen Effekt der Botschaft erfühlen. Sie hoffte sich dadurch einen genaueren Eindruck verschaffen zu können.

Zu Fuß war es vom Generalvikariat nicht allzu weit bis zum Kongresscenter hinter dem Bahnhof. Markus schlug vor, den Weg abzukürzen und durch den Schlosspark zu gehen. Anna hatte neben ihrer Handtasche einen großen Aktenkoffer bei sich und sah nach Markus` Meinung damit aus wie eine Versicherungskauffrau bei einem Außentermin. Durch das große Eisentor betraten sie den Park und gingen schweigend vorbei an der Floravase und den Fontänen, die im Wasser des Teichs aufstiegen. Fast wortlos liefen sie so minutenlang nebeneinander her. Es war unschwer zu erkennen, dass die Ressentiments auf beiden Seiten bestanden.

»Macht es Ihnen etwas aus, wenn ich rauche?«, unterbrach Anna

Peterson schließlich das Schweigen, als sie schon in Höhe des Theaters waren.

»Nein«, schüttelte Markus kurz angebunden den Kopf, obwohl er Zigarettenqualm auf den Tod verabscheute. »Ist Ihre Lunge.«

»Und Sie haben am Tatort auch garantiert nichts verändert?«, blieb die Beamtin kurz stehen, zündete sich mit einem Feuerzeug eine Zigarette an und nahm einen tiefen Zug. Der deutlich vernehmbar kleinliche Unterton entging Markus natürlich ebenso wenig wie das süffisante Lächeln, was er glaubte auszumachen. Er verkniff sich aber einen Kommentar darüber und schüttelte stattdessen lieber erneut verneinend den Kopf.

»Wie ich Ihnen schon sagte, habe ich lediglich das Blut an der Wand berührt, um zu sehen, ob es sich denn tatsächlich um Blut handelt.«

»Ja, das tut es«, setzte sich die Beamtin wieder in Bewegung und beide führten ihren Weg durch den Park fort. »Die Spurensicherung hat festgestellt, dass es sich um menschliche DNA handelt. Und anhand eines Vergleichs mit Haarresten von Kardinal Seckbachs Bürste aus dem Bad steht auch fest, dass es sich zweifelsfrei um sein Blut handelt.«

Anna inhalierte ein weiteres Mal einen tiefen Zug ihrer Zigarette und führte ihre Erklärungen weiter aus. Dabei schwappte bei jedem Wort Zigarettenqualm aus ihrem Mund, was Markus widerlich fand.

»Dadurch stehen die Chancen aber auch ganz gut, dass der Bischof noch lebt.«

»Ach, tatsächlich? Und was macht Sie da so zuversichtlich?«

»Ganz einfach. Ansonsten hätte sich der Täter nicht solch eine Mühe gegeben, uns darauf aufmerksam zu machen, dass er ganz allein über Leben und Tod bestimmen kann. Er scheint dieses Spiel zu genießen und möchte das Gefühl sicher so lange wie möglich auskosten.«

Auch Markus war dieser Meinung, doch schwieg er lieber, anstatt der Beamtin Recht zu geben.

»Wir müssen hier entlang«, deutete er kurz darauf den weiteren Weg vorbei an einem Irrgarten in Richtung des Ausgangs des kleinen Parks. Unter den Bahngleisen hindurch erreichten sie schließlich wenig später ihr Ziel. Sie stoppten vor der Eingangstür des Hotels, das zu dem Kongresscenter gehörte, und Anna warf die inzwischen zweite, nur zum Teil gerauchte Zigarette zu Boden und drückte sie mit ihrer Schuhsohle aus. Eine weitere Unart, die Markus übel aufstieß.

Das Hotelzimmer Seckbachs war noch von der Spurensicherung versiegelt. Anna Peterson brach das Siegel und sie betraten das Zimmer. Es war alles noch immer genau so, wie Markus und Bischof Jeresmies es verlassen hatten. Die Beamten hatte ihre Arbeit beendet und überall befand sich eine Art hellgraue Staubschicht, die anscheinend zur Sicherung von Fingerabdrücken aufgetragen worden war. Ansonsten hatten sie alles so belassen, wie es Markus in Erinnerung hatte. Ihm war dennoch unbehaglich zumute, was er aber nicht zugeben wollte. Stattdessen trat er die Flucht nach vorne an.

»Also, Frau Peterson, womit fangen wir an? Wollen Sie Ihren Zauberkoffer auspacken und noch irgendwelche Tests machen?«

»Wie?«, blickte Anna irritiert auf, dann betrachtete sie den Koffer in ihrer Hand. »Ach so, der Koffer. Nein, der ist für die... Schriftsachen. Sie wissen doch, wie Behörden sind.« Sie stellte den Koffer ab und legte ihren Mantel über einen der Stühle. »Sie können nun übrigens alles berühren, die Fingerabdrücke sind ja gesichert. Leider haben wir aber keinen Treffer in unserer Datenbank gefunden. Nur Abdrücke von Angestellten des Hotels. Ach, und übrigens, da wir von nun an eng zusammenarbeiten müssen, schlage ich vor, dass wir die Formalitäten außen vor lassen. Wir können also meinetwegen auf das *Sie* verzichten und *Du* sagen. Natürlich nur, falls es Ihnen nichts ausmacht, Herr Schuhmann.« Am liebsten hätte Markus dankend abgelehnt, stattdessen lächelte er sie verkrampft an. Er musste dabei ziemlich dämlich aussehen. Doch Anna interessierte das nur wenig und sie streckte ihm ihre Hand entgegen. »Wir liegen wohl altersmäßig nicht allzu weit auseinander. Und ich als ältere biete hiermit offiziell das *Du* an.«

»Ich bin Markus«, trat er ihr entgegen und Hände wurden geschüttelt.

»Ja, das habe ich schon mitbekommen«, erstickte Anna sofort wieder die aufkeimende entspannte Stimmung. »Und wie ich hörte, sind wir ja fast so etwas wie Kollegen.«

»Soweit würde ich nicht gehen wollen. Ich habe einfach in einer schwierigen Lage helfen können«, antwortete er etwas verlegen. Er fragte sich, was Sie wohl über die Hintergründe des »Vierten Codex« wusste. Schließlich gab es nur eine handvoll Eingeweihte, die etwas über den damaligen Vorfall wussten.

»Stell dein Licht nicht unter den Scheffel. Das muss ein richtig großes Ding gewesen sein. Denn selbst das BKA hat kaum Kenntnis, um was es dabei genau ging, und du willst es mir wahrscheinlich auch nicht verraten, oder?« Anna lächelte dabei, als wüsste Sie bereits die Antwort. Und diesmal wirkte das Lächeln sogar echt. Markus legte den Kopf zur Seite, blickte viel sagend hinauf zur Decke und freute sich ihr dieses Wissen voraus zu haben.

»Ich könnte es dir sagen, müsste dich aber danach umbringen. Also behalte ich es doch besser für mich.«

Es war für ihn eine Wohltat ihr es so deutlich sagen zu können. Doch schnell holte ihn die Realität des Raums in die Gegenwart zurück. Die blutverschmierte Schrift über dem Bett Seckbachs hatte nichts von ihrem Schrecken eingebüßt.

»Na dann, Markus, lass uns mal mit der Arbeit beginnen. Wobei ich noch eine Bitte hätte. Bei allen Befragungen und ermittlungsspezifischen Dingen hältst du dich bitte zurück. Beim BKA gehen wir nach ganz strikten Mustern vor, die keine Zwischentöne dulden.«

Schnell hatte sich Anna wieder in die Kriminalbeamtin zurückverwandelt und Markus mochte den belehrenden Unterton in ihrer Stimme noch immer nicht. Doch was blieb ihm anderes übrig als einzuwilligen? Eitelkeiten waren der Sache tatsächlich nicht zuträglich. Doch ganz so kampflos wollte er ihr auch nicht das gesamte Feld überlassen.

»Gut. Aber sobald wir es mit kirchlichen Strukturen zu tun bekommen, solltest du mir den Vortritt lassen. Zuweilen sind es sehr eigenwillige Mechanismen, die dann greifen, und in denen man sich einfach auskennen muss.«

Anstatt eine Antwort zu bekommen, erhielt Markus lediglich ein kurzes Kopfnicken, das zum größten Teil verloren ging, da sich Anna zur Wand abdrehte.

»War das ein Ja?«, hakte Markus nochmals nach.

»Ja«, kam es trocken zurück. Glücklich über dieses Zugeständnis war Anna offensichtlich nicht. Noch immer kehrte sie Markus den Rücken zu und untersuchte die Wand mit der Blutnachricht. »Nun lass uns aber endlich beginnen.«

Zufrieden über den kleinen Erfolg stellte sich Markus neben Anna und musterte ebenfalls die Schrift, ohne jedoch zu wissen, nach was er Ausschau halten sollte.

»Nach was suchen wir eigentlich? Ich denke die Spurensicherung hat die Wand schon untersucht.«

»Das schon«, trat Anna einige Schritte zurück und blickte über die zurückgelassene Botschaft. »Interessanterweise wurde aber kein einziger Fingerabdruck festgestellt. Und das, obwohl die Nachricht wohl mit dem Finger geschrieben wurde.«

»Der Täter trug wahrscheinlich einen Handschuh.«

»Richtig. Aber das ist nicht das Interessante daran.«

»Sondern?«

»Die Tatsache, dass der Täter tatsächlich mit der Hand schrieb. Die Spurensicherung hat es nur unter kriminalistischen Gesichtspunkten untersucht. Ich suche aber nach was anderem.«

»Und das wäre?«

»Nach einer Eigenheit. Die Handschrift verrät viel über einen

Menschen. Sie lässt Rückschlüsse über den seelischen und emotionalen Zustand des Verfassers zu. Es ist so etwas wie ein Fingerabdruck des Unterbewusstseins.«

»Was kann man hierbei schon erkennen«, deutete Markus auf die blutroten Zeilen.

»Es gibt bei einer Handschrift eine so genannte Raumsymbolik.«

Anna baute sich nun endgültig wie eine Lehrerin vor einer Tafel auf und deutete mit den Händen über die blutigen Worte. »Dabei teilt man das Schriftbild in vier Projektionsflächen ein. Kippt die Schrift, wie in diesem Fall hier, nach links, symbolisiert dies die Vergangenheit und der Verfasser bezieht sich zudem stark auf sich selbst. Das innere Ich.«

Markus trat einige Schritte zurück, um sich einen besseren Überblick zu verschaffen. Langsam las er den Text noch einmal unter den Gesichtspunkten von Anna.

Und der Teufel, der sie verführte, wurde geworfen in den Pfuhl von Feuer und Schwefel, wo auch das Tier und der falsche Prophet waren; und sie werden gequält werden Tag und Nacht, von Ewigkeit zu Ewigkeit.

Sie hatte Recht. Die Schrift kippte eindeutig nach links. Nun war Anna in ihrem Element. Mit dem Zeigefinger fuhr sie die Worte einzeln nach.

»Wenn man, wie hier bei dem Wort *Teufel,* die Schrift sehr stark in die Oberzone verlaufen lässt, ist dies dazu ein Indiz für den deutlich geistig ausgeprägten Bereich. Der Täter war sich also seiner Sache sehr bewusst, keinesfalls handelte er im Affekt. Und das „f" ist in allen Wörtern sehr kraftvoll und wuchtig von oben nach unten gestrichen. Der Schwung wirkt sehr maskulin, wie eine Axt, zerteilt er die restlichen Buchstaben geradezu voneinander. Es scheint also, dass der Verfasser männlichen Geschlechts ist und beim Schreiben zwar nach einem Plan, aber auch sehr euphorisch und impulsiv gehandelt hat.«

Markus musste zugeben, dass die Erkenntnisse von Anna sehr schlüssig und beeindruckend waren. Auch wenn er sie nicht leiden konnte, sie schien tatsächlich ein Profi auf ihrem Gebiet zu sein.

»Demnach haben wir es hier also mit einem stark egoistisch veranlagten, intelligenten Mann zu tun, der, während er diesen Text schrieb, nervös war. Was auch kein Wunder wäre. Schließlich schreibt er gerade mit dem Blut des Bischofs eine Nachricht an die Wand.«

»Gut zusammengebracht, Markus. Ich würde jedoch nicht unbedingt sagen, dass er nervös gewesen sein muss. Diese Form der Emotionalität kann auch durch Eustress, also positiven Stress, bedingt sein. Ich denke vielmehr, dass ihn die Tat erregt hat.«

»Erregt?«, fragte Markus irritiert. »Du meinst sexuell erregt?«

»Vielleicht ja. Zumindest hat es ihn jedoch euphorisiert.«

»Euphorisiert?«

»Ja, wenn man das hier sieht, müssen seine Endorphine während der Tat vor Freude Tango getanzt haben.«

»Aber wie kann ein normaler Mensch dabei erregt sein?«

»Genau das ist auch schon die Antwort. Es sind keine normalen Menschen. Meist sind es kranke Personen, die andere zum Spaß quälen und sexuelle Lust aus ihrer Machtposition ziehen. Sie ergötzen sich am Leid ihrer Opfer, obwohl sie wissen, dass sie Unrecht tun. Nur können sie ohne psychologische Hilfe nichts gegen ihren Drang unternehmen.«

»Und du denkst, mit so einem haben wir es hier zu tun?«

Anna zuckte mit ihren Schultern.

»Schwer zu sagen. Es gibt eben auch noch die Sorte von Tätern, die ihre Vorgehensweise damit erklären, dass sie ihren Opfern einen Gefallen tun, sie erlösen oder im Auftrag einer höheren Macht bestrafen müssen. Häufig findet man diese Form von Tätern bei Sekten oder Teufelsanbetern. Sie sind noch weitaus schwieriger zu überführen, da sie keinerlei Unrechtsgedanken besitzen. Es sind tickende Zeitbomben, die tagtäglich ins Büro und irgendwann mit einem gewaltigen Knall in die Luft gehen.«

Markus setzte sich auf einen Stuhl und musste schlucken. Die Ausführung Annas ließ ihn erschaudern. Noch einmal ließ er seine Augen über die Blutnachricht wandern. Er versuchte den Text in jedes Detail zu zerlegen, während Anna in ihrer Erläuterung fortfuhr.

»Ich habe so etwas ähnliches schon einmal gesehen. Dabei ging es um einen Ritualmord einer Sekte, bei dem das Opfer, ich glaube, sie war siebzehn, die restlichen Mitglieder vorher sexuell befriedigen musste. Männer wie Frauen. Im Anschluss wurde die Kleine wie ein Stück Vieh geschlachtet und mit ihrem Blut ein Pentagramm und andere teuflische Symbole auf den Boden und die Wände gemalt.«

Es gefiel Markus nicht, was Anna sagte. Allein der Zusammenhang, in dem der Bischof im Kontext mit diesen Ausführungen und einer Sekte genannt wurde, bereitete ihm Übelkeit. Ganz zu schweigen von rituellen sexuellen Handlungen.

»Hat man das Bett auf Spuren untersucht?« Markus machte eine kurze Pause, bevor er fortfuhr. »Du weißt, was ich meine. Sperma oder ähnliches.«

»Ja, wurde untersucht, aber nichts gefunden. Ich würde zur Sicherheit gerne noch einen eigenen Test machen.«

Aus ihrer Handtasche zog Anna eine kleine Sprühflasche und eine Art Stablampe hervor und lächelte Markus an.

»Lust auf ein wenig Discofeeling?«

»Was ist das?«, fragte Markus, »willst du die Blumen gießen?«

»Die Flüssigkeit in der Sprühflasche ist mit einer Chemikalie namens Luminol versetzt. Luminol reagiert mit dem Eisenanteil in Körperflüssigkeiten wie Blut oder Sperma und lässt es unter ultraviolettem Licht leuchten.«

»Also doch ein wenig Hollywood, was?«

»Aber nur so ein klein wenig«, deutete Anna einen minimalen

Abstand zwischen Daumen und Zeigefinger.«Außerdem kommt noch ein Schuss gute deutsche Wertarbeit mit hinzu.«

Wieder griff Anna in ihre Tasche, nahm ein kleines Plastikfläschchen heraus und goss es mit in die Sprühflasche.

»Das ist mein Zauberwässerchen.«

»Aha. Und was kann das?«

»In erster Linie saubermachen«, drehte Anna den Sprüher wieder zu und begann den gesamten Raum mit dem Zerstäuber zu besprühen. »Das ist *FIT*. Ist so was wie ein Allzweckreiniger aus der früheren DDR. Das Zeug reinigt aber nicht nur, sondern verstärkt auch den Effekt von Luminol um ein Vielfaches. Selbst die kleinsten Rückstände kann man damit kenntlich machen«

Markus verstand nicht wirklich, was Anna von sich gab. Aber sie schien davon überzeugt.

»Da bin ich aber mal gespannt.«

»Nicht so kritisch, Herr Kollege«, kam Anna auf ihn zu und besprühte ihn mit einem kurzen Stoß aus der Flasche.

»He«, zuckte Markus zurück und wischte sich mit dem Handrücken über seine nasse Wange und Hals. Doch anstatt sich zu entschuldigen, drehte sich Anna um und ging zur Fensterfront, um die Vorhänge zuzuziehen. Der Raum war nun dunkel. Einen Moment später flackerte die Lampe in Annas Hand im Schwarzlicht auf.

»Das ist die Speziallampe mit dem ultraviolettem Licht, die Reaktionen hell reflektieren lässt.«

»Und das funktioniert?«

»Allerdings. Sobald das Licht auf Blut oder Sperma trifft, reflektiert sie diese Unregelmäßigkeiten in weißer Farbe. Selbst wenn die Rückstände älter sind.«

Sie fuchtelte aus Spaß vor Markus Augen mit der Lampe umher und blieb überrascht in ihrer Bewegung stehen. Ein mehrdeutiges Lächeln umspielte ihre Mundwinkel.

»Was ist das denn hier?«, deutete sie auf Markus Hals.

Zunächst wusste er nicht, was sie meinte, doch dann tippte sie mit dem Finger darauf.

»Na, hier an deinem Hals reflektiert etwas weiß. Ein Fleck?«

»Blut«, stotterte Markus verlegen. »Das ist nur etwas Blut. Ich hatte mich vor ein paar Tagen beim Rasieren geschnitten.«

»Ach, wirklich? Du weißt, es reagiert nicht nur auf Blut.«

Ohne noch näher darauf einzugehen drehte sich Anna zum Bett und fuhr mit der Lampe darüber. Dann überprüfte sie den Teppichboden vor der Wand. Nichts war zu erkennen. Sie wiederholten das Procedere auch im Bad, bei den Ausgüssen von Wanne und Waschbecken. Nichts.

»Und?«, fragte Markus.

»Nichts. Kein Blut, kein Sperma. Und das überrascht mich.«

»Warum?«

»Wenn jemand einer Person solch heftige Wunden zufügt, dass man mit dessen Blut eine Nachricht an die Wand schreiben kann, müsste man erwarten hier eine ganz erhebliche Schweinerei vorzufinden. Wie kann es dann sein, dass es sonst keinerlei Spritzer oder ähnliches im Zimmer gibt?«

»Du hast recht.«

Markus ging zurück ins Badezimmer und ließ etwas Wasser aus dem Wasserhahn des Waschbeckens über seine Hände laufen.

»Wenn jemand den Bischof hier in diesem Zimmer so schwer verletzt hat, müsste es noch viel mehr Blutspuren geben als den Text auf der Wand.«

»So ist es«, rief Anna aus dem Schlafbereich. »Der Täter benötigte eine Menge Blut, um die Botschaft an die Wand zu schreiben. Das bedarf einer mächtigen Anstrengung, um soviel Blut auf einmal aus einem Körper zu bekommen. Er müsste also von oben bis unten mit Blut besudelt gewesen sein. Das wäre doch sicher aufgefallen, wenn so jemand das Hotel verlässt. Und geduscht oder sich wenigstens die Hände gewaschen hat er sich in diesem Bad auch nicht.«

»Vielleicht hat der Täter eine Folie ausgelegt oder...«

»Oder was, Markus?«

»Oder die Tat wurde nicht in diesem Zimmer begangen.«

»Richtig.«

»Dennoch bliebe die Frage, wie der Täter ungesehen in das Hotel hinein und nach der Tat wieder aus dem Hotel hinaus gehen konnte.«

Anna zog die Vorhänge wieder auf und schaltete das Blaulicht aus.

»Dazu gäbe es noch eine weitere mögliche Erklärung, die wir bisher nicht in Betracht gezogen haben.«

»Und die wäre?«, fragte Markus und wischte sich dabei unbemerkt mit seiner nassen Handfläche über den kleinen Kratzer vom Rasieren.

»Vielleicht hat der Täter das Hotel ja überhaupt nicht verlassen müssen. Eventuell hat er ein eigenes Zimmer in diesem Hotel und befindet sich sogar noch immer hier. Mitten unter den Bischöfen.«

sechzehn.

Ich werde jedes einzelne Bad in diesem Hotel von den Kollegen der Spurensicherung auf Rückstände von Seckbachs Blut untersuchen lassen«, erklärte Anna beim Betreten des Foyers und hoffte auf einen sich daraus ergebenden Anhaltspunkt. »Wollen wir doch mal sehen, ob unser Täter wirklich so schlau ist, wie er glaubt.«

Es war Zeit für das Treffen mit Jakob Remond. Doch anstatt seiner erkannte Markus nur Professor von Leyen im Foyer, der in eine Tageszeitung vertieft war. Erst als sie bereits unmittelbar vor ihm standen, nahm er sie wahr und legte die Zeitung zur Seite.

»Herr Schuhmann«, stand von Leyen mit einem freundlichen Lächeln auf und streckte Markus seine Hand entgegen. Seine Augen wanderten dabei jedoch bereits zu Markus Begleitung. »Leider musste Herr Remond zu einem wichtigen Termin. Ich hoffe, dass ich Ihnen ebenfalls weiterhelfen kann. Darf ich fragen, wen Sie uns da noch mitgebracht haben?«

Markus wollte Anna gerade vorstellen, doch sie kam ihm zuvor und trat selbstbewusst vor den Professor.

»Anna Peterson, ich bin offiziell vom Bundeskriminalamt mit diesem Fall betraut worden.«

Das Lächeln des Professors wich nicht, wirkte jedoch sichtlich verkrampfter als zuvor. Sie spürte seinen abwertenden Blick musternd über ihren gesamten Körper wandern. Ein unbehagliches Gefühl schien in ihr aufzusteigen. Schließlich wandte von Leyen sich wieder an Markus.

»Eine Frau haben sie geschickt. Naja. Die Obrigkeit wird schon wissen, was sie tut, nicht wahr?«

Arrogantes Arschloch, dachte sich Anna. »Das tut sie wohl«, antwortete sie stattdessen.

Sie nahmen wortlos um einen Tisch Platz. Obwohl Markus´ Aversionen gegenüber Anna nicht weniger geworden waren, wollte er die Bemerkung des Professors doch kommentieren.

»Frau Peterson ist eine Expertin in Entführungsfällen und hat schon viele...«

»Vielen Dank, aber ich kann sehr gut für mich selbst sprechen«, wurde Markus jäh von Anna unterbrochen. Sie zündete sich ungefragt eine Zigarette an und drehte sich darauf in Richtung des Professors. »Es steht Ihnen natürlich jederzeit frei, über meine Besetzung bei der zuständigen Behörde Beschwerde einzulegen, Herr Doktor von Leyen.«

Markus mochte es nicht, unterbrochen zu werden. Doch das energische Einschreiten Annas hatte seine Wirkung nicht verfehlt. Ihre prompte und mit der Titeldegradierung vom Professor zum Doktor verzierte Antwort hatte bei von Leyen Wirkung hinterlassen.

»Professor«, verbesserte er Anna nachdrücklich. »Ich bin Professor.«

»Oh«, tat Anna überrascht, zog an ihrer Zigarette und blies eine ge-waltige Rauchsäule aus ihrem Mund nur knapp an von Leyens Kopf vorbei. Man merkte ihr die sarkastische Freude deutlich an. »Natürlich.«

»Grundgütiger, Sie sind aber dünnhäutig. Solange Sie die Etikette einhalten und Ihre Arbeit zurückhaltend ausführen, sehe ich keine Probleme, Frau Peterson. Und bitte machen Sie die Zigarette aus, oder haben Sie noch nicht mitbekommen, dass wir uns hier in einem öffentlichen Gebäude befinden? Schlimm genug, dass Sie sich damit selbst schaden, aber bitte nehmen Sie doch wenigstens Rücksicht auf Menschen wie mich, die weder rauchen noch einen einzigen Schluck Alkohol trinken.«

Anna nahm ihren Blick nicht vom Professor und tat dies auch nicht, als sie antwortete.

»Für Fragen der Etikette und des Protokolls der Konferenz steht mir ja zum Glück Herr Schuhmann zur Seite.« Hatte Markus richtig gehört? Er stand *ihr* zur Seite? Obwohl ihm diese Ausführung nicht gefiel, beschloss er zu schweigen. Anna drückte derweil ihre Zigarette in einem Blumentopf aus, jedoch nicht, bevor sie noch einen großen, finalen Zug genommen hatte. Dann lehnte sie sich wieder zurück in ihren Sessel. »Und bei Ihrem zweiten Bedenken kann ich Ihnen versichern, dass es nicht mein Anliegen ist, eine unangemessene Unruhe aufkommen zu lassen. Allerdings werde ich alle Möglichkeiten ausschöpfen, um zu einer schnellen Lösung zu gelangen. Lassen Sie mich einfach meinen Job erledigen und ich lasse Sie Ihren machen.« Von Leyen nickte und wollte sich gerade seine nächste Antwort zurechtlegen, da legte Anna noch einmal nach. »Vergessen Sie nicht, dass es hier um ein Menschenleben geht, das es zu schützen gilt, und das sehen Sie doch sicherlich auch als das vordergründigste Anliegen an, oder?«

»Gewiss«, nickte von Leyen eifrig. »Gewiss doch.«

Er hatte sein Interesse an dieser Art von Gespräch offenbar verloren und wollte allem Anschein nach schnell das Thema wechseln.

»Jakob Remond deutete an, dass man seitens des BKA mehr über Candens Oculus erfahren möchte.«

»Ja, das ist richtig. Wir müssen uns einfach ein möglichst genaues Bild davon machen, warum jemand ein so großes Interesse daran hat zu verhindern, dass Candens Oculus in den Stand einer Personalprälatur erhoben wird.«

Der Professor lächelte wieder milde, sah zuerst Markus, dann Anna an.

»Ich denke, Sie kennen die Antwort. Die Konservativen haben schlicht und einfach Angst.«

»Dennoch würde ich gerne einen eigenen Eindruck gewinnen.«

»Aber ja doch, gerne. Ich denke, Sie sollten Ihre Informationen am besten sogar direkt aus erster Hand beziehen.«

»Was meinen Sie damit?«

»Begleiten Sie mich doch zu unserem Hauptsitz in Thüringen. Ich muss dort noch einige Dinge erledigen. Es ist keine zwei Stunden von hier entfernt. Wir fahren heute Mittag hinauf und morgen früh sind wir wieder zurück. Wir verpassen hier also nichts von der Konferenz.«

Markus hatte von dem Hauptsitz, der abseits der Zivilisation in der Hochrhön lag, bereits in den Nachrichten gehört. Das Gut, das Candens Oculus als zentralen Ausgangspunkt nutzte, musste einem gut gesicherten Fort gleichen.

»Ich nehme Ihr Angebot gerne an«, antwortete Anna.

»Herr Schuhmann?«

»Da schließe ich mich gerne an.«

»Wunderbar. Wir treffen uns hier im Hotel wieder, einverstanden?« Der Professor schob den Ärmel seines Jackets ein klein wenig zurück und schaute auf seine goldene Uhr, die er am Handgelenk trug. »Sagen wir in zwei Stunden.«

Markus und Anna hatten nichts dagegen einzuwenden.

»Nur eine Sache noch, die mir persönlich sehr am Herzen liegt. Wie Sie vielleicht wissen, leben auch meine Mutter und mein Bruder in der Nähe des Guts. Würde es Ihnen etwas ausmachen, wenn wir dort einen kurzen Zwischenstopp einlegen? Es liegt auf dem Weg und wäre nur ein kleiner Umweg.«

Markus und Anna wechselten einen kurzen Blick und signalisierten dann beide, dass ihnen das nichts ausmachen würde.

»Gut, dann sehen wir uns in zwei Stunden hier im Foyer. Ich bin mir sicher, dass Ihnen der Besuch die meisten Ihrer Fragen von selbst beantworten wird. Die Medien geben manchmal ein allzu verzerrtes Bild unserer Gemeinschaft wieder. Dabei laden wir jeden herzlich ein, sich selbst ein Bild von unserer Arbeit zu machen. Wer weiß, vielleicht bleiben Sie ja auch gleich bei uns?«

Beide glaubten nicht an diese Möglichkeit, doch auf den Besuch waren sie gespannt.

*

Anna hatte sich in einem Hotel gegenüber des Doms am Paulustor einquartiert. Sie stand in ihrem Zimmer und blickte auf die Sachen, die sie gerade in die vor ihr stehende Tasche gepackt hatte. Unterwäsche, einen Pullover und ihre Zahnbürste. Ein Blick auf die Uhr verriet, dass sie noch gut eine Stunde als Puffer hatte, ehe sie aufbrechen wollten. Da ihr Hotel nicht sehr weit vom Kongresszentrum entfernt lag, hatte sie also noch etwas Zeit.

Langsam ließ sie ihren Körper auf das Bett gleiten und sah zur Decke hinauf. Sie war mit dem bisherigen Verlauf der Dinge sehr zufrieden. Zufrieden mit dem Gespräch bei Bischof Jeresmies, zufrieden mit ihrem Auftreten und zufrieden mit dem Ergebnis, dass sie das alleinige Sagen hatte. Es verlief alles nach Plan. Nur ihren neuen Schatten, Markus Schuhmann, empfand sie als überflüssig. Ihre Gedanken flogen ungeordnet weiter. Zu der Botschaft an der Wand, zu Professor von Leyen, zu Jakob Remond. Dann wurden ihre Augenlider schwer und sie nickte ein.

Als sie nach dreißig Minuten wieder aufwachte, verspürte sie sofort eine innere Unruhe. Ihr Puls beschleunigte sich und bald würden die Schweißausbrüche folgen. Sie wusste, was das zu bedeuten hatte und schaute sich Hilfe suchend in ihrem Hotelzimmer um. Schnell fand sie, was sie suchte. Mit einem schweren Seufzer öffnete sie die Tür der Minibar. Sie schob einige Flaschen beiseite und entschied sich schließlich für einen Whiskey und einen überteuerten Cognac.

Das Whiskeyfläschchen ließ sie als Notation in ihrer Handtasche verschwinden, den Cognac hingegen öffnete sie sofort. Mit geübtem Griff schraubte sie das kleine Fläschchen auf und ließ den Alkohol in einem einzigen Zug brennend durch ihren Rachen laufen. Dabei schloss sie für einen Augenblick die Augen und hielt inne, bis der Alkohol seine bekannte Wirkung verströmte. Ihr Pulsschlag normalisierte sich und augenblicklich wurde sie ruhiger und entspannter. Sie hasste sich und ihren nach Alkohol lechzenden Körper dafür.

Nach einem Blick auf die Uhr schnappte sie sich ihre Sachen und ging in Richtung Tür. Als sie schon fast draußen war, drehte sie sich noch einmal um, ging zurück, griff sich das leere Cognacfläschchen und entsorgte es mit einem gezielten Wurf im Mülleimer. Ein Kopfschütteln, gepaart mit einem süffisanten Lächeln folgte.

»Scheißzeug«, sagte sie leise zu sich und zog die Tür hinter sich zu.

– Nordossetien, Russland, 1. September 2004 –

Die Fahrt von Wladikawkas in das kleine Städtchen erschien Mazaev wie die Fahrt zu seiner eigenen Beerdigung. Selten ergriff ihn dieses Gefühl bei seinen Einsätzen. Und wenn er recht überlegte, war es sogar das erste Mal. Doch diesmal verspürte er eine Art Taubheit. Es war nicht so, dass Zweifel an der Mission in ihm aufkamen. Und doch gab es einen entscheidenden Unterschied zu allen vorangegangenen Aktionen. Er würde für kurze Zeit seine gesamte Familie einer nicht exakt kalkulierbaren Gefahr aussetzen. Selbst wenn Farisa und die Kleine schnell wieder verschwinden würden, ein Restrisiko blieb bestehen. Doch nur so war der Plan authentisch genug und überhaupt umsetzbar. Auch Farisa hatte es vermieden während der Fahrt das

Thema anzusprechen, sondern es vorgezogen zu schweigen. Mazaev war ihr dankbar dafür.

Als sie ankamen, stiegen sie ohne Eile aus dem Wagen und folgten den anderen Familien, die in Strömen zu dem Gebäude drängten. Während Farisa den Kinderwagen über den staubigen Weg schob, der durch die vielen Menschen kaum noch passierbar war, trug Mazaev die gemeinsame Tochter auf dem Arm und sah ihr dabei immer wieder in ihre Augen. Sie waren genauso bezaubernd schön wie die ihrer Mutter. Dann riss er sich zusammen, sein Blick wanderte wie ein Radar durch die sich an ihm vorbeidrängenden Menschen und er versuchte, auch sonst jedes Detail um ihn herum aufzusaugen. Die Gesichter wirkten fröhlich und in der Luft vermischten sich verschiedene Parfüms zu einem neuen, strengeren Duft. Von irgendwoher übertönten schrille Kinderstimmen die Rede eines Offiziellen, der vor einem Mikrofon stehend alle Gäste überschwänglich begrüßte und dem doch keiner recht zuhörte.

Mazaev deutete auf die Eingangstür, durch die sich gerade ein Pulk von Personen drängte. Es waren viel mehr Menschen anwesend, als sie geplant hatten. Es mussten hunderte, vielleicht nahezu tausend sein. Hoffentlich konnte er die anderen überhaupt entdecken. Seine Augen hielten nach den bekannten Gesichtern Ausschau. Obwohl man es ihm nicht ansah, spürte er in sich ein fast vergessenes Gefühl. Nervosität.

Nachdem sie das Gebäude einmal komplett durchschritten hatten, waren sie zurück in den Haupttrakt gegangen, wo der gleiche Mann, der bereits vor dem Gebäude gesprochen hatte, nun am Pult stand und Fragen der Familien beantwortete.

Dann sah er ihn. Vlad.

Er stand nur wenige Meter von dem Rednerpult entfernt und sah Mazaev mit ausdruckslosen Augen an. Die anderen Mitstreiter konnte er jedoch nicht ausmachen, doch er wusste, dass sie da waren. Er konnte ihre Anwesenheit förmlich spüren.

Es dauerte noch zwanzig Minuten, bis Vlad das verabredete Signal gab und sich wie auf Knopfdruck einzelne Personen aus der Masse lösten, um in verschiedene Richtungen den Saal zu verlassen.

Mazaev schloss für eine Sekunde seine Augen, dann beugte er sich zu seiner Tochter. Er streichelte dem Kind sanft über die Wange und gab ihr einen Kuss. Im Anschluss drehte er sich zu Farisa und sah mit einem gezwungenen Lächeln in die Mandelaugen, die er so liebte.

»Geht nun ganz ohne Hektik aus dem Gebäude, wir sehen uns bald wieder. Es wird alles gut.«

Er wich ihrem Blick aus, da er wusste, dass sie ihm in die Seele blicken konnte und erkannt hätte, dass auch er ein ungutes Gefühl hatte. Dann küsste er Farisa und verließ ebenfalls den Saal. Er schwenkte nach einigen Metern nach rechts, in Richtung des Kellers. Als er sich versichert hatte, dass ihm niemand gefolgt war, ging er die Treppen hinab den bekannten Weg in den Heizungsraum und versperrte von innen die Tür mit einem Keil. Das Sturmgewehr stand, wie er es zurückgelassen hatte, hinter dem Heizungskessel und auch die Umhängetasche war noch an ihrem Platz. Hastig tauschte er seinen Anzug gegen die Armeekleidung, die darin verstaut war, und legte das Sturmgewehr vor sich auf den Boden. Zu der Kleidung rollte er sich noch eine schwarze Sturmhaube über das Gesicht bis hinunter zum Hals, dass nur noch seine schwarzen Augen erkennbar funkelten. Den fertig präparierten Sprengstoff stopfte er in die Tasche und hängte sie sich um. Schließlich nahm er noch die Kalaschnikow fest in beide Hände und drückte sie an seine Brust. Sein Puls schlug schneller, als er es von sich gewohnt war, doch das vertraute Gefühl des kalten Metalls beruhigte ihn etwas. Er blickte auf seine Uhr. 09:27. Es waren noch genau drei Minuten bis zum Sturm.

Er war bereit.

siebzehn.

Die schwarze Luxus-Limousine rollte behäbig durch die kurvigen Straßen der Rhön. Zunächst auf der hessischen Seite, dann überquerten sie die ehemalige innerdeutsche Grenze und fuhren in den thüringischen Teil des Mittelgebirgszugs. Ansonsten summte der Professor zeitweise wahllos und talentfrei irgendwelche Melodien, die ihm in den Sinn kamen. Trotz der stressigen Situation schien er in sich zu ruhen und die dramatischen Ereignisse ausblenden zu können. Während sich das Fahrzeug wie auf Schienen durch ein kleines Waldstück schlängelte, tastete Markus auf dem Beifahrersitz mit seiner Hand über das edle Polster. Die sandfarbenen Lederbezüge fühlten sich weich an und besaßen noch den typischen Geruch, wie ihn nur Neuwagen verbreiten. Er überlegte, wie viel der Wagen wohl gekostet hatte und ob auch das von Candens Oculus bezahlt wurde. Oder war der Wagen am Ende sogar die Spende eines Gönners?

Anna hatte auf der Rückbank Platz genommen und Markus erkannte im Rückspiegel, wie ihre Augenlider immer wieder schwer wurden und sie für einige Momente den Kampf gegen den Schlaf verlor. Dann, als sie schließlich eingenickt war, ertappte er sich dabei, wie er sie studierte und sich dabei fragte, ob sie hübsch war oder nicht. Obwohl sie nicht seinem Geschmack entsprach, besaß sie eine schlichte, ungeschminkte Schönheit. Schnell schob er den Gedanken wieder beiseite.

Es dauerte weitere dreißig Minuten, bis ein Schild mit verblassten Buchstaben am Straßenrand andeutete, dass es bis in das kleine Dorf nicht mehr weit war. Wenige Momente darauf passierten sie endlich den Ortseingang. Das Dorf bestand nur aus einigen wenigen Häusern und Bauernhöfen, die sich geordnet wie zum Begrüßungsappell am Straßenrand aufreihten.

Der Professor drosselte das Tempo des Autos, da ein Landwirt gerade eine kleine Herde Kühe über die einzige Straße des Dorfs zurück in den Stall trieb. Die Zeit schien hier die letzten dreißig Jahre stehen geblieben zu sein. Doch hatte genau dieser Effekt auch einen gewissen Charme. Die prekäre Situation rückte für einen kurzen Moment in den Hintergrund. Alles war ruhig und lebte in Einklang miteinander.

Nachdem sich der kurze Stau aufgelöst hatte, lenkte von Leyen den Wagen vor ein Einfamilienhaus mit gepflegtem Vorgarten und ordentlich gestutzter Hecke. Der Putz kämpfte an manchen Stellen gegen die Zeichen der Zeit, an anderen schien er diesen Kampf hingegen schon lange aufgegeben zu haben. Nichts desto trotz wirkte das Haus gemütlich und reihte sich in die harmonische Optik des Dörfchens nahtlos ein.

»Wir sind da«, erklärte von Leyen knapp, stieg aus und ging hinüber zur Eingangstür, ohne dabei auf seine beiden Gäste zu warten. Anna wischte sich kurz über die müden Augen und folgte zusammen mit Markus dem Professor, der bereits vor der Haustür stand. Nach zweimaligem Läuten wurde die Tür geöffnet und eine freundlich aussehende, attraktive blonde Frau Mitte vierzig blickte sie an. Sie trug trotz der frischen Temperaturen des Tages ein leichtes Sommerkleid in Pastelltönen und Goldschmuck an Händen und Ohren.

»Wilhelm«, freute sich die Dame mit einem ehrlichen Lächeln. »Warum hast du denn nicht vorher angerufen?«

Von Leyen tat einen Schritt in das Haus hinein, breitete seine Arme aus und drückte die Frau an seine Brust.

»Frau Peterson, Herr Schuhmann, das ist Luise von Leyen. Die Frau meines Bruders Robert und meine Lieblingsschwägerin.«

»Ach, du«, winkte Luise von Leyen beschwichtigend ab und bat die kleine Gruppe herein, »Sie müssen wissen, dass ich auch seine einzige Schwägerin bin. Aber nennen Sie mich bitte Luise, sonst komme ich mir so alt vor.«

Sie gingen die Stufen in die obere Wohnung hinauf und setzten sich um einen runden Tisch mit bunter Tischdecke. Die Wohnung wirkte hell und viel moderner, als man es von außen erwarten konnte.

»Dein Bruder ist noch nicht zu Hause. Er ist noch auf dem Gut und kommt erst morgen zurück. Und deine Mutter hält ihren Mittagsschlaf.«

»Das ist kein Problem. Robert werden wir nachher noch treffen. Aber wie geht es Mutter?«, fragte der Professor mit einem besorgten Unterton in seiner Stimme.

Luise zog ihre Schultern nach oben und legte ihren Kopf zur Seite.

»Ach, du weißt ja, wie sie ist. Trotz ihrer Krankheit ist sie manchmal so störrisch und dickköpfig wie ein kleines Kind.«

»Ja, ich weiß. Sie macht es euch nicht leicht.«

Wilhelm von Leyen schwieg für einen Moment. Dann erklärte er in Richtung Markus und Anna die schwierigen Umstände seiner Mutter.

»Sie müssen wissen, dass meine Mutter an Krebs im Endstadium leidet. Hinzu kommt, dass sie manchmal von einer Art Fieberanfall geplagt wird, der sie jedes Mal heftig fantasieren lässt.«

Der Professor wechselte bei dem Wort *fantasiert* einen kurzen Blick mit seiner Schwägerin. Markus fragte sich, ob das etwas zu bedeuten hatte. Doch schon im nächsten Moment führte Luise von Leyen die Erklärung des Professors weiter aus.

»Sie hatte heute wieder einen dieser Anfälle. Nach solchen Wahnvorstellungen ist sie oftmals für mehrere Stunden nicht mehr ansprechbar.«

»Anfälle? Welcher Art sind diese Anfälle?«, bohrte Anna nach. Ihre Berufsroutine ließ ihr gar keine andere Wahl. Es war ihr zu einer Angewohnheit geworden, unbequeme Fragen zu stellen.

»Das ist sehr privat«, fiel der Professor seiner Schwägerin ins Wort, bevor er hinzufügte: »Darüber möchte ich im Moment nicht sprechen, bitte verstehen Sie das.«

Anna war mit der Antwort nicht zufrieden, doch zog sie es vor, dem Professor zunächst seinen Willen zu lassen. Sie würde ihn bei Gelegenheit nochmals genauer danach fragen. Im Moment galt es, ihre Arbeit zu erledigen, und die bestand darin, Candens Oculus näher unter die Lupe zu nehmen. Die Familienangelegenheiten der von Leyens konnten da warten.

»Darf ich Ihnen einen Kaffee anbieten?«, wandte sich Luise an die beiden Gäste. Auch ihr schien das Thema unangenehm zu sein. »Ich habe gerade eine neue Kanne aufgesetzt.«

»Gerne«, bedankte sich Anna freundlich und auch Markus nickte zustimmend, bereute es aber schon im gleichen Moment wieder. Ein Wasser wäre ihm lieber gewesen. Außerdem hatte er schon während der Fahrt gemerkt, dass er dringend auf Toilette musste.

»Könnte ich vielleicht vorher Ihre Toilette aufsuchen, Luise?«

»Aber ja doch. Über den Flur, die letzte Tür rechts.«

Markus stand auf und ging den beschriebenen Weg über den Hausflur. Allerdings stoppte er kurz vor der Tür zur Toilette und hielt kurz inne. Was war das?

Ein Jammern.

Es drang leise, fast wabernd von irgendwoher. Er versuchte es zu orten und drehte sich dabei langsam um die eigene Achse. Das Wimmern wurde lauter. Es kroch anscheinend vom Treppenhaus herauf.

Ohne zu zögern folgte er den Klagelauten. Er ging durch das Treppenhaus hinein in die untere Wohnung. Sie war unverschlossen, wirkte völlig anders als die obere Etage und war im Vergleich zur Wohnung im oberen Stockwerk nur sehr spärlich eingerichtet. Sie war düster und muffig und wirkte auf Markus irgendwie deprimierend. Früher musste die Wohnung jedoch einmal ganz anders ausgesehen haben. Ein Ort voller Leben und Lachen. Einige Bilderrahmen mit vielen unterschiedlichen Gesichtern zeugten noch von dieser unbeschwerten Zeit der Fröhlichkeit. Vieles war jedoch nur noch schwer unter den dünnen Staubschichten zu erkennen. Heute wirkte die Wohnung verlassen und trostlos, als würde sie nur noch sehnsüchtig auf ihren endgültigen Gnadenschuss warten. Ihn erinnerte die Atmosphäre mehr an eine Gruft als an eine Wohnung.

Das Jammern wurde lauter und er glaubte es nun exakt lokalisieren zu können. Er trat vor eine Tür, öffnete sie vorsichtig und blickte hinein. Neben einer Kommode stand nur ein einzelnes Bett in der Mitte des Raums. Die Vorhänge waren zugezogen und die Luft roch in diesem Raum noch schlechter als in der restlichen Wohnung. Das Zimmer war zwar aufgeräumt, doch es machte den Eindruck, als würde es nur noch aus Gewohnheit in Schuss gehalten.

Markus trat näher. Erst jetzt konnte er den Kopf einer Person mit lichtem, weißen Haar im Bett liegend erkennen. Es war das Haar einer alten Frau und der Kopf war alles, was die Bettdecke freigab. Ein in Falten gelegtes und vom Leben gezeichnetes Gesicht, dessen Wangenknochen weit hervorragten und dadurch die Augen noch tiefer in den Schädel zu ziehen schienen. Den Blick starr zur Decke gerichtet, wimmerte sie vor sich hin, ohne Markus wahrzunehmen. Er war sich sicher, dass dies die Mutter des Professors sein musste.

»Frau von Leyen, können Sie mich hören?«, fragte Markus vorsichtig in Richtung der Frau, ohne eine Antwort zu erhalten. Er fühlte sich hilflos, zumal der Raum beängstigend auf ihn wirkte. Und das lag nicht etwa an der alten Frau. Es war eher ein Gefühl von bedrückender Schwere, die sich wie ein bleierner Umhang über seine Schultern legte.

Markus trat neben das Bett und beugte sich leicht darüber.

»Frau von Leyen, soll ich Ihren Sohn verständigen? Haben Sie Schmerzen?«

Doch außer dem monotonen Wimmern gab sie keine weitere Reaktion von sich. Sein Blick wanderte zum Nachttisch, der neben dem Bett stand. Erst jetzt bemerkte er, dass ein weißes Tuch darauf lag, in das etwas eingewickelt worden war. Es drang etwas Feuchtes daraus hervor. Instinktiv griff Markus danach und faltete das Tuch vorsichtig auseinander. Angewidert schreckte er jedoch sofort zurück. Eine frisch abgeschlagene Hasenpfote kam zum Vorschein. Das Innere des Taschentuchs war geradezu mit frischem, rotem Blut getränkt. Schon häufiger hatte Markus über Glücksbringer und okkulte Symbole gelesen. Doch nie zuvor hatte er es so real vor sich gehabt. Das üble Gefühl in Markus´ Magengegend verstärkte sich und er entschloss sich sofort wieder zu den anderen zurückzukehren. Sicher wunderten sie sich bereits, wo er so lange blieb. Er legte das Taschentuch wieder zusammen und wollte gerade das Zimmer verlassen, als ihn plötzlich eine Hand packte und ihn an seinem linken Arm zurück zum Bett zerrte. Markus fuhr herum und blickte erschrocken in die weit aufgerissenen Augen der alten Frau. Zwei starre Augäpfel blickten ihn dabei durch einen weißen Schleier hindurch an. Der Mund öffnete sich und einige Wörter quollen langsam, aber sehr deutlich hervor.

»Der Teufel hat Sie zum Tanz herausgefordert und Sie sind so töricht und tanzen mit ihm. Sie sind in großer Gefahr, es geht um Leben und Tod. Sehen Sie sich vor.«

Markus zitterte und obwohl er der gebrechlich vor ihm liegenden alten Frau körperlich überlegen sein musste, konnte er sich nicht aus ihrem Griff befreien. Dann gab ihre Hand seinen Arm wieder frei und sie verfiel daraufhin sogleich wieder in ihr Wimmern. Markus Herzschlag hämmerte wie wild in seiner Brust. Hatte er sich das gerade nur eingebildet oder war es wirklich geschehen? Instinktiv machte er einen Schritt zur Seite und stolperte dabei über einen Stuhl, auf dem einige Kleidungsstücke abgelegt waren. Im letzten Moment konnte er einen Sturz vermeiden, in dem er sich mit einer Hand abfing. Dabei fasste er jedoch in das Tuch mit der blutigen Pfote. Angewidert flüchtete er aus dem Zimmer der alten Frau in den Flur und zurück in das Treppenhaus. Dann hinauf, wo er im oberen Stockwerk schnell die Toilette aufsuchte. Er beugte sich über das Waschbecken und ließ kaltes Wasser über seine Hände laufen. Es hatte sich etwas Blut von der Pfote auf seine Hand übertragen. Es schwemmte kurz auf und lief in den Abfluss. Markus rieb sich seine Hände länger als nötig sauber. Dann tauchte er sein Gesicht in beide Hände und atmete tief durch.

Sein Puls beruhigte sich langsam wieder.

Er griff zum Handtuch und trocknete sich Hände und Gesicht. Als er sich im Spiegel sah, erkannte er einen blassen, erschrockenen Mann. Er füllte seine Lungen bis zum Rand mit Sauerstoff und ging wieder zurück zu den anderen.

»Herr Schuhmann«, winkte ihn Luise herbei, »ich habe Ihnen schon eine Tasse Kaffee eingeschenkt. Ist alles in Ordnung? Sie sehen so blass aus.«

Anna blickte ihn misstrauisch an, als würde sie genau erkennen, dass mit ihm etwas nicht in Ordnung war.

»Alles in Ordnung. Ich habe wohl nur etwas Falsches gegessen. Ist aber nicht weiter schlimm, vielen Dank, Luise.«

Mit gezwungenem Lächeln nahm Markus wieder am Tisch Platz.

»Wir sprachen gerade darüber, wie erholsam diese Gegend hier doch immer wieder ist«, erklärte der Professor. »Denken Sie das nicht auch?«

Von Leyen musterte Markus einen kurzen Augenblick, widmete sich aber sofort wieder seinem Kaffee.

»Gewiss doch. Eine wunderschöne Landschaft, ja.«

Ein unangenehmes Gesprächsvakuum entstand für einige Sekunden, ohne dass jemand etwas sagte. Luise war es schließlich, die versuchte die unangenehme Situation zu entschärfen.

»Möchtest du noch warten, bis sie wach ist, Wilhelm?«

»Nein, nein. Ich werde in den nächsten Tagen nochmal vorbeischauen. Sie soll sich nur ausruhen«, erklärte der Professor und trank den letzten Schluck Kaffee aus seiner Tasse. »Wir werden dann lieber mal wieder aufbrechen. Ich möchte den beiden Herrschaften schließlich noch den Hauptsitz von Candens Oculus zeigen.«

»Das Anwesen wird Ihnen gefallen«, schlug Luise ihre Augen weit auf. »Ein wunderschönes Gut, und Candens Oculus hat mit Wilhelm einen erstklassigen Mann mit an der Spitze.«

»Da sind wir uns sicher«, antwortete Anna, und der Professor schien sich nicht sicher, ob dies eine weitere Spitze in seine Richtung war oder nicht. Sie standen auf und gingen die Treppe hinunter. Markus versuchte sich nichts anmerken zu lassen, als sie an der Tür zur Parterrewohnung vorbeigingen. Das Wimmern war verstummt. Dennoch war er froh, als er wieder in dem sicheren Auto auf dem Beifahrersitz saß und das Dorf im Rückspiegel immer kleiner wurde, bis es schließlich ganz verschwand.

achtzehn.

Während der weiteren Fahrt durch die Mittelgebirgslandschaft hatten sie im Fahrzeug kaum miteinander gesprochen. Selbst Anna und der Professor hatten ihr Kriegsbeil vorübergehend begraben und einen zwischenzeitlichen Waffenstillstand vorgezogen. Als das Auto nach einer ganzen Weile ein nicht enden wollendes Waldstück schon fast wieder verlassen hatte, bog Wilhelm von Leyen in einen ungeteerten Weg ab, dessen Ende nicht einzusehen war. Er gab Gas und der Schotter schoss hinter dem Fahrzeug als rauchende Staubwolke in die Höhe. Die Fahrbahn weitete sich darauf zu einer breiteren, geteerten Straße, auf der auch ein Lastwagen bequem Platz gehabt hätte.

Dann tauchte es plötzlich wie aus dem Nichts vor ihnen auf. Das eindrucksvolle Gut von Candens Oculus. An ein gewaltiges Haupthaus schlossen sich in U-Form zwei weitere Nebengebäude an. Von außen konnte man nur über diese Einfahrt ins Innere des Guts gelangen, da es ansonsten von hohen Mauern umgeben war. Ein Eisentor versperrte jedoch allzu neugierigen Besuchern den weiteren Zugang. Über dem Tor thronten die verschlungenen Initialen von Candens Oculus in goldener Schrift, wie Markus sie schon auf den Siegelringen Remonds und von Leyens gesehen hatte. Die Buchstaben C und O waren dabei genauso kunstvoll ineinander geschwungen, nur schien hinter den Buchstaben eine Sonne aufzugehen. Erst auf den zweiten Blick erkannte Markus, dass es sich nicht um eine Sonne, sondern um ein Auge handelte, dessen Wimpern als Flammen dargestellt waren. Das glühende Auge – Candens Oculus.

Der Professor hielt mit dem Wagen direkt vor dem Tor und im nächsten Moment ertönte eine Stimme aus einem kleinen Lautsprecher, der neben einer Kamera angebracht war.

»Professor, schön, Sie begrüßen zu dürfen.«

Noch bevor dieser antworten konnte, öffnete sich das Tor mit einem leisen Summen und die Limousine konnte passieren. Anna schien diese Form der Überwachung überhaupt nicht zu gefallen. Sie verdrehte die Augen und notierte irgendwas in einen kleinen Block, den sie aus ihrer Tasche genommen hatte. Dann wand sie sich an den Professor.

»Das wirkt hier auf mich eher wie eine Festung.«

»Wir schützen nur unsere Gemeinschaft. Außerdem haben wir viele einflussreiche Gäste, denen wir so ein Maximum an Anonymität gewährleisten können.«

»Was für Persönlichkeiten sind das?«

»Darüber darf ich leider keine Auskunft geben. Das verstehen Sie sicherlich.«

»Natürlich«, lehnte sich Anna wieder zurück, »entschuldigen Sie meine Neugier.«

Im Innenhof angekommen, war keine Menschenseele zu entdecken. Was aber der Professor nach einem Blick auf seine Uhr schnell erklären konnte.

»Es ist Essenszeit. Die meisten sind im Speisesaal. Kommen Sie.«

Ohne auf seine beiden Gäste zu warten, stieg er aus und ging voran. Anna zog Markus am Sakko, um ihn etwas zu bremsen.

»Was war denn vorhin los?«, flüsterte sie. »Irgendetwas stimmte doch nicht mit dir. Du sahst aus, als hättest du einen Geist gesehen.«

»Wenn du wüsstest, wie recht du damit hast«, legte Markus seine Stirn in Falten. »Ich erkläre es dir später genauer.«

Einige Schritte vor ihnen forderte Professor von Leyen die beiden auf, ihm etwas schneller zu folgen. Durch den Haupteingang durchquerten sie einen langen Flur, an dessen Ende sich eine schwere Eichentür befand. Auch auf den beiden Flügeltüren erkannte Markus das Symbol der Gemeinschaft wieder. Wie ein Zauberer, der kurz vor der Vorführung seines besten Tricks steht, hatte sich der Professor davor postiert und wartete darauf die Tür nun öffnen zu können.

»Hier können Sie nun im wahrsten Sinne des Wortes schon einen Vorgeschmack auf den Geist von Candens Oculus bekommen.«

Die Flügeltüren schwangen zurück und der gut gefüllte Speisesaal mit wenigstens einhundert Menschen kam zum Vorschein. Alle standen gerade von ihren Stühlen auf und begannen ein Tischgebet zu sprechen. Sie verweilten kurz und zumindest Markus und der Professor beteten mit, dann bekreuzigten sie sich und die Anwesenden nahmen wieder ihre Plätze ein. Die Luft roch angenehm nach einer Mischung aus Koriander und Kümmel und um die langen Tischreihen saßen Menschen aller Altersgruppen. Die Jungen halfen den Alten und Schwachen beim Schneiden ihrer Speisen oder fütterten sie teilweise. Trotz der hohen Anzahl war alles sehr gut organisiert und wirkte nicht hektisch. Anna wirkte erstaunt. Sie hatte etwas anderes erwartet. Etwas befremdliches, das sie in ihrer kritischen Haltung zu Kirche und Glauben bestärkt hätte. Schließlich war dies der Hauptsitz einer katholischen Glaubensgemeinschaft. Doch anstatt in verklärte Gesichter religiöser Fanatiker zu schauen, blickte sie in lachende Augen von Menschen, die einen Frieden ausstrahlten, den sie so noch nie erlebt hatte. Einzig die weitestgehend einheitliche Kleidung der Mitglieder erinnerte sie an Mormonengruppen, die in der Vergangenheit durch einige Negativpresse in den Blickpunkt gerückt waren. Die Frauen trugen einfache, lange Gewänder aus beigem Stoff. Manche dazu eine Haube auf ihrem Kopf, die ihre Haare bedeckt hielten. Auch die Männer trugen Einheitskleidung in Form von weißen Hemden und schlichten hellbraunen Hosen.

»Ich hoffe, Sie haben ein wenig Appetit mitgebracht.«

Ohne eine Antwort abzuwarten, ging von Leyen zur Küchenausgabe und stellte einen Teller mit Kümmelbraten, Kartoffeln und Salat auf ein Tablett. Auch Anna und Markus nahmen sich etwas von den Speisen und folgten dem Professor zu einem Tisch, an dem ein weiterer Mann mit dem Rücken zu ihnen saß. Dort angekommen, erkannten sie sofort, wer der fremde Mann war. Es war beim besten Willen nicht zu übersehen.

»Sie sind Zwillingsbrüder«, flüsterte Anna Markus zu, als hätte sie gerade eine erstaunliche Entdeckung gemacht, doch es war für jeden ersichtlich. Der Mann trat vor Anna und stellte sich vor. An seinem Revers strahlte ein Anstecker mit den bekannten Initialen der Glaubensgemeinschaft.

»Doktor Robert von Leyen«, schüttelte der Bruder des Professors mit weicher Stimme ihre Hand. Wenn er sich auch durch die dicken Brillengläser, die kürzeren Haare und das blank rasierte Gesicht recht deutlich von Wilhelm unterschied, so konnten die Brüder dennoch ihre Eineiigkeit nicht leugnen.

»Ich bin so etwas wie der Mann im Schatten von Wilhelm. Das war schon immer so, wobei ich anfügen muss, dass mir dies auch nicht wirklich unangenehm ist.«

»Er war schon immer derjenige, der sich lieber im Hintergrund aufhält und dort die Strippen in der Hand hält«, erklärte der Professor die Ausführung seines Bruders weiter. »Ist es nicht so?«

»Ja«, antwortete Robert einsilbig.

»Sie sind auch Arzt wie ihr Bruder?«, fragte Markus.

»Doktor der Psychologie. Ich betreue unsere Gäste in Gesprächen gewissermaßen seelsorgerisch. Außerdem leite ich die kaufmännische Seite von Candens Oculus.«

»Mein Bruder leistet hier neben seiner Tätigkeit als kaufmännischer Leiter erstklassige Arbeit am Menschen. Er ist ein sehr gläubiger Mann und kümmert sich bestens um den seelischen Zustand vieler Mitglieder.«

Wilhelm von Leyen verpasste seinem Bruder einen Klaps auf die Schulter, was diesen kurz zusammenzucken ließ. Trotz der brüderlichen Nähe unterschieden sich die beiden anscheinend charakterlich doch erheblich voneinander. Das fiel auch Anna auf, und sie wollte daher die beiden nach ihrer Beziehung zu ihrer Mutter fragen, als sie in diesem Moment plötzlich unsanft von hinten in die Rippen gekniffen wurde. Überrascht fuhr Anna mit einem kurzen Aufschrei herum. Doch hatte sie nicht mit dem gerechnet, was oder besser wen sie dort vorfand.

Ein junges Mädchen, höchstens sieben Jahre alt, stand in ihrem Kleidchen vor ihr und grinste sie frech an. Die strühigen, braungelockten Haare wurden durch mehrere kleine Spangen gezähmt und waren mit einem weißen Gummi zu einem kleinen Pferdeschwanz am Hinterkopf zusammengebunden. Auf den zweiten Blick fielen Anna die großen braunen Augen auf, die aufgeweckt, aber auch traurig wirkten.

»Hallo«, streckte das Mädchen Anna ihre Hand entgegen, »ich heiße Susanne, und wer bist du?«

Verdutzt, aber auch erfreut über so viel entfesselnde Offenheit schüttelte Anna die ihr entgegengestreckte Hand.

»Ich bin Anna. Schön dich kennen zu lernen.«

»Du hast schöne Haare«, strich Susanne ohne Scheu mit ihrer Handinnenfläche über Annas Haar. »Darf ich die mal kämmen?«

»Susanne«, griff der Professor in das Gespräch ein und versuchte zu erklären, dass es unhöflich sei, andere Personen beim Essen zu stören, aber versprach ihr, dass sie später noch einmal in Susannes Gruppe kommen würden. Zufrieden mit dieser Antwort, ließ Susanne von Annas Haaren ab und ging weiter zum Ausgang des Speisesaals, nicht ohne sich noch zweimal umzudrehen und dabei jedes Mal zu winken. Der Professor sah ihr nach und drehte sich dann wieder zu Anna.

»Wie sie sehen, kümmern wir uns nicht nur um erwachsene

Menschen, die temporäre Probleme in ihrem Leben haben und die wir durch Gespräche, Therapien und Medikamente wieder auf ihr Leben außerhalb von Candens Oculus vorbereiten. Auch Kindern ver-suchen wir einen möglichst guten Start in ihr Leben zu ermöglichen.«

»Ich verstehe.«

Dem Professor genügte die Erklärung jedoch noch nicht zur Gänze und so fügte er noch weitere Details über die Prinzipien von Candens Oculus an.

»Kinder, wie Susanne, finden hier Zuflucht und Hilfe. Und zwar zeitlich unbegrenzt. Sie können sich vorstellen, welchen Aufwand das alles mit sich bringt.«

»Finanziell«, antwortete Anna.

»Nicht nur finanziell. Aber auch.«

»Hoffen Sie deshalb auf die Ernennung zur Personalprälatur?«

»Die Unterstützung von kirchlicher Seite wäre zumindest wünschenswert.«

Robert von Leyen fühlte sich bei dem Stichwort *Finanzen* sofort angesprochen und bestätigte die Vorteile einer Ernennung zur Personalprälatur.

»Die finanziellen Möglichkeiten einer päpstlichen Personalprälatur wären natürlich um ein vielfaches besser als es bisher der Fall ist. Es würde unsere Arbeit auf Jahre hin absichern.«

»Wie man so hört, brauchen Sie sich aber über dieses Thema am wenigsten Sorgen zu machen.«

»Ich sehe, worauf Sie hinaus wollen, Frau Peterson. Wir sind sehr dankbar für die großzügigen Spenden unserer ehemaligen Gäste, aber wir benötigen Planungssicherheit.«

»Verstehe. Ich möchte Ihnen auch nicht absprechen, dass eine optimale Betreuung von solchen Kindern Unsummen verschlingen. Sagen Sie, seit wann ist denn die Kleine schon bei Ihnen?«, wollte Anna noch einmal auf das Mädchen zurückkommen.

»Susanne? Seit ungefähr fünf Jahren«, kam der Professor seinem Bruder zuvor und verschlang den Rest einer Korianderkartoffel. »Susanne wurde uns von Bewohnern eines benachbarten Dorfs gebracht. Sie war dort urplötzlich aufgetaucht. Eine alte Bauersfrau hatte sie in der Scheune ihres Hofes gefunden. Keiner wusste, woher sie kam oder wer sie war. Sie trug lediglich ein Täschchen um ihren Hals, auf dem Candens Oculus stand. Vielleicht war sie ein Waisenkind, vielleicht hatten ihre Eltern sie aber auch zurückgelassen, weil sie sich schlichtweg überfordert fühlten. Man hatte wohl darauf gehofft, dass sie jemand findet und sie zu uns bringt.«

»Man weiß also nichts von ihren Eltern?«

»Nein, seither sind wir ihre Familie.«

»Welch eine Schweinerei. Wer setzt sein Kind denn einfach so auf der Straße aus?«, schlug Anna mit der Faust auf die Tischplatte, dass die um sie sitzenden Leute verstört ihre Köpfe hoben. Auch Markus war über die heftige Reaktion Annas überrascht. Sicher war das eine Schweinerei. Aber ebenso sicher hatte Anna im Lauf ihrer Karriere schon ganz andere Dinge erlebt.

»Bitte, Frau Peterson«, lehnte sich der Professor mit dem Oberkörper zu ihr herüber, »wir wollen die anderen doch nicht stören.«

»Natürlich nicht. Aber was für ein Mensch ist das, der sich mir nichts, dir nichts aus dem Staub macht und sein Kind zurück lässt?«

»Ein kranker Mensch«, nickte Robert zustimmend. »Ich möchte Sie nicht mit der psychologischen Diagnose zu diesem Thema langweilen. Aber um es verkürzt zu sagen: Die Eltern hatten sicher mit ihrem eigenen Leben ernsthafte Probleme. Und da ist es mir ehrlich gesagt sogar lieber, dass sie das Kind hierher bringen, als es zu vernachlässigen oder sich des Kindes am Ende sogar anderweitig zu entledigen.«

Ein betretenes Schweigen folgte, bis der Professor wieder das Gespräch aufnahm.

»Susanne ist nicht unser einziger Fall, dem solch eine außergewöhnliche Biografie voraus geht. Wir haben auch Gruppen verwirrter oder behinderter Menschen. Aus diesem Grund haben wir auch das gesamte Gut mit einer Mauer geschützt. Und zwar nicht, wie viele denken, aus dem Grund, dass wir niemanden zu uns einlassen möchten, sondern um die Auflagen der Ämter zu erfüllen, die uns gestatten, hier auch schwierige Fälle behandeln zu können. Candens Oculus bietet diesen Menschen unkonventionelle Hilfe. Das war auch ein Grund, warum ich mich dazu entschied, diese Gemeinschaft mit meinem Beitrag zu unterstützen.«

»Sie meinen Ihre Arbeitskraft zur Verfügung zu stellen?«

»Nicht nur das. Das Anwesen befand sich einst in unserem Familienbesitz. In Zeiten der DDR wurde es zum Volkseigentum und fiel erst nach dem Mauerfall an uns zurück. Wir überlegten, was wir damit tun könnten. Während der letzten zwanzig Jahre fanden hier etliche Versuchsreihen unter russischer Führung statt.«

»Versuchsreihen? Welcher Art waren diese Versuchsreihen?«

»Das weiß niemand so genau, Frau Peterson. Sie dürfen nicht vergessen, dass wir uns hier in ehemaligem Grenzgebiet befinden und dass dieser Bereich für alle normalsterblichen Bürger tabu war. Allem Anschein nach diente das Gut als eine Art Militärlazarett.«

»Und Sie erhielten das gesamte Gut zurück. Kein schlechtes Geschäft, oder? Das Ganze ist doch bestimmt einiges wert.«

Der Professor blickte hinauf zur Decke, als suche er dort einen ganz bestimmten Punkt, den er fixieren konnte. Doch anstatt sich zu beschweren, lächelte er milde und nickte Anna zu.

»Sicher. Aber im Leben muss man an bestimmten Punkten stehen bleiben und sich entscheiden, was man möchte. Ich wollte hier meine Arbeit vertiefen und es gleichzeitig einem guten Zweck zur Verfügung stellen. Mir gefiel das Konzept und so stiftete unsere Familie das Gut Candens Oculus und mein Bruder und ich traten der Gemeinschaft bei. Wir sind beide sehr gläubige Menschen und ich konnte mir außerdem mit Genehmigung von Jakob Remond ein kleines Labor einrichten und dazu eine Krankenstation aufbauen, in der wir die meisten Probleme autark behandeln können. Ich zeige Ihnen das Ganze gerne später bei einem Rundgang.«

Markus´ Vorurteile gegenüber Candens Oculus waren nicht ausgelöscht, doch überdachte er diese im Augenblick. Hatte man dieser Gemeinschaft von Seiten der Kirche bisher Unrecht getan? War es nicht geradezu wünschenswert, wenn dieses Modell der Nächstenliebe Schule machen würde und von der Katholischen Kirche mit allen Mitteln unterstützt würde? Und hatte Kardinal Seckbach bei seinem Besuch die gleichen oder gänzlich andere Schlüsse gezogen?

neunzehn.

Nach dem Essen hatte sich der recht schweigsame Robert von Leyen verabschiedet. Der Professor führte Anna und Markus alleine durch die gesamte Anlage. Candens Oculus war komplett unabhängig von der restlichen Zivilisation. Sie hatten eine eigene Quelle, aus der sie Wasser speisten. Und dies in einem solchen Überfluss, dass sie das Wasser sogar kommerziell vertrieben. Landwirtschaft und Viehzucht erwirtschafteten ebenso einen Überschuss. Markus und Anna sprachen mit einigen der Mitglieder. Sie stellten Fragen und keiner scheute sich, diese zu beantworten. Alle wirkten zufrieden, ja fast euphorisch und keineswegs gezwungen oder unglücklich. Es war geradezu eine Insel der Freude und der Nächstenliebe.

Nach einem Rundgang durch einige Werkstätten und Wohnräume waren sie in einem Nebengebäude angekommen. Ein breiter Flur unterteilte das Gebäude in weitere Zimmer. Diese waren zu den bereits gesehenen Zimmern aber deutlich spartanischer ausgestattet. Keine Bilder, Pflanzen oder ähnliches waren darin zu entdecken. Lediglich ein Bett sowie Waschbecken und Toilette.

»Was sind das für Zimmer?«

»Das sind die Ruhezonen unserer Neuankömmlinge. Jeder, der zu uns kommt, verbringt seine ersten beiden Nächte in einem dieser Räume. Von nichts und niemandem abgelenkt, soll er zunächst zu sich selbst finden und den reinigenden Schlaf der Stille erleben.«

»Schlaf der Stille? Was hat es damit auf sich?«

»Lassen Sie es mich anhand eines Beispiels erklären. Wie ich bereits erwähnte, haben wir des Öfteren bekannte Persönlichkeiten unter uns. Damit auch dieser Personenkreis sich vollends in die Gemeinschaft einbringen kann, ohne das Gefühl etwas Besonderes zu sein, hilft diese Form der Isolation und Stille. Man findet in Schlaf und Meditation zu sich selbst und zu den wahren Werten zurück.«

»Und dem unterwerfen sich alle Neuankömmlinge freiwillig?«

»Natürlich, Frau Peterson. Alles ist hier freiwillig. Aber ich kann Sie beruhigen. Sie werden in unseren Gästezimmern untergebracht.«

»Das beruhigt mich in der Tat«, erwiderte Anna und verließ hinter dem Professor das Zimmer. Direkt neben dem Zimmer führte eine steinerne Treppe in den Keller hinunter. Neonlampen flackerten auf, als Wilhelm von Leyen einen Schalter betätigte und im unteren Bereich das Labor präsentierte, in dem er arbeitete. Trotz der modernen Instrumente wehte noch immer die russische Vergangenheit spürbar durch die Räume. Der Linoleumboden und die summenden Neonröhren über ihren Köpfen verliehen dem Ganzen den Charme eines zwar modernen, aber dennoch die Herkunft nicht leugnen könnenden militärischen Feldlazaretts. Hinzu kam, dass weder Personal noch Patienten zu sehen waren.

»Sie sehen hier unsere Medizinische Abteilung und ein Labor, in dem ich mich häufig aufhalte. Ich untersuche schon seit Jahren Wirkungsweisen von Medikamenten oder Zusammenhänge, um das rätselhafte und weitgehend unerforschte Feld des Autismus vielleicht irgendwann einmal erklären zu können. Ein spannendes Forschungsgebiet. Dazu behandeln wir hier kleinere Blessuren. Es wäre auch zu aufwändig jedes Mal in das nächste Krankenhaus zu fahren. Wir bräuchten für einen Krankentransport ein bis zwei Stunden. Wie Sie sehen, gibt es gerade keine besonderen Erkrankungen oder Verletzungen zu beklagen.«

»Und Candens Oculus unterstützt Ihre Forschung?«

»Ja, Frau Peterson. Es ist die Zukunft, um die wir uns bereits heute kümmern müssen. Das sieht zum Glück auch Jakob Remond so.«

Die kleine Gruppe ging darauf wieder die Stufen hinauf und besuchte die einzelnen Arbeitsgruppen, um schließlich auch in die Gruppe der kleinen Susanne zu kommen.

Sie saß zusammen mit einer älteren Frau an einem Tisch in der Mitte des Raums und half dieser bei ihrer Arbeit. Dosenwurst aus eigener Herstellung wurde in einen Karton sortiert. Das taten alle in dieser Gruppe.

Nur eine Person nicht.

Ein kräftig gebauter Mann saß etwas abseits der anderen in einem kleinen Zwischenraum. Er saß mit dem Oberkörper wippend vor einem großen Blatt Papier, auf dem ein Baum mit grüner Krone und braunem Stamm in groben Umrissen gezeichnet war. Neben sich hatte der Mann zwei Haufen Pergamentpapier gestapelt. Ebenfalls braun und grün. Immer wieder riss er dünne Streifen von dem Papier ab und rollte es zu kleinen Knöllchen, die er wiederum auf einen weiteren Haufen legte. Und noch etwas wunderte Markus. Der Mann trug eine Art Lederhelm, der an ein altes Modell eines Sturzhelms erinnerte.

Markus wollte auf den Mann zugehen und ihn fragen, was er gerade mache, als ihn Professor von Leyen am Arm fasste und Markus zurückhielt.

»Tun Sie das besser nicht, Herr Schuhmann.«

»Warum nicht?«, fragte Markus erstaunt.

»Glauben Sie mir, es ist besser so.«

»Aber ich will ihn nur höflich fragen, was er mit den ganzen Papierkügelchen vorhat.«

»Ich weiß«, presste der Professor die Lippen aufeinander. »Ich weiß, aber Hartmut weiß es nicht. Er ist nicht nur von Geburt an geistig behindert, sondern auch autistisch und lebt in seiner ganz eigenen Welt. Alles, was in diese Welt nicht hineinpasst, macht ihn nervös und er könnte aggressiv reagieren.«

»Aber er wirkt doch ganz friedlich.«

»Ist er auch. Solange alles so ist, wie es immer ist. Jede Veränderung seines Alltags müssen wir ganz behutsam und langsam vorbereiten. Er leidet aufgrund seiner Behinderung noch an Epilepsie. Daher auch sein Schutzhelm, falls er einen Anfall bekommt und stürzen sollte. Er ist zwar medikamentös eingestellt, aber dennoch gab es schon Zwischenfälle, bei denen er sich selbst oder andere verletzt hat.«

Markus blickte zu Hartmut herüber. Der stand nun auf, nahm die Schüssel mit den braunen Papierkügelchen, wartete einige Sekunden und stellte sie dann wieder exakt an dem Punkt der Tischkante ab, an der sie zuvor bereits gestanden hatte. Das wiederholte er mehrere Male. Markus schätzte Hartmut auf Ende fünfzig, vielleicht sogar einige Jahre älter. Doch körperlich wirkte er sehr robust. Er war groß und kräftig gebaut, mit einer zerklüfteten Nase in seinem Gesicht. Trotz seiner imposanten Statur rollten seine Finger das dünne Papier geradezu filigran zu Kügelchen der immer gleichen Größe. Dann klebte er die passenden Kugeln auf die identischen Farbfelder und das Bild eines Baumes entstand unter seinen Händen.

»Anna, da bist du ja endlich«, ertönte eine vertraute Stimme im Zimmer. Susanne hatte den Besuch entdeckt und winkte Anna aufgeregt zu sich.

»Ja, wir haben doch versprochen, dass wir dich noch einmal besuchen kommen. Was machst du denn gerade schönes?«, fragte Anna. Ihr Lächeln kam von Herzen und sie schien Susanne bereits in ihr Herz geschlossen zu haben. Sie beugte sich zu Susanne und strich ihr über die Hand. Um eine Stelle ihrer Hand, auf der Susanne ab und an kaute, hatte sich ringförmig Schorf gebildet, was auf jahrelanges Kauen schließen ließ. Eine typische Übersprungshandlung bei Nervosität und psychischem Stress.

»Angelotschka und ich helfen den anderen bei der Arbeit«, berichtete Susanne stolz. »Wir haben Ferien und brauchen nicht in die Schule. Normalerweise sind wir dann in der Spielgruppe, aber heute machen die Musik. Das mögen wir nicht.«

»Wo ist denn deine Freundin Angelotschka?«

»Na hier«, deutete Susanne auf einen leeren Stuhl in der Ecke. »Sie ist heute etwas faul und will nicht arbeiten, deswegen muss ich heute alles für sie mitmachen.«

Erstaunt zog Anna ihre Augenbrauen nach oben und brachte nur ein »Aha« heraus. »Und was spielt ihr zwei sonst gerne?«

»Prinzessin. Wir leben hier doch auf einem Märchenschloss mit allem, was dazugehört. Es gibt hier verwunschene Bäume, geheime Gänge und nachts kann man die Stimmen von Gespenstern hören. Wenn du meine Freundin sein willst, zeig ich dir alles.«

»Na klar will ich deine Freundin sein. Das klingt ja schon ganz toll und spannend.«

»Susanne. Nun überfall doch nicht gleich unsere Gäste. Sie wollen sich hier nur ein wenig umschauen.«

»Wie der Zauberer mit dem weißen Bart?«

»Ja«, nickte von Leyen leicht genervt. »Genau wie der. Aber ich habe dir schon gesagt, dass er kein Zauberer war.«

Susanne machte einen entschiedenen Gesichtsausdruck.

»Doch«, antwortete sie trotzig.

»Das musst du mir aber noch mal ganz genau erzählen. Vielleicht können wir morgen beim Frühstück darüber sprechen, was hältst du davon?«

Susanne nickte und ging hinüber zu dem leeren Stuhl, auf dem Angelotschka angeblich saß.

»Meint sie Kardinal Seckbach?«, wunderte sich Anna.

»Ja. Auch Kardinal Seckbach musste mit ihr spielen«, lächelte der Professor und nahm Anna und Markus kurz zur Seite. »Bitte sagen Sie Susanne nichts vom Verschwinden von Seckbach. Sie hat ohnehin schon eine blühende Fantasie. Wer weiß, was sie daraus macht oder wie sie das verarbeiten würde.«

»Sie sprach gerade von ihrer Freundin Angelotschka. Ist das auch ein Mädchen von Candens Oculus?«

»Nein, Angelotschka ist ihre imaginäre Freundin. Sie existiert nicht. Aber wir wollen ihr diese Rückzugsmöglichkeit auch nicht zerstören. Es wird sich irgendwann von ganz alleine erledigen«, zeigte sich Professor von Leyen entspannt und fuhr in seinen vorangegangenen Erklärungen fort. Doch nur Markus folgte ihm noch. Anna widmete sich hingegen wieder Susanne. Aus den Augenwinkeln beobachtete er die beiden, die sich so verhielten, als ob sie sich gut kennen würden. Anna strich dem Mädchen immer wieder sanft über das Haar. Zum ersten Mal sah Markus Anna nicht als die unnahbare und launische Kriminalistin. Sie erschien ihm in diesem Moment in einem gänzlich anderen Licht. Plötzlich sah er eine herzliche, mitfühlende Frau, die offenbar noch einige Geheimnisse in sich verborgen trug.

Er fing an ihr zu vertrauen, nicht ahnend, dass dieses aufkeimende Vertrauen schon bald nachhaltig erschüttert werden würde.

zwanzig.

Spät am Abend wollten Markus und Anna ihr weiteres Vorgehen besprechen, doch zuvor stand ein Gottesdienst in der eigenen kleinen Kirche der Candens Oculus Gemeinde auf dem Programm. Sie hatten bereits ihre Plätze eingenommen, als kurz vor der Messe ein Mann im Pfarrgewand zu ihnen in die Bank trat.

»Herr Schuhmann, mein Name ist Mathias Leister, ich halte die heutige Messe und wie ich gerade von Wilhelm von Leyen erfahren habe, haben Sie am Priesterseminar in Fulda studiert und arbeiten nun für unseren Heiligen Vater in Rom. Es wäre mir und der gesamten Gemeinde eine große Freude, wenn Sie unseren Gottesdienst als Messdiener begleiten könnten. Würden Sie uns wohl die Freude machen?«

Anna zog belustigt ihre Augenbrauen nach oben und winkte Markus an sich vorbei. Zwar war auch er sichtlich überrascht, dennoch trat er ohne lange zu zögern aus der Bank und folgte dem Pfarrer in die Sakristei. Nur wenige Minuten darauf ertönte bereits die Orgel und die Gemeinde erhob sich von ihren Sitzen. Direkt hinter dem Pfarrer trat Markus aus der Sakristei, dabei trug er nur ein einfaches Messdienergewand, doch es war für ihn ein besonderes Gefühl, wieder aktiv eine Messe mitzugestalten. Er hatte das Gefühl fast vergessen, das dies in ihm auslöste. Langsam schritten sie unter dem Gesang der zahlreichen Stimmen zum Altar, von wo aus Markus die einzelnen

Mitglieder in ihren Einheitskleidern kaum mehr unterscheiden konnte. Die Messe an sich verlief wie jede andere auch, mit dem Unterschied, dass die Gemeinde sie aufmerksamer und aktiver verfolgte, als es Markus leider von anderen Gemeinden gewohnt war. Das Gotteshaus war zudem bestens gefüllt. Es war eine schlichte, schnörkellose Kapelle mit einem einzigen Hauptschiff.

Während Pfarrer Leister mit seiner Predigt begann, ließ Markus seinen Blick durch die einzelnen Reihen wandern und erkannte einige Gesichter von ihrem Rundgang wieder. Susanne drehte sich immer wieder zu Anna herum und winkte ihr zu, Hartmut kniete von Beginn der Messe an fromm in seiner Bank, nicht weit von Robert von Leyen und seinem Bruder Wilhelm.

Der Höhepunkt der Messe wurde begangen, die Kommunion ausgeteilt und Markus hatte die besondere Ehre, diese an die Gemeinde zu verteilen. Er trat die beiden Stufen von dem Altar herunter und wandte sich dem rechten Teil der Gemeinde zu. Einer nach dem anderen trat nach vorn. Nur Anna zog es vor in der Bank sitzen zu bleiben. Pfarrer Leister hatte bereits mit dem Verteilen begonnen und Markus erkannte, dass es auf die althergebrachte Form geschah. Jedem Gemeindemitglied wurde die Hostie direkt in den Mund gegeben und nicht, wie heute üblich, in die Hand.

Robert von Leyen war der erste, der von Markus die gesegnete Hostie entgegennahm.

»Dies ist der Leib Christi«.

»Amen«, antwortete Robert von Leyen, schloss die Augen, öffnete seinen Mund und Markus legte die Hostie vorsichtig auf seine Zunge.

*

Sowohl Anna als auch Markus hatten Gästezimmer im unteren Stockwerk eines Seitenflügels bezogen. Nichts Luxuriöses, aber mit allem, was man auch in einem gut sortierten Hotelzimmer finden konnte. Markus blickte auf seine Uhr und stellte fest, dass er noch Zeit bis zum vereinbarten Treffen hatte. Er beschloss einen kurzen Spaziergang um das abendliche Gut zu unternehmen. Es würde ihm gut tun und seine Gedanken ordnen. Nicht nur die Gedanken, die sich um das Verschwinden von Kardinal Seckbach rankten, vielmehr hatte die Messe auch Erinnerungen und Gefühle in ihm geweckt, die in den letzten Monaten und Jahren verschüttet worden waren. An seine Zeit als Messdiener, an den Tag, als er in das Priesterseminar eintrat und an die Entscheidung, vorerst keine Priesterweihe abzulegen. Seine ehemaligen Kommilitonen hatten recht mit der Behauptung, dass er sich vor der Entscheidung drücke und dass diese sich nun wie ein immer größer werdender Berg vor ihm auftürmte. War er sich bei der Ablegung des Schwurs seiner Kommilitonen noch unsicher gewesen, ob es nicht doch das Beste gewesen wäre, es ihnen gleichzutun, hatte sich in der letzten Zeit, der Entschluss verfestigt, die Weihe endgültig abzulehnen. Nur wusste er noch nicht, wie er es erklären sollte. Seiner Mutter, seinen früheren Lehrern und vor allen Dingen seinem Bischof. Er würde sich mit Jeresmies darüber unterhalten müssen und ihn von seiner Entscheidung unterrichten. Sicher würde er darüber nicht begeistert sein, aber er würde es akzeptieren. Außerdem wusste Markus auch noch nicht, was er dann machen sollte. Ein klassisches Angestelltenleben konnte er sich als Lebensmodell nicht vorstellen. Er fühlte sich im Schoß der Kirche geborgen und wohl. Und auch seine Doktorarbeit machte ihm Freude, trotz aller Mühen.

Es dämmerte, als er über den Hof schritt. Vereinzelt brannte Licht in den Fenstern, ansonsten war es sehr düster und ruhig, was Markus wunderte. Lebten hier doch erstaunlich viele Menschen auf relativ engem Raum. Er ging hinüber zum Haupttor und da dieses verschlossen war, wollte er gerade wieder umdrehen, als plötzlich eine Stimme ertönte.

»Kann ich Ihnen helfen?«

Markus drehte sich um, sah jedoch niemanden. Hatte er sich getäuscht? Nein, die Männerstimme war klar und deutlich gewesen.

»Wer spricht denn da?«

»Der Portier. Ich kann Sie über die Überwachungskamera sehen.«

Markus entdeckte eine kleine Kamera samt Lautsprecher, die an einer der Mauerwände angebracht und ins Innere des Hofs gerichtet war. Man überwachte also nicht nur wer kam, sondern auch wer ging. Oder gehen wollte? Markus schob den Gedanken beiseite.

»Ich wollte nur einen kleinen Spaziergang machen«, erklärte Markus in Richtung der Kamera. Statt einer Antwort ertönte ein kurzes Summen und das Eingangstor schwang zurück.

»Aber verlaufen Sie sich nicht. Es gibt hier vereinzelte Moorlöcher, die in der Dämmerung schon so manchem zum Verhängnis wurden.«

»Vielen Dank für den Tipp, aber es wird nicht allzu lange dauern.«

»Gut, ich sehe Sie ohnehin, wenn Sie wieder zurückkommen.«

Davon bin ich überzeugt, dachte sich Markus, winkte in Richtung der Kamera und ging durch das geöffnete Tor nach draußen. Die Luft tat gut. Sie war frisch, aber nicht kalt. Er sah sich um. Entlang der Mauer verlief ein schmaler Pfad. Markus folgte ihm um das Hauptgebäude herum. Ein kleiner Bach floss parallel und Markus entdeckte, dass ein großes Betonrohr vom Gebäude aus in den Bach führte, aus dem sich ein kleines Rinnsal ergoss. Er beugte sich nieder und leuchtete mit dem Display seines Mobiltelefons in den dunklen Schacht, doch sein Licht reichte nicht aus, um dessen Ende erkennen zu können. Er stand auf, klopfte sich den Staub von der Hose und strich sich das Revers seines Jacketts wieder glatt. Er schaute sich um. Tatsächlich wirkte die Landschaft beim Einsetzen der Dämmerung wie die Filmkulisse eines alten Edgar-Wallace-Streifens. Einzelne Nebelschwaden begannen kriechend über den Boden zum Gut hinüberzuziehen. Schon in wenigen Minuten würden sie bis an die Mauern reichen und auch das Innere des Guts mit ihren weißen Schleiern bedecken. Die Dunkelheit schien an diesem Ort ihren Ursprung zu haben und setzte schneller ein, als er es jemals zuvor erlebt hatte. Er müsste sich eilen, um nicht tatsächlich in Gefahr zu gelangen, sich zu verlaufen. Zügig ging er einige weitere Schritte und verspürte plötzlich den Drang, urinieren zu müssen. Verlegen blickte er in alle Richtungen. Niemand war zu sehen. Auch keine Kameras. Er ging eine kleine Anhöhe hinauf, öffnete hastig seine Hose und pinkelte gegen einen neben ihm stehenden alten Baum. Erleichtert blickte er sich um und sah zum Seitenflügel, in dem auch die Gästezimmer untergebracht waren. Von weitem konnte Markus erkennen, dass Licht in einem der oberen Zimmer brannte, die über die Mauer ragten. Es waren kaum mehr als zwanzig Meter bis zum Fenster und er konnte ohne Probleme das bekannte Gesicht erkennen. Anna. Sie saß mit dem Rücken zu ihm an einem kleinen Tisch und konnte ihn daher nicht sehen. Neben Anna stand etwas. Er kniff die Augen zusammen und erkannte eine Flasche Whiskey, jedoch deutlich kleiner als die bekannten Größen. Sie öffnete die Flasche und nahm einen großen Schluck davon. Dann starrte sie für einen Moment auf den Boden, bevor sie den Rest der Flasche in einem Zug austrank. Markus schüttelte verständnislos den Kopf und wollte weitergehen, als er etwas anderes entdeckte, was ihm noch weniger gefiel. Der Koffer, den Anna seit dem ersten Moment im Büro des Bischofs stets bei sich trug, stand aufgeklappt vor ihr. Doch anstatt der Unterlagen, die sich laut Anna darin befinden sollten, kam etwas völlig anderes zum Vorschein.

Am oberen Ende ragte eine Antenne hervor und ein kleiner Bildschirm flackerte auf. Anna tippte etwas auf einer Tastatur ein und Sekunden später konnte man die Weltkugel auf dem Bildschirm erkennen. Wieder tippte Anna auf der Tastatur und wie mit einer Art Zoom fuhr der Bildschirmausschnitt zunächst auf Europa, dann auf Deutschland und stoppte schließlich in einer bestimmten Region, die Markus nicht zuordnen konnte. Dann färbte sich der Bildschirm plötzlich schwarz und ein grüner Radar drehte sich im Uhrzeigersinn in einem Kreis. Offenbar verlief das Prozedere aber nicht zu Annas Zufriedenheit. Sie schüttelte den Kopf, schob die Antenne zusammen und klappte den Koffer wieder zu.

Markus hatte genug gesehen und trat mit einer Mischung aus Enttäuschung und Irritation den Rückweg an. Der Nebel spielte ihm mittlerweile um die Beine und er musste aufpassen, wohin er seine Schritte setzte. Ein ums andere Mal knickte er auf dem holprigen Untergrund um. Fluchend versuchte er, den Weg zum Eingangstor zu finden. Doch seine Konzentration ließ zu wünschen übrig. Zu sehr war er in Gedanken bei Anna und deren seltsamer Apparatur. Nach einigen Minuten stand er dennoch vor dem Tor und es wurde ihm ohne weitere Worte geöffnet. Obwohl es nun Zeit für das Treffen war, zog sich Markus in sein Zimmer zurück. Anna hatte ihm die Unwahrheit gesagt.

Nun galt es die nächsten Schritte noch besser zu überdenken. Das fiel ihm insofern schwerer, als dass er nun die Gewissheit hatte, dass er niemandem vertrauen konnte. Auch nicht Anna.

einundzwanzig.

Neben dem nierenförmigen Edelstahlbehälter lachte ihn die Spritze noch immer an. Schon vor einer halben Stunde hatte sich die erste in seinen Unterarm gebohrt und ihre unnachahmliche Wirkung in seinem Körper verbreitet. Nun hatte er gerade die zweite Injektion in seinen Körper aufgenommen. Er blickte auf seine Armbanduhr. Trotz der kleinen Änderung lag er noch immer gut in dem Zeitplan, den ihm der Padre aufgetragen hatte.

Es konnte sich nur noch um Minuten handeln, bis er aufbrechen würde. Ein weiteres Mal hinaus in die dunkle Nacht. Er wünschte sich so sehr, dass es für immer Nacht sein könnte.

Mit geschlossenen Augen zog er unter dem Sofa einen altmodischen Koffer hervor. Behutsam legte er ihn auf die Sitzfläche, öffnete die Lederriemen des Verschlusses und hob dabei langsam die Augenlieder. Deutlich konnte er das Zucken seiner Synapsen spüren und den Geschmack seines eigenen Bluts an seinem Gaumen schmecken. Ein erhebendes Gefühl, das bereits seinen gesamten Körper durchflutete. Genau so, wie er es liebte.

Vor ihm lag seine penibel geordnete Kleidung und das Werkzeug, das er für die Verrichtung seiner Arbeit benötigte. Zielsicher griff er zu einem weiteren, jedoch viel kleineren schwarzen Köfferchen, das ebenfalls darin lag. Mit einem Schnalzen öffnete sich der Verschluss. Eine metallisch schimmernde Armbrust mit zehn kleinen Pfeilen, an deren Enden rote Federn angebracht waren, war exakt in den Schaumstoff eingepasst. Mit seinen Fingerspitzen fühlte er das kühle Metall und schloss erneut für einen Moment die Augen. Der Gedanke an das bevorstehende Hochgefühl erregte ihn. Sein ganzer Körper war besessen von den Worten des Padre und einem einzigen Gedanken:

Töten! Du musst ihn töten.

zweiundzwanzig.

Unsicher blickte sich der Bischof auf den steinigen Treppen immer wieder um, ob ihm jemand gefolgt war. Doch er konnte niemanden in der dunklen Nacht erkennen. Selbst die Sterne schienen in dieser Nacht ihr Licht aus Angst gelöscht zu haben. Vor Anstrengung rasselte die Luft in seinen Lungen. Doch der beschwerliche Fußweg schien ihm die sicherere Variante, als mit dem Wagen zu fahren.

Er musste auf der Hut sein. Aus diesem Grund hatte er die auf einem kleinen Berg gelegene Liobakirche und deren Grotte als Treffpunkt ausgewählt. Tags genossen Wanderer und Touristen den atemberaubenden Rundblick über Fulda und die sanften Hügel des Rhöngebirges. Am frühen Abend tummelten sich hingegen des öfteren Liebespaare auf der Anhöhe, doch jetzt in der Dunkelheit war dort nichts und niemand mehr. In der Innenstadt gab es zu viele neugierige Augen, die jeden Schritt der Bischöfe zu überwachen versuchten. Doch ein Treffen war unausweichlich geworden. Die Ereignisse hatten sich überschlagen und sie letztendlich dazu gezwungen. Er wusste, dass sie allesamt ein gewagtes Spiel spielten, das sie unter Umständen noch viel mehr kosten konnte als ihre Ämter.

Ihr Leben stand auf dem Spiel.

Sein Schritt beschleunigte sich bei dem Gedanken, und als sich hinter der nächsten Biegung endlich die Umrisse der Grotte abzeichneten, atmete er erleichtert auf. Die Kerzen im Innern der Grotte flackerten bei jedem Windstoß auf, aufgeschreckt wie tanzende Figuren aus einer anderen Welt. Er versuchte beim Gehen zu erkennen, ob die anderen beiden bereits auf ihn warteten. Angestrengt kniff er die Augen zusammen, um besser sehen zu können. Er glaubte eine Silhouette vor den Kerzen ausmachen zu können. Sicher war er sich aber nicht. Nur wenige Schritte trennten ihn noch vom Eingang der abgelegenen Grotte, die nur durch ein halbhohes Holztor von dem Weg getrennt war. Er trat vor das Tor und blickte hinein. Die Grotte war klein und es fanden nur wenige Bänke Platz darin. In den beiden vorderen Reihen erkannte er zwei Gestalten, die kniend ein Gebet zu sprechen schienen. Anscheinend waren seine beiden Mitbrüder tatsächlich schon anwesend. Sie waren leicht an ihren Gewändern auszumachen, doch ihre Gesichter sah er nicht.

»Pax vobiscum«, grüßte er zögerlich und hoffte, dass er sich nicht irrte. Dann öffnete er das Tor und trat ein. Die beiden Männer bekreuzigten sich und drehten sich um.

»Der Friede sei auch mit dir«, antworteten sie unisono.

Er war erleichtert, als er die Gesichter der beiden erkannte und sie mit einem Bruderkuss begrüßte. Dann bekreuzigte er sich kurz und kniete für einen Moment nieder, um der Jungfrau Maria ein kurzes Gebet zu widmen, die sich als Statue übergroß vor ihm aufbaute.

»Sag uns, was hier vorgeht«, brach einer der beiden Männer hinter ihm das kurze Schweigen.

»Ich kann es euch nicht sagen.«

»Kannst du es uns nicht sagen oder willst du es nur nicht?«

»Bei allem, was mir heilig ist, ich weiß es wirklich nicht.«

»Aber mein Gott, er ist verschwunden. Entführt. Vielleicht sogar tot. Und wir könnten die nächsten sein.«

Er nickte nur zustimmend und faltete seine Hände.

»Ich weiß.«

»Was hatte er auf die Botschaft geantwortet?«

»Nichts. Ich habe ihm die Nachricht während des Gebets übergeben, wie wir es besprochen hatten, aber ich habe keinerlei Antwort von ihm erhalten. Kein Wort, nicht einmal eines Blickes hat er mich gewürdigt. Absolut nichts.«

»Das ist kein gutes Zeichen, wir müssen uns vorsehen. Wer weiß, wer noch alles davon weiß und hinter seinem Verschwinden steckt.«

»Ja, wir dürfen uns nicht mehr treffen, es könnte uns jemand beobachten. Zumindest bis zum Ende der Konferenz«, pflichtete auch der zweite Mann bei. »Es geht um zuviel, als dass wir etwas riskieren dürfen. Es geht um die Zukunft der Kirche. Der gesamten Kirche.«

»Nicht nur um das, mein Freund. Unser aller Leben schwebt in höchster Gefahr. Die Dinge entwickeln eine Eigendynamik, die so nicht vorgesehen war. Ich bin dafür, dass wir alles abbrechen.«

»Und all die Jahre? Sollen sie umsonst gewesen sein? Das ganze Geld, die Forschungen, unser Traum, es war doch immer unser gemeinsamer Traum?«

»Besser den Traum zu beenden, als in ihm umzukommen.«

»Aber wie sollen wir es denn beenden? Wir wissen ja nicht einmal, wo er steckt und was mit ihm geschehen ist. Solange gilt unsere Abmachung zwangsläufig immer noch. Ist es nicht so?«, fragte er in die Runde und sah jedem einzelnen durchdringend in die Augen.

Den Anwesenden fiel die Antwort sichtlich schwer. Doch dann nickte ihm zuerst der Mann zur Linken, dann der zur Rechten zu.

»Gut, dann lasst uns wieder auseinandergehen. Und zu niemandem ein Wort.«

Sie verließen nacheinander die Grotte und nachdem sie sich umgeschaut hatten, ging jeder in eine andere Richtung.

Den mönchsartig gekleideten Mann, der nur einige Meter entfernt wie ein Schatten im Dunkel kauerte und fast mit der Kirchenmauer verschmolz, entdeckte keiner von ihnen. Als zwei der Männer verschwunden waren und auch der dritte seinen Rückweg über die Stufen zur Innenstadt wieder einschlagen wollte, löste sich der Schatten aus der Wand und folgte ihm. Zunächst leise und ohne

Hektik. Dann wurden seine Schritte schneller, bis er in der nächsten Biegung nur noch einen Sprung hinter dem Mann war.

dreiundzwanzig.

Trotz aller Vorbehalte hatte Markus beschlossen sich zunächst nichts anmerken zu lassen und zu dem verabredeten Treffen mit Anna zu gehen. Er ging die wenigen Meter über den Flur zu ihrem Zimmer, klopfte an und kurz darauf wurde ihm geöffnet. Anna stand mit weißem T-Shirt, Jeans und nackten Füßen vor ihm. Um ihr Haar hatte sie ein Handtuch gewickelt und eine Zahnbürste kreiste in ihrem Mund. Weder die kleine Whiskeyflasche noch den Aktenkoffer konnte Markus irgendwo ausmachen.

»Ich dachte schon, du hast unser Treffen vergessen und da bin erstmal unter die Dusche gesprungen. Ich hoffe, das stört dich nicht.«

»Nein«, antwortete Markus misstrauisch und beäugte sie dabei. »Kein Problem. Ich hatte verschlafen.«

Anna verschwand im Bad und spülte ihren Mund aus.

»Also, was denkst du?«, fragte sie und spuckte fast gleichzeitig das Wasser in ihrem Mund ins Waschbecken. »Du bist schließlich der Kirchenexperte. Mit welchem Ergebnis ist Kardinal Seckbach wohl wieder von Candens Oculus zurückgekehrt?«

Da der einzige Stuhl im Zimmer von Annas Kleidern bedeckt war, setzte sich Markus notgedrungen auf die Kante ihres Betts. Unschlüssig über die Eindrücke des Tages und Annas Lüge wählte er eine Antwort, die alle Möglichkeiten offen ließ.

»Naja, eigentlich wirkt alles ganz positiv. Es ist ja schließlich bewundernswert, wenn sich um in Not geratene Menschen gekümmert wird. Allerdings besitzt die Kirche dafür eigene Einrichtungen, die sich um Problematiken dieser Art kümmern. Zum Beispiel die Caritas. Es könnte also zu Interessenskonflikten kommen.«

Anna trat zurück in den Raum und rubbelte sich ihre Haare mit dem Handtuch trocken, konnte der Ausführung von Markus allerdings ohne Probleme folgen.

»Und Seckbach war bekanntermaßen ein sehr wertetreuer Katholik«, drang ihre Stimme unter dem Handtuch hervor, »also eher unwahrscheinlich, dass er sich für dieses Konzept ereifern konnte. Obwohl die Leute sich hier wie vor einhundert Jahren kleiden, ist das Konzept dennoch modern.«

»Modern, aber auf einer wackligen Säule beruhend«, fügte Markus hinzu. »Du darfst nicht vergessen, dass Candens Oculus nur von einem einzigen Geistlichen geführt wird. Jakob Remond.«

»Was ist mit der spirituellen Ausrichtung von Candens Oculus? Wäre sie für die Kirche akzeptabel?«

»Wenn die Konferenz der deutschen Bischöfe sich mit diesem Thema beschäftigt, kann man davon ausgehen, dass dies auf jeden Fall vorher geklärt wurde. Demnach sind sie gläubige Christen und halten sich auch sonst an die Regeln und den Wertekanon des christlichen Glaubens.«

»Du denkst also, dass die Konferenz nicht an der Aufrichtigkeit von Candens Oculus zweifeln würde?«

Markus nickte, doch in Wirklichkeit hatte er ihr kaum zugehört. Ohne dass er es wollte, war er in diesem Moment zu sehr von ihr abgelenkt. Anna tauchte wieder unter dem Handtuch hervor, warf ihre Haare in den Nacken, schüttelte sich und fuhr sich mit den Händen durch ihre Strähnen. Ihre Brüste zeichneten sich in dieser Stellung deutlich unter dem T-Shirt ab. Etwas zu deutlich für Markus´ Empfinden und er fragte sich, ob sie es mit Absicht tat. Trotz seiner Vorbehalte ihr gegenüber blieb sie eine Frau.

»Du wolltest mir noch erzählen, was heute bei den von Leyens zu Hause los war.«

»Himmel, ja«, schoss die Erinnerung wieder in Markus´ Hirn und holte ihn zurück aus seinen Gedanken. »Das war wirklich seltsam.«

Vom Wahrnehmen des Wimmerns bis zu der wirren Botschaft der alten Frau berichtete Markus, was sich in der düsteren Wohnung abgespielt hatte. Zu seiner Verwunderung war Anna nicht in dem Maße überrascht, wie er es erwartet hatte. Sie gab eine sehr nüchterne Erklärung des Ganzen ab.

»Es wurde schon oft behauptet, dass Menschen, die zwischen Leben und Tod stehen, geradezu seherische Fähigkeiten entwickeln können.«

»Woher weißt du, dass sie zwischen Leben und Tod schwebt?«

»Während du im Haus umhergegeistert bist, hat von Leyens Schwägerin über die Pflege ihrer Schwiegermutter berichtet. Sie liegt im Sterben. Die Ärzte haben sie bereits aufgegeben. Dazu ist sie schon vor Jahren erblindet.«

Markus legte seinen Kopf in den Nacken und fuhr sich dabei mit einer Hand durch seine Locken.

»Das erklärt wenigstens diese toten Augen, aus denen sie mich anstarrte.«

»Wir sollten mehr über die Familie von Leyen herausfinden«, legte Anna das Handtuch endgültig zur Seite, zündete sich eine Zigarette an und blickte sich nach einem freien Platz zum Sitzen um. »Wie lange sie schon dort leben und wie die Vorgeschichte der von Leyens ist, bevor die Söhne zu Candens Oculus gekommen sind. In so einem kleinen Dorf gibt es doch bestimmt viel Gerede. Ich werde eine Untersuchung veranlassen, die bekommen bestimmt etwas raus.«

»Nicht nötig«, hob Markus unterbindend seine Arme und grinste dabei verschmitzt. »Ich habe bereits den besten Informanten vor Ort, den man sich vorstellen kann.«

»Ach ja«, zeigte sich Anna sichtlich überrascht und blies den

Rauch ihrer Zigarette aus dem Mund. »Wann hast du denjenigen denn eingeschleust und um wen handelt es sich dabei?«

»Eingeschleust?«, schüttelte Markus lachend den Kopf. »Nein, nein. Ich habe niemanden dort eingeschleust. Aber ein ehemaliger Kommilitone aus dem Studium hat dort vor einiger Zeit sein Priesteramt angetreten. Und das Dorf gehört zu seiner Pfarrgemeinde. Wenn jemand etwas über die Familie weiß, dann Georg Stangl.«

»Dann sollten wir ihm unbedingt einige Fragen stellen.«

»Ja, das sollten wir tun.«

Markus nickte und sah auf seine Uhr. Es war bereits nach Mitternacht. Zu spät, um seinen alten Freund noch anzurufen. Sie telefonierten zwar regelmäßig miteinander, doch beide hatten viel zu tun und so hatten sie sich nach Georgs Priesterweihe nur noch einmal in Fulda getroffen, und das war mittlerweile auch schon mehrere Monate her. Hatte Markus anfänglich noch Scherze ob der Abgeschiedenheit der Pfarrgemeinde gemacht, war er nun dankbar dafür, dass der Zufall ihn genau dorthin führte.

»Ist dieser Mann vertrauenswürdig?«, fragte Anna routinemäßig, bemerkte aber im nächsten Moment, dass sie damit im Umkehrschluss behauptete, dass ein Priester dies nicht unbedingt sein musste. »Ich meine damit nur, ob wir ihn mit den Einzelheiten unseres Falls betrauen können.«

»Er ist mehr als das.« Markus hätte Anna zu gerne von Monsignore di Castillo, dem Sicherheitsbeauftragten des Vatikans, dem Vierten Codex und Georgs Zutun erzählt. Doch er wusste, dass dieses Geheimnis für immer dem kleinen Kreis der Eingeweihten vorbehalten bleiben musste. So beließ er es mit seiner Antwort bei einer kleinen Zugabe. »Er hat mir das Leben gerettet und in einer schwierigen Phase seine absolute Loyalität bewiesen. Wir können ihm zu einhundert Prozent vertrauen.«

»Gut, wenn du ihm vertraust, tue ich es auch«, blies Anna den letzten Zug ihrer Zigarette aus und ging ins Badezimmer. Dort löschte sie die Zigarette unter dem Wasserstrahl des Waschbeckens, kam zurück ins Zimmer und nahm die Kleider von ihrem Stuhl.

    Vertrauen, klang das Wort in Markus' Kopf nach. Das ist das Letzte, was ich dir im Moment entgegenbringen kann. Ich werde dich bei allem, was du von nun an tust, ganz genau beobachten. Verlass dich darauf.

vierundzwanzig.

Trotz des beachtlichen Körpergewichts des Mannes, den er geschultert über die Wiesen und das Gestrüpp trug, zeigte er keinerlei Anstrengung. Die Schmerzen würden erst dann wieder ihren Tribut fordern, wenn die Wirkung langsam nachgelassen hatte. Dann breiteten sie sich allerdings in einer rasenden Geschwindigkeit aus. Es begann meist mit stechenden Kopfschmerzen, die sich mit jedem Herzschlag vom Nacken und Rücken über den ganzen Körper ausbreiteten. Doch von all dem gab es jetzt noch keine Anzeichen, seine Organe strotzten vor Kraft und sein Geist war hochkonzentriert auf das Ziel, das ihm vorgegeben war.

Er legte den reglosen Körper in das Gras und richtete ihn an einem Baumstumpf so auf, dass der Oberkörper mit der Brust an dem Stamm lehnte. Sorgfältig öffnete er die Knöpfe der Soutane des Mannes und entledigte ihn seiner Kleidung, um sie fein säuberlich auf einem Haufen direkt neben ihm zu stapeln. Mit einem Strick fesselte er die Arme des Mannes so um den Baum, dass es fast aussah, als würde dieser den Stamm festhalten wollen.

Es erinnerte ihn an seine letzte Umarmung, die er trotz der Jahrzehnte noch sehr genau vor Augen hatte. Er glaubte, sich daran erinnern zu können, dass es ein Montag gewesen war. Denn den Sonntag hatten sie noch gemeinsam in der Kirche verbracht. Am nächsten Morgen war seine Mutter dann zu ihm und seinen Geschwistern ins Zimmer gekommen. Doch während die anderen weiter ruhen durften, wurde er unsanft aus dem Schlaf gerissen. Er solle sich anziehen und mitkommen, was er auch folgsam tat. Es war nicht das erste Mal, dass sie ihn meist unter Tränen weckte, mit ihm im Auto losfuhr und dann nach einer Stunde ziellosen Umherfahrens wieder nach Hause ins Bett brachte. Obwohl sie im Dorf um das Auto beneidet wurden, hasste er es. Es war für ihn ein Symbol der Angst.

Sie fuhren also erneut mit dem Auto hinaus aus dem kleinen Dorf, doch etwas war anders. Sie fuhren länger als sonst und eine Strecke, die sie zuvor noch nie gefahren waren. Irgendwann stoppte der Wagen schließlich und sie gingen durch eine mächtige Tür in ein großes Haus. Überall waren Kinderstimmen zu hören, die herumtollten oder sich balgten. Doch sah er keines von ihnen.

Dafür verschwand seine Mutter für wenige Minuten und er blieb wie angewiesen auf dem harten Stuhl im Eingangsbereich sitzen. Um ihn herum standen unzählige Heiligenfiguren, die ihn stumm anstarrten und in der Luft lag ein unvergesslicher Geruch, der sich aus beißendem Allzweckreiniger und Weihrauch zusammensetzte.

Dann kam seine Mutter mit einer Frau zurück, die der Marienstatue des Eingangsbereichs ähnlich sah. Sie trug sogar fast die gleichen Kleider wie diese. Ein schwarzes Kleid und ihre Haare waren von einer Art schwarzweißem Kopftuch bedeckt. Die Frau kniete sich vor ihn und sagte etwas, das wie *hier bleiben* klang. Es waren Worte, die er damals nicht verstehen konnte und auch heute noch nicht verstehen wollte.

Im nächsten Moment verließ seine Mutter überstürzt den Raum und er rannte, so schnell seine kleinen Beine ihn tragen konnten, hinter ihr her. Kurz vor dem Auto hatte er sie eingeholt und klammerte sich mit all seiner Kraft an ihre Beine, die wie ein übergroßer Baum regungslos im Boden verwurzelt schienen.

Es bedurfte zwanzig Minuten und drei weiterer der seltsam gekleideten Frauen, um ihn schließlich für immer vom Körper seiner Mutter loszureißen.

Die Erinnerung schmerzte auch heute noch und er war froh, sein Messer zücken zu können und etwas zerschneiden zu dürfen. Er nahm eine Hand des Mannes, tastete sie erfolglos ab und versuchte es an der anderen. Hier hatte er mehr Erfolg. Sofort fuhr die scharfe Klinge in die Hand und löste ein erbsengroßes Stück Haut und Fleisch heraus. Es dauerte noch einige Minuten, bis die Wirkung des Betäubungsmittels langsam nachließ und die Atmung des bewusstlosen Manns sich wieder normalisierte. Deutlich erkannte man, wie sich der nackte Brustkorb nun wieder verstärkt hob und senkte.

Darauf hatte er gewartet. Die Zeit war gekommen.

Bedächtig trat er zurück und seine Hand griff nach dem kleinen Koffer mit der Armbrust, der neben ihm im Gras lag. Er nahm sie heraus legte den ersten Pfeil ein und spannte die Sehne hinter dem Bolzen. Dies war zugleich der Zeitpunkt, zu dem der Mann erstmals seine Augen wieder öffnete. Im ersten Moment begriff er noch nicht, was hier um ihn herum geschah, doch es dauerte nur wenige Sekunden, bis seine schmalen Augenschlitze sich zu zwei großen entsetzten Kugeln aufblähten und seinen Peiniger in Todesangst fixierten. Dieser ging einige Schritte um den gefesselten Mann herum, so dass er den entblößten Rücken anvisieren konnte. Der Saum seines Habits strich bei jedem seiner Schritte über die Grashalme am Boden. Gerade als der Mund des Mannes suchend ein Wort formen wollte, jagte der Bolzen den ersten Pfeil mit einem dumpfen Aufschlag in den nackten Körper.

Unter der Kapuze flackerte ein kurzes Zögern in seinen Augen. Er war sich nicht sicher, warum er dies überhaupt tat, doch tief in seinem Schädel sprach die Stimme des Padre zu ihm und sein Wille beugte sich.

Nur eine Sekunde später durchschnitt der nächste Pfeil zischend die Luft und schlug in das Fleisch des Mannes.

fünfundzwanzig.

Schon früh am darauf folgenden Morgen hatten sich Anna, Markus und Professor von Leyen zum Frühstück verabredet. Es war gerade einmal kurz nach sechs Uhr, dennoch war Markus bereits seit einiger Zeit wach. Ohrenbetäubender Lärm, wie bei dem Start eines Flugzeugs, hatte ihn aus dem Schlaf gerissen und nicht wieder einschlafen lassen. Dennoch fühlte er sich frisch und erstaunlich entspannt. Seit Wochen hatte er sich nicht mehr so gut gefühlt. Lag es an der guten Luft der Rhön, die kein Vergleich zu dem stickigen Rom darstellte, oder an der ansteckend positiven Atmosphäre der anderen Mitbewohner des Guts? Er stand daraufhin auf und machte einen weiteren Rundgang in dem beeindruckenden Gebäude. Er streifte durch die Gänge und ging schließlich hinaus auf den Hof. Die Sonne tat sich schwer, das Wolkenband zu durchbrechen, doch von Minute zu Minute gewann sie mehr die Oberhand. Markus setzte sich auf die Treppe und blinzelte in die wärmenden Strahlen. Hoch am Himmel zog ein Greifvogel gleichmäßig seine Bahnen und nutzte die morgendliche Thermik, um immer höher zu steigen, bis er nur noch schemenhaft als kleiner schwarzer Punkt in einem Meer aus Blau zu erkennen war.

Noch immer suchte Markus nach Antworten, warum Anna nicht ehrlich und aufrichtig zu ihm gewesen war und ihn bezüglich des Koffers angelogen hatte. Sein Misstrauen ihr gegenüber wuchs jedenfalls immer mehr. Doch wenn er sie darauf anspräche, würde sie wahrscheinlich nur erneut mit einer Lügengeschichte aufwarten. Er wollte es sich und ihr zunächst ersparen. Vielleicht konnte er dieses Wissen ja auch noch anderweitig für sich nutzen. Er beschloss vorerst zu schweigen und ging zurück zum Hauptgebäude in Richtung des Speisesaals.

Als Markus eintrat, erkannte er Anna schon von weitem. Sie telefonierte, winkte ihm zu und schien ebenfalls gut gelaunt. Doch ihr Gesichtsausdruck änderte sich plötzlich und Enttäuschung machte sich breit. Markus konnte noch die letzten Wortfetzen des Telefonats verstehen.

»Gut, verstehe. Also war das wohl nichts, okay. Danke.«

»Schlechte Nachrichten?«

»Kann man wohl sagen. Das waren die Kollegen. Sie haben alle Badezimmer und deren Abflussbecken im Kongresshotel untersucht. Aber sie haben keinerlei Reaktionen auf Blut gefunden, die einem vermeintlichen Verbrechen entsprechen würden und Seckbach zuzuordnen wären.«

»Dann ist unser Täter doch so schlau, wie wir befürchtet haben.«

»Ja, scheint so. Ich werde mir noch mal die Videobänder vom Eintreffen der Bischöfe ansehen. Vielleicht können wir irgendwelche Personen darauf erkennen, die dort nicht hingehören.«

»Außerdem würde ich mit dem Professor gerne noch einmal über die kleine Susanne sprechen. Eigentlich wollten wir uns ja hier beim Frühstück treffen«, schaute sich Anna im Speisesaal nach von Leyen um. Trotz der schlechten Nachrichten der Spurensicherung wirkte sie nun wieder zufriedener. »Ansonsten finde ich sie bestimmt in ihrer Gruppe.«

»Hier habe ich sie jedenfalls noch nicht gesehen.« Markus Blick fand keine kleine Susanne, aber einen sichtlich nervösen Professor von Leyen, der gerade durch die Tür hereinstürzte und wild gestikulierend in seinen Blackberry sprach. Als er Markus und Anna sah, steuerte er zielsicher auf ihren Tisch zu. Irgendetwas schien nicht in Ordnung zu sein.

»Entschuldigen sie meine Verspätung, aber es ist leider ein Notfall dazwischengekommen.«

»Was ist denn passiert?«, fragte Anna und bot von Leyen den freien Stuhl neben sich an.

»Hartmut hatte wieder einen aggressiven Schub.«

»Sie meinen den autistischen Mann, den ich gestern nicht ansprechen sollte?«

»Richtig, Herr Schuhmann. Genau der. Ich verstehe es nicht. Schließlich kannte er Susanne doch gut. Sie war ihm doch sehr vertraut.«

»Susanne?«, fuhr Anna vor Schreck zusammen. »Was ist mit ihr?«

»Sie ist heute Nacht wohl wieder schlafgewandelt. Das ist nichts Außergewöhnliches. Aber diesmal ist sie im Gang zufälligerweise auf Hartmut gestoßen. Er ist plötzlich ausgerastet. Keine Ahnung, was dort genau passiert ist, aber er muss sie gepackt und in den Hinterkopf gebissen haben. Unsere Putzfrauen haben Susanne leider erst heute morgen entdeckt.«

»Wie geht es ihr?«, fragte Anna erschrocken und merkte, wie sich eine verschüttet geglaubte Emotion in ihrer Stimme niederschlug.

»Hartmut hat eine handtellergroße Fläche ihrer Hinterkopfhaut herausgebissen. Wir haben sie sofort per Hubschrauber ins Krankenhaus bringen lassen. Sie liegt noch auf der Intensivstation, wird es aber überleben.«

Der Hubschrauber war es also, der mich geweckt hat, dachte Markus.

»Wo hat der Rettungshubschrauber sie denn hingebracht?«

»Es war kein Rettungshubschrauber. Wir haben einen eigenen Landeplatz mit Helikopter auf der Südseite des Anwesens. Bei Notfällen und wichtigen Terminen nutzen Jakob Remond und ich gerne dieses schnelle Transportmittel.«

»Was kann der Grund gewesen sein, dass Hartmut die Kleine auf einmal anfiel?«

»Da sind wir uns auch noch nicht sicher. Eigentlich nimmt Hartmut starke Psychopharmaka, die ihn ruhig stellen. Er hat schon lange keinen Anfall mehr gehabt. Irgendetwas hat ihn wohl nervös gemacht, er hat es sicher nicht aus Absicht getan. Susanne war wohl nur zur falschen Zeit am falschen Ort. Aber die Wissenschaft kratzt auf dem Gebiet Autismus noch immer nur an der Oberfläche. Es ist eine fast vollständig unbekannte Welt. Wir versuchen diesem Phänomen ja, wie erwähnt, durch unser eigenes Forschungsprojekt und Untersuchungen auf die Schliche zu kommen. Aber es geht nur sehr langsam voran.«

»Kann man denn überhaupt etwas dagegen unternehmen?«, fragte Markus.

»Es geht bei unserer Forschungsarbeit nicht in erster Linie darum, etwas dagegen zu unternehmen, als vielmehr einen Zugang zu den Autisten zu erlangen. Zu ihnen vorzudringen.«

»Verstehe.«

Professor von Leyen wischte sich über die Stirn und stand von seinem Stuhl auf.

»Ich hätte eine Bitte an Sie.«

»Ja«, schaute Anna den Professor kritisch an. »Und was wäre das?«

»Der Helikopter wird mich gleich abholen und in die Klinik nachfliegen. Ich will sehen, dass Susanne die beste Fürsorge erhält und die Formalitäten mit der Klinik klären. Leider hat der Heli nur zwei Sitzplätze und ich kann Sie nicht mitnehmen. Könnten Sie den Wagen zurück nach Fulda bringen?«

»Selbstverständlich. Wenn wir Ihnen damit helfen können«, antwortete Markus.

Sichtlich erleichtert wühlte der Professor in seiner Hosentasche und legte den Autoschlüssel in die Mitte des Tischs.

»Vielen Dank, ich weiß das wirklich zu schätzen. Stellen Sie ihn einfach wieder bei dem Kongresszentrum ab. Wir sehen uns dann wieder in Fulda. Es tut mir leid, dass ich Ihnen nicht noch ein wenig mehr von unserem Gut zeigen konnte, aber die Umstände lassen es nicht zu.«

Der Professor ging einige Schritte, drehte sich dann kurz auf dem Absatz um und kam wieder einen Schritt näher.

»Wenn sie dennoch weitere Fragen haben, steht Ihnen mein Bruder Robert gerne zur Verfügung.«

Dann ging er zum Ausgang und war verschwunden. Markus griff sich den Autoschlüssel und klopfte damit auf den Tisch.

»Die arme Kleine. Sie hatte keine Chance zu entfliehen.«

Doch Anna starrte nur mit leerem Blick auf den Boden. Markus erkannte, dass ihr diese Sache sehr nahe ging. Dennoch mussten sie alle Kraft auf ihre eigentliche Aufgabe richten.

»Entschuldige, dass ich das jetzt sage, aber wir müssen uns weiter auf diesen Fall konzentrieren. Es steht das Leben eines Kardinals auf dem Spiel und wir können es vielleicht retten.«

»Was?«, schüttelte sich Anna ertappt, merkte dann ihre eigene Abwesenheit und brachte immerhin ein gezwungenes Lächeln zustande.

»Ja, du hast absolut Recht. Mein Verhalten ist nicht professionell. Entschuldige.«

sechsundzwanzig.

Nachdem sie erfahren hatten, dass auch Robert von Leyen bereits nach Hause gefahren war, beschlossen Anna und Markus sofort aufzubrechen. Da sie nun ein Fahrzeug hatten und die Gemeinde auf ihrem Rückweg lag, wollten sie noch bei Pfarrer Georg Stangl vorbeifahren, um ihn über die Familienverhältnisse der von Leyens zu befragen.

Der einsetzende Morgen wartete noch immer mit angenehmen Temperaturen auf und die hellen Strahlen des Tages verliehen den Bäumen am Straßenrand Konturen, die sie in der nebligen Nacht zuvor verloren hatten. Selbst im Fahrzeug schien das Licht in jede noch so kleine Ecke zu kriechen und den letzten Rest der kühlen Nacht einfach aufzusaugen. Die ersten Häuser des Dorfes traten in ihr Blickfeld und waren von ebensolcher Schlichtheit wie Zweckmäßigkeit. Schnörkellos stand eines neben dem anderen aufgereiht, wie Geschwister einer großen Familie, die aufgrund ihrer gleichen Gesichtszüge ihre Verwandtschaft nicht leugnen konnten.

Als sie vor dem Pfarrhaus standen, drückte Markus die Klingel und sie warteten. Von irgendwoher zwitscherte ein Vogel, zu dessen Gesang kurz darauf weitere einsetzten. Er klingelte noch einmal.

»Vielleicht war es doch keine so gute Idee«, fühlte Anna erste Zweifel. Doch noch bevor Markus ihr antworten konnte, näherten sich schlurfende Schritte der Tür und sie wurde geöffnet. Vor ihnen stand ein sichtlich verdutzter Georg Stangl. Seine ohnehin gedrungene Figur hatte die letzten Wochen und Monate offensichtlich noch ein wenig mehr Hausmannskost genossen und wirkte teigig. Er war etwas kleiner als Markus und strahlte eine Ruhe und Gemütlichkeit aus, um die ihn Markus des Öfteren beneidet hatte. Dennoch konnte er auch cholerisch werden, wenn es nicht nach seinen Vorstellungen ging.

»Markus!«, rückte sich Georg seine Brille zurecht, als könne er nicht glauben, wen er vor sich sah. Dann drückte er seinen ehemaligen Kommilitonen herzlich an die Brust, wobei Georg gerademal bis an Markus' Schultern reichte. »Wie unhöflich«, maßregelte sich Georg im gleichen Moment selbst. »Zunächst sollte man doch die Dame begrüßen.«

»Anna Peterson«, trat Anna einen Schritt nach vorn.

»Freut mich, aber kommt doch erstmal herein.«

Die Dielen des alten Pfarrhauses knarrten bei jedem Schritt, den sie durch den Flur in Richtung Küche gingen.

»Möchtet ihr vielleicht einen Tee oder lieber Kaffee?«

»Tee wäre super«, übernahm Anna die Antwort.

Georg füllte Wasser in ein Heißwassergerät und nahm drei Tassen aus dem Schrank.

»Was führt euch zu mir? Oder wolltest du deinen lange versprochenen Besuch tatsächlich gerade heute in die Tat umsetzen?«

»Ehrlich gesagt, nein. Es geht um eine sehr ernste Sache.«

Georg hielt einen kurzen Moment inne, stellte dann die Tassen vor sich ab und griff sich drei Teebeutel.

»Etwas Ernstes? Könnt ihr mir ein paar Details nennen oder möchte ich die besser erst gar nicht wissen?«

»Anna ist Fallanalytikerin des Bundeskriminalamts. Sie benötigt einige Informationen über die Familie von Leyen. Du kennst die Familie?«

»Selbstverständlich. Die von Leyens leben seit Generationen in dieser Pfarrgemeinde. Aber wenn das Bundeskriminalamt ermittelt, warum bist du dann mit hier?«

»Weil es auch uns betrifft, Georg.«

»Und wer ist in diesem Fall *uns*?«

»Die Katholische Kirche.«

Georg nickte und überlegte für einen Moment.

»Dann ist es wohl tatsächlich besser, nicht weiter zu fragen, oder?«

»Es würde uns einige schwammige Antworten ersparen«, antwortete Anna.

Georg nickte, füllte dann die Tassen mit heißem Wasser auf und stellte jedem eine Tasse auf den Tisch.

»Also, was wollt ihr wissen? Ihr wisst, ich kann euch nur Informationen geben, die nicht unter mein Schweigegelübde fallen.«

Anna wollte auf die Wichtigkeit der Informationen hinweisen, erinnerte sich aber an ihr Versprechen, dass Markus in allen kirchlichen Belangen die Federführung gefordert hatte.

»Na klar, Georg. Also, was weißt du über die Familie?«

»Wilhelm von Leyen ist die schillernde Gestalt der Familie. Jeder hier weiß, dass er im Vorstand von Candens Oculus ist. Er lebte schon immer als Karrieremensch auf der Überholspur. Das meine ich voller Anerkennung. Er hat sich alles selbst hart erarbeiten müssen. Das genaue Gegenteil ist sein Zwillingsbruder Robert. Er und seine Frau Luise leben seit Jahren hier ganz in der Nähe. Bodenständig und eher zurückgezogen. Aber das wisst ihr bestimmt schon. Sie pflegen die Mutter, Eleonore von Leyen. Soweit ich weiß, arbeitet Robert von Leyen mittlerweile ebenfalls für Candens Oculus.«

»Gab es in der Vergangenheit Gerüchte über die Familie oder irgendwelche Auffälligkeiten?«

»Die Familie hat eine bewegte Historie. Der Vater entstammte einem alten Adelsgeschlecht und kehrte nicht aus dem Krieg zurück. Ihm war es nicht einmal vergönnt, seine Kinder zu sehen, die in den letzten Kriegstagen geboren wurden. Er fiel an der Ostfront. Und die Mutter war mit einem Mal allein mit den Kindern. Wusstet ihr, dass es sogar Drillinge waren? Der eine ist aber bereits mit vier Jahren verstorben. Er war behindert zur Welt gekommen, weil sich die Nabelschnur einer seiner Brüder um den Hals des Kleinen gelegt und ihm die Luft abgeschnürt hatte. Das ist wohl auch ein Grund dafür, warum die von Leyens sich so stark für die Betreuung von Behinderten bei Candens Oculus einsetzen. Die Mutter erblindete nach einer Hirnhautentzündung wenige Jahre später, als Wilhelm und Robert von Leyen noch zur Schule gingen.«

»Ich habe die alte Dame bereits kennen gelernt«, nickte Markus und ein Schauer lief ihm bei der Erinnerung über den Rücken. »Sie ist irgendwie unheimlich.«

»Ja, das ist sie. Eleonore begann einst als Magd am Hof der von Leyens, bis sich der Sohn des Hauses in sie verliebte. Die von Leyens waren stets eine gottesfürchtige Familie und viele gönnten der jungen Frau ihr Glück nicht. Einige sagten ihr nach, dass sie ihn verhext hätte. Sie stünde mit übersinnlichen Mächten im Bunde. Wenn ihr mich fragt, ist das jedoch nur neidisches Dorfgetratsche. Aber eine Sache stimmt. Sie ist eine Bischbelfrau.«

»Eine was?«, fragte Anna nach und glaubte nicht richtig verstanden zu haben.

»Eine Bischbelfrau«, erklärte Markus, dem der Begriff geläufig war. »Du hast schon richtig gehört. Auf hochdeutsch würde man dazu wohl *Flüsterfrau* sagen. So nennt man in dieser Region Frauen, denen man übernatürliche Kräfte nachsagt. Allerdings nutzen diese ihre Fähigkeiten nur, um den Menschen zu helfen und nicht, um ihnen zu schaden.«

»Ihr wollt mich veralbern?«

»Nein«, schüttelte Georg vehement den Kopf. »Die Menschen hier glauben fest daran. Diese Personen besitzen heilende Kräfte. Sie legen Hand auf oder versetzen einen in Trancezustände ähnlich einer Hypnose. Eleonore von Leyen konnte so angeblich vielen Leuten helfen.«

»Dass ich das ausgerechnet aus dem Mund eines Pfarrers höre, überrascht mich nun aber schon.«

»Es gibt Dinge zwischen Himmel und Erde, die nicht mit rationalen Argumenten zu erklären sind.«

Auch Markus bekräftigte Parallelen zum christlichen Glauben.

»Mit der Kraft, die man durch den Glauben spüren kann, verhält es sich ähnlich. Denke nur an Wunderheilungen oder Pilgerstätten. Soweit liegen die Dinge also gar nicht auseinander. Und mein persönliches Erlebnis mit der alten Frau von Leyen bestätigt die These von Georg, dass sie eine dieser Flüsterfrauen ist.«

Markus wurde vom Klingeln eines Mobiltelefons unterbrochen. Anna kramte in ihrer Jackentasche und nahm das Gespräch entgegen.

»Peterson«, meldete sie sich kurz und knapp. Doch schon eine Sekunde später erkannte Markus an ihrem Gesichtsausdruck, dass etwas Furchtbares passiert sein musste.

»Was?«, entfuhr es ihr harsch. »Wann und wo?«

Die Antwort beruhigte Anna offenbar nicht. Noch immer blickten ihre weit aufgerissenen Augen ins Nichts. Dann legte sie auf.

»Was ist los?«, wollte Markus wissen und hoffte, dass die kleine Susanne den Unfall nicht doch noch mit ihrem Leben bezahlt hatte.

»Kennst du einen gewissen Bischof Verhoven?«

»Ja«, nickte Markus, »das ist der Weihbischof von Ulm.«

»Man hat ihn gerade gefunden«, eine kurze Pause folgte, dann fügte sie das alles entscheidende Detail hinzu. »Ermordet.«

– Nordossetien, Russland, 1. September 2004, 09:34 –

Der laute Knall der ersten Detonation war markerschütternd gewesen. Es war das Startsignal für alle gewesen und auch Aslan Mazaev war daraufhin aus seinem Versteck über die Treppe nach oben gestürmt. Die Haupteingangstür wurde von einem weiteren maskierten Mann versperrt, der sich bereits daran machte, diese zu verminen. Andere Männer der Gruppe trieben die Massen mit Gewehrsalven, die sie in die Luft schossen, aus den Klassenräumen vor sich her in die Turnhalle der Schule. Frauen und Kinder liefen schreiend durcheinander, als sie bemerkten, was sich vor ihren Augen abspielte.

Die Terroristen hatten sich den Einschulungstag ausgesucht. An diesem Tag würden doppelt so viele Personen als sonst in der Schule anwesend sein. Das würde den Druck auf die Behörden zusätzlich erhöhen, die dazu einen Teufel tun würden das Gebäude zu stürmen. Das Risiko Unschuldige zu verletzen wäre zu groß. Stattdessen würden die Behörden allen Forderungen nachkommen und keine der Geiseln müsste sterben. So war zumindest der Plan.

Mazaev händigte den Sprengstoff an einen der schwarz gekleideten Männer in der Turnhalle aus. Er versuchte ihn trotz Sturmhaube zu erkennen, aber die Augen waren ihm fremd. Eigentlich sollte es dasselbe Team sein, mit dem er auch die letzten Aktionen durchgeführt hatte. Dann versuchte er sich zu vergewissern, dass Farisa mit dem Kind rechtzeitig die Schule verlassen hatte. Sie war nur dafür zuständig gewesen, die Waffen in das Gebäude zu schmuggeln. Deswegen waren sie und ihr gemeinsames Kind so wichtig gewesen, da man in dem Kinderwagen unbemerkt eine große Menge davon verstecken konnte. Ihre Tochter war eigentlich schon zu alt für den Wagen gewesen, doch niemand hatte daran etwas ungewöhnlich gefunden. Danach sollte sie sich unter die Menschenmasse mischen und vor der Detonation das Gebäude verlassen. So war es mit Vlad abgesprochen. Er beruhigte sich etwas, als er sie nirgends ausmachen konnte.

Nach der anfänglichen Panik beruhigte sich die Situation allmählich und Mazaev ging zu den anderen in die Turnhalle. Überall saßen Menschen und hielten sich die Arme ergebend hinter dem Kopf. Einige von ihnen waren verletzt. Eine Frau saß in einer Blutlache und drückte mit ihrem dünnen Schal vergeblich auf die Wunde eines

Mannes, um dessen Blutung zu stillen. Selbst ihr Rock saugte das Blut auf, das sich bereits am Boden gesammelt hatte. Sie rief nach Verbänden, doch keiner reagierte.

In einer Art Kettenreaktionssystem hatte Vlad rundherum in der Turnhalle Sprengladungen angebracht und sie miteinander verbunden. Sogar im Basketballkorb steckte eine mit Aluminiumpapier verpackte Ladung und wirkte wie Lametta, das vom Weihnachtsbaum herunterhing. Als Auslöser dienten Fußtasten, die automatisch bei Druckverlust auslösen würden. In drei Ecken stand je ein bewaffneter Mann mit seinem Stiefel auf einer dieser Fußtasten. In der Mitte des Raums versuchte indes einer der Männer unter den Geiseln, die Masse zu beruhigen. Mazaev wusste nicht, ob er Lehrer oder Vater eines der Kinder war, aber er wusste, dass Vlad dies nicht gefallen würde. Nur er würde den Ton angeben wollen und die Geiseln kontrollieren. Und nur er würde sie auch beruhigen, wenn er es denn für nötig hielt. Noch aber stand Vlad am Eingang der Turnhalle und grinste zufrieden über das sich ihm bietende Szenario. Er war der einzige, der keine Sturmhaube trug. Direkt neben Vlad stand eine *Smertnizy*, eine so genannte *Schwarze Witwe*. Mazaev war überrascht. Vlad hatte ihn nicht davon in Kenntnis gesetzt, dass auch maskierte und bewaffnete Frauen zum Kommando gehören würden. Er musste den Plan spontan geändert haben. Mazaev ging auf ihn zu und wollte ihn gerade fragen, was dies sollte, als er von hinten angetippt wurde. Es war eine weitere Smertnizy, die maskiert war und ein Sturmgewehr im Anschlag trug. Zunächst dachte er, sie wolle ihn aufhalten und er wischte ihren Arm von seiner Schulter. Als sie immer noch nicht von ihm abließ, wollte er ihr erklären, dass er nur mit Vlad sprechen wolle, doch dann erkannte er ihre Augen. Die mandelbraunen Augen, die er so sehr liebte.

»Farisa, was soll das? Was machst du noch hier?«

»Es tut mir leid. Nachdem du weg warst, hat mich Vlad mit einer weiteren Frau weggeschickt. Dann bekamen wir die Kleidung und die Waffe.«

»Er hat was? Und wo zur Hölle ist unsere Tochter?«

»Vlad hat ihr ein Schlafmittel verabreicht. Er sagte, das sei das Beste für sie. So würde sie sich nicht an die Bilder erinnern. Sie schläft dort hinten in einer Ecke der Turnhalle.«

»Und noch etwas solltest du wissen.«

»Was?«

»Das hier.«

Farisa zog mit einer Hand ihren schwarzen Umhang zur Seite und gab den Blick auf ihren mit kleinen Päckchen bestückten Bauch frei. Sie trug einen Sprengstoffgürtel. »Bitte bleib ruhig, Aslan. Vlad meinte, dass es nur zur Abschreckung dienen soll. Wenn alles klappt, sind wir schon heute Abend wieder hier raus.«

Mazaev wusste nicht, was er sagen sollte. Es war nicht der vorgesehene Plan, den er über Wochen und Monate ausgeklügelt hatte. Doch die Oberen hatten im letzten Moment entschieden, dass Vlad und nicht er das Kommando haben würde. Und anscheinend hatte dieser sich dazu entschieden den Plan kurzfristig abzuändern. Noch bevor er Farisa etwas antworten konnte, knallten Schüsse in der Halle und Menschen schrien auf. Mazaev und Farisa duckten sich instinktiv schnell ab und wirbelten herum. Ihre Augen sondierten die Lage und sie erkannten, was passiert war. Vlad hatte den Mann kaltblütig erschossen, der versucht hatte, die anderen zu beruhigen. Nun stellte sich auch heraus, dass er ein Familienvater war, denn seine beiden Söhne kauerten geschockt neben der Leiche ihres Vaters. Mazaev lief zu Vlad hinüber und wollte ihn zur Rede stellen, doch dieser baute sich gerade in der Mitte des Raums auf.

»Wir sind hierher gekommen, um zu sterben. Falls Ihrem Präsidenten etwas an Ihnen liegt, werden Sie freigelassen werden.«

Eine der maskierten Wachen kam auf Vlad zugelaufen.

»Da draußen haben sich einige bewaffnete Männer aus dem Dorf aufgebaut und begonnen uns zu beschießen.«

Vlad ging zu einem der Fenster und es hallten einzelne Schüsse durch die Luft, dann rief er laut hörbar für alle nach draußen.

»Wenn ihr einen von uns tötet, töten wir fünfzig. Tötet ihr fünf von uns, jagen wir hier alles in die Luft.«

Sofort stoppten die Schüsse und eine nicht minder bedrohliche Stille setzte stattdessen ein.

siebenundzwanzig.

Obwohl das Wetter mit einem Mal umgeschlagen hatte und immer schlechter geworden war, hatte Markus den Luxuswagen von Professor von Leyen auf den nassen Straßen nicht geschont. Sie waren in eine Schlechtwetterfront geraten, die die Regentropfen lautstark auf das Dach des Wagens hatten prasseln lassen. Dennoch waren sie in rekordverdächtiger Zeit zurück nach Fulda geeilt. Während der Fahrt hatte Anna weitere Informationen erhalten. Bei dem Toten handelte es sich tatsächlich um den Weihbischof von Ulm, Klaus Verhoven. Der Fundort in der Johannisau lag nur wenige Meter von einem Weiher entfernt und war mit rot-weißem Band großräumig abgesperrt worden. Die letzten Meter gingen sie zu Fuß. Ein weißes Zelt war über dem unmittelbaren Fundort aufgestellt worden, um die Spuren vor Wind und Wetter zu bewahren und geschützt vor allzu neugierigen Blicken arbeiten zu können.

Sie hoben das Band an und schlüpften darunter hindurch. Sofort stellte sich ihnen ein Polizist in den Weg.

»He, Sie beide da«, raunzte er in ihre Richtung. »Sie können hier nicht durch.«

Ohne ihren Schritt zu drosseln ging Anna weiter auf den Polizisten zu und hielt ihm wortlos ihre Marke entgegen. Überrascht blickte er kurz darauf und winkte sie dann weiter. Dazwischen murmelte er noch etwas, das nach *Entschuldigung* klang, doch Anna und Markus waren bereits in dem Zelt verschwunden. Einige Beamte in weißen Overalls standen um den toten Bischof aufgereiht. An einem Baum lehnend befand sich der nackte Leichnam Verhovens. Den Kopf zur Seite gedreht, erkannte man noch immer die weit geöffneten Augen des Kirchenmannes und den versteinerten Ausdruck des Schocks, der darin lag. Markus überlief ein eiskalter Schauer, als er sah, wie brutal der Mann traktiert worden war. Der Bischof lehnte mit seinem Oberkörper an dem Baum. Seine Arme waren dabei so um den Stamm gebunden, als würde er ihn umarmen und quer über den gesamten Rücken verstreut steckten mehrere kleine Pfeile tief in seinem Fleisch. Und noch eine weitere Auffälligkeit konnte Markus erkennen. Die Haut zwischen rechtem Daumen und Zeigefinger fehlte fast gänzlich, als wäre sie herausgeschnitten worden.

»Was haben wir?« fragte Anna in einem autoritären Berufston.

Ein Mann mit glänzenden Augen und rundem Bauch, der nur mit großer Anstrengung in den weißen Overall gezwängt worden war, nahm seinen Mundschutz ab und trat einen Schritt näher.

»Sind Sie der Beamte vom BKA?«, fragte er barsch, zog dabei schnalzend die Einweghandschuhe von seinen Händen und entsorgte sie in einem Plastiksack.

»Die Beamtin, ja. Mein Name ist Anna Peterson und das ist Herr Schuhmann.«

Anna zeigte auch diesem Mann ihren Ausweis, Markus wurde nur flüchtig gemustert. Offenbar genügte dem Beamten der Ausweis von Anna.

»Also, was haben wir hier, Herr...?«

»Majewski, Peter Majewski. Gerichtsmedizin.«

»Gut Herr Majewski. Legen Sie los.«

»Ein Spaziergänger hat den Toten heute Morgen gegen halb sechs gefunden«, begann Majewski und rieb sich dabei die Hände, als würde er die Zutaten eines Fünf-Sterne-Essens aufzählen. »Der Todeszeitpunkt lässt sich nur ungefähr festlegen, da die Temperatur gestern Nacht deutlich tiefer lag als heute morgen. Nach den typischen Symptomen zu urteilen dürfte der Tod gegen Mitternacht eingetreten sein. Plus minus eine Stunde. Der Spaziergänger, der ihn gefunden hat, ist ein ehemaliger Polizist.«

»Das ist gut«, nickte Anna.

»Was ist daran gut?«, wunderte sich Markus.

»Ein Polizist kennt die Abläufe am Tatort. Er hat sicherlich nichts angefasst und außerdem können wir uns darauf verlassen, dass er seinen Mund hält. Zumindest ein klein wenig länger als bei einem normalen Passanten«, erklärte Anna und wandte sich wieder an den Beamten. »Also weiter.«

»Der Fundort dürfte auch gleichzeitig der Tatort sein. Außerdem weist das Opfer Rückstände von Desfluran auf. Dennoch gehen wir davon aus, dass das Opfer zum Todeszeitpunkt voll aufnahmefähig war und nicht durch das Einwirken der Pfeile, sondern durch das daraus resultierende Verbluten starb«, drehte sich der Beamte und zeigte in Richtung des Leichnams. »Wobei diese zwei Pfeile hier direkt bis zum Rückenmark vorgedrungen sind und ihn bewegungsunfähig machten«, deutete der Beamte auf zwei Stellen der Wirbelsäule. »Was der Schnitt an der Hand zu bedeuten hat, können wir noch nicht sagen.«

»Sonst noch was?«

»Soweit wir bisher feststellen konnten, weist das Opfer keinerlei Kampfspuren auf. Auch keine Rückstände unter den Fingernägeln, die darauf hindeuten würden, dass er sich gewehrt hat.«

»Danke. Sie können dann Pause machen.«

Die Beamten waren dankbar für eine Unterbrechung ihrer Arbeit und verließen das Zelt. Anna kniete sich neben den Toten, nahm ein paar Einweghandschuhe aus einer Schachtel und betrachtete sich die entstellte rechte Hand.

»Was ist Desfluran?«, fragte Markus.

»Das ist ein Narkotikum.«

»Narkotikum?«

»So was ähnliches wie Chloroform. Es hat allerdings weitaus weniger Nebenwirkungen und man kann es so dosieren, dass man den Zeitpunkt des Erwachens bestens bestimmen kann. Unser Täter wollte anscheinend auf alle Fälle, dass das Opfer bei Bewusstsein ist, wenn er es tötet.«

Markus kniete sich ebenfalls neben den Toten und sah sich die im Rücken steckenden Pfeile genauer an. Sie erinnerten ihn erneut an eine Stelle aus der Bibel.

»Ich will alles Unglück über sie häufen, ich will alle meine Pfeile auf sie schießen«, murmelte Markus vor sich hin.

»Wie bitte?«, drehte sich Anna zu ihm herum.

»Fünftes Buch Mose, Kapitel 32, Vers 23.«

»Was meinst du damit?«

»Du erinnerst dich an den Drohbrief?«

»Selbstverständlich, aber was hat das hiermit zu tun?«

»Auch das hier könnte eine Botschaft darstellen. Stammt ebenfalls aus einem Bibelzitat. Aus dem fünften Buch Mose. Ich will alles Unglück über sie häufen, ich will alle meine Pfeile auf sie schießen«, wiederholte Markus das Bibelzitat.

»Du meinst, dass wir es mit ein und derselben Person zu tun haben? Und diese Tat ein Zitat des Täters ist.«

»Es wäre schon ein großer Zufall, wenn diese außergewöhnliche Tötungsart keine Bedeutung hätte. Der Täter hat seiner Drohung nun Taten folgen lassen. Aber das ist noch nicht das Schlimmste.«

»Ach nein«, wunderte sich Anna. »Was denn noch?«

»In dieser Passage der Bibel wird nicht nur eine Art des Tötens erwähnt. Es werden noch weitere Optionen des Tötens genannt und ich befürchte, dass der Täter weiter versuchen wird danach zu handeln.«

In diesem Moment klingelte Markus' Mobiltelefon. Nach einem prüfenden Blick auf das Display meldete er sich. Bischof Jeresmies war am anderen Ende. Das Gespräch dauerte keine zwanzig Sekunden. Als Markus auflegte, war sein Blick ausdruckslos und versteinert.

»Das war Bischof Jeresmies. Im Generalvikariat ist ein weiterer Brief eingegangen.«

»Ein weiterer Brief? Vom Täter?«, wunderte sich Anna. »Was will er diesesmal vom Bischof?«

»Vom Bischof will er gar nichts.« Ein ungläubiges Kopfschütteln folgte. »Der Brief ist an mich adressiert.«

achtundzwanzig.

Anna nahm ein Paar der sterilen, eingeschweißten Schutzhandschuhe aus ihrer Jacke, die sie von den Kollegen der Spurensicherung am Tatort mitgenommen hatte, und reichte sie Markus. Im Büro des Bischofs herrschte eine zum Bersten gespannte Stille. Jeresmies rutschte ungeduldig auf seinem Sessel hin und her und auch Anna und Markus waren sichtlich nervös.

»Nur zur Sicherheit. Vielleicht sind noch irgendwelche Spuren daran.«

Mit nervösen Händen fingerte Markus an den Handschuhen herum, bis er sie endlich übergestreift hatte. Dann drehte er den Briefumschlag einige Male in seinen Händen. Tatsächlich, sein Name stand darauf geschrieben. Er prüfte die Schrift und hielt sie noch einmal gegen das Licht, dann war er sich sicher. Obwohl er kein Experte war, wusste er es sofort. Es war der gleiche Umschlag, die gleiche Schrift und somit auch derselbe Absender wie der des ersten Drohbriefs, der an Bischof Jeresmies gegangen war. Man konnte sogar die minimale Auffälligkeit bei dem Buchstaben `k` seines Vornamens erkennen.

Markus öffnete den Brief vorsichtig.

Selbst die Falzungsart war identisch mit dem ersten Brief. Exakt und akkurat. Neben dem Brief selbst befand sich diesmal aber noch etwas anderes in dem Kuvert. Ein alter Zeitungsartikel aus dem Jahr 1979. Demnach hatte ein männlicher Fahrer einen Verkehrsunfall verursacht, bei dem eine vierköpfige junge Familie tödlich verunglückt war. Nach Zeugenaussagen vermutete die Polizei, dass der Unfallverursacher, der mit leichten Verletzungen davongekommen war, unter Alkoholeinfluss gestanden hatte, doch das veröffentlichte Ergebnis des Bluttests einige Tage später ergab überraschenderweise keine Bestätigung. Ein Bild zeigte den angeklagten Fahrer nach dem Verlassen des Gerichts, bei dem er aus Mangel an Beweisen freigesprochen wurde. Obwohl das Bild sehr alt war, erkannten alle den Mann. Es war der ermordete Weihbischof Klaus Verhoven.

»Wussten Sie das?«, fragte Anna erstaunt in die Richtung von Jeresmies.

»Himmel, nein. Ich schwöre, dass dies das Erste ist, was ich darüber lese.«

Markus nahm sich den an ihn adressierten Brief und las den Text laut vor:

Mein verehrter Herr Schuhmann,

wie ich mich darüber doch gefreut habe, als ich erfuhr, dass sich nicht mehr nur das Bundeskriminalamt mit meiner Person beschäftigt. Diese einfältigen Lämmer werden niemals verstehen, warum man gewisse Dinge auf Gottes Erden einfach nicht geschehen lassen kann. Sind doch von Menschenhand geschaffene Gesetze gleichsam anmaßend wie unwirksam. Wie soll man über diejenigen richten, die zum Richten von Gottes eigener Hand bestellt wurden? Sie als gottesfürchtiger Mann werden dies hingegen sicherlich verstehen. Dadurch sind wir sozusagen Brüder im Geiste. Seit mehr als 150 Jahren bewegen sich die Würdenträger dieser Konferenz nun schon auf dem heiligem Boden dieser Stadt. Es ist meine Pflicht und meine Aufgabe als richtender Engel Gottes diese Institution vor Schaden zu bewahren und die Schuldigen von ihrer Schuld reinzuwaschen. Schließlich sind wir noch immer, oder gar mehr denn je, auf einer Mission!

Kardinal Seckbach teilt diese Meinung bisher leider noch nicht. Aber sein Geist wird Dank Verzicht und Kasteiung von Tag zu Tag klarer und ich habe Hoffnung, dass er dem heiligen Vater die richtige Empfehlung geben wird.

Einige seiner Mitbrüder hingegen haben aber bereits in der Vergangenheit schwere Schuld auf sich geladen. Sie haben gesündigt, sich mit Feinden verbrüdert und scheuen nicht einmal davor zurück, das Malzeichen zu tragen und somit das Tier anzubeten.

Diese falschen Propheten unseres Glaubens müssen mit harter Hand abgestraft und in das Fegefeuer geworfen werden.

Weihbischof Verhoven hat bereits seine Schuld getilgt und bei mir Beichte abgelegt, welche ich ihm gerne abgenommen habe. Er hatte Unglück über eine unschuldige Familie gehäuft, Beweise manipuliert, und ich habe ihn dafür seiner gerechten Strafe zugeführt.

Ich werde jeden Tag, bis zum Ende der Konferenz, einem Gefallenen den rechten Weg aufzeigen, bis von den Bischöfen die einzig wahre Entscheidung getroffen wird. Es liegt also einzig und allein in der Hand der Würdenträger weiteres Leid zu verhindern. Denn die Wahl für den nächsten Beichtbruder ist bereits getroffen. Der Teufel hat der armen Seele den Blick auf unser Christenkreuz verdreht und ich werde ihm der Turm sein, von dem er es wieder erkennen kann. Mehr möchte ich Ihnen noch nicht verraten, aber auch diese Missionierungsarbeit wird Ihnen sicherlich gefallen.

Markus faltete den Brief wieder zusammen und legte ihn vor sich auf den Tisch. Nun war er nicht mehr länger der unbekannte Jäger, der sich an die Fersen des Täters geheftet hatte. Vielmehr war er nun selbst ein Teil dieses blutigen Spiels geworden. Auch wenn Markus wusste, dass er nicht für das weitere Handeln des Täters verantwortlich war, so war ihm doch klar, dass ein weiterer Mensch sterben würde, wenn es ihnen nicht gelingen sollte, den Täter zu stoppen.

»Wie konnte er all die Details über Verhoven wissen und woher weiß er, dass Sie beide mit dem Fall betraut sind? Es muss sich um einen Insider handeln. Und einen Verrückten dazu«, äußerte Jeresmies eine Vermutung.

»Vielleicht. Verrückt ist er aber anscheinend nicht, eher ein Erleuchteter«, seufzte Anna.

»Wie bitte? Was meinen Sie mit erleuchtet?«

»Wir unterscheiden bei solchen Tätern zwischen salopp formuliert, Verrückten und Erleuchteten. Wir nennen sie so, da sie, anders als Verrückte, nicht plötzlich explodieren und wahllos durch die Fußgängerzonen laufen, um Menschen zu ermodern. Sie fühlen sich, wie in diesem Fall, vielmehr dazu berufen, eine bestimmte Aktion auszuführen. Ansonsten sind sie im Alltag nicht als Fanatiker zu erkennen und leben ihr normales Berufsleben. Das Profil passt auch zu der Analyse des mit Blut geschriebenen Schriftbilds.«

»Nicht nur das.« Markus tippte auf die Zeilen des Briefs. »Einige Dinge im Text sind ganz klar. Er ist der Meinung, dass die Abstimmung über Candens Oculus und Remonds möglicher Ernennung zum Prälaten in seinen Augen eine Farce ist. Nicht gottgewollt. Und er ist gekommen, um alles wieder ins rechte Lot zu rücken. Andere Dinge sind mir aber völlig unklar. Was bedeutet zum Beispiel die Aussage, dass die falschen Brüder sogar das Malzeichen tragen und damit das Tier, also den Teufel, anbeten?«

Sowohl der Bischof als auch Anna atmeten hörbar ein und lehnten sich anschließend in ihren Stühlen zurück. Dann tauschten sie einen kurzen Blick.

»Vielleicht sieht sich unser Täter als eine Art angelus mortis?«

»Wäre möglich«, antwortete Markus.

»Wären Sie bitte so freundlich, mich in Ihre Überlegungen mit einzubeziehen?«, unterbrach Anna mit trotzigem Unterton die Gedankengänge der beiden Kirchen-Insider.

»Da muss man etwas weiter ausholen«, erklärte Jeresmies. »Angelus ist der lateinische Begriff für Engel. Sie müssen wissen, dass Engel seit jeher die Funktion innehaben, den Menschen Gottes Wort, Gottes Gegenwart sowie dessen Absicht und vollgültigen Willen mitzuteilen. In der griechischen Mythologie entspricht dies der Aufgabe des Götterboten Hermes. In der Bibel erscheinen sie daher oft auch als *„Boten Gottes"* in menschlicher Gestalt. Sie sind den Menschen jedoch weit überlegen und nicht an deren Gesetze und Bedingungen gebunden.«

»Nur, dass unser Engel nicht nur eine Botschaft, sondern, als besondere Zugabe, den Tod bringt.«

»Ja, Frau Peterson. Angelus mortis könnte man biblisch gesehen als eine Art Todesengel bezeichnen. Der Erzengel Michael hat diese Aufgabe zum Beispiel inne. Er überbringt den Menschen die Nachricht ihres irdischen Ablebens und führt ihre Seele in den Himmel oder die Hölle.«

»Wie es scheint, ist unser Täter dabei, noch einige andere Seelen begleiten zu wollen. Er wird sich mit seiner bisherigen Arbeit nicht zufriedengeben.«

»Was für ein furchtbarer Tag.« Der Bischof knetete seinen Nasenrücken mit zwei Fingern und atmete schwer. »Erst der Mord an Weihbischof Verhoven und nun noch dieser Brief, aus dem man deuten muss, dass es gar noch schlimmer kommen könnte.«

Markus nickte zustimmend.

»Sowohl bei dem Mord als auch bei diesem Brief bezieht sich der unbekannte Täter erneut auf die Bibel. Angefangen beim Drohbrief über den Hinweis in der Hotelbibel bis zur Blutbotschaft in Seckbachs Zimmer. Dann folgt der Mord an Verhoven. Und nun der Brief.«

Bischof Jeresmies legte sein Gesicht in tiefe Falten und nickte zustimmend.

»Die Konferenz lässt sich nicht erpressen. Wir werden uns niemals dem Druck externer Aggressoren unterwerfen. Aber wie können wir ihn aufhalten und weiteres Blutvergießen vermeiden?«

»Der Mörder wird versuchen, auch die weiteren Zitate aus dem Buch Mose in die Tat umzusetzen«, entgegnete Markus. »Und er erwartet von uns, dass wir dies auch erkennen. Er will uns herausfordern«

»Sie denken, er spielt bloß mit uns?«, fragte der Bischof bestürzt. Auch Anna vertraute Markus' These und unterstützte sie.

»Wir denken, dass er uns mit den Zitaten seine Überlegenheit beweisen möchte. Warum sollte er uns sonst immer weitere Hinweise geben? Er fühlt sich sicher und das ist unsere Chance.«

»Wie meinen Sie das, Frau Peterson?«

»Er wird langsam überheblich. Er sieht in sich so etwas wie den Richter Gottes. Er fühlt sich auserwählt. Er wird früher oder später einen Fehler machen. Und genau das müssen wir ausnutzen.«

»Nur haben wir keine Zeit, darauf zu warten. Verstehen Sie denn nicht, in welch prekärer Situation ich mich befinde?«

»Natürlich verstehe ich ihre persönliche Situation, Herr Bischof! Dennoch ist dies in erster Linie ein Kriminalfall«, antwortete Anna verständnisvoll, aber bestimmt.

Doch Jeresmies gab sich mit dieser Beteuerung nicht zufrieden. Es brodelte sichtlich in ihm. Dann brach es aus ihm heraus.

»Nein, das tun Sie nicht«, erhob er seine Stimme und schlug mit der flachen Hand auf die Tischplatte. Dann strich er sich mit dem Zeigefinger über die Stirn und Markus glaubte, dass er sich nun wieder gefangen hatte, was eine fehlerhafte Annahme war. Wieder knallte die Hand auf die Platte nieder. »Das können Sie gar nicht verstehen. Es ist weit mehr als nur ein Kriminalfall. Wir haben hier in Fulda einen ermordeten Würdenträger zu beklagen, und das auch noch während der Deutschen Bischofskonferenz. Ein weiterer wird vermisst. Ich glaube nicht, dass Sie auch nur im Ansatz verstehen können, was in mir vorgeht.« Im Raum herrschte eisiges Schweigen. Markus und Anna warteten darauf, dass der Bischofs sich wieder beruhigen würde, doch dieser war noch immer nicht am Ende seiner Ausführung angelangt. »Und Sie wollen mir garantieren, dass dieser Mörder, der da draußen frei herumläuft, früher oder später einen

Fehler machen wird? Das genügt mir nicht. Das genügt mir ganz und gar nicht.«

Gerade auf dem Höhepunkt von Jeresmies' Ansprache klopfte es an der Tür. Markus war dankbar für die Unterbrechung, denn weder Anna noch er hätten dem Bischof irgendwelche neuen Spuren vermelden können.

»Ja?«, schrie Jeresmies noch immer in der Lautstärke seiner vorangegangenen Worte. Im nächsten Moment schwang die Tür auf und ein großer Mann mit breiten Schultern und festen Gesichtszügen trat ein. Er trug einen teuren anthrazitfarbenen Anzug mit bordeauxfarbener Krawatte über dem schwarzen Hemd. Die graumelierten Schläfen und die nach hinten gegelten Haare verliehen dem Mann eine unterschwellige Arroganz.

»Bischof Jeresmies?«, trat der Mann fragend auf den Bischof zu. »Mein Name ist Christopher Maihof. Vizedirektor des zuständigen Bundeskriminalamts. Wir hatten bisher nur telefonischen Kontakt.«

»Ja«, stand der Bischof auf und beruhigte sich anscheinend langsam wieder. Noch nie hatte Markus ihn so erregt erlebt. »Bitte entschuldigen Sie, wir waren gerade dabei, das weitere Vorgehen zu besprechen.«

»Frau Peterson, Herr Schuhmann«, begrüßte Maihof die beiden anderen Anwesenden per Handschlag und Namen.

»Ich habe von dem Brief bereits erfahren. Dürfte ich ihn mir wohl mal persönlich ansehen?«

»Selbstverständlich«, legte Markus den Brief ausgebreitet auf den Tisch, so dass Maihof ihn nicht anfassen musste.

Er nahm eine Lesebrille hervor und studierte ihn sorgsam. Sofort kam er zum Punkt.

»Interessant. Ich werde den Brief sofort von unseren Experten genauer untersuchen lassen.«

»Das ist ja gut und schön, aber wie wird es nun weitergehen? Was gedenken Sie zu unternehmen?«

»Bei allem Verständnis für Ihre Belange, Herr Bischof. Ich muss zunächst eines klarstellen«, begann Maihof ruhig und sachlich, dabei deutete er Markus mit einer kurzen und überheblichen Handbewegung an, den Brief in der Zwischenzeit in eine Klarsichthülle zu stecken, die er aus seiner Innentasche zog. »Wir sind eine Behörde, die sich um den Schutz und die Interessen der gesamten Bevölkerung kümmern muss. So schlimm der Tod eines Bischofs auch ist, hat sich bei Entführungsdelikten und Mordfällen ein bestimmtes Vorgehen bewährt, nämlich Ruhe zu bewahren und zu versuchen jegliche Emotionen herauszuhalten. Frau Peterson ist eine hervorragende Beamtin und wird die Kreise des Täters immer weiter einengen.«

Offenbar hatte Maihof die vorige Unterhaltung zum Teil mitbekommen. Was bei der Lautstärke auch kein Wunder war. Markus erkannte, wie geschickt Maihof die Fäden aller beteiligten Parteien wieder zusammenführte. Er schien sehr geübt darin zu sein zu vermitteln. Anna war indes erstaunlich zurückhaltend und hatte seit Eintreten ihres Vorgesetzten kein Wort mehr gesagt.

»Natürlich. Ich wollte meine Aussagen auch keineswegs als Misstrauen in die Fähigkeiten von Frau Peterson verstanden wissen. Auch dass ich Sie angerufen habe, Herr Maihof, dient lediglich der Klärung des Falls und soll nicht die Arbeit ihrer Kollegin untergraben. Aber es wird zusehends schwieriger, die Öffentlichkeit aus dieser Sache herauszuhalten. Wissen Sie, wir haben bei unserer Konferenz wichtige Entscheidungen zu treffen. Wie sollen wir da weiter vorgehen, ohne jemanden zu gefährden?«

»Nun«, erklärte Maihof. »Mir wäre es am liebsten, wenn Sie die Bischofskonferenz abbrechen würden und alle Beteiligten wieder nach Hause fahren. Aber diese Option liegt natürlich nicht in Ihrem Interesse.«

»Abbrechen?«, zuckte der Bischof regelrecht in sich zusammen. »Seit 150 Jahren findet die Bischofskonferenz hier in Fulda statt und noch nie musste sie wegen eines Wahnsinnigen abgebrochen werden.«

»Dann müssen Sie Ihre Besprechungen auf ein Minimum reduzieren.«

»Das tun wir ja bereits«, beteuerte Jeresmies, »Zudem ist die Anweisung ergangen, dass keiner mehr alleine irgendwelche Gänge unternehmen soll. Aber man kann natürlich niemandem etwas verbieten.«

»Gut, dann lassen Sie uns doch mal sehen, was unsere Ermittlungen bislang ergeben haben«, drehte sich Maihof zu Anna herüber. Markus suchte schon eine Erklärung dafür, dass sie noch im Dunkeln tappten, als sich Anna zu ihrem Aktenkoffer beugte und ihn auf ihren Schoß stellte. Sie öffnete ihn und hervor kam das High-Tech Gerät, das er bereits auf dem Gut von Candens Oculus in ihren Händen entdeckt hatte.

»Ich habe Peilungen in Fulda, der Rhön sowie direkt am Hauptsitz von Candens Oculus vorgenommen. Das Ergebnis war überall das Gleiche. Kein Signal.«

»Signal?«, wunderte sich Markus und fühlte sich übergangen. »Was für ein Signal und warum weiß ich davon nichts?«

»Entschuldigen Sie, Herr Schuhmann«, zwang sich Maihof ein müdes Lächeln ab. »Aber wir mussten mit Bischof Jeresmies diese Abmachung treffen, um ihn und alle weiteren Bischöfe zu schützen.«

Bischof Jeresmies nickte gequält.

»Ich musste das dem BKA zusichern, Herr Schuhmann. Das war ihre einzige Bedingung. Ich schwöre, ansonsten gibt es keine weiteren Überraschungen für Sie.«

Markus war dennoch enttäuscht von Jeresmies. Hatte er ihm nicht immer sein uneingeschränktes Vertrauen zugesichert? Wem konnte er denn überhaupt noch trauen?

»Was genau hat es mit diesen Peilungen auf sich?«

»Du erinnerst dich an die klaffende Wunde an der rechten Hand von Weihbischof Verhoven?«, fragte Anna.

»Ja, man hat ihm ein Stück seiner Handfalte herausgeschnitten.«

»Nicht nur das. Man hat ihm weit mehr herausgeschnitten.«

Markus verstand Annas Äußerung nicht. Maihof versuchte die Sache genauer zu erklären.

»Ich denke, wir können Herrn Schuhmann nun einweihen, wenn Sie nichts dagegen haben. Schließlich ist das Geheimnis nun zumindest auch für den Täter keines mehr.«

Maihof legte seine Handflächen aneinander und berührte dabei mit den Fingerspitzen seine Lippen. Er wartete lange. Anscheinend suchte er nach den passenden Worten für seine Erklärung. Dann fixierte er Markus mit seinen Augen und lehnte sich fragend zu ihm.

»Glauben Sie an Schutzengel, Herr Schuhmann?«

neunundzwanzig.

Wie bitte?«, verstand Markus den Sinn dieser Frage nicht. »Bitte spielen Sie keine weiteren Spielchen mit mir!«

»Gut, dann lassen Sie mich anders beginnen.« Maihof legte seine Hände in den Schoß und begann mit seiner Erklärung. »Ende der neunziger Jahre arbeitete eine amerikanische Firma an der Herstellung eines künstlichen Schutzengels.«

Markus überlegte, ob ihn Maihof auf den Arm nehmen wollte oder was diese abstrusen Anspielungen zu bedeuten hatten.

»Einen künstlichen Schutzengel? Das ist ein Scherz?«, zog Markus verwundert seine Augenbrauen nach oben. Doch ein Blick in die Runde zeigte ihm, dass die anderen keineswegs von einem Scherz ausgingen. Es schien ihnen bitterer Ernst zu sein.

»Um es zu präzisieren, forschte man an einem Projekt mit dem Namen *digital angel*. Der digitale Schutzengel. Bei der ersten Generation dieses digitalen Engels handelte es sich um einen Mikrochip, der in Verbindung mit einem satellitengestützten Navigationssystem stand. Man konnte ihn wahlweise in seiner Uhr oder irgendeinem anderen Schmuckstück tragen. Der Chip übermittelte dabei ständig exakte Daten an eine Basisstation. Dieser digitale Engel sollte anfänglich medizinische Funktionen erfüllen und kranke Menschen überwachen. Er konnte Körperwerte wie Blutdruck oder Ähnliches messen und sogar im Notfall den Krankenwagen verständigen, wenn etwa der

Chipträger kurz vor einem Herzinfarkt stehen sollte. Der Chip konnte die veränderten Parameter erkennen und rechtzeitig Alarm schlagen. Präventive Sicherheit, Sie verstehen?«

Markus verstand, was Maihof ihm erzählte, doch konnte er es erstens nicht ganz glauben und zweitens nicht die Verbindung zum Mord an Weihbischof Verhoven herstellen. Maihof genügte Markus' Schweigen als stumme Zustimmung, weiter fortzufahren.

»Dazu hatte der GPS-unterstützte Chip den netten Nebeneffekt, verirrte Kinder, alte Menschen oder Alzheimer-Patienten ohne Probleme wiederzufinden.«

»Was meinen Sie mit anfänglich? Sie sagten etwas von einer ersten Generation und dass der Chip anfänglich für die von Ihnen beschriebenen Zwecke genutzt wurde. Das bedeutet, dass er also nicht nur für die Medizin eingesetzt wurde?«

»Richtig«, nickte Maihof zustimmend. »Nach den Attentaten auf das World Trade Center und die anschließende, weltweite Terrorgefahr suchte man neue Wege, um das Leben bestimmter Menschen besser schützen zu können. Diplomaten, Industrielle, aber auch Prominente und zahlreiche Personen, die im öffentlichen Interesse stehen, wurden mit dem Chip bestückt. Man konnte im Falle einer Entführung die Personen exakt orten und sogar erkennen, wie ihre Vitalfunktionen sich darstellten. Viele Entführungen konnten so in Südamerika erfolgreich beendet werden.«

»Und daher wurden auch wichtige deutsche Personen mit dem Chip ausgerüstet.«

»Ja, so war es. Zumindest haben wir es ihnen empfohlen. Allerdings mussten wir einen Schritt weiter gehen, da es mittlerweile gewisse Schwächen im System gab.«

»Schwächen?«, zeigte sich Markus besonders an den kleinen Details von Maihofs Ausführungen interessiert.

»Wie immer bei solch sensiblen Gebieten gibt es Menschen, die daraus Profit schlagen wollen. Einige Forschungsmitarbeiter gaben gegen hohe Bestechungsgelder Informationen preis, die den Chip betrafen. Sie gaben gewissen Organisationen und Terrornetzen Hinweise, dass man die Zielperson komplett entkleiden, ihre Schmuckstücke entfernen und alles vernichten müsse, da ansonsten der Chip die Polizei direkt zum Versteck der Entführer führen würde.«

»Aber Weihbischof Verhovens Kleider lagen direkt neben ihm und seinen Bischofsring trug er ebenfalls noch. Stattdessen klaffte ein münzgroßes Loch in seiner Hand, zwischen Daumen und Zeigefinger.«

»Wie gesagt, wir mussten auf diese Veränderung reagieren und führten die zweite Generation des digital angels ein.« Der Vizepräsident des Bundeskriminalamts sah Markus tief in die Augen und fixierte ihn regelrecht mit seinem Blick. Dann gab er die entscheidende Erklärung ganz sachlich und fast nebensächlich.

»Wir implantierten die Chips unter die Haut der Personen. Das hatte diverse Vorteile.«

Markus glaubte sich zunächst verhört zu haben. Unweigerlich musste er an George Orwells Buch »*1984*« denken, bei dem der Staat die komplette Überwachung der Menschen mit aller Perfidität übernommen hatte.

»Sie taten was?«

»Im Prinzip funktioniert dies völlig unkompliziert«, hob Maihof fast entschuldigend die Arme. »Der Chip ist so klein, dass man ihn sogar unter die Haut spritzen kann. Er behinderte dort überhaupt nicht und er benötigte nun noch nicht einmal mehr eine Batterie, da er durch die Energie von Muskelbewegungen des Körpers versorgt wird.«

»Lassen Sie mich raten, der Chip wird meist in die weiche Hautfalte zwischen Daumen und Zeigefinger implantiert.«

Ohne direkt darauf zu antworten, zuckte Maihof nur mit seinen Schultern. »Bisher gab es noch keine Zwischenfälle. Noch nie ist jemand darauf gekommen, dass die Chips auch unter der Haut versteckt sein könnten und dort dann auch noch voll funktionsfähig wären. Er ist dort schließlich nahezu unsichtbar. Selbst die Träger spüren ihn nicht.«

»Es sei denn, dieser jemand wäre einer Ihrer Mitarbeiter oder gar selbst einer derer gewesen, die einen Chip unter der Haut tragen und somit von diesem Eingriff wissen.«

»Ja, korrekt. Jeder Chip sendet auf einer eigenen Frequenz und Frau Peterson versuchte zunächst Kardinal Seckbach zu orten, was ihr nicht gelang. Nun wissen wir auch warum. Der Entführer wusste von dem Chip und hat ihn mit Sicherheit bereits entfernt.«

»Man muss dazu sagen, dass nicht alle meine Kollegen der Deutschen Bischofskonferenz, von der Idee des Chips fasziniert waren. Ganz im Gegenteil. Auch ich war kein Befürworter und ließ mich nur auf diesen externen Chip ein«, erklärte Jeresmies und deutete auf den Bischofsring an seiner Hand. »Einige meiner Mitbrüder beriefen sich als Grund ihrer Abneigung auf die Offenbarung drei des Johannes, die Verse sechzehn bis achtzehn.«

Markus konnte sich nicht an den exakten Wortlaut dieser Offenbarung erinnern, wusste aber noch, dass in diesem letzten Buch der Bibel viele Dinge zum Ende der Welt beschrieben wurden.

»Dort ist unter anderem auch von einem Malzeichen die Rede, das Menschen eines Tages weltweit tragen müssen. Johannes bezeichnet dieses als *das Tier, den Teufel*. Warten Sie, ich werde es Ihnen ganz genau vorlesen.«

Jeresmies stand auf und ging zu einem Bücherregal hinüber und griff sich ein großes Buch in ledernem Einband. Es war eine besondere Ausgabe der Bibel. Er blätterte zielsicher bis zur gewünschten Seite und las laut vor.

»*Und es macht, dass sie allesamt, die Kleinen und Großen, die Reichen und Armen, die Freien und Knechte, sich ein Malzeichen geben an ihre rechte Hand oder an ihre Stirn, dass niemand kaufen oder verkaufen kann, er habe denn das Malzeichen, nämlich den Namen des Tieres oder die Zahl seines Namens. Hier ist Weisheit! Wer Verstand hat, der überlege die Zahl des Tieres; denn es ist eines Menschen Zahl, und seine Zahl ist sechshundertsechsundsechzig.«*

Die Worte ließen alle Anwesenden verstummen. Sollte diese Prophezeiung nun eingetreten sein oder war diese fast genaue Beschreibung nur ein Zufall? Allen war auch die Bedeutung der Zahl 666 ein Begriff. Sie stand sinnbildlich für den Teufel. Nun verstand Markus, warum der Bischof und Anna zuvor so zurückhaltend auf seine Frage reagiert hatten. Doch wusste Markus auch, dass die Zahl 666 oft anders gedeutet wurde. Einigen Experten zufolge könnte demnach damit auch Kaiser Nero gemeint sein. Die Experten beriefen sich dabei auf die damals weit verbreitete hebräische Schrift. Kaiser Neros Name auf hebräisch geschrieben, und den Buchstaben Zahlen zugeordnet, was man zu dieser Zeit oft tat, um geheime Botschaften zu verschlüsseln, ergab 666. Und in der Tat war Nero ein äußerst brutaler Herrscher und Christenverfolger. Doch konnte man diese These nicht eindeutig vertreten, da andere Parameter wiederum keinen Sinn ergaben.

»Das meinte unser Täter in dem Brief also mit dem Malzeichen.«

»Ja. Dieses Malzeichen wird auch noch in anderen Teilen der Offenbarung genannt«, fuhr Jeresmies in seiner Erklärung fort und blätterte erneut in der Bibel, bis er auch diese Stelle gefunden hatte.

»Hier zum Beispiel bei Offenbarung sechzehn, Vers zwei:

Und der erste Engel ging hin und goss seine Schale aus auf die Erde, und es ward ein böses und arges Geschwür an den Menschen, die das Malzeichen des Tieres hatten und die sein Bild anbeteten.

Somit wird aus dem Projekt *digital angel*, dem virtuellen Engel, ein Luzifer. Ein Engel, der, aus dem Himmel verbannt, nun dem Teufel dient.«

»Und noch etwas beunruhigt mich«, meldete sich auch Anna wieder zu Wort. »Alle anderen Bischöfe, die den Chip eingepflanzt haben, müssen gewarnt werden. Und wir müssen schnellstens herausfinden, wer dieser Todesengel ist, bevor es zu einem Blutbad kommt.«

Jeresmies antwortete nichts darauf. Allen war klar, dass Anna Recht hatte. Der Bischof ging zum Fenster und blickte hinaus über den Domplatz.

»Bitte gehen Sie nun und tun Sie ihre Arbeit.«

Markus stand auf und bemerkte erst jetzt, dass er immer noch die Handschuhe trug. Er streifte sie ab und warf sie in den Mülleimer in der Ecke des Büros. Dann folgte er Anna und Maihof zur Tür. Als sie schon fast aus dem Büro waren, rief sie der Bischof zurück. Überrascht drehten sie sich zu ihm um. Jeresmies blickte noch immer mit versteinerter Mine hinaus zum Dom, ohne sich zu den dreien umzudrehen. Anna blickte Markus fragend an, doch auch er wusste nicht, was das zu bedeuten hatte. Dann sagte der Bischof nur einen einzigen Satz:

»Tun Sie mir einen Gefallen und schnappen Sie diesen Mistkerl.«

dreißig.

»Pax vobiscum«, hörte er die vertraute Stimme aus dem Telefonhörer. Doch sie wirkte angespannt, nervös, gar ängstlich.

»Friede auch mit dir.«

»Wir müssen unbedingt reden.«

»Aber ich sagte doch, nicht am Telefon.«

»Das ist mir egal. Die Dinge geraten völlig außer Kontrolle. Erst wird Seckbach entführt und nun ist Verhoven tot. Verdammt, er war einer von uns, hast du das vergessen?«

»Nein, natürlich nicht. Wie könnte ich«, fügte er an.

»Was ist, wenn wir nun selbst bedroht werden und alles in die falschen Hände gerät? Das könnte das Ende bedeuten.«

»Ich weiß. Aber was sollen wir tun?«

»Wir müssen uns treffen. Heute noch.«

»Gut, einverstanden. Gleiche Zeit wie zuletzt?«

»Gleiche Zeit. Am Theatron im Schlosspark. Und sei pünktlich.«

»Natürlich«, antwortete er und hörte, wie sein Gegenüber auflegte.

einunddreißig.

Die Worte des Bischofs hallten noch deutlich in Markus' Ohren. Ein weiteres Blutbad musste mit allen Mitteln verhindert werden. Doch wo war der Ansatzpunkt? Bisher waren er und Anna den Beweisen immer nur hinterhergelaufen, doch jetzt mussten sie aktiver werden, um den Täter unter Druck zu setzen.

Anna und er hatten sich zu einer Lagebesprechung in das Museumscafé in der Fuldaer Innenstadt zurückgezogen und nahmen dort ein verspätetes Mittagessen ein. Anna bestellte sich ein Sandwich und Kaffee, Markus zog einen Salat mit Putenbruststreifen und einen großen Orangensaft vor. Dann legten sie alle Fakten des Falles zueinander und hofften, irgendeinen Ansatzpunkt für ihre weitere Tätigkeit erkennen zu können. Doch zunächst fiel ihnen nichts Besonderes auf.

»Anhand der Bluthandschrift und des Briefs haben wir ein ungefähres Profil des Täters. Demnach ist er aller Wahrscheinlichkeit nach männlich, intelligent und belesen. Er ist pedantisch in seiner Arbeit und duldet keinerlei Unordnung«, zählte Anna das gesammelte Wissen auf.

»Außerdem verfügt er über Bibelkenntnisse und hat Insiderwissen über den Mikrochip«, fügte Markus hinzu und deutete ein leichtes Kopfschütteln an. Er wirkte kraftlos, als hätte er bereits resigniert. »Das ist nicht gerade viel, oder?«

»Es ist alles, was wir haben. Und wir warten noch auf die Auswertung des maschinengeschriebenen Briefs.«

»Ja, schon«, schüttelte Markus noch intensiver den Kopf, »aber das wird uns auch nicht entscheidend weiterhelfen, solange wir keine passende Maschine gefunden haben.«

»Bliebe uns noch der Brief, den der Täter an dich adressiert hat.«

»Und in dem Brief kündigt der Täter für jeden weiteren Tag bis zum Ende der Konferenz einen Mord an, sollten die Bischöfe weiter darüber diskutieren, Candens Oculus in den Stand einer Personalprälatur zu erheben. Aber wir haben weder einen Anhaltspunkt, wer das nächste Opfer sein könnte, noch wann und wo es passiert.«

»Die Täter schicken uns leider keine Einladung mit dem Hinweis, wo wir sie finden können. Wir müssen optimistisch sein, so ist nun mal unser Job.«

Zunächst zuckten Markus' Mundwinkel zu einem Schmunzeln. Unser Job, dachte er. Mein Job ist es, in einem miefigen Archiv zu sitzen und verschiedenste Schriften auszuwerten. Mit ihrer restlichen Äußerung würde Anna aber ansonsten leider Recht behalten. Der Täter würde ihnen keine weiteren Hinweise schenken. Kein normaler Täter würde das tun. Keiner. Aber ein unnormaler vielleicht schon. Ein arroganter und überheblicher Täter. Einer wie ihr Täter. Plötzlich stockte Markus' Lächeln und er erkannte eine Auffälligkeit.

»Moment mal. Verhoven starb doch gegen Mitternacht, oder?«

Anna blätterte in einem Notizblock, in dem sie sich die wichtigsten Eckdaten notiert hatte.

»Ja, hier steht es. Wahrscheinlicher Zeitpunkt des Todes: gegen Mitternacht. Plus Minus eine Stunde.« Sie nahm einen Schluck aus ihrer Tasse, ließ Markus dabei aber nicht aus den Augen. »Worauf willst du hinaus?«

»Wenn er ankündigt, an jedem neuen Tag einen weiteren Menschen zu ermorden und so ein pedantischer Charakter ist, wie du annimmst, könnte er auch bei seiner Tatzeit so pedantisch sein und immer exakt zum Beginn eines neuen Tages morden. Sprich um Mitternacht.«

»Das ist gut, Markus«, stellte Anna ihre Tasse Kaffee wieder zurück auf den Tisch. »Das ist sogar sehr gut. Das würde zumindest sehr gut auf unser Täterprofil passen.«

»Wenn dem so ist, stellt uns das aber vor ein weiteres Problem.«

»Ach ja? Welches?«

Nach einem Blick auf seine Uhr beugte er sich zu Anna über den Tisch.

»Wenn wir mit unserer Vermutung Recht behalten sollten, bleiben uns weniger als zehn Stunden, um den nächsten Mord zu verhindern. Und wir haben noch nicht einmal einen Verdächtigen.«

»Das sehe ich anders.«

»Wie meinst du das?«

»Ich finde eher, wir haben einen ganzen Haufen Verdächtiger. Alle, die nicht wollen, dass dem Antrag von Candens Oculus entsprochen wird, haben zumindest ein Motiv für die Tat.«

»Du meinst die Hardliner unter den Bischöfen?«

»Auch«, nippte Anna erneut an ihrer Tasse. »Aber auch alle Gegner dieses Mikrochips werden von dem Mord profitieren. Er wird nicht länger eingesetzt werden, wenn die Geschichte rauskommt.«

»Dann sollte man die Firma in den Vereinigten Staaten kontaktieren, die den Chip herstellt. Vielleicht haben die eine Idee, wer dahinter stecken könnte. Konkurrenten, Gegner, Neider oder sonst irgendwer.«

»Das läuft bereits. Maihof hat das in die Wege geleitet, bisher aber keine Spur entdeckt.«

»Okay, und wie machen wir nun weiter?«

»Ich denke, der Schlüssel liegt immer noch bei Kardinal Seckbach. Wie man aus dem Brief herauslesen kann, stehen die Chancen ja ganz gut, dass er noch lebt.«

Sofort schossen Markus wieder die Zeilen des Briefs durch den Kopf.

Besonders die Stellen, bei denen von täglicher Geißelung die Rede war. Falls der Kardinal noch leben sollte, tat er dies wahrscheinlich unter unbeschreiblichen Qualen. Markus konnte die verrinnende Zeit förmlich spüren. Wie bei einer Sanduhr, deren Körner langsam, aber unaufhörlich in das untere Ende rieselten, glitt ihm die Zeit durch die Finger.

»Ich verstehe einfach nicht, warum der Täter solche Angst hat, dass sich Seckbach für Candens Oculus aussprechen könnte, wenn er doch der rückwärts gewandte Katholik ist, für den ihn alle halten?«, gab Anna zu bedenken. Ein berechtigter Einwand. Eigentlich hätte ein Gegner von Candens Oculus sich keinen besseren Bischof zur Überprüfung wünschen können als Seckbach. »Schließlich weiß der Täter doch, dass Seckbach normalerweise niemals pro Candens Oculus stimmen würde.«

»Wahrscheinlich rechnet er sich durch Seckbachs Fehlen größere Chancen aus, da Angst unter den Bischöfen herrscht. Oder er will einfach auf Nummer sicher gehen.«

»Hm.« Anna nahm ihren Kopf zurück. »Und fast alle, die ein Motiv hätten, haben ein Alibi, was den Mord an Verhoven betrifft. Jakob Remond war zu einem Gespräch mit Journalisten geladen, der Professor war mit uns bei Candens Oculus und Robert von Leyen zu Hause bei seiner Frau. Das haben wir alles schon überprüfen lassen.«

Markus rieb sich die müden Augen, bis sie rot wurden, lehnte sich zurück in seinen Stuhl und verschränkte die Arme vor der Brust.

»Also, was nun, Frau Kriminalbeamtin?«

– Nordossetien, Russland, 2. September 2004 –

Es war der zweite Tag der Geiselnahme und die meisten der Gefangenen waren bereits mit ihren Kräften am Ende. Dieser Kraft- und Hoffnungslosigkeit geschuldet hatte sich mittlerweile ein Schirm erdrückender Ruhe über die gesamte Schule gespannt. Das Telefon im Schulbüro klingelte und zerschnitt die Stille für einen kurzen Augenblick. Sofort kam einer der bewaffneten Männer aufgeregt auf Vlad zugelaufen.

»Es ist der Präsident der Provinz Nord-Ossetiens. Er behauptet, dass er im offiziellen Auftrag der russischen Regierung handelt und dass es Gesprächsbedarf gibt.«

»Gesprächsbedarf?«, schrie Vlad wütend. Sofort machte er sich mit zwei weiteren Gefolgsleuten auf den Weg in das Büro. »Ich werde ihm verdeutlichen, welche Art Gesprächsbedarf es gibt.«

Auch Aslan Masaev folgte Vlad in das Büro. Ohne eine Sekunde zu zögern griff dieser sich den Hörer des Telefons.

»Hören Sie, wir haben hier über 1.000 Geiseln, siebzig Prozent davon sind Kinder. Einige sind bereits tot und Sie erzählen mir etwas von Gesprächsbedarf? Wenn das Ihre Art ist, mit dieser Situation umzugehen, beginnen wir umgehend damit, die Leute zu erschießen und Ihnen die Leichen aus dem Fenster zu werfen. Vielleicht merken Sie dann, dass wir es ernst meinen.«

Eine kurze Unterbrechung folgte, in der Vlad nur stumm zuhörte, dann setzte er erneut an.

»Unsere Forderungen sind nicht verhandelbar. Wir fordern die Freilassung von tschetschenischen Gefangenen aus inguschetischen Gefängnissen, den kompletten Abzug aller russischen Truppen aus Tschetschenien und den Rücktritt von Präsident Putin.«

Darauf knallte Vlad den Hörer zurück auf die Gabel. Die Antwort, die er erhalten hatte, schien nicht nach seinem Geschmack gewesen zu sein. Er starrt noch einen Moment auf den Hörer, den er gerade aufgelegt hatte, dann hob er seinen Blick auf die anwesenden Kämpfer, die mit im Büro standen.

»Brüder, sie zweifeln an unserer Entschlossenheit. Das sollten sie nicht tun. Bringt die zehn stärksten Männer unter den Geiseln aus der Turnhalle in einen anderen Raum. Ihr wisst, was ihr dann zu tun habt. Wir müssen unsere Entschlossenheit demonstrieren.«

»Zu Befehl«, antwortete einer der Männer in grimmigstem Soldatenton und salutierte sogar.

Nachdem alle restlichen Männer das Zimmer verlassen hatten, trat Mazaev zu Vlad. Bisher hatte er es vermieden, ihn anzusprechen. Eine gereizte Stimmung unter den eigenen Leuten würde für noch größeren Zündstoff sorgen. Doch nun musste er einschreiten.

»Vlad, zur Hölle, was tust du hier eigentlich? Das ist nicht der Plan, der besprochen war. Wir waren uns einig, dass es keine unnötigen Opfer unter den Geiseln geben soll. Du hast schon den Mann in der Turnhalle erschossen, obwohl keine Gefahr von ihm ausging. Hüte dich davor, nun noch weitere Männer zu erschießen.«

»Willst du mir drohen?«

»Nein, aber erinnere dich doch nur an Budjonnowsk? Da haben wir es auch geschafft, ohne dass wir auf Zivilisten geschossen haben und sie haben trotzdem alle unsere Forderungen akzeptiert.«

Vlad trat ganz nah an Mazaev heran. Als er direkt vor ihm stand, musterte er ihn von oben bis unten. Dann trat er wieder einen Schritt zurück.

»Ausgerechnet *du* willst mir Befehle erteilen? Ich lasse mir von einem ehemaligen russischen Geheimdienstmann aber nichts befehlen. Wir haben lange genug versucht, mit gemäßigter Kraft vorzugehen. Nun müssen wir mit geballter Wucht zuschlagen. Und sei es auch gegen das zivile Volk. Auch sie sollen das Blut schmecken, das unsere Familien schmecken mussten.«

»Du vergisst, dass auch meine Familie ihr Leben lassen musste. Und du weißt, wenn es sein muss, stehe ich für unsere Sache gegen jeden Panzer und jeden Soldaten der verfluchten Russen, aber keine Toten auf Seiten des zivilen Volkes. Wenn wir das tun, begeben wir uns auf die gleiche Stufe wie unsere Feinde, die wir so sehr dafür verachten. Das kann und darf nicht unser Weg sein.«

Vlad setzte sich zurück an den Schreibtisch und nickte.

»Richtig, nicht unser Weg. Es ist mein Weg.«

Mazaev konnte sich nicht länger zurückhalten und sprang zwei Schritte auf Vlad zu, packte ihn und zog ihn so nah vor sein Gesicht, dass Vlad seinen Atem spüren konnte.

»Falls meiner Frau oder meiner Tochter auch nur ein Haar gekrümmt wird, werde ich dich töten. Egal wo du dich verstecken wirst, ich werde dich finden. Das schwöre ich dir.«

Mazaev drückte Vlad zurück in seinen Stuhl und verließ das Büro. Als er durch den Flur zurück in die Turnhalle gehen wollte, konnte er hören, wie mehrere Schüsse durch das Gebäude hallten. Sie kamen aus dem Stockwerk über ihm. Er wusste, was dies zu bedeuten hatte.

Das Exekutionskommando hatte Vlads Befehl ausgeführt und die zehn männlichen Geiseln erschossen.

zweiunddreißig.

Sie waren zu einem Gespräch mit dem geistigen Oberhaupt von Candens Oculus verabredet. Als sie das Hotel betraten, erkannten sie Jakob Remond, der im Foyer auf und ab ging und dabei eine Zigarette zwischen seinen Fingern nervös hin und her drehte.

»Nun beruhigen Sie sich doch«, versuchte Professor von Leyen die Schritte Remonds einzudämmen. »Ihre Rede war großartig, fantastisch. Mehr konnten Sie nicht für die Gemeinschaft tun.«

»Schon, aber ich hätte noch mehr auf unsere katholischen Grundprinzipien und persönlichen Lebenswege eingehen sollen. Das wäre gerade für die konservativen Kandidaten noch ein wenig überzeugender gewesen.«

Dann blieb er plötzlich stehen und sah zu den beiden Gästen herüber. Anna ging auf das Oberhaupt von Candens Oculus zu.

»Herr Remond, mein Name ist Anna Peterson. Ich bin die zuständige Beamtin in diesem Fall. Zusammen mit Herrn Schuhmann untersuche ich das Verschwinden von Kardinal Seckbach. Wir hätten einige Fragen an Sie.«

»Fragen? Aber ja doch, gerne. Ich habe nichts zu verbergen.«

»Davon bin ich überzeugt, aber es ist Routine. Sie verstehen?«

»Naja, Sie machen auch nur ihre Arbeit.«

»So ist es. Und schließlich stehen wir beide auf einer Seite. Wir wollen, dass alles schnell aufgeklärt wird.«

Remond nickte zustimmend, zog tief an seiner Zigarette und seine eben noch nervöse, verkrampfte Stimmung löste sich merklich. Markus wunderte sich über Annas Art. So verständnisvoll und zurückhaltend hatte er sie bisher jedenfalls noch nicht erlebt. Warum tänzelte sie mit ihren Fragen so umher? Auch der Professor schien irritiert, schwieg aber zunächst.

»Ich sehe, Sie rauchen.«

»Nur zu«, nickte Remond und hielt Anna sein Zigarettenpäckchen entgegen. »Es ist leider eine Schwäche von mir, die ich bisher noch nicht ablegen konnte.«

»Oh, sehr nett. Vielen Dank«, lächelte Anna und nahm dankend an. Nicht ohne einen zufriedenen Blick an den Professor zu richten. Genüsslich zündete sie sich eine Zigarette an, inhalierte tief und blies ihre Lungen wieder frei. »Wie lange sind Sie schon für Ihre Gemeinschaft verantwortlich?«

Remond antwortete wahrheitsgetreu. Weitere Fragen folgten, die ebenso direkt und ehrlich beantwortet wurden. Dabei fiel auf, dass all die Antworten, die der geistige Führer von Candens Oculus gab, bereits bekannt waren. Dann erkannte Markus die Strategie, die hinter den unschuldigen Fragen steckte. Remond wurde von Frage zu Frage sichtlich entspannter. Sie lullte ihn geradezu ein und brachte sich auf eine gemeinsame Ebene mit ihm. Es ging gar nicht darum, was er sagte, sondern wie er es sagte. Wie er sich verhielt, wenn er die Wahrheit sagte. Da sie die richtigen Antworten kannte, wusste sie seine Gestik und Mimik einzuordnen. Wenn er Lügen würde, könnte sie daraus resultierend vielleicht ein Muster erkennen, das er bei wichtigeren Fragen ebenfalls anwenden würde. Sie war wirklich gut in dem, was sie tat. Sie verhörte ihn, ohne dass er es merkte. Markus beobachtete, wie sie Remonds Körpersprache studierte. Markus hoffte, dass weder Remond noch Professor von Leyen etwas bemerken würden. Dann tastete sich Anna bei ihren Fragen weiter vor.

»Welchen Eindruck hatten Sie von Kardinal Seckbachs Besuch?

Denken Sie, dass er Ihr Anliegen unterstützt hätte? Sie kennen ihn und seine theologischen Ansichten.«

»Natürlich weiß ich das, Frau Peterson. Und ich kann auch nicht behaupten, dass ich mich darüber freue, dass ausgerechnet Kardinal Seckbach von dem Rat der Bischöfe mit der Untersuchung unserer Gemeinschaft betraut wurde.«

Die Ascheglut an Remonds Zigarette hing bereits leicht gebogen nach unten. Jeden Moment musste sie herabfallen.

»Aber bitte bedenken Sie eins. Selbst ein Mann wie Seckbach ist keiner, der seine Augen vor dem Guten und der Zukunft verschließt.«

»Aber sein Bericht könnte Ihr Lebenswerk zerstören. Das ist doch ein unglaublicher Druck, unter dem Sie stehen.«

Remond blickte zur Decke und schlug dabei die Beine übereinander. Es vergingen einige Sekunden, bis er weiter sprach.

»Frau Peterson, ich spüre, dass Sie unserer Gemeinschaft und dem Glauben insgesamt skeptisch gegenüberstehen.«

»Ich versuche nur meinen Job bestmöglich zu machen«, entgegnete Anna und blies eine große Rauchsäule aus.

»Wie wir«, entgegnete Remond, während sich die Asche seiner Zigarette noch immer verkrampft am Filter zu halten versuchte. Dann sah er Anna tief in die Augen. »Wissen Sie, ich bin als Halbwaise in einem Kinderheim aufgewachsen. Ich weiß, was es heißt, Verzicht zu üben und steinige Wege zu beschreiten. Die Ernennung wäre ein großer Schritt für uns, aber er ist nicht alles. Man kann mit Gottes Hilfe jeden Schritt wagen, aber nicht alle werden von Erfolg gekrönt sein. Candens Oculus gab es vor dem Antrag zur Personalprälatur und es wird auch nach der Entscheidung der Bischöfe weiterexistieren. So oder so. Wir sehen unsere Aufgaben und Erfolge in den Menschen und nicht in dem Streben nach Anerkennung Dritter. Seckbach ist ein Mann Gottes, dem Begriffe wie Barmherzigkeit und Fürsorge, gerade für die Schwachen, nicht fremd sind. Wenn Sie wissen wollen, ob er für uns oder gegen uns war, sage ich Ihnen, ich weiß es nicht. Aber ich weiß, dass unsere Arbeit gut ist, die wir tagtäglich leisten.«

Remond setzte sich in seinem Stuhl auf. Die Ascheglut seiner Zigarette hatte den Kampf gegen die Schwerkraft verloren und fiel ungebremst auf den Teppichboden, während sich seine Augen zu zwei schmalen Balken verengten.

»Wir wollen nicht auf Kosten von Menschenleben die Anerkennung als Personaprälatur erlangen, sondern durch Verständnis und Erkenntnis. Unsere Investition sind die Menschen und nicht Geld oder Macht.«

»Sicherlich«, antwortete Anna, drückte ihre Zigarette in einem Aschenbecher aus und studierte dabei die Mimik des Mannes, der vor ihr saß, »sicherlich.«

dreiunddreißig.

Das Städtische Klinikum lag nur wenige Autominuten vom Kongresszentrum entfernt. Trotz der bereits vorgerückten Stunde hatte Anna darum gebeten, nach der kleinen Susanne zu schauen. Einerseits, um die Befragung nachzuholen, die sie aufgrund des Unfalls nicht hatten durchführen können, und andererseits, um das Kind ganz einfach wiederzusehen. Obwohl ihre Zeit knapp bemessen war, willigte Markus ein.

Das Krankenzimmer war bunt geschmückt. An allen Wänden hingen Zeichnungen von Kindern, die bereits in diesem Zimmer ihre Krankenhauszeit verbracht hatten. Neben Susanne stand das Mittagessen noch unberührt auf dem Teller angerichtet unter einem Kunststoffdeckel. Zur Seite gedreht schlief Susanne, als sie an ihr Bett traten. Schon von weitem konnten sie die Folgen des nächtlichen Unfalls erkennen. Wo zuvor noch bunte Spangen und zwei gebundene Zöpfe waren, klaffte nun ein Netzverband. Dazu hatten die Ärzte ihr auch die restlichen Haare vor der Notoperation abrasieren müssen, so dass das kleine Mädchen mit kahl geschorenem Kopf und großer genähter Narbe unter dem Verband vor ihnen lag.

»Susanne«, tippte Anna ihr vorsichtig auf die Schulter. Ein Knurren war die Antwort. Noch einmal versuchte es Anna und diesmal schlug Susanne ihre Augen auf und schaute Anna verschlafen an. Zunächst lösten sich ihre Gesichtszüge und sie strahlte für einen kurzen Augenblick aus ihren großen braunen Augen, aber schon im nächsten Moment zog sie verschämt ihren Kopf zurück und verdeckte ihren Verband so gut es ging mit beiden Händen.

»Das ist schon in Ordnung, Susanne. Du brauchst dich nicht zu verstecken«, versuchte Anna sie zu beruhigen und strich ihr sanft über die Wange.

»Das ist alles kaputt«, schluchzte Susanne und deutete mit den kleinen Händen auf ihren Kopf.

»Das wird wieder gesund. Ganz bestimmt. Und dann flechte ich dir wieder einen Zopf. Versprochen.«

Susanne nickte und traute sich wieder Anna anzuschauen, die sich mittlerweile auf die Bettkante gesetzt hatte. Nun trat auch Markus einen Schritt näher und hob den Deckel, unter dem das unangetastete Mittagessen lag. Eine klare Suppe, Nudeln in Tomatensauce und ein Nachtisch, der unter weißem Sahneschnee versteckt lag. Markus lächelte Susanne verständnisvoll zu.

»Ich kann dich gut verstehen. Ich lag auch mal hier im Krankenhaus. Es schmeckt einfach nicht so gut wie zu Hause, nicht wahr?«

Susanne nickte nur kurz und Markus wurde in diesem Moment bewusst, dass das kleine Mädchen gar kein wirkliches zu Hause kannte, wo ihr eine Mutter täglich das Essen zubereitete. Hätte er gekonnt, hätte er die Frage ausgelöscht.

»Susanne, du hast uns doch von dem Zauberer erzählt, erinnerst du dich daran?«

»Ja.«

»War das dieser Mann?«, zog Anna ein Bild von Kardinal Seckbach aus ihrer Jacke und hielt es vor Susanne, die zustimmend nickte.

»Ja, das ist der Zauberer. Er hat mich gefragt, wie es mir in der Gruppe gefällt und ob es mir gutgeht.«

»Und, geht es dir da gut?«, fragte Markus.

Wieder nickte ihm Susanne zu.

»Hat der Zauberer dir noch irgendetwas gesagt?«, hakte Anna weiter nach.

Kurz überlegte das kleine Mädchen, dann zog sie ihre Schultern hoch.

»Nein, glaube nicht.«

Wieder eine Sackgasse, erkannte Markus enttäuscht und überlegte, was sie nun als nächstes probieren sollten. Auch wenn ihnen die Optionen langsam ausgingen. Aufgeben kam für ihn nicht in Frage. Genau in diesem Moment fiel Susanne aber dann doch noch etwas ein.

»Aber ich bin ihm einmal nachts auf dem Hof begegnet. Ich bin wohl wieder gelaufen. Ich wollte ja gar nicht dorthin.«

»Gelaufen? Was meinst du damit?«

»Schlafwandeln, sagt Pfarrer Remond immer dazu. Ich lauf' dann immer los und wache irgendwo im Haus wieder auf. Am nächsten Morgen weiß ich dann aber meistens nichts mehr davon.«

»Und du hast den Zauberer gesehen? Was hat er gemacht?«

»Weiß ich nicht, er sprach mit anderen Männern. Dabei bin ich aufgewacht. Einer der Männer hat mich dann zurück in mein Zimmer gebracht und ich habe weitergeschlafen.«

»Danke, Susanne.« Anna nahm ihre Hand und streichelte sie erneut. »Du hast uns damit sehr weitergeholfen. Wir müssen nun leider wieder gehen.«

Die Augen des Mädchens blickten Hilfe suchend und ohne dass sie es mit einem Wort aussprechen musste, war allen Anwesenden klar, dass sie nicht alleine bleiben wollte. Und sowohl Anna als auch Markus wurde klar, dass sie es ihr schuldig waren. Sie hatten Susanne aus dem Schlaf gerissen. Und kaum war sie richtig wach und hatte sich ihnen etwas geöffnet, offenbarten sie ihr, dass sie wieder gehen mussten. Einen so sensiblen Menschen wie Susanne konnte man nicht einfach an- und ausknipsen. Das hatten sie nicht bedacht.

»Wir können nicht hier bei dir bleiben, Prinzessin.« Aber schon die Klangfarbe, die Anna wählte, ließ zumindest ein wenig Hoffnung in Susanne aufkommen.

»Bitte. Nur so lange, bis ich eingeschlafen bin.«

Gefolgt von einem herzzerreißenden Blick, schmollte Susanne und Anna musste zugeben, dass sie wirklich gut darin war.

»Ich muss sowieso noch mal mit Georg telefonieren. Ich habe vergessen ihn etwas zu fragen.« Markus war kein guter Lügner. Und auch dieser klägliche Versuch war leicht zu durchschauen. Doch Anna wusste diese Geste von ihm zu schätzen, ihr ein klein wenig Raum zu geben. Nicht nur für Susanne, sondern auch für sich selbst und ihre Seele.

»Wenn du also willst, bleib halt noch ein paar Minuten. Wir treffen uns dann unten in der Cafeteria.«

»Ja. Bitte, bitte.« Auch Susanne fand den Vorschlag hervorragend und Anna willigte ein.

Kurz nachdem Markus gegangen war, nahm Anna behutsam den von Binden umwickelten Kopf Susannes in ihren Schoß. Sie streichelte erneut ihre Wange und Susanne erzählte nur so drauf los, ohne dass Anna ihr überhaupt antworten musste. Irgendwann wurden zunächst die Sätze, dann die Wörter immer kürzer. Bis sie schließlich ganz ausblieben und nur noch ein leises, gleichmäßiges Atmen zu vernehmen war. Anna saß einfach nur still da und schaute Susanne schweigend an. Der Druck der letzten Stunden fiel etwas von ihren Schultern ab. Sie rieb sich die Schläfen und spürte eine tiefe Müdigkeit. Jetzt wurden auch ihre Augen schwer und ihr Kopf begann nach einigen Minuten nach vorn zu nicken.

*

Es waren höchstens fünfzehn Minuten vergangen, als Anna plötzlich von einer bekannten Stimme aus dem schwachen Schlaf gerissen wurde. Das seltsame daran war, dass ihr zwar die Stimme vertraut, nicht jedoch die Wörter bekannt erschienen. Anna setzte sich auf und sah Susanne, wie sie im Schlaf fantasierte und mit geschlossenen Augen immer wieder die gleichen Wörter schrie.

»Schule, die Schule. Angelotschka.«

Susanne unterhielt sich anscheinend im Traum mit ihrer imaginären Freundin in einer Fantasiesprache. Dennoch griff sich Anna geistesgegenwärtig ihr Handy und nahm die Wörter schnell auf, die Susanne rief. Susannes Mund formte sich zu kaum wahrnehmbaren Worten. Sie antwortete, doch konnte man sie nicht verstehen.

»Lauter, Susanne, du musst lauter sprechen, dass ich dich besser verstehen kann.«

»Mama, Papa, Kinder.«

»Was ist mit ihnen, Susanne? Was machen sie dort? Spielen sie zusammen?«

»Nein«, schüttelte Susanne dazu verneinend ihren Kopf.

»Was dann? Was machen sie dort?«

»Die Kinder, sie weinen und sterben.«

Anna musste einen Moment lang innehalten, bevor sie weiter fragte. Weinen und sterben waren schließlich keine Dinge, die man mit einer Schule verbinden würde. Schon gar nicht in der Phantasie eines kleinen Mädchens.

»Warum weinen und sterben sie?«

»Weil das die Männer mit den Gewehren so wollen.«

»Und du, bist du auch dort?«

»Nein, nur Papi, Mami und Angelotschka.«

»Wie sieht Angelotschka denn aus, kannst du sie uns beschreiben?«

»Sie hat dunkle Locken und braune Augen. Sie redet nicht viel, aber das macht nichts, sie ist trotzdem meine beste Freundin.«

Anna wurde in diesem Moment klar, dass Susanne sich selbst beschrieb. Es gab also keine weitere Person, sondern nur ein Spiegelbild von sich selbst, doch für Susanne war sie real.

»Geht Angelotschka in die Schule, in der du sie kennen gelernt hast?«

»Nein.«

»Weißt du wie die Schule heißt?«

»Nein. Aber Mama nennt Angelotschka ganz anders, wenn sie mit ihr schimpft.«

»Wie nennt sie sie denn?«

Susannes Mundwinkel zuckten kurz zu einem Lächeln, als freue sie die Erinnerung an den Namen.

»Angela. Angela Mazaeva.«

Anna beendete die Aufnahme, setzte sich zu Susanne ans Bett und strich ihr erneut beruhigend über die Stirn, bis sie wieder fest schlief. Als Anna das Kind in ihren Armen hielt, stürzten die Gedanken unweigerlich wie eine sich über ihr zusammenschlagende Welle nieder. Die Gedanken, die Anna so lange tief vergraben glaubte.

Vielleicht war es der sterile Geruch des Krankenhauses, der die Erinnerung heraufspülte.

Vielleicht auch die Gefühle zu Susanne.

Wahrscheinlich beides.

Anna schloss die Augen und sah sich plötzlich in dem Behandlungszimmer des Arztes wieder. Wie sie wie ein Häufchen Elend auf dem metallisch glänzenden Stuhl saß. Mit weit gespreizten Beinen.

Sofort fröstelte es ihr. Genau wie damals.

Weder sah sie den Arzt noch nahm sie seine Anweisungen auf. Sie war einfach nur da. Körperlich anwesend. Sie hielt ihre Augen fest verschlossen vor den Bildern, die sie niemals sehen wollte und die so keine Chance bekommen sollten sich in ihr Unterbewusstsein einzubrennen. Und vor der Realität des Moments. Wie Kinder, die sich beim Verstecken spielen die Augen zuhielten, im Glauben nicht gesehen werden zu können, wenn man selbst nur nichts sah.

Der Eingriff dauerte nicht länger als eine Routineuntersuchung bei einem Zahnarzt. Als er fertig war, lächelte der Arzt Anna an und sagte, dass nun alles gut sei. Er meinte es sicherlich nicht so, wie sie es auffasste, doch Anna hasste ihn dafür. Gut möglich, dass sie in diesem Moment alle Männer hasste. Schließlich hatte ein Mann sie in diese Situation gebracht, die Entscheidung der Abtreibung wie selbstverständlich forciert. Und nun hatte auch ein Mann das Ganze mit der Bemerkung, das alles gut sei, zu Ende gebracht.

Doch nichts war gut.

Gar nichts.

Nie wieder.

vierunddreißig.

Der Mann in schwarzer Robe trat nervös von einem Fuß auf den anderen. Immer wieder fuhr er bei jedem Geräusch erschrocken zusammen und schaute sich um. Doch alles, was er sah, waren Schatten von Bäumen und Statuen, die ihn mit ihren versteinerten Augen verfolgten. Sie starrten ihn an. Sie warfen sich selbst untereinander Blicke zu und verspotteten ihn. Er konnte jedes Wort hören.

Seht ihr, das ist er. Der Schwächling, der das Gewand zu Unrecht auf seinen Schultern trägt.

Er begann zu zweifeln. Dabei hatte er doch alles aus tiefster Überzeugung getan. Auch wenn er in der Vergangenheit schwach gewesen war, die eigentliche Mission war größer als alles vorher Gewesene. Nur so konnte die Kirche noch vor größerem Schaden bewahrt und in das nächste Jahrtausend geführt werden.

Wieder knarrte es einige Schritte hinter ihm. Überall schienen Gefahren zu lauern, die nur darauf warteten, wie gierige Kampfhunde endlich von der Leine gelassen zu werden. Er fuhr herum und machte eine alte Eiche aus, deren knorrige Äste sich ächzend im Wind zu halten versuchten. Mit dem Pflichtgefühl mehrere hundert Jahre dies bereits getan zu haben, schien der Baum alle Kraft daran zu setzen auch in dieser Nacht dem Wetter zu trotzen. Ein kurzer Blick auf seine Uhr verriet ihm, dass er schon fünf Minuten länger wartete als ausgemacht. Das ließ seinen Puls nur noch mehr beschleunigen und sein Herz schneller schlagen.

Warum war er noch nicht da? Er war doch bisher immer sehr verlässlich gewesen. Jetzt dreh nicht durch, rief er sich mit Nachdruck selbst zur Ruhe.

Wieder Windgeräusche in den Bäumen, die diesmal eher schnellen Schritten auf Kies ähnelten.

Nicht paranoid werden, wollte er sich erneut beruhigen, doch der Gedanke wurde jäh unterbrochen. Eine sehnige Hand packte ihn von hinten und presste ihm mit aller Kraft ein übel riechendes Tuch über Mund und Nase, das seine Sinne schwinden ließ.

Es war das Letzte, was er noch bewusst wahrnahm, kurz darauf verloren sich seine Gedanken.

fünfunddreißig.

Die Kaffeemaschine ratterte und goss einen großen Schuss Kaffee in den darunter stehenden Pott. Müde griff Anna nach der Tasse und stellte fest, dass ihre Hände zu zittern begannen. Sie sah sich um. Von Markus war weit und breit nichts zu sehen. Schnell griff sie in ihre Handtasche, nahm das Whiskeyfläschchen heraus und goss den Inhalt in den heißen Kaffee. Wie sehr sie sich dafür verachtete. Die Heimlichkeit, das ständige Verstecken vor sich selbst und vor der Realität. Die vielen Lügen gegenüber Menschen, die es gut mit ihr meinten.

Sie erinnerte sich noch gut daran, wie alles angefangen hatte. Es war einige Wochen nach dem Eingriff gewesen. Vielleicht sogar Monate. Sie war die wenigen Kilometer von ihrer Wohnung in Wiesbaden nach Frankfurt gefahren, um sich abzulenken, und wanderte durch verschiedene Bars, trank hier ein Glas Wein und dort einen Cocktail, in der Hoffnung auf dumpfes Vergessen. Als bereits die ersten Lichtstrahlen durch die Fensterläden traten, fand sie sich in einer heruntergekommen Kneipe in Bahnhofsnähe wieder. Der einzige Laden, der zu dieser gottverdammten Stunde noch auf hatte. Sie saß am Tresen, kippte noch mehr Alkohol in ihren Körper, dass er nur endlich Ruhe geben würde und sie ihn nicht mehr spüren musste. Sie wollte jedes Gefühl in ihrem Körper abtöten.

Als sie schon mehr als genug getrunken hatte, setzte sich ein schmieriger Typ neben sie und lud sie auf einen weiteren Drink ein. Sie quatschten über dies und das. Nichts wichtiges.

Anna überlegte, wie er ausgesehen hatte, doch wollte sich in ihrem Gedächtnis kein passendes Bild finden. Selektive Erinnerung, dachte sie sich und konnte sich ein schmerzvolles Lächeln nicht verkneifen. Aus einem Drink wurden weitere und sie endeten schließlich dort, wo der Typ es vorgesehen hatte. In einem billigen Stundenhotel und einem noch schäbigeren Zimmer in einer Seitenstraße hinter dem Bahnhof. Es war eines der Etablissements, die mit blinkender und viel zu greller Neonreklame auf sich aufmerksam machen mussten und sich auf ein einziges Klientel spezialisiert hatten. Anna konnte sich noch gut daran erinnern, wie der Portier fragte, ob er frische Handtücher heraufbringen sollte und ob sie an Frühstück interessiert seien, wobei dann noch mal zehn Piepen pro Person fällig wären. Der schmierige Typ hatte nur gelacht und dem Portier mit einem allzu deutlichen Handzeichen in Annas Richtung geantwortet, ob es so aussehe, dass es lange dauern würde. Dann schob er sie weiter die Treppen hinauf.

Es war keine Vergewaltigung. Jedenfalls keine klassische. Sie wollte es genau so. Innerlich wollte sie leiden und ihren Körper bestrafen. Sie wusste, was kommen würde und ließ es bereitwillig geschehen. Wenn überhaupt vergewaltigte sie ihren eigenen Körper in der Hoffnung, dass alles in ihr für immer schweigen würde. Der Scheißkerl war nicht viel mehr als das Mittel zum Zweck.

Der Ablauf war ihr hingegen noch in bester Erinnerung. Immer wieder rammte er sein Glied mechanisch in ihren Unterleib, sie klammerte sich dabei schmerzverzerrt um seinen Körper und zog ihn zur eigenen Strafe nur noch fester zu sich. Während des ganzen Akts sprachen sie kein einziges Wort miteinander. Erst als er danach aus dem Bad zurückkam und nackt vor ihr stand, wechselten sie wieder einige Worte. Wobei er sie mit einem süffisanten Lächeln fragte, wie viel er ihr schulde. Sie verneinte, und er bot ihr daraufhin an sich doch öfters treffen zu können, wenn er in der Nähe war. Das war der Moment, in dem sie ihn zum ersten Mal wirklich bewusst ansah. Er war untersetzt, bestimmt zwanzig Jahre älter als sie, vielleicht sogar dreißig und obwohl er gerade erst aus der Dusche kam, schwitzte er bereits wieder. Sein Körper widerte sie an und sie musste sich zusammenreißen, um sich nicht im gleichen Augenblick zu übergeben.

Dennoch traf sie sich noch drei weitere Male mit ihm, in der festen Überzeugung, diese Art der Strafe zu verdienen. Die Treffen selbst verliefen nach dem immer gleichen Schema, lustlos und mit viel Alkohol. Irgendwann hörte er auf sich bei ihr zu melden. Wahrscheinlich hatte seine bemitleidenswerte Frau irgendetwas herausbekommen oder er befriedigte sich an einer anderen, die ihm mehr Lust vorspielen konnte als es Anna möglich war. Ihr war es eigentlich auch völlig egal, jedenfalls verschwand er aus ihrem Leben. Doch etwas anderes blieb seit diesen Tagen ihr ständiger Begleiter.

Der Alkohol.

Sie bezahlte den Kaffee an der Kasse und ging weiter. Die Cafeteria war zu dieser späten Stunde zum Glück fast komplett leer und Anna wunderte sich, dass sie überhaupt durchgehend geöffnet hatte. Nur ein älterer Herr saß einige Tische entfernt und rauchte eine Zigarette, während er in einem Buch las. Ein langer Schlauch wand sich von einer Infusionsflasche herab und endete mit einer Kanüle in seinem linken Handrücken. Er blickte kurz auf, als sie an ihm vorbei ging.

»Na«, fragte er mit knorriger Stimme. »Sie können wohl auch nicht schlafen, was?«

Doch noch bevor Anna etwas darauf antworten konnte, hatte er sich wieder hinter seinem Buch verschanzt. Sie stellte ihr Tablett ab und hielt erneut Ausschau nach Markus, der aber noch immer nicht auszumachen war. Der erste Schluck tat gut. Anna konnte genau spüren, wie der Alkohol sich schlagartig ausbreitete und sich ihre Gefäße weiteten.

Verfluchtes Zeug, sie stellte die Tasse wieder vor sich auf den Tisch und zündete sich eine Zigarette an, nahm einen tiefen Zug und blies den Rauch aus ihrer Lunge frei. Irgendwann wird es mich umbringen.

sechsunddreißig.

Die dunkle Nacht verlor mit einem Mal ihre alleinige Vormachtstellung. Das vorherrschende Schwarz mischte sich mit einem schmalen Streifen Mondlicht, der am Horizont die Dunkelheit aufbrach und sie allmählich zurückdrängte. Doch selbst das diffuse Licht verfluchte er. So musste er das Martyrium, das ihm bevorstand, nur noch genauer erkennen und die schmerzbringende, fremde Gestalt nahm dadurch langsam wieder schärfere Konturen an. Eine Art Gewand glaubte er jetzt zu erkennen. Doch sicher war er sich nicht.

Dann trafen einige Schläge sein Gesicht und er konnte den metallischen Geschmack seines eigenen Bluts schmecken. Zuerst empfand er Panik. Als diese sich langsam zu legen begann, zwang er sich dazu rational zu denken und er erkannte, dass ihm furchtbare Qualen unmittelbar bevorstanden. Der Fremde hatte die Situation völlig unter Kontrolle und die Vorbereitungen der Qualen schienen ihn jeden einzelnen Handgriff genießen zu lassen. Das Verzurren der Stricke um die Füße. Das Schleifen des gefesselten Körpers die Treppen hinauf über den harten Steinboden. Nur ein kurzes Keuchen drang aus dem Hals des Fremden, sonst gab er keinen Laut von sich.

Erneut kroch im Bischof die blanke Panik herauf. Schweiß lief ihm über die Stirn und tropfte brennend in seinen Augen. Sein Schnauben wurde kurzatmiger und ließ den wenigen Sauerstoff in seinen Lungen rasseln. Durch den Knebel in seinem Mund hatte er das Gefühl, kaum noch genügend Luft zu bekommen. Dazu hämmerte sein Herz wie verrückt in seiner Brust und er musste sich beherrschen, den in ihm aufkommenden Schrei zu unterdrücken. Erstaunlicherweise empfand er kaum Angst vor dem Tod, nur vor dem Leidensweg dorthin. Fast ohnmächtig spürte er, wie seine Soutane am Ärmel aufgekrempelt wurde. Erneut verschwommen die Bilder vor seinen Augen, doch sein Peiniger bestand auf ungeteilter Aufmerksamkeit und wollte sein Werk bei vollem Bewusstsein des Opfers durchführen. Er sollte wohl alles genau mit ansehen und spüren, was mit ihm geschah. Schallende Ohrfeigen ließen den Kopf des Bischofs in den Nacken rucken und verfehlten nicht ihr Ziel. Wieder bei Bewusstsein, war das nächste, was der Bischof wahrnahm, eine spitze Nadel, die vor seinen Augen hin und her geschwenkt wurde. Zwar nahm er das Bild der Nadel nur durch einen Schleier wahr, doch genügte es, um zu erkennen, dass am Nadelende eine Art kleiner Schlauch angebracht war. Plötzlich wurde sein Körper ruckartig nach oben gerissen, wodurch die letzte Luft ächzend aus seinem Brustkorb wich. Erst hoben sich seine Beine vom Boden ab, dann der Oberkörper, bis er vollständig den Kontakt verloren hatte. Durch das plötzliche Absacken des Bluts, das nach unten in seinen Kopf schoss, drohte er zudem erneut sein Bewusstsein zu verlieren. Doch diesmal hoffte er sogar, dass es auch tatsächlich so kommen würde und ihn keine weiteren Schläge davon abhalten würden. Alles, was nun folgte, wirkte unwirklich, als würde es einem anderen passieren: Ein Stich in seiner Haut. Kurz darauf ein zweiter. Als letztes glaubte er lateinische Verse eines Gebets zu hören.

Dann endlich durften sich seine Gedanken und Gefühle in einem endlosen, schwarzen Loch verlieren.

siebenunddreißig.

Immer wieder schob Markus nervös den linken Ärmel seines Jacketts nach oben. Seine Uhr zeigte bereits zwanzig Minuten nach Mitternacht und noch immer saß er zusammen mit Anna in der Cafeteria des Krankenhauses.

»Du darfst dich nicht so unter Druck setzen lassen. Das will der Täter doch nur.«

Die Worte, die aus Annas Mund kamen, waren zwischen Kaubewegungen kaum zu verstehen. Zu ihrem Kaffee hatte sie sich einen, wie Markus zumindest fand, unappetitlichen Mikrowellenburger gekauft und kaute nun die gummiartige Masse in ihrem Mund. Erst als sie den Happen heruntergeschluckt und nachgespült hatte, konnte man sie wieder verstehen.

»Dadurch wirst du nur unkonzentrierter und machst selbst Fehler. Du musst was essen. Mit vollem Magen denkt es sich besser. Hier.«

Anna teilte den Burger in zwei Hälften und schob Markus eine davon entgegen. Trotz des unappetitlichen Aussehens griff er danach und kaute lustlos auf dem wie erwartet pappigen Stück herum.

»Hast ja Recht.«

»Lass den Kopf nicht hängen, Markus. Morgen haben wir vielleicht mehr Glück.«

Ohne darauf zu antworten, wollte Markus erneut in den Burger beißen, doch stoppte er in seiner Bewegung, als hätte er gerade einen Geist gesehen.

»Sag das noch mal!«

»Was soll ich noch mal sagen? Dass du den Kopf nicht hängen lassen sollst und dass wir morgen vielleicht mehr Glück haben werden?«

»Ja, verdammt. Genau das. Ich wusste doch, dass irgendwas damit nicht stimmte. Ich konnte es nur nicht zuordnen.«

»Jetzt mal langsam und der Reihe nach.« Wieder in ihren Beamtenton zurückgekehrt, legte Anna den kleinen Rest ihres Burgers ab und blickte Markus fast vorwurfsvoll an. »An was genau hat es dich erinnert und welchen Hinweis habe ich dir dazu gegeben?«

»In dem Brief gibt uns der Täter tatsächlich einen Hinweis. Und zwar nicht nur auf die Tatzeit, sondern vor allen Dingen auf den Tatort.« Markus erkannte, dass Anna ihm noch nicht folgen konnte. Er hob beruhigend die Hände.

»Also, pass auf. Er schreibt doch, dass an seinem nächsten Beichttag eine weitere irrgeleitete Seele seine Hilfe benötigt, da der Teufel demjenigen den Blick auf unser Christenkreuz verdreht hat.«

»Stimmt. Warte, ich habe es mir hier in meinem Block notiert. Ah, hier. *Ich werde ihm der Turm sein, von dem er das Christenkreuz wieder erkennen kann*«, gab Anna die Worte des Täters wieder.

»Ich weiß, das klingt fantastisch, aber was wäre, wenn das tatsächlich zur Beschreibung der nächsten Tat beitragen würde? Ich denke, er könnte es wortwörtlich gemeint haben. Ein Turm und ein Christenkreuz.«

»Und? Hast du eine Idee, was genau er damit meinen könnte? Gibt es in dieser Stadt einen Turm, von dem aus man ein Kreuz sehen kann?«

»Himmel, ja. In dieser Stadt wimmelt es geradezu von Kirchenkreuzen. Und Türme gibt es kaum weniger. Schließlich können damit viele Türme gemeint sein. Ein Kirchturm zum Beispiel.«

»Wenn er den Irrgeleiteten aber als Verräter an der Sache sieht, wird er ihn wohl kaum in eine Kirche zerren. Er würde es vielmehr sogar als eine Beschmutzung des Gotteshauses empfinden. Er möchte denjenigen für seine Sünden bestrafen, wie es einst der Fall war. Wo hat man denn früher ungläubige Bürger hingeschafft?«

Auch Markus überlegte. Gab es Örtlichkeiten, auf die die Komponenten passend schienen und die auch heute noch erhalten waren?

»Eigentlich hat man Hexen oder Ketzer meist direkt an dem Ort verbrannt, wo auch das Gericht gehalten wurde. Aber ich wüsste nichts von einem solchen Ort in der Stadt.«

»Wenn du mit deiner Theorie Recht hast, muss es aber so sein. Gibt es denn keinen Turm oder Kerker, an dem man einst Ketzer gefangen hielt?«

Die Gedanken schossen wild durch Markus' Schädel. Er schloss die Augen und flüsterte stumm vor sich hin. In Gedanken scannte er das Stadtgebiet nach Türmen, die den Vorstellungen entsprachen.

»Ein Turm, von dem man ein Kreuz sehen kann, ein Turm für Ketzer und Ungläubige, von dem man das Christenkreuz...«

Dann stoppte er abrupt und schaute Anna aus seinen weit aufgerissenen Augen an. Sein Gehirn hatte tatsächlich einen Bau herausgefiltert, auf den alle Angaben zutrafen. Ein Turm, der seit Jahrzehnten in Vergessenheit geraten war.

– Nordossetien, Russland, 2. September 2004 –

Die dreißigste Stunde war mittlerweile vergangen, seitdem sie das Gebäude gestürmt und unter Kontrolle gebracht hatten. In der Zwischenzeit hatte die russische Armee das komplette Anwesen umstellt und versuchte die aufgehetzte Bevölkerung von dem Gebäude fernzuhalten. Vlad beobachtete auf einem Fernseher die Berichterstattung der Geiselnahme und schüttelte mit einer Mischung aus Verständnislosigkeit und Zorn den Kopf.

»Sie versuchen uns immer noch zu verarschen. Sie reden immer noch von 354 Geiseln, dabei haben wir über 1.000.«

Doch viel schlimmer als die Anzahl der Geiseln war das Bild, das sich in der Turnhalle darstellte. Dadurch, dass es viel mehr Personen waren als vermutet und die Terroristen als Reaktion auf die ausbleibenden Zugeständnisse der russischen Regierung die Lieferung von Nahrungsmitteln und Wasser verweigerten, waren einige der Geiseln nah am Verdursten. Dazu war die Luft stickig und die Hitze unerträglich, so dass sich die meisten Geiseln entkleidet hatten und allmählich drohten in einen komatösen Zustand zu fallen.

Mazaev hatte während seiner Armeezeit schon viel erlebt. Morde, Folter und Tod waren keine Fremdworte für ihn, um Forderungen durchzusetzen und Ziele zu erreichen. Oft genug hatte er diese Methoden auch schon selbst angewandt. Nie hatte es ihn besondere Überwindung gekostet. Doch nun war er Vater. Und gerade die Kinder in der Turnhalle bauten extrem ab. Einige lagen nur noch apathisch in den Armen ihrer Mütter. Der Plan hatte ursprünglich nur vorgesehen, dass die Erwachsenen als Geiseln dienen sollten und die Kinder schnell freigelassen wurden. Aber Vlad hatte nicht nur ein anderes Team zusammengestellt, sondern die gesamte Planung eigenmächtig über den Haufen geworfen.

Mazaev stand in der Ecke der Turnhalle und beobachtete unter seiner Sturmhaube, wie sich menschenunwürdige Dinge vor seinen Augen abspielten. Ein Junge von zirka sechs Jahren urinierte in eine Plastikflasche, um diese im Anschluss in einem Zug leer zu trinken. Ein weiterer Junge, den er schon länger beobachtet hatte und der nur noch eine Unterhose trug, sank immer tiefer in den Armen seiner Mutter zusammen. Die junge Frau, die ununterbrochen versucht hatte, dem Kleinen Luft zuzufächeln, streichelte nun sanfter als zuvor sein Gesicht und drückte ihn fest an sich. Sie stand dabei so unter Schock, dass sie nicht einmal weinte, als sich die Muskeln des kleinen Jungen endgültig entspannten und sein Körper zusammensackte.

Der Soldat in ihm begann nun automatisch damit die Bilder auszublenden und zu funktionieren, denn er wusste, dass dies nur der Anfang eines Massakers sein könnte. Doch gelang es ihm diesmal nicht, denn der Vater in ihm gewann mehr und mehr die Oberhand.

In diesem Moment kam Farisa auf ihn zu und stellte sich neben ihn.

»Wir müssen reden.«

»Über was?«

»Über was? Ist das dein Ernst? Die Kinder und Babys brauchen dringend etwas zu trinken. Auch unserer Tochter geht es nicht besonders gut. Die Wirkung des Schlafmittels verliert seine Wirkung und wenn ich ihr noch mehr gebe, könnte sie daran sterben. Sie ist mit ihren Kräften am Ende.«

»Vlad ist der Überzeugung, dass man die Geiseln kurzhalten muss, sonst droht ein Aufstand.«

»Aslan, sieh dich um. Niemand plant hier einen Aufstand. Es war nie die Rede davon, dass Kinder und Babys als Geiseln benutzt werden würden. Schau in die Gesichter der Kinder, sie werden alle sterben, wenn wir nicht schnell handeln. Siehst du das denn nicht?«

Er atmete tief ein und sein Brustkorb hob sich dabei an. Natürlich sah er das Grauensszenario. Und er wusste, dass Farisa Recht hatte.

»Ich habe ein Gespräch von Vlad belauscht«, fuhr Farisa fort, »er wird einen Granatenangriff auf die Truppen durchführen, es könnte die Truppen so verwirren, dass wir vielleicht flüchten könnten.«

»Durchbrechen?«, sah er sie erstaunt an. »Farisa, da draußen steht die russische Armee. Ich kenne die, ich war jahrelang ein Teil von ihr. Es ist nicht möglich, dass wir da einfach durchmarschieren.«

»Vielleicht gibt es ja noch eine andere Möglichkeit. Und mit *wir* meinte ich auch nicht uns alle. Aber vielleicht einer von uns.«

»Wie meinst du das?«

»Ich habe einen Plan. Ich glaube, dass man sich unter die Geiseln mischen könnte, die eventuell freigelassen werden sollen.«

»Ja, aber du hast einen Sprengstoffgürtel um, den nur du oder Vlad zünden können. Und ablegen kannst du ihn auch nur mit seiner Hilfe. Du wirst hier nicht rauskommen. Jeder wird dich als Geiselnehmerin erkennen.«

»Richtig. Ich kann unser Kind nicht retten. Aber du kannst es. Wir müssen nur noch den richtigen Moment abwarten.«

Seine Pupillen weiteten sich zu zwei großen Kugeln, als er begriff, was sie ihm sagte. Ihr war es ernst. Und ihr Blick haftete immer noch unbeirrt an seinem.

»Nein, ich lass dich hier nicht zurück, niemals. Es wäre feige und falsch.«

»Feige und falsch wäre es so zu tun, als wäre alles in Ordnung.«

»Aber ich bin Soldat. Ich kann nicht davonlaufen.«

»Du bist aber auch ein Vater, Aslan. Nun verhalte dich auch so.«

Farisa drehte sich von ihm ab und ging, ohne ein weiteres Wort zu verlieren, zurück in die Turnhalle.

Aslan Mazaev war dankbar dafür, dass er noch immer seine Sturmhaube trug, andernfalls hätten alle gesehen, wie der Schweiß nur so aus seinen Poren schoss.

achtunddreißig.

Nun sag schon, wo wir hinfahren, und hüll dich nicht in so ein scheiß-künstliches Schweigen.«

Markus war ohne ein weiteres Wort zu sagen aus der Cafeteria des Krankenhauses zum Auto gestürzt und war mit Anna an seiner Seite losgefahren.

»Es gibt wie gesagt viele Türme in Fulda, aber nur einen, der bereits seit dem Mittelalter auch als Gefängnis diente. Der Turm, der Teil der alten Stadtmauer war, wurde dazu genutzt, um verdächtige Personen bis zu ihrer Verhandlung oder Folter einzusperren. Und nun rate mal, wie treffend der Turm heißt?«

»Keine Ahnung«, wurde Anna langsam ungeduldig.

»Hexenturm. Es ist der Hexenturm. Er wird gerade renoviert und wieder begehbar gemacht. Das heißt, dass unser Mann dort freies Spiel hat.«

Wenige Minuten später hatten sie den Wagen direkt vor dem Hexenturm abgestellt und Markus verschwand hinter der provisorischen Eingangstür. Der Turm war nicht besonders hoch und bestach mehr durch seine massive Außenwand aus dickem Stein. Markus hastete die neu eingefassten Steinstufen hinauf, dicht hinter ihm keuchte Anna ihre Lunge frei. Schon nach den ersten Stufen fiel sie zurück und wählte eine kürzere Schrittfolge. Angetrieben von seiner Idee nahm Markus katzenartig gleich mehrere Stufen auf einmal. Er war sich seiner Sache ganz sicher. Es musste sich um den Hexenturm handeln. Von dort aus konnte man nicht nur auf irgendein Christenkreuz blikken. Sondern vielmehr auf das Kreuz des alles überragenden Doms. Dass die untere Eingangstür nicht verschlossen war, hatte Markus und Anna bereits erahnen lassen, dass sie Recht behalten könnten. Stufe um Stufe kamen sie dem Ende des dunklen Treppenaufgangs näher, jedoch stolperten sie immer wieder und stürzten gefolgt von Flüchen auf den harten Untergrund. Als sie schließlich das Ende der Stufen erreicht hatten, versperrte ihnen eine alte Tür den Zugang zur Plattform. Markus tastete kaum sehend nach der Tür. Sie wirkte gebrechlich und Markus versuchte sie aufzudrücken. Es gelang ihm nicht.

»Leuchte mal mit deinem Handy. Ich muss irgendwo einen Hebel finden, um die Tür aufzustemmen.«

Keuchend suchte Anna ihr Mobiltelefon hervor und richtete das hell aufleuchtende Display in Richtung der Tür. Das Licht war schwach, aber es genügte, um einen kleinen Radius zu erhellen. Markus' Augen suchten nach einem stabilen Gegenstand, aber er fand keinen. Doch etwas anderes erkannte er in diesem Moment. Unter der Tür hatte sich eine große schwarze Masse verbunden.

»Was ist das da unten?«, fragte er Anna und deutete auf den dunklen Fleck.

Als Anna sich hinkniete, um es besser zu beleuchten, wurde es deutlich. Ein kleines Rinnsal war von der Außenplattform unter der Tür hindurch nach innen gelaufen und hatte eine Lache gebildet.

Eine Blutlache.

»Oh mein Gott«, stieß Markus hervor. »Geh zur Seite, ich versuche es noch einmal.«

Der enge Treppenaufgang ließ ihm nicht viel Platz für einen Anlauf. Anna leuchtete so gut wie möglich die wenigen Meter zur Tür. Dann holte er tief Luft, nahm zwei Schritte Anlauf und warf sich mit seinem gesamten Körpergewicht gegen die alte Tür. Mit einem lauten Scheppern krachte sie zur Seite. Markus fiel nach vorne und versuchte den Sturz mit den Händen abzufedern, doch rutschte er auf dem vielen Blut aus und landete über die Hände rutschend hart auf dem Bauch. Seine Augen suchten im Mondlicht nach Orientierung. Doch anstatt diese zu finden, sah er etwas anderes. Die Silhouette eines Mannes zeichnete sich vor ihm ab.

Doch an der menschlichen Kontur stimmte etwas nicht.

Erst langsam erkannten sie, was daran so abnorm wirkte. Der Körper war in einer grotesken Pose an einen Pfahl gebunden worden und hing kopfüber herunter. Markus stand auf und ging näher heran. Der Körper war nackt und so weit nach oben gezogen, dass nicht einmal mehr die Unterarme den Boden berührten. Markus erkannte den Mann. Es war einer der Bischöfe. Günther Schneider. Der Vertreter des Bistums Hamburg. Doch nicht nur der gewaltsame Tod Schneiders ließ den beiden das Blut in den Adern gefrieren, sondern vielmehr die Art und Weise, wie die Leiche hergerichtet worden war. Aus den Armbeugen des Bischofs ragten zwei Kanülen heraus, aus denen noch immer Blut tropfte. Durch den leichten Regen hatte sich das Blut aufgeschwemmt und über dem gesamten Steinboden ausgebreitet. Eine breite Front des Bodens war mit der glänzenden, roten Schliere bedeckt.

Es wurde kurz schwarz vor Markus' Augen. Sofort sprang er auf, taumelte zur Brüstung und erbrach sich. Es war ein Gefühl des Ekels, aber auch des Zorns, das ihn übermannte. Wie konnte man einem Menschen etwas solch Grausames antun?

»Verdammt«, fluchte er und wischte sich über den Mund.

»Ist alles okay bei dir, Markus?« Anna stand neben dem Bischof und versuchte trotz allem routinemäßig einen Puls zu tasten, was ihr nicht gelang. Dann verständigte sie per Telefon die Spurensicherung. Sie wirkte bei all dem, anders als Markus, relativ gefasst. Sie kannte diese Bilder anscheinend. Ihre Stimme klang jedenfalls fest und ungerührt.

»Ja, ich bin in Ordnung. Tut mir leid.«

»Nein, nein, das braucht dir nicht leid zu tun. Das ist schon okay so. Das geht jedem bei den ersten Malen so. Ich habe vier solcher Tatorte gebraucht, bis ich nicht mehr kotzen musste.«

»Sehr beruhigend«, schnaubte Markus und setzte vorsichtig einen Fuß vor den anderen, um nicht noch einmal auszurutschen.

»Bitte nichts berühren, Markus«, mahnte Anna. Beide knieten sich vorsichtig nieder und betrachteten die beiden Kanülen. In einem Abstand von wenigen Sekunden quoll ein Blutstropfen hervor und fiel auf den kalten Steinboden.

»Wir waren zu langsam«, fuhr sich Markus mit beiden Händen über die Stirn. Dann erinnerte er sich an das viele Blut an seinen Händen und strich mit seinen Ärmeln sein Gesicht wieder blutfrei.

Zustimmend nickte Anna und trat ganz nah an den Leichnam heran.

»Er hat ihn langsam ausbluten lassen. Ein Tropfen nach dem anderen. Das muss ewig gedauert haben. Erst ab einem Verlust von zwei Litern Blut stirbt ein Mensch.«

Markus atmete schwer. Und es lag nicht nur daran, dass er sich gerade übergeben hatte. Er wusste, was dieses Szenario zu bedeuten hatte.

»Er hat ihn zur Ader gelassen.«

»Wie meinst du das?«

»Im Mittelalter hat man nicht nur Ketzer und Hexen in Türme wie diesen gesteckt, sondern man glaubte auch an die heilende Wirkung des Aderlasses. Dabei schnitt man bewusst an bestimmten Punkten Wunden in den Körper und ließ das Blut langsam aus dem Körper fließen. Man erhoffte sich dadurch Reinigung und Heilung von körperlichen, aber auch seelischen Krankheiten. Anscheinend glaubt unser Mörder, dass Bischof Schneider so zumindest Vergebung erfahren könnte. Und vergiss nicht das Bibelzitat aus dem fünften Buch Mose. *Vor Hunger sollen sie verschmachten und verzehrt werden vom Fieber und von jähem Tod.* Das ist der nächste Hinweis. Verdammt, wir waren wieder einen Schritt zu spät. Das kann doch nicht wahr sein.«

»Wir waren diesmal ganz dicht dran, Markus«, blickte Anna Hilfe suchend in den nächtlichen Himmel über dem Dom und sackte dabei in die Knie. Markus hockte sich neben sie.

»Wir werden ihn finden, Markus. Hörst du?«

In ihrem Blick lag Verständnis und Mut. Dann nahm sie seine Hand und drückte sie liebevoll. Markus wusste nicht, wie er die Geste deuten sollte. Und ihm blieb auch keine Zeit sich darüber Gedanken zu machen, denn im nächsten Moment packte ihn eine blutverschmierte Hand an der Schulter und riss ihn zu Boden.

neununddreißig.

Markus ruderte zum zweiten Mal mit seinen Armen wild über den blutverschmierten Boden. Er hörte Anna kurz aufschreien, dann hörte er ein Flüstern, das eher einem Röcheln glich. Erst dann erkannte er, was passiert war. Der Bischof. Er lebte.

»Schnell, ruf einen Krankenwagen«, rief Markus Anna zu und löste die Fesseln um die Füße des Bischofs. Sofort sackte er hart zu Boden. Dabei rutschte ein kleines, blutdurchdrungenes Kuvert zu Boden, das sie bisher nicht erkannt hatten.

»Er lebt. Verdammt noch mal, er lebt tatsächlich noch.«

Markus hielt den Kopf des Bischofs in seinem Schoß und redete auf ihn ein, während Anna versuchte mit lebenserhaltenden Maßnahmen zu beginnen, nachdem sie den Notruf abgegeben hatte.

»Sie schaffen das. Hören Sie, Bischof Schneider? Sie müssen es schaffen. Bitte, halten Sie durch.«

Der Krankenwagen war bereits nach wenigen Minuten vor Ort und der Bischof wurde mit in das Krankenhaus genommen. Erst als die Spurensicherung den Tatort wieder verlassen hatte, fanden beide wieder zu klaren Gedanken. Mit dem Blut des Bischofs besudelt, blickte Markus an sich hinab und erkannte das Kuvert. Er hatte schon eine Vorahnung, als er sich danach bückte. Und er behielt Recht.

Es war ein Brief von ihm. Dem Täter. Und auf dem Kuvert stand erneut nur ein Name:

Markus Schuhmann.

»Die Ärzte sagen, die Chancen stehen fünfzig-fünfzig, dass er überlebt. Aber er hat wahnsinnig viel Blut verloren. Sie geben uns Bescheid, wenn es Veränderungen bei Schneider gibt«, kam Anna auf ihn zu. Dann sah auch sie den Brief in Markus' Händen. Sie stellte sich neben ihn und schaute mit ihm in die Ferne. »Ist er erneut an dich adressiert?«

»Ja«, nickte Markus, »wieder für mich. Verdammt. Wir hätten noch früher darauf kommen können.«

»Was redest du da? Wenn wir Glück haben, haben wir dem Bischof das Leben gerettet und er kann uns vielleicht sogar entscheidende Hinweise auf den Täter geben. Damit hätten wir einen ersten richtigen Zeugen.«

»Wir waren also diesmal nicht ganz so spät wie sonst«, lächelte Markus schwach. »Entschuldige, ich brauche einen Moment für mich.« Er drehte sich zur Seite, so dass Anna ihn nicht sehen konnte. Der Ausblick vom Turm war wunderschön. Man konnte den nächtlich erleuchteten Dom, die Stadt und sogar bis hinauf zum Frauenberg sehen.

Wie irreal, dachte Markus in diesem Moment. In den Händen halte ich die Botschaft eines fanatischen Mörders, mit beiden Füßen stehe ich im Blut eines halbtoten Bischofs und gleichzeitig genieße ich das malerische Panorama der Fuldaer Altstadt.

vierzig.

In den Baumkronen entlang der Allee rauschten die Blätter über seinem Kopf, als der Wind auffrischte. Markus war einige Schritte die Johannes-Dyba-Allee hinaufgegangen, um ein wenig Luft zu schnappen. Erschöpft hatte er schließlich auf einer Bank Platz genommen, die unter einer der aufgereihten Laternen stand. Er betete, als Anna nach einigen Minuten zu ihm trat und ihm den gefundenen Brief entgegenhielt.

»Brauchst du noch ein paar Minuten mehr, oder soll ich ihn lesen?«

»Nein, schon in Ordnung«, beendete Markus abrupt sein Gebet, nahm den Brief und hielt ihn so unter das Licht, dass er die Zeilen besser lesen konnte. »Ich denke nicht, dass er gerade diesmal einen Fingerabdruck hinterlassen hat. Muss ich trotzdem auf die Spurensicherung warten?«

Anstelle einer Antwort zuckte Anna kurz mit ihren Schultern. Auch sie glaubte nicht daran, dass man neue Erkenntnisse daraus gewinnen könne. Markus erkannte das typische Schriftbild. Und auch das ‚k' zeigte die bekannte Auffälligkeit. Eine Kopie fiel ihm entgegen, als er den Brief aufklappte. Markus blinzelte, bis sich seine Augen an das spärliche Licht der Laterne gewöhnt hatten. Es war der Ausdruck eines Vaterschaftstests, der positiv bewertet wurde, auf der Rückseite befand sich die Kopie eines Fotos. Es war keine besonders gute Aufnahme und die Kopie war etwas zu dunkel. Dennoch konnte man darauf die Gesichter eines Pärchens erkennen, das sich über einen Kinderwagen beugte. Die Frau war deutlich jünger als der Mann und obwohl die Aufnahme keine detaillierte Aussage wiedergab, konnte man problemlos erkennen, wer der Mann war. Es war Bischof Günther Schneider.

Mein verehrter Herr Schuhmann,

ich hoffe inständig, dass Ihnen mein Werk gefällt. Nur zu gerne wäre ich persönlich an Ihrer Seite gewesen, als Sie den Sünder entdeckten. Er war ein schlechter Christ und ein noch erbärmlicherer Mensch.
Wie Sie auf dem Foto erkennen, hatte ihm ein junges Weib den Kopf verdreht, den ich ihm nun wieder zurechtgerückt habe. Mit dieser reinigenden Beichte hat er auch sein Gewissen vor dem Herrn reinigen können. Ich habe ihm also einen Dienst erwiesen, der ihm streng genommen nicht einmal zustand.
Des Weiteren bin ich davon überzeugt, dass die Mitbrüder der Konferenz nun umso mehr die Dringlichkeit der Abweisung von Candens Oculus erkennen. Auch Kardinal Seckbach scheint langsam diese Überzeugung zu erlangen.
Die Tage bis zu einer Entscheidung werden knapp, Herr Schuhmann. Und die Beichte für den nächsten Sünder ist bereits vorbereitet. Mit gespaltener Zunge hat der Sünder gesprochen, falsches Zeugnis abgelegt. Er hat schwere Sünde auf sich geladen und sich gottgleich verhalten, dabei ist er nur ein winziges Staubkorn im Winde des Herrn. Und zu Staub soll er heimkehren. Asche fressen und in absoluter Dunkelheit seinem Schöpfer entgegentreten.

Markus faltete die Nachricht wieder zusammen und unterdrückte einen Fluch. Dabei wischte er sich mit dem Handrücken über die Augen. Er presste die Kiefer aufeinander, bis sie knirschten, und reichte Anna die Botschaft.

»*Das* meinte er also mit Schneiders Krankheit. Seine sexuelle Aktivität. Er wollte mit dem Aderlass sein Blut wieder von innen reinwaschen.« Markus' Gesichtszüge wurden noch ernster. »Es bereitet ihm Freude uns immer einen Schritt voraus zu sein. Es wäre nicht das Gleiche, wenn er uns nicht demütigen könnte.«

»Wir gehen alles noch einmal durch. Jedes noch so kleine Detail. Wir werden ihn kriegen, Markus!«

»Bist du davon immer noch so überzeugt?«

Anna wollte sofort intervenieren, doch sie schwieg. Auch sie war sich ihrer Sache nicht mehr so sicher.

*

In Annas Hotelzimmer sprachen sie noch einmal über die Ereignisse. Bei aller Akribie erlangten sie jedoch keine neuen Erkenntnisse. Ermattet ließ sich Anna auf das Bett fallen und blickte zur Decke. Es vergingen einige Momente, dann setzte sich Markus zu ihr auf das Bett.

»An was denkst du?«

»Ich musste gerade an die Kleine denken.«

»Susanne«, präzisierte Markus.

»Ja, Susanne. Ist sie nicht in all diesen düsteren Geschehnissen ein wahrer Lichtblick? So voller Leben und Freude.«

»Das ist sie, ja.«

»Susanne ist nicht nur irgendein kleines Kind für dich, oder?«

»Wie meinst du das?«

»Sie erinnert dich an irgendetwas, nicht wahr? Ich habe es gleich gemerkt. Was ist es, das du in ihr siehst? Deine Kindheit, deine Probleme mit dem Glauben?«

Anna atmete tief ein und kaute kurz auf ihrer Unterlippe.

»Glauben. Schon das Wort alleine klingt für mich wie Hohn.« Anna fuhr sich mit ihren Fingern durch die Haare. Sie überlegte.

»Aber du hast Recht. Es hat irgendwie mit Susanne zu tun. Jedenfalls indirekt. Ich muss allerdings etwas weiter ausholen.«

»Ich würde es gerne hören«, setzte er sich auf.

»Na gut. Als ich in Susannes Alter war, machte ich eine schwere Phase durch. Meine Mutter hatte meinen Vater bereits verlassen, als ich noch im Kindergarten war. Von da an kümmerte sich mein Vater um mich und schuftete Tag für Tag in einer Stahlfabrik im Ruhrgebiet, um uns beide über die Runden zu bekommen. Er war ein sehr gläubiger Mann. Wir gingen sonntags zur Kirche und beteten vor dem Mittagessen und dem Zubettgehen. Er meinte, dass Gott all unsere Gebete früher oder später erhören würde. Also betete ich jeden Abend, dass meine Mutter wieder zurückkehren würde und wir wieder wie eine normale Familie leben könnten. Doch es kam anders. Nach einer Auseinandersetzung mit einem Vorgesetzten verlor mein Vater erst seinen Job und bald darauf seine Selbstachtung. Er ließ sich gehen und begann zu trinken. Schließlich fing er sogar an mich zu schlagen. Die klassische Abwärtsspirale, du verstehst?«

Unweigerlich dachte Markus an die Szene auf dem Hofgut, als er Anna durch das Fenster dabei beobachtet hatte, wie sie zum Alkohol gegriffen hatte. Er überlegte, ob er sie darauf ansprechen solle, nickte dann aber lieber verständnisvoll zur Äußerung über ihre Kindheit, da er dies besser nachvollziehen konnte. Doch im gleichen Moment fiel ihm auf, dass er keine Ahnung von dem hatte, was Anna als kleines Kind erlebt haben musste. Obwohl auch er seinen Vater viel zu früh verloren hatte, hatte er ansonsten eine überaus behütete Kindheit genossen.

»Mein Vater war plötzlich nicht mehr der gleiche Mensch wie vorher und ich verstand nicht, warum er mich schlug. Ich dachte, dass es an mir liegen musste und machte mir schlimme Vorwürfe. Und keiner half mir. Kein Verwandter, kein Lehrer. Niemand. Erst recht nicht irgendein Gott. Er ließ mich stattdessen in diesem Dreck aus Selbstvorwürfen und Schlägen einfach liegen. Und du kannst mir glauben, Markus, es war die Sorte von Schlägen, die jede Hoffnung in einem Kind ermordet. Sie töten das Innere, während die äußere Hülle weiter am Leben bleibt. Nach einem halben Jahr zeigten Nachbarn meinen Vater schließlich an und das Jugendamt schickte mich in ein Heim.«

Erst jetzt fiel Markus auf, dass er die Luft angehalten hatte. Nun wunderte er sich nicht mehr, warum Anna von einer Sekunde auf die andere so kalt wirken konnte.

Er atmete hörbar aus.

Nicht der Job hatte sie zu dem werden lassen, was sie war, sondern das Leben und der verlorene Glaube, der ihr bereits als Kind schmerzvoll genommen worden war.

»Anfangs schrieb mir mein Vater noch Briefe, später nur eine Karte zu Weihnachten und zum Geburtstag. Schließlich gar nicht mehr. Das Letzte, was ich von meinem Vater mitbekam, war seine Todesanzeige, die mir eine Tante aus der Tageszeitung ausgeschnitten und zugeschickt hatte.«

»Das tut mir leid.«

»Braucht es nicht. Es hat mich härter gemacht und ich entschied, dass mein Leben anders verlaufen sollte. Nur ich wollte für mein eigenes Leben verantwortlich sein und nicht mein Vater oder der Vater im Himmel.«

»Vielleicht stand er dir aber dennoch stets zur Seite. Er hat dich gestützt in schweren Zeiten, dass du die Person werden konntest, die du nun bist.«

»Nein, ich benötigte keine Stütze, vielen Dank. Vielmehr wollte ich von meiner Stärke abgeben und den Schwachen helfen, denen sonst keiner mehr hilft. Das war auch der Grund, warum ich diesen Beruf gewählt habe. Es ist eine schlichte, aber zweckmäßige Möglichkeit Gutes zu bewirken und das Richtige zu tun, verstehst du das?«

Wieder nickte er. Er erkannte durchaus Parallelen zu seinem Leben und zu seiner ursprünglichen Motivation Priester zu werden.

Auch er hatte nach dem frühen Tod seines Vaters das Bedürfnis gehabt für andere Menschen in schwierigen Situationen da zu sein. Ihnen zu helfen, sich nicht alleine zu fühlen. Vielleicht wollte aber auch er sich mit seinem eigenen Schmerz nicht allein gelassen fühlen.

»Ich schwor mir, irgendwann eine eigene Familie zu gründen, der es an nichts fehlen sollte. Eine Familie, die für sich selbst stark genug war, die füreinander da war und sich liebte. Meine eigene kleine, perfekte Welt.«

»Aber eine Familie kannst du doch immer noch gründen«, entgegnete ihr Markus.

Anna lächelte kurz, doch ihre Augen sprachen eine andere Sprache. Sie wirkten nachdenklich und traurig.

»Weißt du, ich hatte es sogar schon einmal. Zumindest hatte ich die Chance dazu. Ich war gerade neu auf der Polizeischule. Doch leider war ich auch jung und unglaublich naiv. Ich lernte einen älteren, sehr attraktiven Kollegen kennen. Chris war unser Ausbilder und er war ein Traum von Mann. Wir verliebten uns und hatten eine wahnsinnig tolle Zeit miteinander.«

Anna machte eine Pause. Ihr kurz aufflackerndes und zufrieden in die Vergangenheit blickendes Gesicht verlor mit einem Schlag wieder den Glanz. Sie sah zu Markus herüber, der ihr aufmerksam zuhörte.

»Erzähl weiter.«

»Naja, es kam, wie es kommen musste: Nach einigen Wochen wurde ich schwanger. Das änderte von einem Tag auf den anderen alles. Chris verhielt sich plötzlich seltsam. Er hatte keine Zeit mehr für mich und ich erfuhr, dass er in einer anderen Stadt eine Ehefrau und zwei Kinder hatte.«

Anna konnte ihre Tränen kaum noch zurückhalten.

»Und du standst plötzlich wieder vor einem Scherbenhaufen.«

»Ich war Anfang zwanzig, hatte meine Karriere vor Augen und hätte mit einem Mal als alleinerziehende Mutter dagestanden. Genau die gleiche Scheiße wie bei meinen Eltern. Ich war keinen Deut besser.

Ich hatte es verbockt.«

Markus überlegte, ob er weiter nachfragen sollte, überließ aber die Entscheidung Anna mehr darüber zu erzählen. Sie hob ihren Blick und Markus sah in ihre geröteten Augen. Sie biss sich wieder auf ihre Unterlippe. Diesmal stärker. Dazu floss eine Träne über ihre Wangen. Schluchzend versuchte sie sich zu erklären.

»Chris war von Anfang an dagegen. An unserem letzten gemeinsamen Abend hat er mir Geld und die Nummer eines Bekannten gegeben, der angeblich ein Spezialist für solche Dinge war.«

»Du hast das Kind abgetrieben.«

Anna nickte zweimal, dann schluchzte sie.

»Dieses Arschloch hatte noch nicht einmal die richtigen Instrumente dafür. Seit diesem Tag fühle ich mich nicht nur schuldig, sondern kann auch keine Kinder mehr bekommen.«

Obwohl Markus Mitgefühl für ihre Situation hatte, war seine Meinung zu Abtreibungen eindeutig und deckte sich mit der der Kirche. Das zehnte Gebot »*Du sollst nicht töten*« stand für Markus über allen Dingen. Und für ihn war es Mord. Schließlich war jeder Mensch als bereits fertige Seele aus der Hand des Schöpfers in den Menschenleib geschenkt worden. Daher bedeutete jede Abtreibung ein schweres Verbrechen gegen den Willen Gottes. Zudem waren die getöteten Kinder ungetauft, was nach dem Glauben der Kirche zur Folge hatte, dass ihnen das Bekenntnis zum katholischen Glauben fehlte und man dem ungeborenen Leben dadurch das Paradies vorenthielt. Denn nur die Taufe garantierte ein Leben in der Ewigkeit. Jeder, der gegen diese Regeln verstieß, musste mit den Sanktionen und Konsequenzen, wie beispielsweise der Exkommunikation, dem Ausschluss aus der Kirche, rechnen.

Markus nahm Anna in seine Arme und strich ihr zartfühlend über das Haar. Er verstand, dass Anna ihm gegenüber erstmalig ihre raue Schale abgelegt und sich ihm geöffnet hatte. Auch ihre Abneigung gegenüber der Kirche erklärte sich damit. Er ahnte, wie schmerzvoll das alles für Anna sein musste. Nicht nur, dass Susanne sie an ihre eigene Kindheit erinnerte. Nein, Susanne war dazu noch das Spiegelbild von Annas unerfülltem Leben, denn das Mädchen war so alt, wie Annas abgetriebenes Kind heute ebenfalls wäre. Vielleicht wäre es auch ein kleines, neugieriges Mädchen, mit bunten Spängchen im Haar. Anna würde keine Chance mehr haben, selbst einmal einer Tochter Spängchen ins Haar zu stecken.

Anna löste sich etwas aus seiner Umarmung.

»Susanne ist wahrscheinlich nicht gewollt gewesen und musste ihr eigenes Leben meistern. Ganz ohne Mama und Papa. Und ich hätte die Mutter eines gesunden Kindes sein können. Eine Mutter, die für ihr Kind da ist. Genau das, was ich mir geschworen hatte. Und ich habe es aus purem Egoismus von mir gewiesen und mich wie eine Hure dafür bezahlen lassen, es wegzumachen.«

Sie legte den Kopf zurück auf Markus Schulter. Es tat ihr gut, die Emotionen zu teilen. Und auch Markus fühlte einen Kloß in seinem Hals. Eine eigene Erinnerung schwappte spürbar an die Oberfläche.

Sein verstorbener Vater.

Sein ganzes Leben hatten ihn die Menschen gefragt, wie es ihm ginge und wie es sei ohne Vater aufzuwachsen. Er antwortete meist, dass es schwer sei und beließ es dabei. Aus Pietät oder aus Angst vor der Wahrheit begnügten sich die meisten auch mit dieser Antwort und fragten nicht weiter nach. Doch in Wahrheit verschwieg er ihnen die Alpträume, die ihn regelmäßig heimgesucht hatten und die nur langsam verblassten, aber niemals ganz verschwanden. Markus wusste, wie lange diese Schatten der Vergangenheit im Unterbewusstsein ihre Spielchen treiben konnten.

Die Tränen schossen nun auch bei ihm hervor. Beide lagen sich in den Armen und weinten sich ihre Seelen frei. Es tat gut eine Person neben sich zu wissen, die diese Gefühle verstand. Die Realität wich zurück und eine seltsame Leichtigkeit gewann die Oberhand. Eine Art Geborgenheit und Sicherheit.

Über Annas Wangen verzweigte sich Wimperntusche, dann strich sie Markus zuerst über die nassen, roten Augen, dann über Stirn und Nase und schließlich sanft über den Mund. Markus atmete schwer, als er die gefühlvollen Finger auf seiner Haut spürte. Sein Herz fing an, wie wild zu pochen. Sein Hals schnürte sich zu, so als würden ihn imaginäre Hände umschließen und immer fester zudrücken. Ihm wurde schwindelig.

Annas Gesicht war jetzt ganz nah. Er spürte den süß-salzigen Geruch ihrer Haut, den Duft ihrer Haare, ihren heißen Atem.

Es erregte ihn.

Erinnerungen schossen ihm in absurden Bildfolgen durch den Kopf. Bischof Jeresmies, seine Mutter und sein Vater beim Strandurlaub auf Sylt, seine Grundschullehrerin und das Kruzifix über der Tafel, die ersten präpubertären Masturbationserfahrungen, die ausladenden Brüste eines italienischen Erotikstars, die Schwurplatte auf dem Boden des Doms...

Annas Lippen berührten seine Augenlider und wanderten langsam hinunter bis zu seinem Mund. Sanft berührte sie mit ihrer Zunge Markus' Unterlippe. Ein Kribbeln durchfuhr seinen gesamten Körper. Markus fühlte sich machtlos und war nicht länger Herr seiner selbst.

»Ich... ich kann nicht...«

Noch bevor Markus weiter sprechen konnte, hatte ihm Anna mit einer einzigen, gekonnten Bewegung sein Shirt über den Kopf gezogen.

Entschlossen drückte sie seinen nackten Oberkörper nach unten auf die Matratze des Bettes. Mit ihren Fingern und ihrem Mund liebkoste sie seine Schultern, seine Brust, seinen Bauch. In seiner Erregung merkte Markus nicht, dass Anna mittlerweile sowohl ihn als auch sich selbst vollständig entkleidet hatte.

Ihn überkam plötzlich das Gefühl, etwas Verbotenes zu tun, und er spürte zu seiner eigenen Verwunderung, dass ihn gerade das sogar noch mehr erregte.

Anna saß aufrecht über ihm. Unsicher umfasste Markus ihre Taille. Als wäre er selbst sein eigener Zuschauer, beobachtete er, wie sich seine beiden Hände langsam nach oben bewegten und schließlich über Annas Brüste streichelten.

Alles was dann geschah, erlebte Markus wie im Taumel.
Atemlosigkeit.
Ekstase.
Euphorie.
Erschöpfung.
Schlaf.

– Nordossetien, Russland, 2. September 2004 –

Der Umgangston gegenüber den Geiseln wurde ruppiger und auch untereinander gab es zunehmend Unstimmigkeiten. Vlad ließ die Geiseln immer erniedrigendere Handlungen vollziehen. Sie sollten sich wie Hasen verhalten und mit ihren Handflächen die Ohren der Hasen nachstellen. Es amüsierte ihn seine Macht so zu demonstrieren.

Dann war jedoch ein weiterer Vermittler aufgetaucht, der mit Vlad in einem Büro verschwunden war und dort mit ihm verhandelt hatte. Als der Vermittler das Gebäude verließ, hatten sie sich darauf geeinigt Mütter oder Väter mit Kindern, die unter zehn Jahre alt waren, freizulassen sowie die Leichen abzutransportieren.

Das war der Moment, auf den Farisa gewartet hatte. Sie war erneut zu Aslan Mazaev gekommen und hatte ihn an seine Vaterpflichten erinnert. Sie hatte ihm ihren Plan erläutert und bestand darauf, dass er sein Wort halten würde. Es blieb ihnen nur wenig Zeit für eine Entscheidung, da die Geiseln direkt mit dem Vermittler das Gebäude verlassen sollten.

Gegen seinen Willen hatte Mazaev den richtigen Moment abgewartet, sich dann seine Tochter geschnappt und sich unbemerkt von den anderen wieder zurück in den Heizungskeller geschlichen. Er hatte erneut seine Kleidung gewechselt und wartete nun unterhalb der Treppe darauf, dass die Geiseln gehen durften. Die Augen seines Kindes wirkten seltsam leer und er war sich nicht sicher, ob dies noch von dem Schlafmittel her rührte oder ob es schon Auswirkungen der Mangelerscheinungen waren. Er drückte den kleinen Kopf fest gegen seine mächtige Brust und küsste sie auf ihr Haar, das so schön wie das ihrer Mutter war.

Die ersten Mütter und Väter kamen um die Ecke. Sie hielten ihre entkräfteten Kinder und Babys an den Körper gedrückt und schlichen in geduckter Haltung zum Ausgang. Es war perfekt, so war keines der Gesichter der Geiseln zu erkennen. Als das letzte Eltern-Kind-Paar an der Treppe vorbeigegangen war, sprang Mazaev aus seinem Versteck und mischte sich unter die Gruppe. Sie gingen den Flur entlang und alles verlief nach Plan. Als sie die Tür schon fast erreicht hatten, sah er plötzlich Vlad neben der Ausgangstür stehen, der die Personen beim Verlassen argwöhnisch musterte. Es waren nur noch wenige Meter bis zu ihm und er würde sie jeden Moment zwangsläufig enttarnen. Mazaevs Blick wanderte über den Boden, bis er an den Fußspitzen von Vlad stoppte. Langsam hob er den Kopf, als in diesem Moment eine der Smertnizy Vlad von hinten auf die Schulter tippte und dieser sich umdrehte. Aslan beschleunigte seinen Schritt und schob sich vorbei zum Ausgang. Erst als er sich noch einmal instinktiv umdrehte, erkannte er Farisa. Sie hatte die Situation erkannt und war ihm zu Hilfe geeilt. Für den Bruchteil einer Sekunde trafen sich nochmals ihre Augen. Nur ein kurzer Augenblick, der aber alles in sich trug, was sie verband. Dann schob er sich mit der Masse nach draußen ins Freie. Niemand sonst kontrollierte mehr die Gruppe beim Verlassen der Schule oder beim Hinüberlaufen zu der aufgebrachten Meute von Passanten. Die Menschenmenge, die sich mittlerweile vor der Schule versammelt hatte, war riesig und das Chaos dementsprechend groß.

Als die freigelassenen Geiseln aus dem Gebäude kamen, drängten sich die wartenden Menschen ihnen bereits entgegen. Nichts war abgesichert und jeder konnte in diesem Moment bis zur Schule vordringen. Mazaev gelang es ohne Probleme, den entgegengesetzten Weg zu nehmen und sich durch die Menschentraube zu schieben. Außerdem bemerkte er, dass ein Teil des Mobs noch immer bewaffnet war.

Unweit von der Schule brach er in einer Seitenstraße einen Wagen auf und schloss ihn kurz. Ziellos fuhr er durch die Straßen und er erkannte, dass überall Militär in den Seitengassen verteilt war und einsatzbereit auf weitere Instruktionen wartete. Mazaev kannte die wuselige Hektik in den Gesichtern der Soldaten, die nur eines bedeuten konnte:

Die Truppen wurden mobilisiert. Die Stürmung der Schule musste unmittelbar bevorstehen.

einundvierzig.

Als Markus aufgewacht war, dauerte es nur einige Sekunden bis er wusste, wo er sich befand. Etwas länger dauerte es jedoch, bis er auch realisierte, warum er überhaupt hier war. Zögernd hob er die Bettdecke etwas an und schaute irritiert an seinem nackten Körper herab. Anna lag nicht mehr neben ihm. Doch aus dem Bad hörte er das Plätschern der Dusche.

Es war lange her, dass er mit einer Frau geschlafen hatte.

Nicht, dass er es sich nicht oft vorgestellt oder gewünscht hätte. Die Situation hatte sich in den vergangenen Jahren einfach nicht ergeben. Intensiven Kontakt zum weiblichen Geschlecht gab es in der Männerdomäne Kirche nun mal nicht und dieser Umstand war ihm bis dato eigentlich auch nicht ganz unrecht. Es half ihm, die Fragen, mit denen er sich noch auseinandersetzen musste zu verdrängen.

Markus stand auf, zog sich den Hotel-Bademantel über und setzte sich auf den Rand des Bettes. Er spürte, dass er nervös war. Wie sollte er sich jetzt Anna gegenüber verhalten, was sollte er ihr sagen?

Noch bevor er sich darüber Gedanken machen konnte, stand Anna, ebenfalls in einen Bademantel gehüllt, in der Tür zum Badezimmer. Markus sah sie an, als hätte er einen Geist gesehen.

Anna schmunzelte.

»Hast Du Angst davor, dass ich jetzt von Dir erwarte, dass du mir einen Heiratsantrag machst?«

»Nein, nein«, stotterte Markus unbeholfen. »Natürlich nicht. Aber ich wusste nicht, ob...«

Kokett setzte sich Anna auf Markus Schoß schlang ihre Arme um seinen Hals und legte ihm ihren Zeigefinger auf die Lippen.

»Es war sehr schön mit Dir«, flüsterte sie ihm ins Ohr, »es hat mir gezeigt, dass mir Sex auch wieder Spaß machen kann.« Sie schaute ihn verschmitzt an. »Und ich denke, es hat dir auch nicht geschadet! Aber glaub mir, ich weiß das, was gestern Nacht passiert ist, einzuordnen.«

Sie gab ihm einen kurzen, energischen Kuss auf den Mund. Ein Kuss, der einen unmissverständlichen Schlusspunkt unter das Kapitel der vergangenen Nacht setzte. Markus schwieg, doch seine Erleichterung war spürbar. Beiden war klar, dass sich dieser Abend nicht wiederholen würde.

Dann stand Anna auf und holte ihr Handy vom Nachttisch. Sie drückte einige Tasten.

»Hier, hör dir das mal an.«

»Was ist das?«, fragte Markus, stand auf und ging kurz in das kleine Bad, um sich frisch zu machen. Der Mitschnitt, den Anna an Susannes Bett gemacht hatte, erklang. Als er wieder zu Anna trat, deutete sie auf das Telefon.

»Das ist Susanne. Als ich bei ihr im Zimmer war, hat sie während ihres Schlafs fantasiert und ich habe es mit dem Handy aufgenommen. Ich hatte es durch die Geschehnisse der vergangenen Nacht fast vergessen.«

»Was hat das zu bedeuten?«

»Da bin ich mir auch nicht sicher. Kann sein, dass sie einfach nur fantasiert. Allerdings bin ich überrascht, dass die Bilder vor ihren Augen so klar und deutlich sind. »*Weinen*« und »*Sterben*« sind nun mal nicht gerade Wörter, die man normalerweise in diesem Zusammenhang aus einem Kindermund hört.«

»Und was ist das für ein Name?«

»Angela Mazaeva? Keine Ahnung, aber ich habe es sicherheitshalber den Kollegen geschickt. Die sollen sich mal darum kümmern.«
»Und was machen wir jetzt?«
»Wie haben einen Termin bei Jakob Remond. Und zwar in genau zwanzig Minuten.«

zweiundvierzig.

Sie schafften es noch rechtzeitig. Wilhelm von Leyen öffnete Markus und Anna die Tür und bat mit seinem Zeigefinger über die Lippen gelegt um Ruhe.

»Er betet für die verstorbenen Brüder und Kardinal Seckbach. Seien Sie also bitte leise. Es dauert nicht mehr lange.«

Stillschweigend traten sie ein und nahmen auf einer Couch neben dem Eingang Platz. Anna schien das Szenario fremd und unbehaglich zu sein. Sie schaute sich im Zimmer um und vermied tunlichst, zu Remond zu blicken, der mit dem Rücken zu ihnen vor einem kleinen Altar kniete, auf dem eine Figur der Jungfrau Maria und ein einfaches Kruzifix standen. Den Kopf zum Gebet gesenkt hielt er wieder seinen Rosenkranz in den Händen und betete gerade murmelnd das Vater unser.

...Vater unser im Himmel... und vergib uns unsere Schuld, wie auch wir vergeben unseren Schuldigern...

Es folgte ein *Gegrüßet seist du Maria* und mit jeder weiteren Perle, die durch seine Finger glitt, waberten die immer wiederkehrenden Worte über seine Lippen.

Gegrüßet seist du Maria...

Markus dachte an die vergangene Nacht mit Anna und versuchte, das Geschehene einzuordnen. Nicht was es zwischen den Beiden bedeutete, sondern was es für ihn selbst bedeutete.

... voll der Gnade...
Er konnte nicht leugnen, dass er sich glücklich, lebendig, ja sogar auf eine bestimmte Weise »menschlich« gefühlt hatte.
... der Herr ist mit dir...
Er hatte sich selbst gespürt, seine Bedürfnisse und Empfindungen. Sich, den »Menschen Markus« und nicht den katholischen Geisteswissenschaftler und Priesteranwärter.
... du bist gebenedeit unter den Frauen...
Er musste an die fortwährende Diskussion über Sinn und Unsinn des Zölibats denken. Ehelosigkeit, Enthaltsamkeit. War er wirklich bereit, zu verzichten? Hätte er als Seelsorger überhaupt die nötige Glaubwürdigkeit, wenn er einen Teil seiner eigenen Identität einfach leugnen würde?
»Das bin ich doch nicht! Wer bin ich überhaupt? Was will ich?«
... und gebenedeit ist die Frucht deines Leibes Jesu...
Die großen Fragezeichen tauchten plötzlich wieder auf und Markus wurde bewusst, dass er nicht ewig davonlaufen konnte. Er musste sich entscheiden.
Ein Telefon klingelte und Markus sah hinüber zu Anna. Sie deutete an das Gespräch draußen entgegenzunehmen und verließ den Raum. Dann stand auch Markus auf, ging vier Schritte in Richtung Remond, kniete sich neben ihn nieder, faltete seine Hände und stieg in den wiederkehrenden Vers mit ein.
Heilige Maria, Mutter Gottes, bitte für uns Sünder...

– Nordossetien, Russland, 3. September 2004, 12:56 Uhr –

Mittlerweile war es der dritte Tag der Besetzung der Schule. Die meisten der Terroristen verzichteten mittlerweile auf ihre Masken und sprachen sich sogar mit ihren Namen an. Vlad hatte erneut mit dem

Verhandlungspartner gesprochen, der ihm den Austausch von Geiseln gegen Gefangene und freien Abzug in Aussicht stellte, aber ihm auch vermittelte, dass Russland niemals aus Tschetschenien abrücken werde. Beide Parteien hatten sich für ein weiteres Treffen um 15 Uhr verabredet, bei dem weitere Einzelheiten geklärt werden sollten.

Vlad schien von der neuen Entwicklung wenig angetan. Aber allen war bewusst, dass sich die Situation, so wie sie sich im Moment darstellte, nicht mehr lange haltbar war. Es musste etwas geschehen. Das todesnahe Wimmern der durstenden Geiseln wurde immer lauter und auch die Konzentration der Geiselnehmer ließ nach. Sie schossen in die Luft, um die Meute ruhig zu halten, doch diese ließ sich kaum noch kontrollieren. Einigen der Geiseln schien es gar lieber, eine Kugel in den Schädel zu bekommen, als noch länger leiden zu müssen.

Farisa stand in einer der Ecken innerhalb der Turnhalle, sah sich immer wieder nach Mazaev um und war beruhigt, als sie ihn nicht ausmachen konnte. Sie hoffte, dass ihr Plan aufgegangen war und er sich mit ihrer gemeinsamen Tochter in Sicherheit gebracht hatte.

Ein Blick auf ihre Uhr verriet ihr, dass es kurz vor 13 Uhr war. Nur noch zwei Stunden. Vielleicht war es nur die Hoffnung auf ein Wiedersehen mit ihrer Familie, jedenfalls glaubte sie, dass die Russen ihnen tatsächlich freien Abzug gewähren würden. Zumindest vorerst. Natürlich würden sie im Anschluss mit aller Härte verfolgt werden, aber das wurden sie auch schon vor dieser Geiselnahme. Der Gedanke an ein baldiges Ende entfachte gar eine gewisse Euphorie in ihr und sie unterhielt sich mit einer der weiblichen Geiseln darüber, dass auch sie bald frei kommen würden. Es war eine Frau, der sie bereits heimlich die Reste ihrer Wasserflasche zugesteckt hatte. Von der anderen Seite der Halle beobachtete Vlad das Ganze eine Weile. Die Tatsache, dass Farisa Kontakt mit einer Geisel ohne seine Erlaubnis aufgenommen hatte, missfiel ihm. Als Farisa gar noch tröstend über die Wange der Frau strich, kam er wutentbrannt auf sie zu.

»Was soll das?«

»Was soll was?«, stellte sich Farisa ihm entgegen.

»Ich hatte sie nur etwas gefragt«, versuchte die weibliche Geisel mutig zu beschwichtigen. Doch Vlad antwortete ihr nur mit einem Schlag ins Gesicht, der ihren Kopf schmerzvoll gegen die Wand schlagen ließ.

»Halt's Maul. Und du, komm mit mir«, packte er Farisa und zog sie mit sich. Sie gingen in einen kleinen Nebenraum, wo er damit begann sie wüst zu beschimpfen.

»Du dummes Stück, wie kommst du dazu dich mit den Geiseln zu unterhalten. Nur ich entscheide, wer hier mit wem spricht. Das kannst du zu Hause mit Aslan machen, aber nicht mit mir.«

Aslan, dachte sie geschockt. Vlad hatte dessen Fehlen noch nicht bemerkt. Kein Wunder, da sich in den letzten Stunden jeder nur noch mit sich selbst beschäftigt hatte und Vlad durch die Verhandlungen mit dem Vermittler gebunden war. Sie durfte sich nun nichts anmerken lassen. Doch schon die nächste Frage drohte alles zu zerstören.

»Wo steckt er eigentlich?«

Was sollte sie ihm sagen? Natürlich nicht die Wahrheit. Er würde dafür sorgen, dass Aslan und ihre gemeinsame Tochter umgebracht würden. Doch sie brauchte nichts sagen. Vlad hatte einen angeborenen Instinkt für solche Dinge und erkannte die Situation scharfsinnig.

»Er hat sich mit eurer Tochter aus dem Staub gemacht, nicht wahr? Wahrscheinlich hat er sich unter die freigelassenen Geiseln gemischt. Wie konntest du solch einen Feigling mir nur vorziehen?«

»Geht es dir also noch immer darum?«

»Was interessiert dich das? Bisher hat es dich doch auch nicht interessiert. Aber das werdet ihr mir noch büßen. Ich schwöre, dafür werdet ihr büßen. Und eure Tochter auch.«

Er griff zu seiner Pistole und entsicherte sie.

»Doch jetzt wird zunächst diese Geisel und deren Bastard dafür büßen, dass du mir nicht gehorchen willst. Das wird dir gefallen, oder?«

Er drehte sich grinsend um und machte Anstalten den Raum wieder in Richtung der Turnhalle zu verlassen. Sie hatte keinen Zweifel daran, dass er seiner Drohung Taten folgen lassen würde. Er würde ohne auch nur mit der Wimper zu zucken die Mutter und ihr Kind vor aller Augen erschießen. Und im Anschluss würde er den Befehl an Helfer außerhalb der Schule geben, ihren Mann und ihre Tochter umbringen zu lassen. Farisa traf ihre Entscheidung schnell und ohne darüber nachzudenken. Mit zwei großen Schritten war sie direkt hinter ihm und drückte sich fest an ihn. Erschrocken wirbelte sein Kopf herum und ihre stummen Blicke trafen sich für den endlosen Bruchteil einer Sekunde.

Dann zog sie den Sicherungsstift ihrer Weste.

dreiundvierzig.

Unmittelbar nachdem Remond und Markus das Gebet beendet hatten, war Anna zu ihnen ins Zimmer gestürmt, bat vielmals um Entschuldigung und zog Markus mit sich aus dem Zimmer. Das BKA hatte einen Treffer auf den Namen Angela Mazaeva verzeichnet. Sie entschuldigten sich ein weiteres Mal bei Jakob Remond und dem Professor und verabschiedeten sich überstürzt in Richtung der provisorischen Einsatzzentrale des BKA. Um möglichst ungestört arbeiten zu können, hatten die rund zwei Dutzend Beamten die Möglichkeit bekommen ihr Equipment in den historischen Räumen des Stadtschlosses aufzubauen. Der barocke Bau befand sich allerdings gerade im Umbau und wurde umfassend renoviert, was den Vorteil hatte, dass keine ungebetenen Gäste die Arbeit der Beamten stören würden und sie sich zentral in der Innenstadt befänden. Das Büro von Maihof war von besonderer Exklusivität. Er hatte den Spiegelsaal beziehen dürfen. Das ehemalige Ankleidezimmer des Fürstabts wurde seinem Namen gerecht, da es mit unzähligen kleinen und großen Spiegeln ausgestattet war.

Als sie bei Maihof eintrafen, war der Raum jedoch durch Vorhänge abgedunkelt und ein hoch auflösender Beamer warf ein gestochen scharfes Bild an die aufgestellte Leinwand.

»Lassen Sie uns keine Zeit verlieren und nehmen Sie bitte Platz«, deutete Maihof auf zwei bereitgestellte Stühle in der Mitte des Raums.

Er selbst bezog neben dem Beamer und seinem aufgeschlagenen Laptop Posten und begann sofort mit seinen Erläuterungen. »Ich komme direkt zum Punkt, wenn es recht ist.« Maihof drückte den Knopf einer Fernbedienung und der Name *Angela Mazaeva* erschien in großen Buchstaben auf der Leinwand. »Wenn es tatsächlich so sein sollte, dass es sich bei dem Mädchen um Angela Mazaeva handelt, ist das ein entscheidender Hinweis, mit wem wir es hier zu tun haben könnten.«

»Was meinen Sie damit?«, wunderte sich Markus, »es ist doch eher wahrscheinlich, dass die Kleine nur fantasiert hat. Anna, äh, ich meine natürlich Frau Peterson hat schließlich davon berichtet, dass viele Kinder in diesem Alter einen imaginären Freund kreieren.«

»Es wäre schon ein verdammt großer Zufall, wenn Susannes Unterbewusstsein sich ausgerechnet diesen Namen aussuchen und in diesem Konsens zusammenfügen würde.«

»Welchen Konsens meinen Sie?«

»Der Name Mazaev steht tatsächlich in einem direkten Zusammenhang mit einer Schule. Angela Mazaeva ist die Tochter von Aslan Mazaev und seiner Frau Farisa, beides tschetschenische Terroristen, deren Arbeit mit Geldern von einflussreichen Ölmilliardären finanziert wurde. Und wir kennen noch einige andere brisante Details.« Maihof drehte sich kurz ab und drückte erneut eine Taste auf seiner Fernbedienung. Das Bild eines bärtigen Mannes wurde an die Wand geworfen. Markus schätze ihn dennoch höchstens auf Mitte bis Ende Vierzig. Mit Turban und weitem Gewand saß er neben einer zweiten Person mit ähnlicher Kleidung auf dem Boden. »Der linke Mann auf dem Foto ist Aslan Mazaev, der auch *der Wolf* genannt wird. Neben ihm ein Vermittler der russischen Regierung. Das ist eines der wenigen Bilder, die man von Mazaev schießen konnte. Ist schon ein paar Jahre alt, aber er wird sich nicht sehr stark verändert haben.«

»Sind das Ihre spannenden Details oder haben Sie noch was anderes als die Tatsache, dass er sich wahrscheinlich kaum verändert hat? Sie sagten doch was von einem Zusammenhang mit der von Susanne erwähnten Schule.«

Von seiner eigenen Dünnhäutigkeit überrascht, schwieg Markus wieder. Seine Nerven spielten langsam verrückt. Doch Maihof schien die Äußerung nicht übelzunehmen.

»Nicht nur im Zusammenhang mit irgendeiner Schule, sondern Mazaev wird in Verbindung mit dem Massaker von Beslan gebracht. Vielleicht erinnern Sie sich noch daran.«

Natürlich konnte sich Markus erinnern. Die schrecklichen Berichte aus Beslan hatten damals die Medien über Wochen beschäftigt.

»Sie meinen die Geiselnahme vor einigen Jahren, als Terroristen eine Schule besetzten?«

»Genau die.«

Maihof drückte wieder eine Taste und eine Bilderfolge leuchtete an der Wand auf. Bilder der Schule im russischen Beslan und die Folgen des Massakers. Von verwundeten und toten Kindern, die aus der Schusslinie gezogen wurden und deren Gliedmaßen leblos über den Boden schlitterten. Bei den Bildern musste Markus schlucken und sich dazu zwingen weiter hinzuschauen.

»Die Täter hatten sich den Einschulungstag für die Geiselnahme ausgesucht, da sie wussten, dass an diesem Tag am meisten Schüler und Eltern anwesend sein würden. Die Verhandlungen der russischen Polizei mit den tschetschenischen Geiselnehmern schlugen fehl und nach mehr als fünfzig Stunden Geiselhaft und einem stundenlangen Schusswechsel stürmte schließlich eine russische ALFA-Spezialeinheit die Schule. Das traurige Resultat waren mehr als 300 Tote, darunter viele Kinder, und über 700 Verletzte.«

»Soweit ich weiß, starben aber auch die Täter allesamt im Kugelhagel«, erinnerte sich Anna und drehte sich fragend zu Maihof.

»27 Geiselnehmer wurden getötet, darunter auch Frauen. Die meisten der Terroristen konnten später identifiziert werden.«

»Unter ihnen Aslan Mazaev?«

»Nein, aber die Überreste seiner Frau. Farisa Mazaeva. Obwohl man davon ausging, dass auch ihr Mann an der Tat beteiligt war, konnte seine Leiche nicht identifiziert werden.«

Markus erkannte die Zusammenhänge, die Maihof andeutete.

»Und sie vermuten nun, dass Susanne die Tochter der beiden ist? Das würde bedeuten, dass ihre Erinnerungen daher stammen, dass sie selbst vor Ort war.«

»Wir wissen, dass die beiden eine gemeinsame Tochter mit dem Namen Angela hatten. Allerdings ging man bisher davon aus, dass sie ihr Kind nicht mit in die Schule genommen hatten. Aber aus welchem Grund auch immer haben sie es wohl doch getan.«

»Das würde Susannes Verhalten erklären«, stimmte Anna zu. »Sie hat diese schlimmen Erinnerungen aus ihrer Vergangenheit in ihr Unterbewusstsein verbannt. Doch dort arbeiteten sie weiter und schlichen sich in ihre Träume.«

»Aber wie soll sie ausgerechnet zu Candens Oculus gekommen sein? Und wie soll sie überhaupt aus der Schule geflüchtet sein? Sie muss damals noch sehr klein gewesen sein. Zumal doch alle Terroristen umgekommen sind.«

Anna zuckte mit ihren Schultern, doch Maihof wusste auch darauf eine Antwort.

»Und jetzt wird es interessant. Nach offiziellen Angaben der russischen Regierung konnte ein Geiselnehmer einige Polizeisperren durchbrechen, wurde dann aber gefasst und zu lebenslanger Haft verurteilt.«

Fragend drehte Markus seinen Kopf zur Seite.

»Da kommt noch was, oder?«

»Leider ja. Augenzeugenberichten zufolge soll noch einem weiteren Geiselnehmer die Flucht geglückt sein. Und siehe da, Ende des Jahres 2006 gibt der russische Geheimdienst zu, einen weiteren Terroristen von Beslan auf seine Fahndungsliste gesetzt zu haben.«

»Aslan Mazaev.«

»Richtig, Herr Schuhmann. Seit diesem Zeitpunkt wurde er *der Wolf* genannt, da er sich wie auf leisen Pfoten unbemerkt durch die Reihen der Polizei geschlichen haben muss und seither wie vom Erdboden verschluckt ist. Von den russischen Kollegen haben wir aber noch eine weitere interessante Information erhalten, wonach einige Mazaev nahestehende Terroristen an einer neuen Art des Terrors beteiligt sein sollen. Man vermutet, dass er diese kleine Gruppe noch immer aus dem Untergrund steuert.«

Maihof löste die Vorhänge und das Tageslicht erfüllte schlagartig den verspiegelten kleinen Saal, der sich sogleich in einen irrealen Raum aus einer vergangenen Zeit verwandelte. Markus war seit seiner Kindheit nicht mehr in diesem Raum gewesen und kniff instinktiv die Augen gegen das grelle Licht zusammen. Maihof öffnete ein Fenster und ließ etwas Luft in den Raum. Nach einem kurzen Moment des Durchatmens drehte er sich wieder um und fügte eine weitere Information an, die die Gefahr von Mazaev verdeutlichte.

»Er ist an der Erforschung von neuen Technologien beteiligt.«

»So etwas wie ihr digitaler Schutzengel?«, fragte Markus.

»Vom Prinzip her ja, in der konkreten Anwendung nein. Es basiert allerdings auf ähnlichen wissenschaftlichen Erkenntnissen.«

»Was heißt das?«

»Es geht nicht mehr nur um die Überprüfung und Verfolgung von Personen, sondern um die tatsächliche externe Beeinflussung durch High-Tech. Im menschlichen Gehirn sollen suggestible Handlungen provoziert werden.«

»Moment«, stutzte Markus und musste zunächst den Zusammenhang für sich sortieren, »Sie meinen, man kann damit einen Menschen zu einer Aktion zwingen, ohne dass dieser etwas dagegen unternehmen kann?«

»Darum geht es bei dieser Forschung, ja.«

»Aber wer gibt solch eine Forschung denn in Auftrag?«

Maihof setzte sich und blickte Markus und Anna nacheinander an. Dann spitzte er seine Lippen und nickte.

»Gut. Ich denke, Sie sollten alles wissen. Aber was ich Ihnen nun erzähle, bleibt in diesen vier Wänden. Es darf diesen Raum niemals verlassen. Verstanden?«

»Einverstanden«, kam es unisono zurück.

»Dann lassen Sie mich etwas weiter ausholen.« Maihof ging zurück zum Fenster und schloss es. »Es gibt einige, wenn natürlich auch nicht offizielle, Berichte über Versuche zur Fremdkontrolle eines Menschen. So existiert seit mehreren Jahren ein geheimes Forschungsprojekt der Amerikaner unter dem Namen HAARP. Dahinter verbirgt sich eine gewaltige Forschungsanlage in Alaska. Eine Art riesige elektromagnetische Sende-Einrichtung. In diesem Komplex befinden sich 360 Hochfrequenz-Antennentürme. Diese Antennen sind so stark, dass sie ihre Strahlen praktisch um die halbe Welt aussenden können. Die Amerikaner nutzen sie einerseits, um ihr strategisches Weltraumverteidigungsprogramm STAR WARS voranzutreiben...«

»... und andererseits?«, fragte Markus neugierig, da er schon ahnte, dass noch mehr folgen würde.

»Andererseits ist dies natürlich nur die offizielle Lesart. Nach inoffiziellen Informationen beschäftigt man sich dort mit einer weitaus gefährlicheren Anwendungsmöglichkeit von HAARP. Dabei geht es um Bewusstseinskontrolle und Bewusstseinsspaltung. Die Frequenzen, auf denen gesendet wird, sind nämlich identisch mit den Strömen des menschlichen Gehirns.«

»Sie meinen, es werden Reize an unser Gehirn gesendet, die uns beeinflussen sollen?«

»Das ist weniger neu, als Sie vielleicht denken. Es gibt diese Forschung schon weitaus länger. Man hat zum Beispiel schon sehr früh erforscht, wie das menschliche Unterbewusstsein auf suggestive Reize reagiert. Zunächst ganz kommerzielle Tests, bei denen man in Kinofilmen kurze Sequenzen eines Erfrischungsgetränkes einblendete, die für unser Auge nicht zu verarbeiten waren, sehr wohl aber für unser Unterbewusstsein. Man wurde durstig, ohne zu wissen, warum und kaufte sich das beworbene Getränk direkt nach dem Film. Allerdings wurde diese Einflussnahme nach Bekanntwerden verboten. Aber kein Mensch weiß, was die Fernsehsender und Kinomacher nicht doch noch alles senden.«

»Das klingt aber nach einer vergleichsweise harmlosen Variante. Was hat es also mit den Hochfrequenzstrahlen zu tun?«

»Okay, zurück zu der Sendeeinheit in Alaska. Die Frequenzen, auf denen gesendet wird, sind, wie gesagt, identisch mit den Wellen unseres Gehirns.«

Anna verdrehte ihre Augen, als könne sie den Worten ihres Vorgesetzten kaum Glauben schenken.

»Das hört sich aber sehr nach Science Fiction an.«

»War das Mobiltelefon nicht auch einst Science Fiction?«, antwortete Maihof und lächelte dabei in Annas Richtung. »Wir haben jedenfalls seit dem Fall der Mauer auch Daten der anderen Seite auswerten können. Denn auch die ehemalige Sowjetunion hat ihre Experimente mit diesen Strahlen gemacht. Zunächst nutzten sie die suggestible Strahlung zur Ruhigstellung von Patienten in Militärkliniken, indem sie Krankenhäuser ohne ihr Wissen komplett bestrahlten. Konnte man doch damit psychische Gemütszustände provozieren, Schmerzempfinden blockieren und dadurch eine Menge an Medikamenten sparen. Schnell nutzte die Regierung die neue Errungenschaft und setzte nun ganze Landstriche der Sowjetunion und sogar der USA gezielt unter Strahlung, um bestimmte Verhaltensweisen hervorzurufen und diese zu studieren. So wurde zum Beispiel der amerikanische Nordwesten jahrelang von der ehemaligen Sowjetunion mit ELF, besser bekannt als Niederfrequenzwellen, geradezu bombardiert.«

»Aber das ist doch Wahnsinn«, schüttelte Markus ungläubig seinen Kopf, »was soll das bringen?«

»Nun ja«, rieb sich Maihof seine Schläfen mit den Fingerspitzen, »unsere russischen Verbindungen bestätigen, dass es zum Beispiel möglich ist Schlaganfälle oder epileptische Anfälle zu provozieren.«

»Und das sind alles Fakten, die Sie uns hier präsentieren?«

»Leider ja, Herr Schuhmann.«

Auch Anna blies ihre Backen vor Erstaunen auf. Sie verstand die Tragweite der Forschung.

»Ich verstehe, das ließe in Zukunft völlig neue Kriegsverläufe entstehen.«

»Nicht in Zukunft. Es ist die Gegenwart. Es ist bereits heute ohne Probleme möglich, bei Soldaten das Wachbewusstsein zu stören, Zustände von Depression hervorzurufen und damit deren Angriffslust auszulöschen. Auf der anderen Seite kann man bei eigenen Soldaten pure Aggression erzeugen und so die Moral und Durchschlagskraft der Truppen stärken.«

Je mehr sich Markus über diese Sache Gedanken machte, umso mehr begriff er die immensen Gefahrenpotenziale dieser Forschung.

»Mein Gott, das bedeutet, dass man Bürgerkriege und Massenunruhen heraufbeschwören könnte. Wann und wo immer man will. Oder man könnte auf Knopfdruck kollektiven Selbstmord befehlen. Man kann Menschen glaubend machen oder jegliche Hoffnung in ihnen zerstören. Wer auch immer in den Besitz dieser Waffe käme, könnte alles und jeden beherrschen. Eine Art *arma ultima*.«

»Eine was?«, fragte Anna.

»Eine ultimative Waffe, mit der man Gott spielen könnte. Stell dir nur vor, was ein Sektenführer mit dieser Macht anfangen könnte. Und Sie denken, Herr Maihof, dass diese Suggestionsmöglichkeit sogar bereits angewandt wird?«

»Absolut. Sie werden wohl bisher nur gezielt und punktuell eingesetzt, aber denken Sie an einige Berichte aus dem Irakkrieg. Völlig verblüffte amerikanische Soldaten und Journalisten berichteten davon, dass während heftiger Gefechte Saddams Truppen plötzlich und ohne ersichtlichen Grund ihre Schützengräben verließen. Sie legten ihre Gewehre nieder und ergaben sich paralysiert selbst vor Journalisten, die die US-Truppen nur begleitet hatten. Immer mehr Militärexperten sind mittlerweile fest davon überzeugt, dass diese spontanen Massenkapitulationen nichts mit der schlechten Truppenversorgung zu tun hatten, wie uns die Medien glaubhaft machen wollten. Es waren definitiv High-Tech-Waffen im Einsatz, so genannte psychotronische Mind-Control-Waffen.«

Markus, dessen Vater einst mit der US-Army nach Deutschland kam, fragte sich, ob sein Vater von solchen Versuchen wohl gewusst hatte. Er hatte zu Hause nie viel von seiner Arbeit erzählt. Den Grund hatte Markus erst viele Jahre später erfahren, als er herausfand, dass sein Vater einer der führenden Köpfe eines geheimen Projekts war.

»Es ist ein Krieg, ohne Blut zu vergießen«, riss Maihofs Stimme Markus zurück in die Realität der heutigen Zeit. »Zumindest dort, wo es nicht erwünscht ist. Und wir wissen nicht, wie weit diese Forschung tatsächlich schon gediehen ist. Wahrscheinlich ist dies nur die Spitze des Eisbergs.«

Ein Moment der Stille folgte. Markus und Anna mussten die schockierenden Neuigkeiten zunächst verdauen. Nach einigen Sekunden stand Markus schließlich von seinem Stuhl auf, ging einige Schritte zum Fenster und öffnete es wieder. Ein frischer Schwall Luft drückte sich in den Raum und Markus füllte seine Lunge mit einigen tiefen Zügen. Dann drehte er sich wieder zu Maihof.

»Wenn dies alles bereits erforscht und angewandt wird: Was für eine Rolle spielt Mazaev dann dabei? Welche Forschungen unterstützt er?«

»Ein sehr guter Einwand, Herr Schuhmann. Der größte Vorteil der psychotronischen Waffen ist auch zugleich ihr Nachteil. Sie können bisher nur auf Massen angewandt werden, nicht aber auf ausgesuchte, einzelne Personen. Und es ist mit wissenschaftlichen Instrumenten relativ leicht nachzuweisen, ob eine Stadt oder eine Region unter Strahlung von ELF-Wellen steht. Man kann dann diese Strahlen relativ simpel durch Störfrequenzen unterbinden. Die großen Mächte scannen dazu mittlerweile ihre Hoheitsgebiete nach fremder Strahlung. Spätestens nachdem man in der US-Botschaft in Moskau bei der Suche nach Wanzen einen dauerhaften Mikrostrahl entdeckte, der direkt auf die Botschaft gerichtet war. Das erklärte dann auch gleichzeitig nicht nur das Phänomen, warum die Mitarbeiter der US-Botschaft in Moskau solch eine extrem hohe Quote an Krebserkrankungen aufwiesen, sondern auch den seltsamen Selbstmord von vier Mitarbeitern der US-Botschaft, die sich 1987 in einem abstrusen gemeinschaftlichen Akt das Leben nahmen.«

»Selbstmord oder suggestiver Mord?«

»Suchen Sie es sich aus, Herr Schuhmann. Die Grenzen sind mehr als nur fließend. Natürlich hat die russische Regierung ihre Beteiligung abgestritten und die Forschung wurde offiziell auf beiden Seiten eingestellt, aber wie der Irakkrieg zeigt, haben sich nicht alle daran gehalten.«

Maihof machte eine kleine Pause zwischen seiner Erklärung. Gerade so, als könne er selbst kaum fassen, was er gerade sagte.

»Man vermutet jedenfalls, dass Mazaev, damals noch in Diensten des KGB, maßgeblich an dem Vorfall in der Botschaft beteiligt war.«

Mittlerweile wunderte sich Markus auch über diese perverse Methode der Kriegsführung nicht mehr. Was mochte in den Köpfen solcher Menschen nur vorgehen, die nicht nur den Tod mit in ihr Kalkül zogen, sondern dieser sogar anscheinend ausdrücklich erwünscht war.

»Aufgrund der leichten Ortung der Strahlen wird daher auf beiden Seiten seit geraumer Zeit nach einem kleinen Bruder dieser Megawaffe geforscht, die nicht zu orten und auch bei einzelnen Menschen anwendbar sein soll.«

»Eine Waffe, die eine einzelne Person zu einem gefügigen Soldaten oder Opfer macht. Der perfekte Schläfer. Er ahnt noch nicht einmal selbst, dass er einer ist. Selbst in einem Verhör mit Lügendetektor würde er bestehen.«

»So ist es. Man weiß, dass der Hypothalamus dabei eine große Rolle spielt. Er steuert und reguliert das vegetative Nervensystem. Den Schlaf, Blutdruck, Auswirkungen auf Emotionen durch Hormonausschüttungen, Sexualverhalten, Essen und Trinken. All das reguliert dieser winzige Bereich des Zwischenhirns.«

»Und wenn Mazaev Glück hat, ist er der erste, der die bahnbrechende Entdeckung macht und sie vermarkten kann.«

»Allerdings ist Mazaev seit dem Massaker von Beslan untergetaucht und es hält sich das Gerücht, dass er nicht nur von den Russen, sondern mittlerweile auch von den eigenen Leuten gejagt wird. Irgendetwas muss damals in Beslan passiert sein, dass sie ihn auf ihre Abschussliste gesetzt haben.«

»Also sind sowohl die Russen als auch die tschetschenischen Rebellen hinter ihm und seiner Forschung her.«

»Ja, und beide haben Angst, dass sie den Wettlauf und damit die Herrschaft über Tschetschenien verlieren könnten. Nur aus diesem Grund haben wir überhaupt diese umfassenden Informationen aus Moskau erhalten. Man muss sich das Szenario nur vorstellen: Der Chef des Kremls steht unter dem Einfluss der Strahlung und lässt die russischen Truppen aus Tschetschenien abziehen.«

»Das ist mir alles bewusst, Herr Maihof. Nur eines verstehe ich immer noch nicht.«

Maihof schob seine Augenbrauen fragend zu zwei spitzen Pfeilen zusammen.

»Was hat ein weltweit gesuchter Terrorist mit Candens Oculus und den Morden an den Bischöfen zu tun?«

vierundvierzig.

Markus kannte nur eine Person, die nicht nur die nötige Fähigkeit besaß etwas herauszufinden, sondern der er vor allen Dingen blind vertrauen konnte. Er wollte herausfinden, was Candens Oculus mit Mazaev zu tun haben könnte. Anna hatte gegen den Vorschlag keine Einwände. Auch ihr schien mittlerweile fast jedes Mittel recht. Selbst wenn sie dabei eventuell die Grenzen einiger Gesetze dehnen musste.

Markus hatte Georg nach Fulda gebeten, da er Anna und ihm bei ihren Recherchen durchaus behilflich sein konnte. Er war ein Genie in Sachen Computer und Internet. Auch wenn die zuständigen Experten des Bundeskriminalamts missmutig ihre Augen verdrehten bei dem Gedanken, dass ein »Externer« ihre Arbeit erledigen sollte.

»Also, wie genau soll ich euch nun helfen?«, fragte Georg spitzbübisch, als er in das Büro trat und sich auf einem Stuhl niederließ.

»Wir haben die Vermutung, dass sich bei Candens Oculus vielleicht ein Verbrecher Unterschlupf verschafft haben könnte«, antwortete Markus wahrheitsgetreu. Es war das Beste, wenn er Georg mit allen Informationen versorgte, die ihm weiterhelfen konnten. »Wahrscheinlich ein Terrorist, der mit dem tschetschenischen Widerstand sympathisiert.«

»Ein Terrorist?«

»Ja«, nickte Anna. »Und wir hoffen, dass es bei der Gemeinschaft eine Art Liste gibt, wo zumindest Namen oder Ähnliches aufgeführt sind. Auch wenn Candens Oculus nicht viele Fragen über die Motivation zum Beitritt zu ihrer Gemeinschaft stellt. Sie werden doch wenigstens die Namen ihrer Mitglieder irgendwo auflisten. Ich denke nicht, dass sie wissen, wen sie dort alles genau aufgenommen haben, aber vielleicht finden wir eine Spur zu ihm. Einen Hinweis.«

»Das, was ihr von mir verlangt, ist illegal, oder? Ich meine, es ist nicht erlaubt, sich in die Dateien einer privaten Organisation einzuhacken.«

Anna legte ihre Handflächen aneinander und verzog ihren Mund, als hätte sie gerade auf eine saure Zitrone gebissen.

»Bei Gefahren, die die nationale Sicherheit betreffen, dürfen wir unter gewissen Umständen auch unkonventionelle Mittel nutzen. Ich denke, dies ist hier absolut der Fall.«

Anstelle einer Antwort blickte Georg zu Markus herüber. Georg wusste, dass Markus einer der schlechtesten Lügner war, die man sich vorstellen konnte. Wenn er ihn fragen würde, ob es stimmte, was Anna gerade gesagt hatte, könnte er nicht lügen. Doch Georg brauchte nicht zu fragen, Markus antwortete von selbst.

»Ja, es ist illegal. Aber wir wissen nicht, wer uns sonst so schnell helfen könnte. Du weißt, ich würde dich nicht darum bitten, wenn es nicht wirklich nötig wäre, aber wenn du es nicht machen willst, ist das absolut in Ordnung. Nur dann sag es uns gleich, wir haben keine Zeit mehr zu verlieren.«

Statt einer Antwort klappte Georg seinen mitgebrachten Laptop auf und schaltete ihn an.

»Gebt mir die Serverdaten und ich werde mit den Experten des BKA mal sehen, ob ich mich in das System hacken kann.«

»Danke, Georg«, legte Markus seinem Freund eine Hand auf die Schulter, während dieser ein Programm aufrief.

Anna zog Markus zur Seite. Anscheinend hatte sie etwas Vertrauliches mit ihm zu besprechen.

»Maihof hat mich gerade kontaktiert. Es gibt erste Erkenntnisse zur Auswertung der Briefe. Ich muss zu ihm.«

»Okay, kein Problem.«

»Vielleicht ist es das Beste, wenn wir parallel weiter ermitteln. Bleib du hier bei Georg und ruf mich an, wenn ihr etwas herausfindet.«

Markus nickte zustimmend. Anna hatte Recht. Die Zeit tickte erbarmungslos weiter. Wenn sie weitere Tote vermeiden wollten, mussten sie schneller vorankommen. Anna verabschiedete sich bei Georg und verließ den Raum.

Markus blickte ihr hinterher und merkte in diesem Moment, dass er sie mittlerweile sogar mochte.

fünfundvierzig.

Wie in Trance versuchte er seine Gedanken zu ordnen. Warum er? Er hatte doch alles so ausgeführt, wie es ihm aufgetragen worden war. Das Letzte, was er wahrgenommen hatte, war eine kräftige Hand, die ihn hinterrücks einen bitter riechenden Lappen auf Mund und Nase gedrückt hatte. Dann war nur noch Dunkelheit gewesen. Und auch jetzt umgab ihn Dunkelheit. Die Augen brannten schmerzvoll, als er sie öffnen wollte. Sie durchdrangen nur sehr langsam den Schleier der Benommenheit und konnten kein klares Bild finden. Alles weitere um ihn herum waren kurze Momente der Wahrnehmung: Ein harter Untergrund, der seinen Rücken schmerzen ließ. Die trockene Kehle. Und als er seinen eigenen Atem hörte, klang dieser seltsam beengt.

Allmählich floss das Blut zurück in seine Arme und Beine. Instinktiv versuchte er die Finger zu bewegen. Erst folgten sie nur widerwillig seinem Vorhaben, doch dann kehrte Leben in jedes einzelne Fingerglied zurück. Wie bei den Fingerübungen eines Pianisten fuhr mehr und mehr die Geschmeidigkeit in die steifen Gelenke. Er tatstete um sich und fühlte raues Material unter seinen Fingerspitzen.

Ein Holzboden.

Doch nicht nur dort, auch dicht neben seinem Körper reihten sich Holzbretter aneinander. Er musste sich in einer Art Holzkiste befinden. Nein, mehr noch: Er war darin gefangen. Die Hände tasteten weiter nach oben und dicht über seinem Bauch bestätigte sich seine schlimme Vermutung. Die Holzkiste glich vielmehr einem Sarg. Panik kroch in ihm auf und sein Atem nahm das Wimmern eines kleinen Kindes an. Seine Hände wirbelten nun schneller und nervös über die Holzfläche und rissen ihm dabei kleine Wunden in die Haut. Mit aller Macht versuchte er sich vergebens zu beruhigen und klare Gedanken zu fassen. Irgendjemand hatte ihn in dieses düstere Verlies gesperrt. Und er ahnte auch wer. Trotz seiner bisherigen Mitarbeit wurde er nun nicht mehr benötigt. Dann fühlten seine Hände ein Loch in Höhe des Brustkorbs.

Ein festes Material. Vielleicht Metall.

Durch das Loch strömte ein leichter Luftzug. Es musste ein Rohr sein, das aus der Kiste hinaus an die Luft reichte. Das Rohr versprach zumindest den lebensnotwendigen Sauerstoff.

Doch wie lange würde er in diesem Sarg ausharren müssen?

Wie lange konnte er ohne Wasser überleben?

Tage oder nur ein paar Stunden?

Hinzu kam, dass er nicht den kleinsten Schimmer davon hatte, wo er sich befand.

In einem Raum?

Vielleicht ein Keller?

Im nächsten Moment erkannte er einen Lichtpunkt auf seiner Brust. Der Strahl warf einen winzigen Kegel auf ihn. Es musste sich jemand außerhalb des Sargs befinden. Eine Rettung schien damit greifbar.

»Hallo, ist dort jemand?«

Er wartete auf Antwort, doch nichts und niemand war zu hören.

»Hilfe, bitte helfen Sie mir doch. Ich bin hier eingeschlossen.«

Wieder folgte ein Moment der Stille. Gerade als er sich ein weiteres Mal bemerkbar machen wollte, bekam er eine Antwort auf die Frage, was er hier machte und wo er sich befand. Erst ganz langsam, dann deutlicher.

Erde prasselte auf die Holzdecke herab.

Wie bei einem Sommergewitter hagelte es ohrenbetäubend auf ihn nieder. Eine Schaufel nach der anderen wurde in gleichen Abständen von oben auf den Sarg geworfen. Er befand sich nicht nur tatsächlich in einem Sarg, er sollte allem Anschein nach auch in diesem Moment lebendig begraben werden.

Unwillkürlich musste er schreien.

Keine Worte, nur rudimentäre Laute, wie sie Stumme von sich geben, die nie eine Sprache lernen konnten. Lauter, immer lauter hörte er seine eigene Stimme in der Kiste hallen. Dabei rieselte ihm feine Erde in den Mund, die sich bei jeder neuen Schaufel durch die engen Fugen presste. Er schnappte nach Luft und pumpte verzweifelt seine Lungen damit voll.

»Hören Sie, ich mache alles, was Sie wollen. Und ich werde auch bestimmt kein einziges Wort über unser Abkommen verlieren. Bei Gott, ich schwöre es«, hörte er sich selbst flehentlich betteln. »Aber bitte, bitte holen Sie mich hier raus.«

In panischer Angst kratzte er mit seinen Nägeln an der Holzplanke über seinem Kopf, bis ihm nacheinander die Nägel brachen und im feuchten Holz stecken blieben. Nach einer schier endlosen Zeit wurde es plötzlich wieder still. Die Erde über ihm musste die gewünschte Höhe erreicht haben und auch das spärliche Licht, das ihm noch einen Funken Orientierung gegeben hatte, erlosch. Kurzatmig versuchte er verzweifelt zu hören, was vor sich ging. Tränen flossen ihm dabei über die Wangen, ohne dass er sie wahrnahm. Doch der Alptraum hatte noch immer nicht seinen Höhepunkt gefunden.

Nach einigen weiteren Minuten sickerte erneut Erde durch die Fugen, als er glaubte Schritte zu vernehmen. Sie stoppten direkt über ihm und auch die Erde drang nicht mehr weiter ins Innere. Jemand begann biblische Verse zu sprechen, die aber nur dumpf zu ihm hinunter, in sein Gefängnis aus Brettern und Erde, drangen. Im nächsten Moment spürte er plötzlich etwas durch das Rohr auf seine Brust fallen. Nicht besonders schwer, aber doch gut spürbar.

Dann wieder.

Gefolgt von einem weiteren Mal.

Er wusste nicht, was es zu bedeuten hatte.

Suchend tasteten seine Hände in der Dunkelheit. Als er es zu fassen bekam, schreckte er zurück, setzte einen kurzen Schrei aus und erkannte, dass sein Tod noch viel schneller bevorstand, als er es befürchtet hatte.

sechsundvierzig.

Der Drucker ratterte noch, als Markus in einen der verzweigten Räume des Stadtschlosses ging. Georg saß seit mehr als einer Stunde in diesem Büro an seinem Rechner und vor einem Drucker hatte sich bereits ein stattlicher Haufen Papier gebildet. Offensichtlich erfreute sich Candens Oculus großer Beliebtheit.

»Du hast es tatsächlich geschafft.«

»Ja«, entgegnete Georg, doch seine Antwort klang nicht frei von Zweifeln. Noch immer hatte er sich nicht recht mit der Vorstellung anfreunden können eine katholische Glaubensgemeinschaft auszuspionieren. »Obwohl ich nur selten eine private Einrichtung gesehen habe, die dermaßen professionell ihr System geschützt hat. Das kenne ich bisher nur von staatlichen Einrichtungen wie der Polizei oder der Staatsanwaltschaft.«

Markus zog seine Augenbrauen fragend zusammen und Georg bemerkte, dass seine Erklärung den Eindruck vermittelte, dass er dies zumindest tatsächlich schon einmal versucht hatte.

»Du hast dich mal auf die Seiten der Polizei gehackt?«

Georg suchte offenbar nach einer passenden Antwort, um die Brisanz seiner Erklärung zu mildern. Doch heraus kam nur ein kläglicher Versuch, der im Stottern endete.

»Ich, ähem. Ich habe nur mal deren... deren Sicherheitsvorkehrungen überprüft.«

»Verstehe«, nickte Markus und wollte seinen Freund nicht noch weiter in die Enge treiben. Er wusste, dass Georg nie etwas Ungesetzliches machen würde. Er war in der Tat einfach nur zu neugierig und auf seinem Fachgebiet des Internets noch mehr als im normalen Leben.

»Und? Hast du irgendwas Seltsames entdecken können?«

»Nein, zumindest nicht auf den Seiten und in den Dateien, die ich knacken konnte. Und um an alle zu gelangen, bräuchte ich auf jeden Fall noch mehr Zeit. Die einzige Datei, die tatsächlich interessant ist, ist diese.« Georg legte eine ausgedruckte Liste mit ungefähr zwanzig bis dreißig Namen vor sich, die nach Jahreszahlen geordnet war. *Der reinigende Schlaf der Stille* stand als Überschrift darüber. Es musste sich um die These von Candens Oculus handeln, nach der alle Neuankömmlinge zunächst ein bis zwei Tage Ruhe halten sollten, um von der reinigenden Kraft der Stille zu profitieren. »Das ist ein Ritual, das alle neuen Glaubensbrüder der Gemeinschaft durchlaufen müssen. Nur sind hier ausnahmslos Persönlichkeiten aus Wirtschaft und der Öffentlichkeit aufgelistet. Sozusagen das *who is who* unserer Gesellschaft. Vielleicht könnt ihr damit ja was anfangen.«

»Ich werde die Listen vom BKA abgleichen lassen. Vielleicht können sie etwas herausfinden.«

Georg packte bald darauf seinen Laptop zusammen, verabschiedete sich und verließ die barocken Räumlichkeiten des Stadtschlosses. Alleine in dem Büro, entschied sich Markus dazu, dass es nichts schaden könne, die Listen schon einmal selbst durchzusehen. Er überflog die Namen mit seinem Finger auf der Suche nach Mazaev. Eine Spalte nach der anderen. Jahr für Jahr glich er die Listen ab. Es war erstaunlich, wer alles die Hilfe von Candens Oculus in Anspruch genommen hatte. Markus glaubte Remond nun auf jeden Fall, dass die Gemeinschaft auch ohne die finanzielle Unterstützung der Kirche auskommen würde. Dann blieb sein Blick plötzlich an einem Namen hängen. Es war eine Liste des Aufnahmerituals, die keine zehn Jahre alt war.

Allerdings war der Name, der Markus' Aufmerksamkeit erregte, kein Name eines Prominenten oder gar der von einem Terroristen. Obwohl er sich dieser Tatsache mit einem Mal gar nicht mehr so sicher war.

Sollte diese Person tatsächlich mit in die Angelegenheit von Candens Oculus verstrickt und sein Auftreten daher kein Zufall sein?

Ein heimlicher Anhänger von Candens Oculus? Oder vielleicht noch schlimmer: ein Terrorist?

Markus schaute ein weiteres Mal auf den Ausdruck. Doch auch auf den zweiten und dritten Blick zeigten die Buchstaben die absolut identische Schreibweise des hochrangigen Mannes. Es konnte sich um keinen Zufall handeln. Zwischen einer Schauspielerin mit Namen Mahler und einem spanischstämmigen Bankenmogul namens Mendez stand noch ein weiterer Name:

Christopher Maihof.

– Nordossetien, Russland, 3. September 2004, 12:58 Uhr –

Mazaev hatte das Kind zurück in das Hotel gebracht und die Besitzer gebeten, eine Weile auf die Kleine aufzupassen. Er selbst war sofort wieder aufgebrochen und stand bereits wieder inmitten der wartenden Menschenmenge vor der Schule. Er hatte davon gehört, dass sich bereits ein Vermittler mit einer Liste von tschetschenischen Austauschgefangenen auf dem Weg vom Flughafen zur Schule befand. Es war die letzte Chance und würde einen großen Erfolg darstellen, sollte man die gefangenen Mitstreiter wieder freipressen können. Unmöglich schien es nicht. Schließlich hatten sie es 1995 im ersten Tschetschenienkrieg bei der Geiselnahme im südrussischen Budjonnowsk auch geschafft. Damals hatte er mit weiteren Rebellen über 1.000 Geiseln in einem Krankenhaus genommen und sich dort mehrere Tage verschanzt. Nachdem es den Russen nach mehreren

Versuchen nicht gelungen war, das Hospital zu stürmen, hatten sie ihre Forderungen durchsetzen können und sogar freien Abzug gewährt bekommen. Dass der Präsident sein Amt niederlegen würde, hielt Mazaev jedoch für ausgeschlossen und eine unrealistische Forderung von Vlad, die wie so vieles an dieser Aktion nicht abgesprochen war.

Er schaute auf seine Uhr. Es war kurz vor 13 Uhr. Gerade wurde neben ihm eine Live-Schaltung für das Fernsehen vorbereitet. Ein Moderator stand sendebereit und führte gerade sein Mikrofon zum Mund, um über den möglichen Deal zu berichten, der das Ende der Geiselnahme in Aussicht stellte. Aslan betete, dass es so kommen würde und er seine geliebte Frau wieder in die Arme schließen könnte. Er hatte sich in den letzten Stunden viele Gedanken um die Zukunft gemacht. Sollten Farisa und er das Ganze unbeschadet überstehen, würde er ihr vorschlagen, aus dem bewaffneten Widerstand auszutreten und irgendwo auf dem Land ein normales Leben zu führen. Er hatte genug Leid gesehen und auch hervorgebracht.

Just in diesem Moment wurde Mazaev jäh aus seinen Gedanken gerissen. Eine Explosion krachte nicht weit entfernt und ließ ihn und alle umstehenden Personen zusammenzucken. Schwarzer Rauch stieg langsam wabernd aus dem Schulgebäude auf. Sofort entstand eine Panik, die dazu führte, dass aus der Menge einzelne Schüsse in Richtung Schule abgegeben wurden. Fast zeitgleich gingen Fenster zu Bruch und aus der Schule heraus wurde das Feuer erwidert. Dann folgten erneut Schüsse aus der Menge, diesmal aber deutlich mehr, und auch Polizei und Militär begannen unkontrolliert zu schießen. Einen Moment später folgte eine zweite Explosion, die noch heftiger war als die erste.

Verdammt, sie stürmen doch die Schule, war Mazaevs erster Gedanke. Auch wenn er tatsächlich geglaubt hatte, dass die Russen Wort halten würden. Doch nun schien alles aus dem Ruder zu laufen. Überall peitschen Schüsse durch die Luft und ihm wurde augenblicklich klar, dass es ein Massaker geben würde. Vlad und die anderen würden versuchen, möglichst viele Geiseln mit in den Tod zu reißen. Doch in erster Linie machte er sich Gedanken um Farisa. Sie war klug und er hoffte, dass sie sich vielleicht zuvor davonstehlen konnte und er sie irgendwo entdecken würde. Doch alles, was er sah, waren vereinzelte Personen, die aus den zerstörten Fenstern der Schule sprangen und davonliefen. Sie waren entweder nur spärlich bekleidet oder sogar ganz nackt. Mazaev versuchte, ihre Gesichter zu erkennen, doch waren diese durch die Auswirkungen der Detonationen nur schwer zu erkennen. Viele waren blutüberströmt, andere hielten Fetzen ihrer Haut in den Händen, weitere drückten sich verschmierte Stoffe auf die klaffenden Wunden ihrer Beine und wiederum andere wurden leblos über den Boden nach draußen gezogen. Farisa erkannte er nicht unter ihnen.

Er wartete noch Stunden, bis die Dunkelheit einsetzte und die ersten Leichen in einem Zelt zur Identifizierung freigegeben wurden. Langsamen Schrittes ging er durch die Reihen der leblosen Körper und trauernden Angehörigen. Als er am Ende angekommen war, wusste er nicht, ob er sich freuen sollte, dass sie sich nicht unter den Leichen befand oder enttäuscht, dass er noch immer nicht wusste, was mit ihr geschehen war. Nach weiteren zehn Minuten, in denen nichts geschah, stellte er sich so nahe an ein Einsatzfahrzeug der Polizei, dass er den Funk mithören konnte. Vielleicht gab es Meldungen über geflohene Geiselnehmer. Doch stattdessen hörte er, dass man ersten Schätzungen zu Folge die Opferzahl auf 300 bis 400 Tote schätzte. Außerdem rechnete man mit über 700 Verletzten. Die Polizei ging von bis zu dreißig Terroristen aus, die für die Geiselnahme verantwortlich waren. Dann schreckte Mazaev auf, als es um zwei Frauen unter den Opfern der Terroristen ging. Eine fand man unter den Trümmern der eingestürzten Decke, die zweite Frau war kaum identifizierbar von einer Bombe zerrissen worden. Man schätzte sie nur deswegen als Frau ein, da die Haare an dem entstellten Schädel außergewöhnlich lang waren. Es folgten weitere Einzelheiten zur Person, die er aber schon nicht mehr hörte. Er wusste, von wem sie sprachen.

In kleinen Schritten ging er durch ein Meer von Menschen, die er kaum mehr wahrnahm: Polizisten, Soldaten und Helfer, die Verwundete versorgten. Geschockte Kinder, Mütter und Ehemänner, die ihre Angehörigen verloren hatten und entweder ihrem Schmerz laut schreiend freien Lauf ließen oder stumm vor den Leichen knieten und still trauerten. Mazaev war wie betäubt. Der Schock hatte sich so tief in ihn hineingebrannt, dass er noch nicht einmal Schmerz verspüren konnte. Kein Schmerz, keine Trauer. Er fühlte sich mit einem Mal kalt und leblos. Wie eine leere Hülle, der jegliches Leben entwichen war.

Das Einzige, was ihn davon abhielt, sich eine Kugel in den Kopf zu jagen, war der Schwur, den er Farisa geleistet hatte und an den er sich nun zu halten hatte. Er musste ihren Traum erfüllen, für den sie gemeinsam gekämpft hatten und für den sie gestorben war. Außerdem hatte er noch ein Kind, um das er sich von nun an alleine kümmern musste. Ein Ruck ging durch seinen Körper. Nun setzte der Automatismus ein, den er sich über Jahre antrainiert hatte und der ihn auch in dieser Situation nicht im Stich zu lassen schien. Härte gegen sich und seine Feinde. Nur so konnte man Emotionen kontrollieren. Denn Emotionen führten zu Fehlern und Fehler zum Scheitern von Missionen.

Und von nun an war er auf einer neuen Mission.

siebenundvierzig.

Wieder fühlte er sich hilflos. Christopher Maihof war ein Mitglied von Candens Oculus. Nach den neuesten Erkenntnissen war somit nicht einmal mehr dem Vizepräsidenten des Bundeskriminalamts zu trauen. Die Verbindungen von Candens Oculus schienen immer tiefer zu greifen und vor keiner Institution Halt zu machen.

Markus saß in seinem Zimmer im Priesterseminar vor dem Fernseher und starrte auf die Uhr an der Wand gegenüber. Der Zeiger neigte sich unaufhaltsam, Runde um Runde weiter gen Mitternacht. Der nächste Mord stand unmittelbar bevor. Er hatte Angst vor dem nächsten Anruf, der ihn an einen verlassenen Ort führen würde, um erneut in das Gesicht eines toten Bischofs schauen zu müssen.

Sein Körper signalisierte ihm Müdigkeit. Seit Tagen hatte er nur wenig geschlafen. Doch er musste wach bleiben. Er machte sich einen starken Kaffee. Es war das Einzige, was ihn im Moment wach halten konnte. Er goss sich eine Tasse ein und las noch einmal den letzten Brief durch.

Mit gespaltener Zunge hat der Sünder gesprochen, falsches Zeugnis abgelegt. Er hat schwere Sünde auf sich geladen und sich gottgleich verhalten, dabei ist er nur ein winziges Staubkorn im Winde des Herrn. Und zu Staub soll er heimkehren. Asche fressen und in absoluter Dunkelheit seinem Schöpfer entgegentreten.

Einige Dinge schienen Markus klar. Der Bezug auf Asche und Staub ließ einen Rückschluss auf die kirchliche Liturgie bei Beerdigungen zu.

Asche zu Asche, Staub zu Staub.

Doch wenn der Bezug zu einem Friedhof oder einer Grabeskirche aufgezeigt werden sollte, wäre dies auch keine große Hilfe. Es gab zu viele Friedhöfe und Kirchen in der Region, um sie alle untersuchen zu können. Markus hatte dennoch die Polizei gebeten, bei allen Gemeinden anzufragen, ob irgendwelche ungewöhnlichen Beobachtungen gemacht wurden. Zu diesem Zweck hatte er seine Telefonnummer bei der Polizei hinterlassen.

Er nahm einen Schluck aus der Tasse. Der Kaffee schmeckte bitter. Er verzog das Gesicht. Dann versuchte er sich einzureden, dass der Kaffee köstlich sei und dies zumindest eine kurze Ablenkung darstellte. Er nahm einen weiteren Schluck und verlor den Kampf gegen seine eigene Vorstellungskraft. Stattdessen ging er zum Kühlschrank und nahm den Rest einer Lasagne heraus, die er vor einigen Tagen bestellt hatte. Er stellte den Teller in die Mikrowelle und schaltete sie auf drei Minuten. Nach zwei Minuten nahm er sie heraus und stocherte unmotiviert mit einer Gabel darin herum. Obwohl die Lasagne nur lauwarm war, schmeckte sie erträglicher als der Kaffee.

Seine Gedanken kreisten um den Brief, Maihof und Anna. Zu viele Gedanken auf einmal, um für alles eine Lösung finden zu können. Er setzte sich mit der Lasagne und dem ungenießbaren Kaffee auf die Couch, nahm sich die Bettdecke und wickelte sie sich um die Schultern. Nach drei Bissen stellte er den Teller wieder zurück auf den Tisch und goss den Rest des Kaffees in den Ausguss der Spüle. Er kehrte zurück auf seine Couch, wickelte sich erneut in die Decke ein und schaltete den Fernseher aus. Ganz still saß er nun in der Dunkelheit und wartete. Auf eine Idee, auf den Schlaf oder auf die Nachricht, dass ein neues Mordopfer gefunden worden war.

*

Der schrille Ton des Telefons ließ Markus aus dem schwachen Schlaf hochfahren. Fluchend rieb er sich die Augen und tastete im Dunkeln nach dem Hörer. Mit einem Räuspern meldete er sich.

»Ja?«, fragte er und blickte parallel auf seine Armbanduhr. Die Zeiger leuchteten und zeigten, dass es bereits sechs Uhr morgens war. Obwohl er demnach einige Stunden Schlaf hinter sich gebracht hatte, fühlte sich sein Körper nicht danach an.

»Herr Schuhmann, mein Name ist Horst Kern, Polizeidienststelle Fulda.«

»Und wie kann ich Ihnen helfen, Herr Kern?«

»Wir erhielten gerade einen Anruf von einem Mann, der als Totengräber für die Stadt arbeitet und eine Beerdigung vorbereitet, die heute auf dem alten Stadtfriedhof stattfinden soll.«

»Und weiter?«

»Wir sollten Sie doch anrufen, wenn es Ungereimtheiten gibt, richtig?«

Sofort war Markus hellwach.

»Richtig. Fahren Sie fort.«

»Wir haben nun so eine Ungereimtheit. Eher ein Problem. Das Grab, das der Mann gestern ausgehoben hatte, wie soll ich sagen...?«, brach Kern mitten im Satz ab.

»Reden Sie weiter.«

»... na ja, es ist besetzt.«

»Was meinen Sie mit besetzt?«

»Es ist genau so wie ich es sage. Irgendjemand hat es über Nacht wieder mit Erde zugeschüttet. Und noch was ist ungewöhnlich.«

»Was?«

»Auf dem dazugehörigen Holzkreuz steht ein falscher Name. Es ist jedenfalls nicht der Name der Person, die beerdigt werden soll.«

»Welcher Name steht darauf?«

»Moment, den habe ich hier irgendwo notiert.« Markus hörte, wie Papier geblättert wurde. »Ah, hier habe ich es, Karl Berger.«

»Sind Sie sicher?«

»Ja, so habe ich es notiert. Kennen Sie ihn?«

Und ob Markus diesen Mann kannte. Karl Berger war der Bischof des Bistums Aachen. Sofort schoss sein Herzschlag wild in die Höhe und es verschlug ihm die Sprache. Als Markus nicht antwortete, fuhr Kern einfach weiter fort in seiner Ausführung.

»Aber das ist noch nicht alles. An dem Holzkreuz ist ein Brief angebracht, und als Adressat steht Ihr Name darauf.«

achtundvierzig.

Es goss in Strömen, als Markus seinen Wagen abstellte und die wenigen Schritte vom Lapidarium zum Friedhof hinüberging. Schon von Weitem sah er zwei Polizisten, die in Regencapes an einem frisch aufgeschütteten Grab standen. Als er näher kam, erkannte er auch das einfache Holzkreuz mit dem Namen des Bischofs darauf. Dazu hatte der Täter wie beschrieben erneut einen Brief hinterlassen. Er war mit einem Nagel an das Kreuz geschlagen worden und flatterte mit jeder windigen Böe kurz auf. Noch etwas Ungewöhnliches konnte Markus erkennen. Ein Metallrohr stand senkrecht aus dem Grab ragend nach oben. Er hatte schon per Telefon darum gebeten, das Grab auszuheben, was die beiden zwar widerwillig und murrend, aber schließlich dennoch taten. Die beiden Polizisten ahnten ja nicht, was das alles zu bedeuten hatte. Nur Markus hatte eine schlimme Vorahnung.

Während die Polizisten mit Spaten und Schaufel bewaffnet mit der Ausgrabung begannen, öffnete Markus mit zittrigen Händen den Briefumschlag:

Sehr geehrter Herr Schuhmann,

Ihre Beharrlichkeit und Ihre gottgeschenkte schnelle Auffassungsgabe nötigen mir den höchsten Respekt ab.
Leider musste ich ein weiteres Mal einem Irrgänger den göttlichen Weg weisen. Verblendet von Machthunger und Gier musste ich ihm sein eigenes

Licht nehmen, um ihn in dunkler Finsternis der wahren Erleuchtung wieder näherzubringen. Er war ein Meister der Doppelzüngigkeit und eine falsche Schlange. Daher sollte er eben wie eine solche tief in der Erde und im Staub seine Beichte ablegen.

Die beiden Männer schnauften schwer. Immer wieder rammten sie ihre Schaufeln in das Erdreich und drangen dabei rund um das Metallrohr tiefer voran. Markus stand außerhalb der kleinen Grube und starrte stumm hinunter in das Grab. Mit jedem Zentimeter, den sie tiefer ins Erdreich vordrangen, krochen in Markus alte Gefühle empor, die ihm den Hals zuschnürten. Die Bilder waren noch immer so klar und deutlich, wie an dem Tag, als sein Vater, General Frank Schuhmann, beerdigt wurde.

Er sah sich wieder inmitten der Traube von Verwandten stehen und das Gefühl der Benommenheit war fast so intensiv wie damals. Er empfand es als furchtbar, so still und schweigend vor dem Grab zu stehen und in diese finstere Grube blicken zu müssen, während sein Vater langsam im Sarg immer tiefer hinabgelassen wurde. Der Schmerz der unumstößlichen Gewissheit zerriss ihn beinahe. Bis zu diesem Moment hatte er noch immer eine stille Hoffnung in sich getragen. Dass sein Vater sich von hinten anschleichen, ihm die Hände auf die Augen legen und alles als großen Spaß enttarnen würde. Wie er es so oft getan hatte. Seine Mutter würde seinem Vater daraufhin wie immer einen leichten Stoß in die Seite versetzen und sagen, dass diese Scherze überhaupt nicht lustig seien, bevor sie alle zusammen in schallendes Gelächter ausbrechen würden.

Er drehte sich mehrmals am Grab stehend nach ihm um, doch alles, was er sah, waren dunkle Anzüge und der Versuch tröstender Blicke, die ihn trafen. Es war ein langsamer, aber stetig zunehmender Schmerz, als wäre eine kalte Hand in seinen Körper geglitten und hätte sein Herz so lange zusammendrücken wollen, bis es allmählich aufhören würde zu schlagen. Fast hätte er darum gebeten, dass es tatsächlich so kommen würde, damit sich der Schmerz nur endlich verlieren würde.

Eine Ewigkeit stand er so da und blickte hinab. Neben ihm seine Schwester und seine Mutter, die beide tapfer versuchten, den aussichtslosen Kampf gegen ihre Tränen zu gewinnen. Wie gerne wäre er einfach davongelaufen. Fort von dem Grab, dem Schmerz, dem Ehrensalut der Soldaten, der ihn bei jedem Schuss zusammenzucken ließ und der Verantwortung, die von diesem Tag an auf seinen Schultern lag. Das Schlimmste aber waren die ganzen Leute. Einer nach dem anderen trat vor ihn, schüttelte ihm Beileid bekundend die Hand oder strich ihm über den Kopf. Am liebsten hätte er ihnen allen ins Gesicht geschrien, dass sie seinen Vater doch gar nicht kannten. Sie doch gar nicht wissen könnten, wie sehr er ihn wirklich vermissen würde. Sie kannten doch nur den General, den Kameraden, den Nachbarn, der der alten Frau Kretzschmar jeden Samstag ihren Teil des Bürgersteigs einfach mitkehrte und ihr die Einkäufe nach Hause trug. Aber sie kannten ihn nicht, wie er ihn kannte. Als Vater.

»Hier ist etwas!«, rief einer der Männer und riss Markus aus seinen Erinnerungen. Er schüttelte sich kurz, um wieder einen klaren Kopf zu bekommen und wischte sich ärgerlich eine Träne aus dem Augenwinkel.

Die letzen Erdschichten wischten die beiden Männer mit bloßen Händen zur Seite. Immer schneller wischten sie dabei die Reste beieite, bis ein einfach zusammengenagelter Holzsarg zum Vorschein kam. Das Rohr verschwand im oberen Teil des Deckels etwa auf Brusthöhe.

Die beiden Polizisten lösten die Nägel, mit denen der Sarg verschlossen worden war. Als auch die letzten beiden Nägel gezogen waren, postierten sich die Männer an Fuß- und Kopfende des Sargs, um ihn zu öffnen. Mit einem ächzenden Geräusch wich der Deckel zurück und gab den Blick auf das Innere preis.

»Scheiße, verdammt«, fluchte der Jüngere der beiden Polizisten, ließ geschockt den Deckel neben den Sarg fallen und flüchtete panisch aus dem frisch ausgehobenen Loch. Auch der Ältere, der Markus angerufen hatte, wich zurück und kletterte zwar weniger fluchend, aber ebenso rasch aus dem Erdloch.

»Oh mein Gott, wer tut denn so etwas?«, traute sich der ältere Polizist wieder näher an die Grube des halboffenen Sargs. Alle starrten sie aus sicherer Entfernung in den geöffneten Sarg, in dem sich ein gutes Dutzend schwarzer Schlangen um den Kopf und Oberkörper eines toten Mannes schlängelten. Sein Gesicht war durch das Gift der Bisse fast zur Unkenntlichkeit geschwollen. Wegen des Blut zersetzenden Sekrets hatten sich dazu rund um die Bissstellen bläuliche Flecken gebildet. Außerdem konnte man an der Unterseite des Sargdeckels Kratzspuren erkennen, die darauf hindeuteten, dass der Mann wohl versucht hatte sich aus seinem dunklen Verlies zu befreien. Markus erkannte den Toten, Bischof Berger vom Bistum Aachen, sofort.

Sein Mobiltelefon klingelte und er sah im Display, dass es Anna war.

»Wo zur Hölle steckst du? Ich stehe vor deiner Tür und wollte dich abholen, aber du bist nicht da.«

»Anna, hör mir einfach nur einen Moment zu. Du wirst nicht glauben, worauf ich gerade schaue. Bischof Berger vom Bistum Aachen ist anscheinend bei lebendigem Leibe begraben worden. Dazu hat unser Täter noch ein Dutzend Schlangen mit in den Sarg gepackt.«

»Was? Aber warum hast du mich nicht angerufen?«

»Ich musste sofort losfahren. Ich bin immer noch hier auf dem alten Stadtfriedhof. Am besten, du kommst direkt hierher.«

»Das muss warten. Ich habe auch Neuigkeiten. Du musst sofort ins Krankenhaus kommen.«

»Ist Susanne wieder im Krankenhaus?«

»Nein, es gibt auch eine gute Nachricht. Bischof Schneider hat es tatsächlich geschafft und ist über den Berg. Er hat überlebt und will nun mit uns sprechen.«

– Nordossetien, Russland, 3. September 2004, 22:12 Uhr –

Aslan Mazaev hatte alles zusammengepackt und flüchtete mit seiner Tochter im Schutze der Nacht aus der Stadt. Sie schlief noch immer entkräftet von den Strapazen der vergangenen Tage auf der Rücksitzbank, als er den Wagen an einem abgelegenen Waldstück parkte. Er ging um das Auto herum und öffnete den Kofferraum. Alles, was auf Farisa hinwies, hatte er in einem Wäschesack verstaut. Nun griff er sich den Sack zusammen mit einem kleinen Kanister. Einige Meter entfernt vom Wagen leerte er den Sack aus und übergoss alles mit Benzin. Kleidung, gefälschte Ausweise und persönliche Gegenstände.

Er griff in seine Brusttasche und zog ein Päckchen Zigaretten heraus. Es war noch eine letzte darin, die er sich mit einem Streichholz anzündete. Nach einem kurzen Zug, warf er das Streichholz auf den Haufen. Sofort ging alles in hellen Flammen auf und Mazaev schaute in das lodernde Feuer. Gedanken an Farisa überfielen ihn und er musste an ihre letzte gemeinsame Nacht denken. An ihre Stimme. Ihre Haare. Und ihr Lachen.

Dann hörte er die Worte, die er per Funk aufgeschnappt hatte und die davon berichteten, dass die Leiche stark entstellt war. Hatte sie die Bombe selbst gezündet oder hatte Vlad sie ferngezündet? Er wusste, dass sie keine Schmerzen erlitten hatte. Dafür war die Sprengkraft der Bombe zu groß gewesen. Dennoch beruhigte es ihn nicht. Er konnte jedes Detail ihres Gesichts vor seinem inneren Auge sehen, wie sich ihre Pupillen weiteten und sie den Tod erwartete. Er hatte schon in viele Gesichter beim Sterben blicken müssen. In der Armee, später bei der Spezialeinheit und den verdeckten Operationen, dann bei den Rebellen. Er kannte die angstvollen Züge des Todes nur allzu gut.

Spontan schossen ihm Bilder der jungen Frau des Einsatzes in Moskau durch den Kopf. Obwohl schon einige Jahre vergangen waren, erinnerte er sich noch ganz genau an sie. Sie war die erste Frau gewesen, der er beim Sterben zugesehen hatte. Es war eine hübsche Blondine gewesen und er hatte sie und die anderen Opfer schon tagelang von dem Gebäude gegenüber der Botschaft beobachtet.

Der Test hatte funktioniert. Sie hatte sich zuerst die Haare vom Schädel gerissen und sich im Anschluss daran mit einem Stromschlag selbst hingerichtet.

Wut kam plötzlich in ihm auf. Er dachte an Vlad und dessen Hauptschuld an der Eskalation in Beslan. Warum hatte man ihm so plötzlich das Kommando übertragen? Ausgerechnet Vlad, einem unkontrollierbaren, Gewalt verherrlichenden Psychopathen, dessen niedere Beweggründe mit dem eigentlichen Sinn des Widerstandes nichts zu tun hatten.

Im nächsten Moment kam ihm die Idee, die es ihm ermöglichen könnte, sich an Vlad zu rächen, falls dieser überlebt haben sollte und dazu sogar Farisas und seinen Traum von einem freien Tschetschenien zu verwirklichen. *Natürlich*, dachte er, *das alte Experiment, das nach dem Fall des Eisernen Vorhangs eingestellt worden war.* Die Flammen vor ihm verschlangen gerade zwei Fotos, die ihn mit Farisa beim Fischen zeigten. Es war eines der wenigen Fotos, die sie sich gegönnt hatten. Mehr wäre zu gefährlich gewesen. Schließlich wurden sie immer irgendwo gesucht. *Aber wie könnte man das Experiment wieder zum Leben erwecken, wie könnte man das Ganze finanzieren und vor allen Dingen, wer könnte ihm dabei helfen? Er war schließlich kein Experte.* Nach einer weiteren Minute fiel es ihm ein. Er nahm einen letzten Zug, dann schnippte er die Zigarette ins Feuer und ging zurück zum Wagen. Nun wusste er, wo sein Ziel lag.

neunundvierzig.

Anna ging ungeduldig im Eingangsbereich des Krankenhauses auf und ab. Hatte sie sich dazu entschlossen zu sitzen, stand sie auch schon wieder an der Eingangstür und schaute, wann Markus endlich um die Ecke biegen würde. Sie wusste, dass der Druck von Tag zu Tag, von Stunde zu Stunde auf sie, als verantwortliche Beamtin, steigen würde.
Könnte sie dem standhalten? Sie streckte ihre Hände vor sich aus. Sie zitterten. Ein deutliches Zeichen ihres Körpers, der nach dem nächsten Schluck Alkohol lechzte. *Jetzt nicht*, befahl sie sich und ballte ihre Hände zu Fäusten. Zu der Unruhe gesellte sich nun auch Wut und sie stapfte zum zehnten Mal Richtung Eingang und hielt Ausschau. In diesem Moment kam Markus endlich durch die automatischen Glasschiebetüren in die Eingangshalle.

»Da bist du ja endlich.«

»Entschuldige, ich musste noch warten, bis die Spurensicherung vor Ort war. Und ein Toxikologe musste gefunden werden, der die genaue Todesursache feststellen konnte.«

»Lass uns jetzt zu Schneider gehen.«

Sie gingen die wenigen Schritte hinüber zu den Aufzügen. Nur eine alte Frau stieg mit ihnen in den Fahrstuhl. Sie grüßte und drückte den Knopf für die sechste Etage. Anna drückte den Knopf für die achte Etage. Der Fahrstuhl fuhr an und auf dem Display verfolgte Markus, wie jedes einzelne Stockwerk, das sie passierten, kurz aufleuchtete. Es musste dämlich wirken, wie er versuchte Annas

Blicken auszuweichen. Er dachte, dass sie es ihm ansehen würde, dass er etwas verschwieg. Doch er wollte ihr nichts von Maihofs Candens-Oculus-Vergangenheit erzählen. Noch nicht. Auf der sechsten Etage stoppte der Lift, die alte Frau stieg aus und die Türen schoben sich wieder zusammen. Anna blickte zu Markus, der ihren Blicken noch immer auszuweichen versuchte.

»Was ist los mit dir? Du verhältst dich so komisch.«

»Nichts. Es ist nichts.«

»Ist es wegen unserer gemeinsamen...?«

»Nein«, fiel ihr Markus ins Wort.

Anna wollte noch weiter nachfragen, doch sie wurden unterbrochen, als sich in diesem Moment die Aufzugtür erneut öffnete und sie im achten Stockwerk angekommen waren. Man hatte extra ein Zimmer auf der Entbindungsstation gewählt, da der Täter den Bischof hier am wenigsten vermuten würde. Am Ende des Flurs saß ein Polizist und bewachte den Eingang. Anna zeigte ihren Ausweis und die beiden traten ein. Das typisch fahle Licht des Krankenhauszimmers empfing sie mit der Freundlichkeit eines Krematoriums. Im Raum selbst stand nur ein einzelnes Bett, in dem Bischof Schneider mit geschlossenen Augen lag. Eine Sauerstoffmaske überstülpte Mund und Nase und man konnte jeden Atemzug deutlich vernehmen. Ansonsten war es ein kahl und steril wirkendes Zimmer, das selbst gesunde Menschen krank und blass aussehen ließ. Die tickenden und piependen Maschinen machten Markus schon seit jeher Angst und er hielt es meist nicht lange in solchen Räumen aus. Er riss sich jedoch zusammen und stellte sich neben Anna an das Bett.

»Gut, dass Sie so schnell kommen konnten«, sagte Schneider mit leiser und gebrechlicher Stimme, erst dann öffnete er seine Augen und nahm die Sauerstoffmaske ab. Er wirkte kraftlos, aber doch erstaunlich vital, wenn man bedachte, dass er mehr tot als lebendig war, als sie ihn zuletzt gesehen hatten. Mehrere Blutkonserven und Infusionen hatten ihn jedoch schneller wieder zurück ins Leben geführt als erwartet. Sein Glück war, dass ihm ansonsten keinerlei Verletzungen zugefügt worden waren. »Bitte, setzen Sie sich doch.«

Markus und Anna nahmen sich zwei Stühle und warteten gespannt darauf, was Schneider ihnen über den Vorfall zu sagen hatte. Von den Einzelheiten der Tat, wie das Foto und den dazugehörigen Brief, den der Täter am Tatort hinterlassen hatte, ließen sie Schneider zunächst nichts wissen. Dennoch fiel es ihm offenbar sehr schwer über das Vorgefallene zu sprechen. Und dies nicht nur aufgrund seiner angeschlagenen Gesundheit.

»Es freut uns zu sehen, dass Sie sich wieder etwas erholt haben.«

»Danke, Herr Schuhmann. Ich weiß Ihr Mitgefühl zu schätzen. Ich habe erfahren, dass Sie beide für meine Rettung verantwortlich sind. Ich danke Ihnen von ganzem Herzen.«

»Frau Peterson und ich sind glücklich, dass wir helfen konnten.«

»Haben Sie denn schon einen Verdächtigen oder eine Spur, die zum Täter führen könnte?«

»Nein, leider nicht.«

»Es gibt also keine Spur?«

»Nein, wir hofften, dass Sie uns weiterhelfen könnten. Können Sie sich noch an die Tat erinnern?«

»Erinnern? Nein, ist alles wie ein großer schwarzer Fleck. Das Letzte, an das ich mich erinnern kann, ist, dass ich im Schlosspark spazieren ging, als ich plötzlich von hinten gepackt und mir ein Tuch über Mund und Nase gedrückt wurde. Das nächste klare Bild, an das ich mich erinnern kann, ist der Moment, als mir der Mann ins Gesicht schlug.«

»Ein Mann also, wie sah er aus? War er groß?«

»Erkennen konnte man ihn ja kaum. Er trug ein Mönchsgewand. Dazu hatte er seine Kapuze so tief über seine Stirn gezogen, dass man sein Gesicht nicht erkennen konnte.«

»Ein Mönchsgewand?«, fragte Anna nach.

»Ja, eine dunkle Tunika.«

»Und seine Stimme, kam sie Ihnen bekannt vor?«

»Nein, wie auch? Er sagte nicht ein einziges Wort. Während der ganzen Zeit über schwieg er.«

»Und haben Sie einen Verdacht, wer Ihnen das angetan haben könnte?«

»Einen Verdacht?«, schüttelte Schneider seinen Kopf, »Nein. Keine Ahnung. Es ist mir unbegreiflich.«

»Ist Ihnen sonst irgendetwas Ungewöhnliches aufgefallen?«

»Nein, tut mir leid.«

»Das ist nicht viel.«

»Halt. Doch. Als er mich schon kopfüber nach oben gezogen hatte, glaubte ich eine Art Gebet zu hören. Sicher bin ich mir aber nicht.«

»Warum waren Sie denn zu dieser späten Stunde noch unterwegs?«

»Ich... ich wollte ein wenig frische Luft schnappen.«

Weder Anna noch Markus schienen ihm diese Antwort abzukaufen.

»Hören Sie, wir wissen, dass dies nicht stimmt. Also entweder, Sie sagen uns, was wirklich los war, oder wir können noch weitere Ihrer Kollegen irgendwo in dieser Stadt in einen Leichensack stecken. Sie könnten dies vielleicht aber verhindern. Also frage ich Sie noch einmal: Was wollten Sie zu dieser Uhrzeit im Schlosspark?«

Berger schloss die Augen und versuchte sich ein wenig aufzurichten, doch war er dazu noch zu schwach. Zu schwach, um sich aufzusetzen und zu schwach, um den bohrenden Fragen Annas zu widerstehen. Er wirkte müde und wollte wohl auch gar nicht mehr kämpfen.

»Ach, Herr Gott, Sie haben ja Recht. Vielleicht ist es die einzige Chance, Schlimmeres zu vermeiden. Also gut, ich war verabredet.«

»Mit wem waren Sie verabredet?«, wollte Anna wissen.

»Mit Bischof Berger.«

Er weiß noch nichts davon, dass auch Berger tot ist, erkannte Anna und überlegte weiter, wie sie sich diesen Wissensvorteil zu Nutze machen konnte.

»Bischof Berger. Gab es einen besonderen Grund für Ihr Treffen?«

»Das ist eine lange Geschichte. Sie werden es nicht verstehen und vielleicht ist es auch besser so.«

»Das lassen Sie mal ganz unsere Sorge sein. Also, um was geht es wirklich?«

»Tja, wo soll ich anfangen. Es ist sehr komplex, das alles zu verstehen. Ich sollte mich vielleicht zuvor mit Berger abstimmen, bevor ich mit Ihnen darüber spreche.«

Das Schweigen, das in diesem Moment eintrat, bedurfte eigentlich keiner weiteren Erklärung. Dennoch sprach Markus das Unvermeidliche aus.

»Ich muss Ihnen leider mitteilen, dass Berger tot ist. Ermordet. Wir haben seine Leiche heute morgen gefunden.«

Sie versuchten die Reaktion auf Schneiders Gesicht zu deuten. Kopfschüttelnd schrak er zurück und seine Augen verengten sich. Die Reaktion wirkte glaubhaft.

»Mein Gott. Deshalb konnte Berger nicht zum Treffen mit mir kommen.«

»Nicht unbedingt.« Anna fiel eine zeitliche Lücke zwischen den beiden Vorfällen auf. »Berger ist weit nach Ihrem Überfall ermordet worden. Es scheint mir daher vielmehr so, als hätte er sie absichtlich versetzt und in eine Falle gelockt, um Sie aus dem gesicherten Kongresszentrum zu locken. Nachdem er das erledigt hatte, wurde er ebenfalls entbehrlich.«

»Entbehrlich?«, lachte Schneider, doch es klang eher verächtlich. »Können Sie sich auch nur im Leisesten vorstellen, um was es hier wirklich geht? Es geht um viel mehr. Sie haben ja keine Ahnung, wie gewaltig unser Vorhaben war.«

»Vorhaben? Welches Vorhaben? Und wer sind wir?«

»Herr Schuhmann, Sie werden es vielleicht am ehesten verstehen. Sie sind ebenfalls ein gottesfürchtiger Mann. Ich möchte Ihnen beichten. Für mich ist das Leben, wie es war, sowieso vorbei. Alles, was mir etwas bedeutete, ist mir genommen.«

»Ich weiß nicht, ob ich der Richtige bin, aber bitte sprechen Sie weiter.«

»Es ist kein Geheimnis, dass sich seit vielen Jahren verschiedene Strömungen innerhalb der katholischen Kirche bilden. Die einen wollen Reformen und sind offen für die Ökumene, die andere Front besteht auf den Grundfesten des katholischen Glaubens, lateinische Liturgie und Besinnung auf die Werte, die uns bereits die letzten 2000 Jahre überleben ließen.«

»So wie Kardinal Seckbach es befürwortet.«

»Nicht nur er. Verhoven, Berger und ich sind ebenfalls dieser Auffassung.«

»Tatsächlich? Aber warum?«

»Das Pontifikat ist schwach geworden, Herr Schuhmann. Es beugt sich mehr und mehr dem Druck der Öffentlichkeit. Wir sind kein Fixstern mehr am Horizont, kein Fels in der Brandung. Vielmehr schaukeln wir auf den Wellen der Zeit dahin ohne festen Kurs. Das ist nicht mehr die Kirche, der ich Treue geschworen und mein Leben verschrieben habe. Die Welt strebt aber nach einem Leitbild. Einer großen Gemeinsamkeit. Einer Weltreligion.«

»Und die wollen Sie ihr geben?«

»Genau darum geht es. Schauen Sie doch auf unsere Welt. Es werden blutige Glaubenskriege geführt und früher oder später wird sich der Glaube durchsetzen, der am aggressivsten vorangetrieben wird. Und glauben Sie mir, das ist nicht das Christentum. Und was tut unser Oberhaupt dagegen? Nichts. Der Islam wird uns überrollen, wenn wir nicht bald dagegen vorgehen. Wir verlieren unsere Identität und es wird zu immer mehr Kriegen kommen, in denen Millionen Menschen ihr Leben lassen werden und an deren Ende der Untergang des Christentums stehen wird.«

»Selbst wenn es so wäre, wie wollen Sie das ändern?«

»Verhoven, Berger, Seckbach und ich haben oft über dieses Thema gesprochen und sind zu der Überzeugung gekommen etwas ändern zu müssen. Wir schmiedeten an einem Plan die Bischöfe auf Kurs zu bringen und somit auch Druck auf den Papst ausüben zu können. Doch die Umsetzung scheiterte an den Eitelkeiten jedes Einzelnen.«

»Ich würde es nicht Eitelkeit nennen, wenn ein Bischof seiner Überzeugung folgt. Nicht jeder ist eben Ihrer Überzeugung.«

»Eben. Auch dies mussten wir irgendwann einsehen. Bis zu dem Tag, als Seckbach uns von einer revolutionären Entdeckung berichtete. Eine Forschung, die es ermöglichte unsere Pläne doch noch umzusetzen. Und zwar ohne einen einzigen Tropfen Blut dafür zu vergießen.«

Die Worte, die der Bischof sprach, ließen Anna und Markus sofort aufhorchen. Hatten sie diese Wortwahl nicht schon einmal gehört? Nun begann alles Sinn zu ergeben.

»Strahlung. Sie sprechen von ELF-Strahlen, nicht wahr?«

»Woher wissen Sie davon?« Der Bischof war sichtlich überrascht über das Wissen der beiden. »Ja, genau darum ging es. Seckbach zeigte uns als Beweis der Funktionsfähigkeit der Waffe eine russische Videoaufzeichnung. Ein Mitschnitt eines Geheimversuchs, bei dem die Amerikanische Botschaft in Moskau bestrahlt wurde. Wir waren geschockt, welche durchschlagende Wirkung diese Waffe hat, und es war nicht schwer zu erkennen, was diese in den falschen Händen bewirken würde. Besonders Seckbach gefiel sich in der Rolle des auserwählten Retters, koste es was es wolle. Er verführte uns geradezu und stellte in Aussicht, dass, wenn wir das nötige Geld aufbringen würden, wir diejenigen sein würden, die darüber verfügen konnten. Darüber hinaus würde die Waffe weiterentwickelt und nun nicht nur auf Massen, sondern individuell anwendbar sein. Ohne messbare Strahlung, fast unsichtbar. Verstehen Sie? Es blieb uns gar nichts anderes übrig, als diese Chance beim Schopf zu packen. Ansonsten hätte es fatale Folgen haben können. Für unsere Religionsgemeinschaft, für den Weltfrieden, für alles Leben. Man stelle sich nur vor was passieren würde, wenn die Waffe gegen uns, gegen den Pontifex eingesetzt würde.«

»Aber ist das nicht völlig gegen Ihre Überzeugung? Wir sprechen hier von Manipulation. Gehirnwäsche.«

»Wir leben in einer verrückten Zeit, Herr Schuhmann. Um etwas Großes bewirken zu können, muss man auch bereit sein unkonventionelle Wege zu beschreiten. Alles sollte einer höheren Sache und einem guten Zweck dienen.«

»Welchem Zweck? Menschen als willenlose Hüllen zu verwalten?«

»Nein, aber es ist unsere letzte Chance, ja unsere heilige Pflicht als treue Christen, die Welt vor noch größerem Schaden zu bewahren. Es ist sozusagen die letzte Waffe Gottes, um den Ungläubigen und allen anderen Menschen doch noch das Paradies zu schenken. Nur so können wir langfristig den Frieden auf Erden bewahren.«

»Sie sind wahnsinnig.« Anna konnte nicht länger den Ausführungen Schneiders zuhören und schüttelte ungläubig mit dem Kopf. »Wie können Sie daran nur glauben? In der Geschichte der Kirche wurde schon so viel Blut vergossen. Denken Sie nur an die vielen Kreuzzüge und das Leid, das sie über die Menschheit brachten. Haben Sie das vergessen?«

»Nein. Aber unser Vorhaben, liebe Frau Peterson, vollzieht sich gänzlich ohne Leid und Tod. Es wäre der unblutigste und letzte Kreuzzug. Wäre es das nicht wert?«

»Nein, Frau Peterson hat Recht, Herr Bischof. Denn es wäre falsch und nicht im Sinne Gottes. Die Menschen müssen mit dem Herzen fühlen und nicht durch Strahlung gefügig gemacht werden oder einer Fata Morgana folgen.«

»Denken Sie wirklich, dass die Menschen von Liebe und Gleichmut getrieben werden? Nein. Habgier, Wollust, Neid, alle Todsünden sind es, die unseren Alltag auf Erden regieren. Wir wollten sie nur an die Hand nehmen und wieder zurück auf den rechten Weg führen.«

»Und wie sollte Ihr Plan aufgehen?«

»Alles, was wir tun mussten, waren Teile unserer Bistumsgelder abzuzweigen und Seckbach zukommen zu lassen. Er kümmerte sich um alles Weitere. Seither haben wir jedes Jahr Millionenbeträge überwiesen, doch bislang keine Ergebnisse präsentiert bekommen. Wir wollten dazu nun einen endgültigen Beweis für die Einsatzbereitschaft der Waffe, als Seckbach plötzlich spurlos verschwand und entführt wurde. Wir machten uns natürlich entsetzliche Sorgen. In den falschen Händen könnte diese Waffe schließlich am Ende sogar gegen unseren Glauben eingesetzt werden. Wir wissen nicht, wer dahintersteckt.«

»Und nun hat das Ganze schon mehrere Personen das Leben gekostet.«

»Ja«, nickte Schneider abwesend und atmete schwer. »Mehr als nur die Leben, die Sie kennen, hat das Ganze schon gekostet. Es hat schon weit mehr gekostet.«

»Wie meinen Sie das?«

»Ich habe noch größere Schuld auf mich geladen als die anderen. Ich habe mein Amt nicht nur verraten, sondern auch beschmutzt. Ich habe Dinge getan, die einem Mann meines Amtes niemals hätten passieren dürfen.«

Auch deswegen wollte ich mit aller Macht wieder etwas gut machen, was nicht wieder gut zu machen ist. Anna wechselte einen kurzen Blick mit Markus. Es war offensichtlich, was sie dachte: Die Fotos von der heimlichen Affäre, wir haben die Bilder von dir und dem Kind. Dann sagte sie es auch.

»Wir wissen von Ihrer Affäre, Bischof Schneider. Wir haben am Tatort ein Bild von Ihnen, Ihrer... Bekannten... und Ihrem Sohn gefunden.«

Der Bischof schloss erneut für einen kurzen Moment seine Augen, dann nickte er zustimmend.

»Severine. So heißt sie. Ich lernte sie etwa ein Jahr nach unserer Absprache mit Seckbach am Rande einer Tagung in Lyon kennen. Sie war unsere Übersetzerin. Wir verstanden uns auf Anhieb blendend, obwohl sie um viele Jahre jünger war als ich. Ich dachte nicht, dass mir auf meine alten Tage so etwas widerfahren könnte. Niemals zuvor habe ich zu einem anderen Menschen eine derartige Verbundenheit gefühlt. Eine Schwäche, die ich mir niemals verzeihen werde. Ich schäme mich zutiefst.«

Anna schaute zur Decke hinauf. Für sie waren es leere Phrasen. Sie selbst hatte einige davon zu oft gehört.

»Wir verbrachten die Nacht zusammen. Eine einzige Nacht.« Schneider wog seinen Kopf von einer Seite zur anderen, als erinnere er sich an jede einzelne Sekunde. »Ich erklärte ihr, dass unsere Verbindung keine Zukunft habe, da ich meine Liebe schon jemand anderem versprochen hatte. Nämlich unserem Herrn Jesus Christus.«

Alle sind sie gleich, vom Polizeibeamten bis zum kirchlichen Würdenträger, dachte Anna und konnte sich ein süffisantes Schmunzeln nicht verkneifen.

»Einige Wochen später teilte mir Severine mit, dass sie schwanger sei.«

Sofort spürte Anna einen stechenden Schmerz in ihrer Brust, als wolle eine höhere Macht sie mit aller Wucht an ihr eigenes Schicksal erinnern. Am liebsten hätte sie Schneider gerne jedes weitere Wort verboten.

»Fahren Sie fort«, hörte sie sich stattdessen sagen.

»Als Frederic geboren wurde, wollte ich meine Ämter niederlegen und informierte Seckbach, den Vorsitzenden der Bischofskonferenz. Doch anstatt mein Gesuch anzunehmen, informierte er mich stattdessen darüber, dass es einen speziellen Fond gäbe, der die Kosten für das Kind übernehmen würde. Die Kosten. Als wäre es mir darum gegangen.«

»Und was taten Sie?«

»Ich weigerte mich und drohte auch damit, die Zahlungen nicht mehr zu leisten.«

»Die Zahlungen für die Forschung.«

Schneider antwortete nicht. Er presste stattdessen seine Lippen fest aufeinander, bis das Blut aus ihnen wich und sie weiß hervortraten.

»Wenige Tage später hatte Severine einen Autounfall, bei dem sie von einem Wagen abgedrängt wurde«, schluchzte Schneider. »Sie überschlug sich mit dem Fahrzeug, überlebte jedoch schwer verletzt. Für den kleinen Frederic kam jegliche Hilfe zu spät. Er war sofort tot.«

»Sie glauben nicht, dass es ein Unfall war?«

»Nein, sicherlich nicht. Ich wurde kurz danach aufgefordert, die Zahlungen wie gehabt weiterzuführen, sonst würde erneut ein Mensch sein Leben lassen. Meine Schwäche, war die Rückversicherung für die Erpressung. Also zahlte ich weiter und hoffte, dass damit meine Blutschuld getilgt werden würde. Doch langsam wurden die anderen Bischöfe ungeduldig. Sie wollten wissen, was mit der weiterentwickelten und nun individuell anwendbaren Waffe ist. Wir drohten Seckbach schließlich damit, dass wir uns ansonsten der Justiz stellen würden. Wir konnten und wollten einfach nicht mehr.«

»Woher stammen die Fotos von Ihnen, Severine und dem Kind?«

»Keine Ahnung, ich wusste bis eben nicht, dass sie existierten.«

»Haben Sie eine Ahnung, wer dahinter stecken könnte? Der große Unbekannte, von dem Seckbach die Informationen zur Waffe erhielt?«

»Nein, keine Ahnung. Wir hielten nur über Seckbach Kontakt zu der ganzen Sache.«

»Es muss jemand mit erstklassigen Verbindungen sein. Jemand, der Einblick in das Leben der Bischöfe hat, ihre Abläufe kennt und sowohl Hintergrundwissen als auch Verbindungen zum Terrorismus hat.«

Markus überlegte, ob Mazaev selbst dahinterstecken könnte, dann fiel ihm jedoch jemand anderes ein, auf den ebenfalls alle genannten Fakten zutrafen.

fünfzig.

Anna hatte sich nach dem Besuch bei Schneider dazu entschlossen, sich noch einmal die Bänder vom Eintreffen der Bischöfe anzusehen. Sie saß mit einem Kollegen des BKA vor dem Schneidetisch des lokalen Fernsehsenders, der die Ankunft der Bischöfe übertragen hatte. Die Mitarbeiter des Senders fragten sich zwar, was das BKA mit diesen Aufnahmen anfangen wollte, doch Anna tischte ihnen eine schwammige Ausrede auf, die auf den beiden Säulen ‚Nachbearbeitung der Sicherheitsvorkehrungen' und ‚das geht Sie nichts an' beruhte. Immer wieder ließ sie die Szenen vor und zurück laufen, welche die Ankunft der Bischöfe am Kongresscenter zeigten. Ihr Kollege seufzte bereits genervt als sie ein weiteres Mal darum bat, das Ganze häppchenweise abspielen zu lassen.

»Mensch, Anna, wie oft haben wir uns diesen Ausschnitt jetzt schon angesehen? Dreißig, vierzig Mal? Mir fällt da nichts Besonderes auf.«

»Ich weiß. Aber irgendeine Kleinigkeit muss doch zu entdecken sein. Irgendwas, das nicht in das Gesamtbild passt. Ich komme nur nicht darauf, was es ist.«

Wieder liefen die Bilder vor ihren Augen ab und die Szenen glichen sich. Ein Bischof nach dem anderen stieg aus einer Limousine, nickte kurz in die Kameras und verschwand in dem Hotel. Der nächste Bischof entstieg einem Fahrzeug. Das gleiche Prozedere wie bei den anderen. Dann kam Seckbachs Fahrzeug, er winkte unter seinem Schirm in die Runde und verschwand ebenfalls in dem Gebäude.

Der Kollege rieb sich die müden Augen.

»Also, ich kann immer noch nichts Auffälliges entdecken. Schon mal dran gedacht, dass da vielleicht überhaupt nichts ist?«

Anna nickte zustimmend. Was es genau war, das sie störte, wusste sie selber nicht. Zur Sicherheit ging sie dennoch ein weiteres Mal mit ihrem Kollegen den Ablauf des Tages durch.

»Seckbach ist kurz nach den anderen Bischöfen angekommen und hat in dem Kongresshotel sein Zimmer bezogen, später ist er mit den Bischöfen zum Gebet in die Bonifatiusgruft gezogen, wo er von Schneider die Nachricht erhielt, dass dieser genauso wie Berger und Verhoven nicht mehr mitspielen würde. Im Anschluss kommt er zurück in das Hotel und wird von unserem Täter überrascht. Ein Kampf findet statt. Der Täter entführt Seckbach angeblich und hinterlässt eine blutige Nachricht für uns, die aber ebensogut von Seckbach selbst hinterlassen worden sein könnte. Dafür sprächen fehlende weitere Blutspuren, die eigentlich vorhanden sein müssten.«

»Aber warum sollte Seckbach so tun, als ob er entführt worden wäre? Als Aktiver könnte er doch weit mehr Einfluss auf die Abstimmung nehmen«, stellte ihr Kollege fest. »Das ergibt keinen Sinn.«

Er hatte Recht. So gesehen machte es keinen Sinn. Entweder war ihre gesamte These schlichtweg falsch oder sie musste etwas Wichtiges übersehen haben. Sie schaute aus dem Fenster hinaus. Die Sonne wechselte gerade mit den Wolken und eine junge Frau schob ihren Kinderwagen über die Straße. Sie stoppte, öffnete die Jacke des Kindes und drehte den kleinen Sonnenschirm am Wagen so, dass ihr Nachwuchs nicht von der Sonne geblendet wurde. Anna beobachtete die Szene noch eine weitere Minute, bis es ihr schließlich auffiel.

»Das ist es«, brach es dann aus ihr heraus. »Der Regenschirm.«

»Der Regenschirm? Was für ein Regenschirm?«

»Fahr das Band nochmal ab. Los.«

Ihr Kollege verstand zwar kein Wort, tat aber, was ihm aufgetragen worden war. Wieder trafen die Bischöfe ein und verließen ihre Fahrzeuge. Kurz danach traf der Kardinal ein.

»Hier, das ist es. Jetzt weiß ich, was mich die ganze Zeit über gestört hat. Es hatte an dem Tag stark geregnet, später hat es dann aber wieder aufgeklart. Siehst du, keiner der ankommenden Bischöfe benötigte also noch einen Regenschirm.«

»Na und?«

»Warte. Hier kommt nun Seckbach an. Und zwar mit Schirm.«

»Was soll das beweisen? Dann benutzte Seckbach halt einen Schirm.«

»Ja, aber nicht gegen den Regen. Denn der hatte ja, wie man auf allen Bildern hier erkennen kann, schon vor einiger Zeit aufgehört. Er schützte sich vor den Kameras. Er wusste, dass die Medien vor Ort sein würden. Daher verbarg er sein Gesicht unter dem Regenschirm.«

»Wozu?«

»Dafür gibt es nur einen Grund und wir Idioten haben es die ganze Zeit über einfach geschluckt. Diese Person, die wir hier sehen, ist überhaupt nicht Kardinal Seckbach, sondern unser Täter.«

»Was? Das würde bedeuten, dass Seckbach gar nicht erst in dem Kongresshotel ankam.«

»Zoom mal ganz nah ran.«

»Aber man kann das Gesicht nicht erkennen, es ist durch den Schirm verdeckt.«

»Vielleicht brauchen wir gar nicht das Gesicht. Nun mach schon.«

Der Mitarbeiter vergrößerte den Ausschnitt des Bildes um ein Vielfaches, bis nur noch der Schirm sichtbar war, der von einer Hand gehalten wurde. Genau das war es, was Anna gesucht hatte.

»Das ist es. Hier, die Hand. Es ist kein Bischofsring, sondern ein Siegelring. Und ich kenne nur eine Handvoll Menschen, die solch einen tragen. Es ist ein Ring von Candens Oculus.«

Sie wählte eine Nummer auf ihrem Mobiltelefon und wartete, dass das Gespräch angenommen wurde. Es klingelte drei endlos lange Male, bis der Anruf entgegengenommen wurde.

»Bischof Schneider? Hier ist Anna Peterson, entschuldigen Sie, dass ich Sie störe, aber ich habe eine wichtige Frage zu Ihrer Aussage, die Sie uns gegenüber getroffen haben. Sie sagten, dass Sie Seckbach während des Gebets in der Gruft eine Nachricht zukommen ließen, er aber kein Wort dazu äußerte. Können Sie mit absoluter Sicherheit sagen, dass es sich tatsächlich um Seckbach handelte? Ja, ich weiß, dass es seltsam klingt, aber bitte versuchen Sie sich zu erinnern.«

Eine kurze Pause folgte.

»Sie können also nicht mit hundertprozentiger Sicherheit sagen, dass nicht vielleicht ein ganz anderer Mann neben Ihnen auf dem Platz von Seckbach saß und die Botschaft an sich nahm? Gut, ich danke Ihnen.«

Der Kollege wartete auf eine Erklärung, traute sich aber nicht zu fragen. Immerhin brachte er ein »Und?« hervor.

»Ich glaube, das ist es. Seckbach ist nie im Kongresshotel angekommen. Jemand anders muss in seine Rolle geschlüpft sein. Am Hotel war so viel Trubel, dass ein weiterer Mann im bischöflichen Gewand nicht weiter auffiel und im Dom beim Gebet der Bischöfe konnte er sich ebenfalls ohne Probleme unter die Masse mischen. Schneider bestätigte mir gerade, dass alle lange Gewänder und Kapuzen trugen. Eine Identifizierung war somit schlichtweg unmöglich. Er ging nur davon aus, dass die zugeordneten Plätze auch so eingenommen wurden wie vorher zugeteilt. Und es erklärt auch, warum ich seinen Chip nicht orten konnte. Er hat ihn wahrscheinlich selbst entsorgt.«

einundfünfzig.

»Markus? Ich bin es«, meldete sich Anna einige Zeit später aufgeregt am anderen Ende des Telefons.

»Was gibt's?«, fragte Markus.

»Wir haben herausgefunden, dass Seckbach gar nicht erst im Kongresshotel angekommen ist. Irgendjemand hat sich als Kardinal ausgegeben und ist in dessen Rolle geschlüpft.«

»Jemand anderes? Aber warum? Und vor allen Dingen wer?«

»Das gilt es noch herauszufinden. Und noch etwas. Ich bin gerade bei Majewski. Er hat die Ergebnisse des Toxikologen erhalten und die offizielle Todesursache festgestellt.«

»Und?«

»Bischof Berger ist nicht erstickt, sondern an Herzversagen infolge der Schlangenbisse gestorben. Es sind übrigens so genannte Höllenottern. Eine schwarze Unterform von heimischen Kreuzottern.«

Doch Markus schwieg nur.

»Markus?«

»Ja, bin noch dran. Ich wundere mich nur. Ich habe noch nie gehört, dass jemand an dem Biss einer Kreuzotter gestorben ist.«

»Der Toxikologe gibt dir da Recht. In der Regel ist sie auch nur für junge oder alte Menschen von Gefahr, da sie nur über einen begrenzten Vorrat an Gift verfügt und diesen sehr dosiert einsetzt. Allerdings ist das Gift von Kreuzottern an sich dreimal so giftig wie zum Beispiel das von Klapperschlangen. In diesem Fall war es einfach die Masse von Bissen, die den Bischof umbrachte.«

»Verstehe.«

»Alles okay bei dir, Markus?«

»Ja, warum? Was soll schon sein?«

Er überlegte abermals, ob er ihr die Information über Maihofs Candens-Oculus-Zugehörigkeit erzählen sollte. Nun hatte er fast keinen Zweifel mehr, dass Maihof der gesuchte Komplize war. Dennoch entschied er, dass er vorher selbst mit ihm darüber reden wollte.

»Warte kurz, ich bekomme noch ein Gespräch rein.«

Für einige Sekunden ertönte eine Computerstimme, die den Anrufer darauf hinwies, dass gerade am anderen Ende gesprochen wurde und man sich einen Moment gedulden sollte. Dann klickte es erneut in der Leitung und Anna war wieder dran. Mit einem Mal klang sie aber deutlich professioneller und härter. Dazu ein wenig aufgeregt.

»Du wirst es nicht glauben. Wir haben einen Volltreffer.«

»Was für ein Volltreffer?«

»Du erinnerst dich an die Auswertung der Briefe, die allesamt auf der gleichen Maschine geschrieben wurden?«

»Na klar. Was ist damit?«

»Sie haben herausgefunden, warum es so schwierig war, den genauen Maschinentyp zu bestimmen. Es ist eine Sonderanfertigung, die auf Brailleschriftzeichen basiert.«

»Brailleschrift ist doch nichts anderes als Blindenschrift, oder?«

»Ganz genau. Die Schreibmaschine ist demnach eine Sonderanfertigung. Die einzelnen Tasten sind dabei dem Blinden-ABC zugeordnet und über die Anschlagshebel wird dann alles in normale Schrift transferiert.«

»Eleonore von Leyen.«

»Exakt. Ich besorge sofort einen Durchsuchungsbefehl für das Haus und fahre dorthin. Wenn es passt, können wir davon ausgehen, dass einer ihrer Söhne der Komplize von Seckbach ist. Willst du mitkommen?«

»Nein«, antwortete Markus.

»Wirklich nicht?«

»Nein, vielen Dank. Aber Anna?«

»Ja?«

»Du weißt, mit wem wir es hier zu tun haben. Geh kein unnötiges Risiko ein und pass auf dich auf, okay?«

»Na klar, mach ich. Du kennst mich doch mittlerweile.«

»Eben.«

Markus legte auf und griff sich sofort sein Jackett. Es gab einen Komplizen. Nur war er sich ganz sicher, dass dieser mit Absicht eine falsche Fährte mit der Brailleschrift gelegt hatte. Schließlich hatte er nicht nur alle Möglichkeiten dazu, sondern konnte somit auch den Verdacht auf das Umfeld der von Leyens lenken. Doch nicht die von Leyens, sondern nur der wahre Unbekannte hatte von Anfang an alle Informationen und Einblicke in geheime Akten gehabt.

Der Vizepräsident des BKA und Candens-Oculus-Anhänger Christopher Maihof.

zweiundfünfzig.

Als Markus im zweckentfremdeten Stadtschloss eintraf, wurde ihm gesagt, dass Maihof schon den ganzen Tag über nicht da gewesen war. Das überraschte Markus nicht und er beschloss, es im Hotel zu versuchen. Der Vizepräsident des Bundeskriminalamts wohnte wie die Bischöfe im Kongresshotel. Ein weiteres Indiz, dass Markus erst jetzt auffiel. Es dauerte nur wenige Minuten, bis Markus dort angekommen war und vor der Zimmertür stand.

Er klopfte an, doch niemand meldete sich.

Markus' Pulsschlag beschleunigte sich wieder. Ein eindeutiges Zeichen seines Unterbewusstseins, dass hier etwas nicht stimmte. Er rüttelte an der Tür, doch sie war verschlossen. In seinem Kopf bauten sich die wildesten Phantasien auf, während er mit dem Aufzug wieder hinunter zur Rezeption fuhr. Der Täter war ihnen immer einen Schritt voraus gewesen, als wüsste er, wo und wann er ungestört agieren konnte. Er hatte stets keine Spuren hinterlassen, als wüsste er aus langer Erfahrung, auf was zu achten war. Und der Täter war derart bibelfest, dass er es in dieser Hinsicht mit jedem Klosterschüler aufnehmen konnte. Bei jedem Schritt, den Markus weiterging, baute sich das Bild des Täters klarer vor ihm auf. All diese Fakten trafen auf einen Mann zu:

Christopher Maihof.

Er ärgerte sich über sich selbst. Schließlich war sein Wissen über dessen Candens-Oculus-Zugehörigkeit nicht neu. Dennoch war er diesen Indizien nicht sofort nachgegangen. Wahrscheinlich hatte Maihof den Auftrag von Candens Oculus erhalten, die abtrünnigen Bischöfe zu beseitigen und dabei die Spuren zur Gemeinschaft hin zu verwischen. Markus wusste zwar nicht, warum er dies in deren Auftrag durchführen sollte, aber das würde er hoffentlich bald herausfinden.

Endlich stand er vor der Rezeption und erkannte das Gesicht der Dame auf Anhieb wieder. Es war die junge Frau, die schon bei der nächtlichen Suchaktion nach Jakob Remond einen unvergesslichen Abend erleiden musste. Und auch sie erkannte Markus wieder.

»Kann ich Ihnen helfen?«

»Ja, das können Sie in der Tat.«

Markus überlegte, wie er sie dazu überreden könnte, ihm den Generalschlüssel auszuhändigen. Er zog sein Mobiltelefon hervor, um Bischof Jeresmies anzurufen. Als Gastgeber der Konferenz hatte er die Befugnis gewisse Dinge zu fordern. Doch musste er feststellen, dass der Akku leer war und sich sein Telefon daher ausgeschaltet hatte. Dadurch kam ihm allerdings eine neue Idee in den Sinn. Eine, die ihn als schlechten Lügner vor eine große Herausforderung stellen würde.

»Kleinen Moment noch«, deutete Markus mit gestrecktem Zeigefinger und kramte sein Handy ein weiteres Mal heraus, als ob dieses gerade ein Signal von sich gegeben hätte.

»Schuhmann? Ja, Bischof Kollmann, das ist überhaupt kein Problem. Nein, das passt prima. Ich bin sowieso gerade zufällig im Hotel. Natürlich, das mache ich doch gerne. Wiederhören.«

Mit einem unglaublich aufgesetzten Lächeln steckte er das Telefon zurück in seine Tasche und trat näher zu der jungen Frau.

»Das war gerade Bischof Kollmann, Sie kennen ihn bestimmt.«

»Ja, er ist Gast in unserem Haus.«

»Genau. Er hat in seinem Zimmer wichtige Unterlagen vergessen und bittet mich diese für ihn zu holen.«

»Kein Problem. Einen Moment, ich schaue gerade nur, welches Zimmer er hat, und gebe Ihnen den Zweitschlüssel.«

Zweitschlüssel? Das war nicht das gewünschte Ergebnis, das sich Markus erhofft hatte, schließlich wollte er ja in ein anderes Zimmer. Die junge Frau schenkte ihm ein deutlich ehrlicheres Lächeln, als er es ihr im Moment umgekehrt erwiderte, und fand den Zweitschlüssel. Doch so leicht wollte sich Markus nicht geschlagen geben. Ein letzter verzweifelter Versuch wurde inszeniert, in dem er sich erneut sein Mobiltelefon griff und ein weiteres Gespräch imitierte.

»Herr Remond, welche Überraschung. Ja, ach Sie haben gerade mit Bischof Kollmann gesprochen. Natürlich mach ich das. Ja, bis gleich.«

Bei dem Namen Remond hatte die junge Frau innerhalb von Sekunden wieder exakt die Gesichtsfarbe angenommen, die Markus bereits von dem Abend in der Sauna kannte. Sein Trick schien erste Wirkung zu erzielen.

»Nun stellen Sie sich vor. Auch Jakob Remond hat seine Unterlagen vergessen, könnten Sie mir bitte auch seinen Zweitschlüssel geben. Oder, wissen Sie was, geben Sie mir doch kurz den Zentralschlüssel und ich bin im Handumdrehen wieder zurück.«

Zu Markus Verwunderung zögerte sie keinen Moment. Die Erinnerungen, die sich mit dem Namen Jakob Remond unauslöschlich in das Gehirn der Armen eingebrannt hatten, hatten eine geradezu hypnotisierende Wirkung. Ihm wurde der Zentralschlüssel gereicht und innerhalb von Sekunden war er im Aufzug verschwunden. Zurück vor Maihofs Zimmer öffnete er die Tür, trat ein und machte Licht.

Niemand war da.

Alles lag akkurat an seinem Platz und war fein säuberlich aufgeräumt. Die Hemden lagen auf Stoßkante gereiht übereinander. Hatte Anna nicht darauf hingewiesen, dass der Täter von pedantischer Korrektheit sein musste? Er ging zum Schreibtisch hinüber. Neben dem Telefon lag eine aufgeschlagene Bibel und ein Block, auf dem Notizen gemacht worden waren. Er setzte sich auf den Schreibtischstuhl und versuchte die Worte, die auf dem Block standen, zu entziffern. Maihof hatte eine unleserliche Handschrift. Erst wurde er nicht schlau aus dem Gekritzel, dann erkannte er einige Stichworte, die ihn aufhorchen ließen:

Vier Tatorte... zusammenführen... Markus 13, 24–30

Seine Augen wanderten zu der aufgeschlagenen Bibel. Es war das Markusevangelium und an der genannten Stelle 24–30 hatte Maihof ein Ausrufezeichen an die Seite gesetzt. Markus las die Stelle:

Aber zu jener Zeit, nach dieser Bedrängnis, wird die Sonne sich verfinstern und der Mond seinen Schein verlieren, und die Sterne werden vom Himmel fallen, und die Kräfte der Himmel werden ins Wanken kommen. Und dann werden sie sehen den Menschensohn kommen in den Wolken mit großer Kraft und Herrlichkeit. Und dann wird er die Engel senden und wird seine Auserwählten versammeln von den vier Winden, vom Ende der Erde bis zum Ende des Himmels.

Er war sich sicher, dass er den Plan für den kommenden Mord in seinen Händen hielt. Wahrscheinlich hatte Maihof sein nächstes Opfer bereits kontaktiert, um ihm eine Falle zu stellen. Doch wen hatte er sich als nächstes Opfer ausgesucht? Er musste seine Morde alle von hier aus geplant haben, in dem Büro, das sie von der Polizei zur Verfügung gestellt bekommen hatten, konnte er nicht ungestört agieren. Hier schon. Markus blätterte den kompletten Block durch, fand aber keine weiteren Notizen darin. Er schaute in alle Schubladen des Schreibtisches, doch diese waren alle unbenutzt. Dann fiel sein Blick auf das Telefon.

Warum nicht?, dachte sich Markus, nahm den Hörer ab und drückte die Wahlwiederholungstaste. Es klingelte zweimal, dann sprang ein Anrufbeantworter an und Markus stellte bestürzt fest, dass er die Stimme darauf bestens kannte.

Es war der private Anschluss von Bischof Alfons G. Jeresmies.

dreiundfünfzig.

Nach einem Moment des absoluten Schocks war Markus wieder zu sich gekommen. Maihof hatte es also ausgerechnet auf Jeresmies abgesehen. Er war nicht nur der Fuldaer Bischof, sondern der Gastgeber der Bischofskonferenz und somit ein entscheidender Mosaikstein für die Entscheidung über die Zukunft von Candens Oculus. Markus überlegte, mit was Maihof ihn wohl gelockt oder gar erpresst haben könnte. Doch konnte und wollte er einfach nicht glauben, dass Jeresmies ebenfalls korrupt war oder gar mit in den Komplott um die Strahlenwaffe involviert war. Anderseits war auch er nur ein Mensch aus Fleisch und Blut und nicht unfehlbar.

Als er kurze Zeit später endlich an der Tür des Bischofssitzes klingelte, war niemand zu Hause. Die Schwestern, die häufig hier waren, um den Haushalt zu führen, waren ebenso wenig vor Ort wie der Bischof selbst. Oder konnte der Bischof nicht mehr zur Tür gehen, um sie zu öffnen? Allein der Gedanke genügte, dass Markus augenblicklich einige Meter zurücktrat und sich umschaute, ob es eine andere Möglichkeit gab, in das Haus zu gelangen. Doch die Mauer versperrte jede Hoffnung mit einer meterdicken Steinschicht. Markus lief zurück zu seinem Wagen und fuhr ihn so nah wie möglich an die Mauer heran, dann stieg er aus und kletterte auf das Dach des Autos. Mit einem beherzten Sprung sprang er nach oben und klatschte an die Mauer. Sein linkes Knie durchfuhr ein heftiger Schmerz, dennoch konnte er sich mit den Händen am oberen Ende halten und zog sich langsam hinauf, bis er ein Bein über die Mauer schwingen konnte. Dann schaffte er es auch den Rest seines Körpers über die Mauer zu ziehen. Auf der anderen Seite hangelte er sich so vorsichtig es ging ab und ließ sich dann auf den Boden fallen. Wieder schmerzte das bereits lädierte Knie und er humpelte hinüber zum Haus. Er machte sich erst gar nicht die Mühe zur Haustüre zu gehen, sondern visierte direkt das private Büro auf der Rückseite an. Eine bodentiefe Glastür versperrte ihm hier den Zugang. Verzweifelt schaute er sich um und fand etwas brauchbares, das ihm eventuell helfen konnte. Einige Holzscheite lagen gestapelt auf einem Haufen und dienten wohl als Kaminholz. Er nahm sich einen der dicksten Scheite, wickelte sich sein Jackett um die Hand und schlug so fest er konnte gegen die Scheibe. Sofort ertönte der schrille Ton einer Alarmanlage, doch die Scheibe riss nur in eine Art Spinnennetz aus Glas, ohne jedoch ganz zu zerbersten. Zwei weitere Stöße folgten, bis sie schließlich nachgab und in tausend kleine Splitter zerfiel. Schnell sprang er in das Büro und ging direkt auf den Schreibtisch zu. Zu seiner bitteren Erkenntnis fand er tatsächlich einen Hinweis, der nichts Gutes verheißen ließ. Ein Brief lag dort ausgebreitet, daneben ein Umschlag. Markus erkannte die Maschinenschrift sofort. Es war ein Brief des Täters. Markus griff danach und überflog die Zeilen. Jeresmies wurde dazu aufgefordert bei der Wahl am Sonntag gegen den Antrag zu stimmen. Dazu schien noch etwas Weiteres in dem Umschlag gesteckt zu haben. Am unteren Teil des Briefs klebten noch die Reste eines Zeitungsausschnitts, der offenbar von Jeresmies herausgerissen worden war.

Darunter ein weiterer Text, den Markus bereits teilweise kannte:

Blut ist geflossen, Sünder mussten Buße ablegen vor dem Angesicht des Herrn. Nun ist es Zeit, dass ich, der Auserwählte, der Engel Gottes zusammen bringe, um zu Richten die Verdammten. Wenn Sie dem Höllenfeuer entgehen möchten und Ihre Mitbrüder vor weiteren Qualen retten möchten, fügen Sie die Orte der letzten Beichten, die unter dem Heiligen Kreuz stattfanden, zusammen und nutzen Sie dazu Markus 13, 24–30:

Aber zu jener Zeit, nach dieser Bedrängnis, wird die Sonne sich verfinstern und der Mond seinen Schein verlieren, und die Sterne werden vom Himmel fallen, und die Kräfte der Himmel werden ins Wanken kommen. Und dann werden sie sehen den Menschensohn kommen in den Wolken mit großer Kraft und Herrlichkeit. Und dann wird er die Engel senden und wird seine Auserwählten versammeln von den vier Winden, vom Ende der Erde bis zum Ende des Himmels.

»Verdammt«, fluchte Markus laut. Wo konnte Maihof den Bischof hinbeordert haben? Markus wusste mit der Beschreibung im Text nichts anzufangen. Der Bischof musste es allerdings verstanden haben. Dann sah er eine ausgebreitete Karte, die auf dem Schreibtisch lag. Mit einem Stift hatte der Bischof auf dieser Karte zwei Linien gezogen, die dem Kreuzzeichen der Christen nachempfunden waren. Anscheinend hatte Maihof die Morde dazu genutzt, um eine imaginäre Karte für Jeresmies zu zeichnen. Markus fuhr die jeweiligen Punkte des Kreuzes auf der Karte mit seinem Finger nach und sprach dabei zunächst auf Deutsch, dann wiederholte er es noch einmal auf Latein.

»Im Namen des Vaters, des Sohnes, und des Heiligen Geistes. In nomine patris, et filii, et spiritus sancti.«

Vom ersten Tatort des Kongresshotels mit der Blutbotschaft ‚*Vater*' hinunter zum Fundort Verhovens in den Fuldaauen ‚*Sohn*'. Dann verlief vom Hexenturm, an dem Schneider gefunden wurde, ‚*heiliger*' zum Grab von Berger ‚*Geist*' ein weiterer Strich. Direkt an dem Punkt, wo sich die beiden Linien des Kreuzes trafen, hatte Jeresmies einen Kreis gezogen. ‚*Amen*'.

Zweifelsfrei musste es sich um den Treffpunkt handeln, der in dem Brief treffend beschrieben worden war. Der Ort, an dem sich die

Sonne verfinstern, der Mond seinen Schein verlieren und die Sterne vom Himmel fallen würden. Markus tippte auf die markierte Stelle, die mitten in der Stadt lag:

Das Planetarium.

vierundfünfzig.

Die Eingangstür zum Planetarium stand einen Spalt weit offen, was ungewöhnlich war, denn eigentlich war das Planetarium zu dieser Zeit wegen der Herbstferien geschlossen. Vorsichtig drückte Markus die Tür ein wenig weiter auf und spähte hinein. Doch in der Dunkelheit des fensterlosen Gangs war nichts zu erkennen. Langsam tastete er sich weiter vor, eine Treppe hinunter, dann um eine Ecke. Am Ende des Gangs erkannte er einen Lichtstrahl, der unter einer Tür hervorschimmerte. Sofort spürte er sein Herz bis in den Hals hinauf pulsieren. Die Tür war nur angelehnt. Schatten huschten unter der Tür sichtbar hin und her. Er wusste nicht, was ihn dahinter erwarten würde. Dennoch nahm er allen Mut zusammen und zog die Tür auf. Das plötzliche Licht stach ihm in den Augen und er konnte nur Silhouetten ausmachen.

»Stehenbleiben und keine Bewegung«, rief er, obwohl er weder eine Waffe noch sonst etwas bei sich trug, das den Täter dazu veranlassen konnte, sich zu ergeben. Für eine Hundertstel Sekunde verspürte er eine Erleichterung, erkannte er doch den zwar geknebelten Bischof Jeresmies, der mit weit aufgerissenen Augen gefesselt in einem Stuhl saß, aber zum Glück noch lebte. Schnell zwang er sich wieder zu voller Konzentration, denn ein weiterer Mann stand mit dem Rücken zu Markus, der langsam die Hände ergebend nach oben nahm. Die Person stand ansonsten regungslos da und wartete wohl auf weitere

Anweisungen. Als diese ausblieben, drehte sich der Mann langsam zu ihm um. Markus' Augen gewöhnten sich an das Licht und er erkannte den Mann. Im nächsten Moment glaubte Markus einen Schatten in seinen Augenwinkeln wahrzunehmen, dann durchzog ihn ein heftiger Schmerz im Nacken und er sackte von dem plötzlichen Schlag getroffen zusammen.

fünfundfünfzig.

Vor der Tür der alten Frau hielt Anna einen Moment inne. Sie starrte auf die vor ihr verschlossene Tür. Ihr war klar, dass sie Eleonore von Leyen mitteilen musste, dass einer ihrer Söhne allem Anschein nach ein gesuchter Entführer und Mörder war. Die geschwächte alte Frau würde diesen Schock nicht verkraften. Sie würde zunächst ihren Sohn und wahrscheinlich alsbald ihr eigenes Leben verlieren.

Mutterliebe, wohl das stärkste Band, das es zwischen Menschen geben kann, schob Anna die stechenden Erinnerungen beiseite, die sofort wieder aufgewirbelt wurden. Anna streckte die Hand aus, um zu klingeln. Sie zitterte erneut. Erschrocken über sich selbst zog sie ihre Hand beschämt zurück. Ihr letzter Drink lag nun schon spürbar lange zurück.

Ich bin noch zu jung, um durch diese beschissene Sauferei meine Zukunft zu versauen, schoss es ihr durch den Kopf. Und eigentlich hatte sie auch noch nie ernsthaft versucht, damit aufzuhören. Warum auch? Für wen? Bisher gab es keinen Menschen in ihrem Leben, für den es wert war, mit dem Alkohol aufzuhören. Und sich selbst war sie noch am allerwenigsten wert.

Reiß dich zusammen, rief sie sich zur Fasson und klingelte. Die Tür wurde von der Schwiegertochter Luise von Leyen geöffnet, die überrascht aussah.

»Sie? Was wollen Sie?«

»Ich möchte zu Ihrer Schwiegermutter«, antwortete Anna und sah in die zwei verdutzt dreinschauenden Augen von Luise von Leyen. »Ich bin auf der Suche nach etwas aus ihrem Haushalt. Wenn Sie mich bitte hereinlassen würden.«

»Sie möchten zu meiner Schwiegermutter?«

»Ja, genau.«

»Hat man es Ihnen denn noch nicht gesagt?«

»Nein«, antwortete Anna zögernd und ihr fiel auf, dass sie keine Ahnung hatte, was sie da gerade verneinte. »Was hätte man mir denn sagen sollen?«

»Eleonore. Sie ist tot. Sie ist gestern Abend verstorben.«

»Tot? Sie ist tot?« Anna spürte einen Fausthieb in ihrer Magengrube, der ihr fast die Luft nahm. Sie musste sich zwingen die souveräne Beamtin zu bleiben, die sie sein musste. »Das wusste ich in der Tat nicht«, erklärte sie. »Mein aufrichtiges Beileid.«

Luises Mund formte das Wort »Danke«, doch schaffte es nicht den schweren Weg über ihre Lippen und verstummte. Tränen liefen ihr stattdessen über die Wangen, die sie aber sogleich wieder mit einem Taschentuch trocknete. Anna überfiel der Anflug eines schlechten Gewissens. Doch sie war aus einem anderen Grund hierher gekommen und den galt es nun zu klären.

»Entschuldigen Sie, dass ich trotzdem wegen meines eigentlichen Vorhabens fragen muss, aber es ist leider unumgänglich. Wissen Sie, wo Ihre Schwiegermutter ihre Schreibmaschine aufbewahrt hat?«

»Ihre Schreibmaschine?«, wunderte sich Luise. »Was wollen Sie denn damit?«

»Das kann ich Ihnen im Moment noch nicht sagen.«

»Sie muss im Arbeitszimmer stehen.«

Luise ging voran. Durch den Flur führte sie Anna in das kleinste Zimmer der Parterrewohnung.

»Da hinten, da steht sie«, deutete Luise in die hinterste Ecke des Raums, wo die Schreibmaschine unter einem Kunststoffschoner eingepackt stand. Anna streifte sich sterile Handschuhe über, legte den Schoner beiseite und untersuchte die seltsam anmutende Schreibmaschine. Die Tastenhebel waren deutlich größer, fast organisch geformt. Anna ließ ihre Finger über sie gleiten und merkte die minimalen Erhebungen darauf, die wie kleine Sandkörner unter ihren Fingerspitzen kratzten.

»Wie funktioniert sie?«

»Keine Ahnung, ich habe nie damit geschrieben. Ist ja für Blinde, wissen Sie.«

Anna zog ein Papier von einem Stoß, der neben der Maschine lag ein. Wahllos ließ sie ihre Finger über die Tasten gleiten. Dabei ratterte die Maschine in dem typischen Klang einer Schreibmaschine, den Anna zwar noch von früher kannte, aber schon fast vergessen hatte. Dann zog sie das Papier wieder aus dem Einzug. Neben vielen anderen Buchstaben sprang ihr sofort das 'k' ins Auge. Es war an einer Stelle gebrochen. Auch ohne Untersuchung von Experten konnte man deutlich erkennen, dass es sich um exakt denselben Anschlag handelte wie bei den Briefen. Es gab keinen Zweifel, dies war die Maschine, auf der die Briefe verfasst worden waren. Nun war nur noch die Frage, von wem?

»Konnte sonst noch jemand außer Eleonore diese Maschine bedienen?«

»Robert und Wilhelm beherrschen beide die Blindenschrift, aber ich habe Robert nie darauf schreiben sehen. Wilhelm, der hat früher des Öfteren einige Korrespondenz für Eleonore geschrieben, als sie dies nicht mehr selbst konnte. Aber warum fragen Sie das alles, Frau Peterson?«

»Das werden Sie bald erfahren, Frau von Leyen. Schon sehr bald.«

Die Schlinge um den Hals von Wilhelm von Leyen zog sich anscheinend immer enger zu. Dennoch wollte Anna auch das Alibi von Robert von Leyen überprüfen. »Noch eine Frage. War ihr Mann in den letzten Nächten immer zu Hause oder hat er auch länger, sagen wir, bis nach Mitternacht gearbeitet?«

Luise schaute Anna in die Augen, doch sagte sie nichts, stattdessen senkte sie wieder ihren Blick und eine weitere Stimme erklang hinter Anna.

»Nein, das hat er nicht, Frau Peterson. Er ist immer brav nach Hause zurückgekehrt, wie es sich für einen treu liebenden Ehemann gehört.«

Anna fuhr erschrocken herum und sah, wer ihr da geantwortet hatte.

Robert von Leyen.

sechsundfünfzig.

Das Bewusstsein kam nur langsam zurück. Markus' Augenlieder fühlten sich bleiern und schwer an und er musste sich dazu zwingen, sie ganz zu öffnen. Dazu hämmerte ein stechender Schmerz in seinem Schädel, der ihn aufstöhnen ließ.

Er hob seinen Blick und ein atemberaubendes Sternenpanorama breitete sich vor ihm aus. Irgendwie hatte er sich seinen Tod immer anders vorgestellt, nicht so real und mit deutlich weniger Kopfschmerzen. Noch immer benebelt versuchte er sich zu erinnern. Dann wurde ihm klar, dass das Sternenpanorama, das sich vor ihm ausbreitete, eine Projektion sein musste. Er befand sich noch immer im Planetarium. Seine Finger waren an beiden Händen komplett eingeschlafen. Als er sich zu bewegen versuchte, spürte er das kalte Eisen von Handschellen um seine Gelenke. Kräftig zog er an der Fixierung, doch ohne Erfolg. Auch seine Füße waren mit einem Seil aneinandergebunden. Er sah sich um und erkannte neben sich das Gesicht des Mannes, den er als letztes gesehen und der sich dabei über Bischof Jeresmies gebeugt hatte.

Christopher Maihof.

»Ich hätte es wissen müssen, dass Sie mit in der Sache drinstecken.«

»Ich?«, war Maihof erstaunt. »Wie kommen Sie darauf? Falls Sie es noch nicht bemerkt haben: Auch ich habe Fesseln um meine Hände und Füße.«

»Das«, stotterte Markus und bemerkte diesen Umstand tatsächlich erst in diesem Moment, »das ist sicher wieder einer Ihrer Tricks. Sie können sich Ihre Spielereien sparen, ich habe Sie gesehen, wie Sie sich über den Bischof beugten, um ihn umzubringen.«

»Umbringen? Ich? Im Gegenteil, ich kam herein, sah den Bischof geknebelt und wollte ihn befreien. Im nächsten Moment kamen Sie um die Ecke und schreckten den Entführer wahrscheinlich durch Ihr unbeholfenes Geschrei auf.«

»Das könnte Ihnen wohl so passen, was? Dass ich auf Ihr Geschwätz reinfalle. Ich weiß alles, ich war in Ihrem Hotel und habe die Notizen gefunden, mit denen Sie Bischof Jeresmies hierher gelockt haben.«

»Was reden Sie da? Jeresmies hierher gelockt. Sind Sie verrückt? Er hat mich in meinem Hotel angerufen, um mir von dem Brief zu erzählen, den er erhalten hatte. Ich hörte die Nachricht ab, rief ihn zurück und wir überlegten, wie wir weiter vorgehen sollten. Er las mir den Brief vor und ich notierte mir ein paar Dinge. Dann versuchten wir herauszufinden, wo der Treffpunkt sein könnte. Er diktierte mir diese ominösen Ortsangaben und schließlich schafften wir es, den Text zu entschlüsseln. Ich denke, das wollte der Täter aber auch.«

»Und warum hat Jeresmies mich nicht angerufen?«

»Hat er. Er sagte, dass er Sie nicht erreichen könne.«

Der leere Akku, dachte Markus, *verdammt, das stimmt. Könnte aber auch nur Zufall sein.*

»Und wer hat mich niedergeschlagen?«

»Ein Kerl, keine Ahnung. Es war nicht viel zu erkennen, zumal er in einem Mönchsgewand gesteckt hat. Er hat uns dann gefesselt, schnappte sich Jeresmies und verschwand.«

»Wie lange war ich bewusstlos?«

»Nicht lange, vielleicht zwanzig Minuten. Wir müssen hier so schnell wie möglich raus und Alarm schlagen.«

»Prima Idee, dann können Sie mich ebenfalls abschlachten.«

»Nun hören Sie schon auf mit dieser Phantasterei. Als Seckbach entführt wurde, war ich im Urlaub am Strand von Mauritius. Und ich wünschte, ich wäre nicht zurückgekommen. Sie können dort aber gerne nachfragen. Besonders der Barkeeper wird Ihnen bestätigen können, dass ich wirklich dort war.«

Markus dachte an seine und Annas Theorie, dass Seckbach gar nicht entführt worden war und jemand anderes in dessen Rolle geschlüpft war. Vielleicht ein Komplize. Wenn Maihof tatsächlich zu dieser Zeit im Urlaub gewesen war, konnte er unmöglich der Täter sein. Aber vielleicht gab es auch einen weiteren Komplizen?

»Wie auch immer, nur wie sollen wir hier rauskommen?«

»Dort drüben ist ein Feuermelder«, nickte Maihof in Richtung Ausgang, »wir müssen da nur rankommen und ihn einschlagen. Aber dazu müssen wir aus den Hand- und Fußfesseln raus.«

»Sie sind ein echter Witzbold, was? Das ist ja das Problem oder haben Sie einen Zaubertrick auf Lager?«

»Nicht direkt. Aber wir haben bei einer Spezialausbildung in den USA einige Tricks gezeigt bekommen.«

»Spezialausbildung. Was haben Sie denn dort Schönes gelernt? Wie man sich überrumpeln lässt?«

»Nein. Zum Beispiel, wie man jemandem durch einen gezielten Schuss eine Kugel durch den Kopf jagen kann, ohne ihn dabei zu töten. Das haben hohe Generäle der Japaner in Gefangenschaft praktiziert. Vorgetäuschter Suizid als ehrenvoller Tod getarnt, um im Anschluss wieder ihre Regimente übernehmen zu können. Ein wahres Geisterspiel.«

»Da gratuliere ich Ihnen«, klang Sarkasmus in Markus' Stimme. »Doch erstens ist dies eine völlig bescheuerte Fähigkeit, und zweitens sind wir keine japanischen Militärgeneräle, denen der Suizid angeboten wird. Das bringt uns im Moment also keinen Schritt weiter.«

»Sie müssen mich ausreden lassen, Herr Schuhmann. Wir haben auch noch andere Dinge gelernt. Es gibt vielleicht tatsächlich eine Möglichkeit sich aus den Handschellen zu befreien. Wir haben hierzu damals einen speziellen Griff erlernt.«

»Ach ja? Und der wäre?«

»Sie haben recht schmale Hände, Herr Schuhmann. Ihre Gefäße haben sich dazu durch Ihre Bewusstlosigkeit im Gegensatz zu meinen zusammengezogen. Wissen Sie, Gefäße ziehen sich bei Wärme oder im Schlaf automatisch zusammen und Ihre Hände werden dadurch noch dünner.«

»Das habe ich schon probiert. Aber meine Hände passen einfach nicht durch die Handschellen. Es fehlt immer noch ein kleines Stück, um meine Hand herausziehen zu können. Das Eisen drückt auf meinen Daumenknochen.«

Markus wartete auf eine weitere Erklärung Maihofs, doch die blieb aus. Stattdessen legte dieser seinen Kopf zur Seite, spitzte seinen Mund und nickte Markus bestätigend zu.

»Eben drum.«

»Was meinen Sie mit eben drum?«

Markus' Augen wurden schlagartig größer und er ahnte nun, von welcher Taktik Maihof gesprochen hatte.

»Sie meinen doch wohl nicht...«

Markus dachte kurz über die Möglichkeit nach. Er konnte es unmöglich ernst meinen.

»Es ist die einzige Möglichkeit, die ich sehe.«

»Sie wollen mir den Daumen brechen, richtig? Ist es das, was Sie beabsichtigen?«

»Nein, nicht brechen. Nur das Gelenk auskugeln. Oder haben Sie eine bessere Idee?«

»Nur das Gelenk auskugeln«, wiederholte Markus kaum hörbar. »Mein Gott, das kann doch nicht Ihr Ernst sein.«

»Es ist mein voller Ernst. Wenn Sie sich zu mir herüberdrehen, bekomme ich vielleicht Ihr Handgelenk zu fassen. Es könnte klappen. Ich kann Ihnen aber nicht versprechen, dass Ihr Daumen nicht doch bricht.«

»Nein, das können Sie vergessen.«

»Herr Schuhmann, es geht nicht nur um uns beide. Es geht hier um weitaus mehr. Und Sie können diesen Griff nicht anwenden, Sie müssen mir also vertrauen.«

»Ihnen? Gerade Ihnen soll ich vertrauen? Wie sollte ich das? Selbst wenn Sie Seckbach nicht entführt haben können, stecken Sie doch tiefer drin, als jeder glaubt.«

»Wie meinen Sie das?«

»Wir haben Ihren Namen auf einer Liste von Candens Oculus entdeckt. Sagt Ihnen *Der reinigende Schlaf der Stille* etwas? Sie waren vor einigen Jahren für längere Zeit dort und haben an deren Leben teilgenommen. Ich weiß alles über Sie.«

Maihof schloss seine Augen und legte seinen Kopf in den Nacken. Er atmete einige Male schwer ein und aus. Dann öffnete er seine Augen wieder und blickte Markus scharf an.

»Gut. Ich erzähle Ihnen die Geschichte. Mit mir sind Sie der einzige Mensch, der jemals davon wissen wird.«

»Ich bin gespannt.«

»Ja, ich war vor einigen Jahren für einige Monate bei Candens Oculus. Ich brauchte Zeit. Zeit für mich selbst, um mir über einige Dinge in meinem Leben klar zu werden. Ich ließ mich für diese Zeit freistellen, um, wie ich behauptete, auf eine Weltreise zu gehen. Stattdessen trat ich eine Reise zu mir selbst an. Und ja, auch ich habe die ersten Nächte fast nur schlafend und meditierend in einem der Zimmer von Candens Oculus verbracht. Niemand ahnte, wo ich wirklich war. Weder meine Frau noch meine Kinder. Aber deswegen bin ich doch wohl kein Mörder.«

»Warum gerade Candens Oculus?«

»Ich bin Beamter des Bundeskriminalamts, da macht sich das in den Akten nicht so gut, wenn man sich für ein paar Monate freiwillig in eine Psychiatrie einweisen lässt. Candens Oculus ist die einzige Organisation, die keine Fragen nach dem Grund oder der Herkunft stellt und die vor allen Dingen keine Auskunft an staatliche Einrichtungen weitergibt. Sie haben mich einfach so in ihren Kreis aufgenommen. Als der, der ich bin.«

»Und Remond oder von Leyen? Die kennen Sie doch?«

»Selbstverständlich. Ich kenne beide. Sein Bruder Robert kam allerdings erst nach meiner Zeit zu Candens Oculus. Ihn kenne ich nicht persönlich. Aber ich hatte bisher in diesem Fall noch nichts mit den Herren zu tun. Und selbst wenn, würden sie wie ich schweigen.«

»Und wurden Sie sich denn klar über sich selbst?«

»Allerdings. Ich hatte sehr intensive Erlebnisse und Träume. Vor allem in den ersten Tagen meiner Zeit bei Candens Oculus. Sie müssen wissen, dass ich große Schuld auf mich geladen und ein menschliches Leben zu verantworten hatte.«

»Sie haben jemanden umgebracht?«

»Nicht direkt. Aber letztendlich doch. Ich hatte über mehrere Monate eine Affäre neben meiner Ehe. Ich hatte mich in eine junge Kollegin verliebt und bin durchgedreht, als sie mir sagte, dass sie von mir schwanger sei.«

Mit einem Mal verstand Markus die komplexe Geschichte. Er hatte sie schließlich schon einmal gehört. Nur aus einer anderen Perspektive.

»Anna. Sie waren das, nicht wahr? Sie hatten eine Affäre mit Anna.«

Erstaunt stachen die Augen Maihofs hervor.

»Woher wissen Sie das?«

»Sie hat es mir erzählt. Allerdings wusste ich nicht, dass es sich dabei um Sie handelt.«

»Ja, ich bin das Arschloch, das sie sitzen gelassen und zur Abtreibung überredet hat. Ich weiß heute, dass es ein Fehler war. Aber ich hatte Angst um meine Familie, meine Karriere und um alles, was ich mir sonst noch aufgebaut hatte.«

»Dass Sie Ihre Familie aus der Sache heraushalten wollten, erklärt vielleicht Ihr Verhalten, entschuldigen tut es das aber nicht. Sie haben nicht nur das Leben des Kindes zerstört, sondern auch einen Teil von Anna.«

»Aus diesem Grund bin ich zu Candens Oculus gegangen. Und ich muss sagen, dass mir die Zeit dort mein Leben wieder zurückgegeben hat. Ohne diese Erfahrung hätte ich mich wahrscheinlich umgebracht. Glauben Sie mir, Herr Schuhmann, wenn ich in meinem Leben noch einmal die Chance dazu hätte, das Leid, das ich Anna zugefügt habe, auf mich zu nehmen, ich würde es tun, ohne zu zögern.«

Das war es also. Der Grund, warum Maihofs Name in den Candens-Oculus-Listen aufgetaucht war. Markus überlegte für einen Moment, dann rückte er zu Maihof und drehte ihm seinen Rücken zu.

»Ich glaube nicht, dass ich das hier wirklich tue. Na los, machen Sie schon. Wenden Sie Ihren tollen Griff an.«

Maihof nickte und drehte ihm ebenfalls seinen Rücken zu. Seine Hände tasteten zu Markus rechtem Daumen. Sie suchten eine bestimmte Stelle oberhalb des Gelenks, dann stoppte er.

»Sind Sie bereit, Herr Schuhmann?«

»Ja, ich denke schon.«

Markus biss sich auf seine Unterlippe, in Erwartung des Schmerzes. Maihofs Hand schloss sich um seinen Daumen und bewegte ihn einige Male in seinem Gelenk locker hin und her.

»Haben Sie eigentlich Kinder, Herr Schuhmann? Wie ich hörte, haben Sie Ihr Gelübde nicht abgelegt.«

»Was soll das jetzt? Was wollen Sie damit andeuten? Außerdem geht Sie das überhaupt nichts...«, wollte Markus gerade antworten und befürchtete bereits, dass Maihof irgendetwas von der gemeinsamen Nacht mit Anna wusste, als dieser den Daumen ruckartig zu sich zog und ihn dabei entgegen dem Uhrzeigersinn aus seinem Halt drehte. Mit einem kurzen, aber deutlich vernehmbaren Knacken sprang der Knochen aus dem Gelenk. Markus rang nach Luft und seine Kehle fühlte sich schlagartig trocken an. Es war ein betäubender, lähmender Schmerz, der ihn aufschreien ließ.

»Scheiße«, fluchte er laut.

»Versuchen Sie nun vorsichtig Ihre Hand aus der Handschelle zu ziehen«, versuchte Maihof ihn zu dirigieren. Mit seiner Frage hatte er Markus ablenken wollen, doch der Schmerz schien davon kein bisschen beeindruckt. »Ich helfe Ihnen, so gut es geht.«

Mit aller Vorsicht versuchte Markus, den Anweisungen Folge zu leisten, doch der Schmerz war immer noch immens und mit jedem Millimeter, den das Eisen weiter über das Handgelenk rutschte, schien er gar noch größer zu werden. Maihof hielt den ausgekugelten Daumen noch immer stabilisierend in seiner Hand. Immer weiter löste sich das Eisen, bis es schließlich über den Knöchel rutschte und die Hand freigab. Dennoch konnte Markus sich nicht recht über das Ergebnis freuen. Er löste seine Fußfesseln, befreite Maihof, der darauf zum Feuermelder ging und ihn mit dem Ellenbogen einschlug. Eine schrille Sirene setzte augenblicklich ein.

»Die Feuerwehr sollte in wenigen Minuten hier sein.«

Markus schaute immer noch entsetzt auf seine entstellte Hand. Dann ging er auf Maihof zu und streckte ihm seinen ausgekugelten Daumen entgegen.

»Okay, und nun renken Sie mir das verdammte Ding wieder ein.«

Maihof blickte ihn entgeistert an.

»Wie meinen Sie das?«

»Den Daumen. Renken Sie ihn mir wieder ein. Los.«

»Aber, ich habe keine Ahnung, wie das funktioniert. Das haben wir nicht gezeigt bekommen.«

Markus glaubte nicht richtig zu hören und fluchte ein weiteres Mal.

»Scheiße, das hätte Sie mir doch vorher sagen müssen.«

»Aber dann hätten Sie es nicht gemacht, oder?«

Statt einer Antwort drehte sich Markus um und schaute seinen Daumen an, der von seiner Hand unförmig nach unten hing. Er ging drei kleine Schritte zu einer Wand und legte die Handinnenfläche fest gegen diese, so dass alle Finger gerade schienen, nur das Daumengelenk wölbte sich ihm unnatürlich entgegen. Vorsichtig legte er seine linke Hand darüber, atmete tief ein, dann drückte er beherzt zu. Ohne Knacken, jedoch mit nicht minder schmerzvollem Effekt sprang der Daumenknochen wieder zurück in das Gelenk.

siebenundfünfzig.

Mit einem Eisbeutel versuchte Markus den Schmerz zu betäuben, was ihm nur mäßig gelang. Nachdem sie von einem sichtlich verwunderten Zug Feuerwehrmänner aus ihrem Gefängnis befreit worden waren, hatten sie sich in Maihofs Büro begeben und warteten nun darauf, dass man ein Lebenszeichen des Bischofs entdeckte. Sie hofften, dass Bischof Jeresmies' Chip noch ein Signal sendete und man ihn so mit Hilfe eines Scans orten konnte. Das Telefon auf dem Schreibtisch klingelte und Maihof nahm ab.

»Hallo Anna, was hast du herausgefunden? Was ist mit der Schreibmaschine? Ja, Moment, er ist auch hier. Ich schalte den Lautsprecher ein.«

Es knackte kurz in der Leitung, dann ertönte Annas Stimme.

»Wir haben eine zweifelsfreie Übereinstimmung der Schreibmaschine, die sich hier im Haus befindet. Die Briefe sind auf dieser Maschine geschrieben worden. Es geht um Wilhelm von Leyen«, hörten sie Annas gehetzte Stimme. »Er muss unser Mann sein. Ich habe das Alibi seines Bruders überprüft. Aber der war zu den Tatzeiten zu Hause bei seiner Mutter, dass bestätigt auch seine Frau Luise.«

»Wo bist du jetzt?«

»Ich bin zusammen mit Robert und Luise von Leyen auf dem Weg zum Gut.«

»Okay, wir werden uns auch auf den Weg machen, ich denke, dort finden wir auch Bischof Jeresmies.«

»Finden? Ist er denn verschwunden?«

»Erzähle ich dir später. Wir fliegen mit dem Helikopter. Warte dort auf uns«, beendete Maihof das Gespräch.

»Es geht los, Herr Schuhmann. Ich bin gleich wieder zurück, warten Sie hier.«

Das Daumengelenk schmerzte immer noch höllisch. Markus' Augen wanderten derweil durch den Raum. Mittlerweile schmückten heimlich geschossene Fotos aller Verdächtigen und Beteiligten eine komplette Wand des Büros. Teilweise waren sie miteinander durch Pfeile verbunden und einige Informationen waren auf kleine Zettel geschrieben und den einzelnen Personen zugeordnet worden. Auch Wilhelm von Leyen schaute von einem Foto herab, sein Lächeln wirkte fast zynisch, als wolle er Markus dafür auslachen, dass er so lange gebraucht hatte, den Weg zu ihm zu finden. Auch die Bilder der toten Bischöfe erkannte er. Er hoffte, dass dieses Mal die Spur zum wirklichen Täter führen und das Morden somit endlich ein Ende finden würde.

»Haben Sie ihn?«, hörte Markus eine Frauenstimme hinter sich.

Erschrocken fuhr er herum. Die Frau war attraktiv und kam ihm auf irgendeine sonderliche Weise bekannt vor. Er hatte das Gesicht schon einmal gesehen. Markus schätzte sie auf Anfang Vierzig. Höchstens.

»Entschuldigen Sie, kennen wir uns?«

»Nein, nicht persönlich. Mein Name ist Gerrard. Severine Gerrard.«

Nun erinnerte er sich daran, wo er ihr Gesicht schon einmal gesehen hatte. Es war die Frau auf dem Foto, das von Bischof Schneider gemacht worden war. Severine Gerrard war die Mutter seines verstorbenen Sohnes.

»Madame Gerrard, natürlich. Aber was machen Sie hier?«

»Man hatte mich ins Krankenhaus gerufen. Günther hatte eine Nachricht für mich hinterlassen.«

»Eine Nachricht? Was für eine Nachricht und warum hinterlassen?«

»Sie wissen es noch nicht? Er hat sich heute morgen das Leben genommen.«

»Er hat was?«

»Wir hatten gestern noch miteinander telefoniert und er sagte mir, dass Sie bei ihm waren und er reinen Tisch gemacht hat. Sein Gewissen sei nun erleichtert, obwohl er eine nie wieder gutzumachende Schuld auf sich geladen hat. Das sei ihm nach dem Gespräch mit Ihnen erst bewusst geworden.«

Markus fiel in seinen Stuhl zurück und schüttelte den Kopf. Nicht nur, dass ein weiteres Menschenleben unwiederbringlich ausgelöscht war, auch der einzige Zeuge war damit gestorben. Dann schaute er wieder zu Severine Gerrard.

»Das tut mir leid. Und was kann ich für Sie tun?«

»Ich möchte nur wissen, ob Sie den Täter schon haben. Sie vermuteten gegenüber Günther, dass die Person, die alles plante, nicht Kardinal Seckbach, sondern jemand ganz anderes war.«

»Könnte sein.«

»Was meinen Sie mit könnte sein? Haben Sie ihn oder nicht?«

»Wir haben eine Spur, ja.«

Severine Gerrard trat vor die große Wand mit den Fotos und sah sich eines nach dem anderen an. Dann blieb sie vor dem Foto von Professor von Leyen stehen und deutete darauf.

»Ist er das?«

»Wie kommen Sie darauf?«, fragte Markus überrascht.

»Ich weiß nicht.« Sie musterte das Gesicht und schien es sich einzuprägen. »Er hat den leersten Blick von allen. So traurig.«

»Das ist Professor von Leyen. Es sieht so aus, dass er für die Verbrechen verantwortlich ist. Wir sind gerade dabei, ihn festzunehmen.«

»Ja«, drehte sich Severine Gerrard wieder zu Markus um. »Tun Sie das.«

In diesem Moment stürzte Maihof wieder zurück in das Büro. Er war aufgeregt und sichtlich kurzatmig. Erst sah er auf Madame Gerrard, dann warf er einen Blick auf Markus, der ihn mit großen Augen ansah.

»Wer ist das?«

»Eine Bekannte«, log Markus, » Sie hat uns in diesem Fall helfen können. Ich erkläre es Ihnen später.«

Maihof winkte Markus zu sich. Dieser verstand und ging mit Maihof vor sein Büro.

»Wir werden versuchen aus dem Helikopter ein Signal zu empfangen. Wir können so ein größeres Gebiet scannen. Ich gehe davon aus, dass der Chip des Bischofs noch sendefähig ist. Er trägt ihn nicht unter seiner Haut. Somit weiß der Entführer wahrscheinlich auch nichts von dem Sender.«

Anders als viele andere Bischöfe hatte sich Jeresmies geweigert den Chip einpflanzen zu lassen. Stattdessen hatte er sich für die Variante entschieden, den Chip in seinen Bischofsring einsetzen zu lassen.

Markus ging noch einmal zurück zu Severine Gerrard in das Büro, um seine Jacke zu holen. Er streifte sie sich über und deutete zur Tür.

»Wir müssen leider gehen, Madame Gerrard. Vielleicht möchten Sie sich aber später mit mir oder einem Geistlichen über alles unterhalten.«

»Wohl eher nicht, vielen Dank.«

»Wie Sie meinen, aber vielleicht sehen wir uns ja doch nochmal, wenn die ganze Angelegenheit beendet ist.«

»Ja, wer weiß, Herr Schuhmann.«

Madame Gerrard ging voran und Markus schloss die Tür hinter sich, um Maihof zu folgen. Hätte er sich noch einmal umgedreht, wäre ihm aufgefallen, dass an der Fotowand im Büro ein verwaister Fleck zurückblieb, wo eben noch das Bild Wilhelm von Leyens gehangen hatte.

achtundfünfzig.

Der Helikopter hob wenige Minuten später direkt vor dem Stadtschloss ab und nahm Kurs auf das Gut von Candens Oculus. Markus saß im hinteren Teil des Helikopters direkt neben Maihof. Sie waren über Funk verbunden, doch als sie aufstiegen, dröhnten die Rotorblätter so laut, dass jegliche Unterhaltung unmöglich war. Markus schloss für einen Moment seine Augen und betete, dass sie den Bischof finden würden und dass er noch am Leben war. Als er seine Augen wieder öffnete, schwebten sie bereits über den Dächern der Stadt. Sie stiegen immer höher, bis die Menschen in den Straßen zunächst wie Ameisen wirkten und schließlich überhaupt nicht mehr als einzelne Personen zu erkennen waren. Als sie ihre Flughöhe erreicht hatten, wurde der Lärm erträglicher und der Scan wurde gestartet. Es dauerte einige weitere Minuten, bis eine erste Auswertung vorlag. Dann meldete sich der Co-Pilot über Funk.

»Herr Maihof? Wir haben da etwas.«

»Das Signal des Bischofs? Konnten Sie ihn orten? Wie sind seine Parameter?«

»Ja, wir konnten ihn orten. Aber das ist noch nicht alles, Herr Maihof.«

»Was denn noch?«

»Wir empfangen noch das Signal eines zweiten Chips.«

»Seckbach?«

»Nein, das Signal sendet auf einer anderen Frequenz. Aber dafür ist es ganz deutlich.«

Maihof tauschte einen überraschten Blick mit Markus aus.

»Okay. Und woher stammt dieses Signal?«

»Das ist ja das kuriose. Es kommt hier aus dem Helicopter, es stammt eindeutig von Ihnen.«

»Von mir?«

»Ja, Sie senden ebenfalls ein Signal.«

Markus griff sich sofort die Hände von Maihof und tastete sie ab. Er hatte bereits bei Verhoven gesehen, wo dieser Chip eingebracht worden war. Zunächst konnte er jedoch nichts fühlen, doch dann, nach mehrmaligem Tasten, spürte er tatsächlich die winzig kleine Unebenheit in der Hautfalte zwischen linkem Zeigefinger und Daumen.

»Es stimmt, Sie haben dort einen Mikrochip implantiert.«

»Aber das kann unmöglich sein. Wer soll mir den denn eingepflanzt haben? Davon wüsste ich doch.«

»Ich glaube, ich weiß, wie Sie dazu gekommen sind. Ich habe da eine Theorie«, antwortete Markus. »Aber ich befürchte, sie wird Ihnen nicht gefallen.«

»Schießen Sie los.«

»Ich denke, dass *der reinigende Schlaf der Stille* von Candens Oculus weit mehr ist als Meditation. Und die intensiven Träume, von denen Sie berichtet haben, erklären sich damit ebenfalls.«

»Sie meinen, man hat mich damals manipuliert?«

»Zumindest hat man es wohl versucht. Haben Sie der Gemeinschaft jemals etwas gespendet?«

»Ja, als ich noch vor Ort war, habe ich ihnen einen Scheck über eine fünfstellige Summe ausgestellt.«

»Und nicht nur Sie. Ich habe mit eigenen Augen eine Liste von bekannten Persönlichkeiten aus allen Bereichen gesehen, die wie Sie eine Zeit lang auf dem Gut waren. Bänker, Politiker, Wirtschaftsbosse, Künstler. Ich denke, man hat sie alle während ihrer ersten Nächte unter

Drogen gesetzt, mit Amphetaminen vollgestopft und anschließend mit Strahlen bearbeitet. Als Resultat fühlten sich die Neuankömmlinge tatsächlich gestärkt und wie neugeboren und spendeten großzügig hohe Beträge. Dazu implantierte man wohl allen Mitgliedern und Gästen den Chip und konnte sie so in Zukunft ständig überwachen.«

»Aber warum?«

»Das kann ich Ihnen im Moment leider auch noch nicht sagen.«

»Und Sie denken, dass alles nur ein großer Bluff gewesen ist?«

»Das ist es wohl, ja. Man hat sich mit Absicht ein so weit entferntes Gebäude wie das Gut ausgesucht, um ungestört von der Öffentlichkeit die eigenen Mitglieder gefügig zu machen. Man provozierte Glücksgefühle und Zufriedenheit. Bei meinem Besuch wirkten fast alle Anwesenden so glücklich und zufrieden, dass es einem fast unheimlich war. Auch ich selbst fühlte mich unglaublich ausgeglichen.«

»Dann war ich also nie Herr meiner Sinne?«

»Zumindest während Ihrer Zeit auf dem Gut, außerhalb verliert sich die Wirkung der Drogen natürlich wieder. Und auch die Strahlung konnte anscheinend noch nicht selektiv, sondern nur allgemein auf alle Personen des Guts angewandt werden. Die Forschung war wohl noch nicht so weit, als dass man sie gezielt auf einzelne Personen anwenden konnte.«

»Sie meinen, man hat die Strahlung wie bei dem Zwischenfall in der U.S.-Botschaft in Moskau auf das gesamte Gut geleitet?«

»Genau. Nur hat man positive Gefühle kreiert. Professor von Leyen muss irgendwie an die Forschungsergebnisse von damals gelangt sein und hat sie einfach heimlich wieder aufgenommen.«

»Und mit Hilfe dieser gezielteren Variante der Waffe will er nun vielleicht das ganz große Geschäft machen.«

»Alle Prominenten aus Wirtschaft, Politik oder sonstwoher haben den Mikrochip implantiert bekommen, damit sie leicht zu orten sind und man sie einzeln beeinflussen kann, sobald es die Forschung zulässt. Geld, Entscheidungen, alles ist machbar. Allein die Forschung und die Akquise der Personen aus den verschiedensten Bereichen müssen über Jahre betrieben worden sein und erst jetzt scheint man soweit zu sein, den nächsten Schritt zu gehen. Man wird versuchen, all diese Menschen zu manipulieren und für sich zu nutzen.«

Maihof rieb sich die Haut, unter der der Chip steckte, und nickte.

»Dann wird es höchste Zeit, dieses Horrornetzwerk zu zerstören. Cockpit, von wo empfangen Sie das Signal des Bischofs?«

Es knackte kurz in der Funkverbindung, dann konnte man erneut die Stimme des Piloten hören.

»Candens Oculus. Es gibt keinen Zweifel. Er steckt irgendwo dort oben auf dem alten Gut.«

»Okay, schicken Sie sofort alle verfügbaren Kräfte dort hoch.«

»Was denken Sie, warum der Professor nun auch noch Jeresmies entführt hat?«, fragte Markus.

»Ich denke, dass der Bischof die letzte Möglichkeit darstellt, Einfluss auf die ausstehende Entscheidung zu nehmen. Denken Sie daran, dass Jeresmies eine wichtige Position zufällt. Nach dem Fehlen von Seckbach wird er das Ergebnis der Wahl verkünden.«

Markus antwortete nicht und stellte sich stattdessen das Szenario vor, wie Jeresmies den Umschlag öffnen und das Ergebnis vor allen Bischöfen verkünden würde. Niemand anderes würde ansonsten diese Einsicht besitzen. Die Ja-Stimmen sowie die Nein-Stimmen wurden von zwei verschiedenen Gremien ausgezählt, um eine Täuschung auszuschließen. Die Anzahl der jeweiligen Stimmen wurden dann auf einen eigenen Zettel niedergeschrieben und beide gemeinsam in ein Kuvert gelegt. Jeresmies war der Einzige, der noch für einen Austausch des Kuverts hätte sorgen können, um so eine Manipulation vorzunehmen. Allerdings konnte er sich nicht vorstellen, dass der Bischof jemals zu solch einer Täuschung zu überzeugen wäre. Auch nicht unter Folter. Aber wusste das auch der Entführer? Markus dachte noch über die Frage nach, ob es sonst noch eine Möglichkeit gab, als er jäh aus seinen Gedanken gerissen wurde.

Im Cockpit flogen mit einem Mal die Hände des Co-Piloten, der das Signal überprüfte, wild über die Tastatur.

»Was ist?«, fragte Markus. »Gibt es Probleme?«

»Wir haben das Signal verloren.«

Maihof zuckte zusammen und sah aus, als hätte ihn der Schlag getroffen.

»Was heißt verloren?«

»Keine Ahnung, das Signal von Bischof Jeresmies ist einfach nicht mehr da, es ist wie vom Erdboden verschluckt.«

Der Mann startete noch einige Versuche auf der Tastatur, die aber mehr nach Verzweiflung als nach gezielten Aktionen aussahen. Markus wusste, dass die Chance, Jeresmies lebend zu finden, dadurch gewaltig geschmälert wurde. Vielleicht hatte der Entführer aber auch nur den Chip entdeckt und ihn zerstört.

»Machen Sie sich keine Sorgen, Herr Schuhmann. Wir werden das gesamte Gut mit mehreren Einheiten umstellen, da kommt keine Maus mehr raus.«

neunundfünfzig.

Das gesamte Gut wurde tatsächlich mit Hilfe von Spürhunden und einem unglaublichen Aufgebot von Polizisten durchkämmt. Jeder Raum, jede Ecke und jeder Winkel wurde Meter für Meter überprüft. Dazu hatte man alle Personen evakuiert, die sich zu diesem Zeitpunkt auf dem Anwesen aufhielten. Doch es gab keine Spur. Weder von den Bischöfen Jeresmies und Seckbach, noch von dem Professor war etwas zu entdecken.

»Aber Sie sagten doch, dass es niemandem gelingen könnte ihre Barriere zu durchbrechen«, ärgerte sich Markus, war sich jedoch bewusst, dass Maihof keine Schuld traf.

»Bin ich mir auch immer noch. Die Kollegen wissen, was sie tun. Es kann keiner durch. Das ist unmöglich.«

»Dann stecken sie also auch noch irgendwo hinter diesen Mauern.«

In diesem Moment bog ein Wagen um die Ecke. Markus erkannte Anna sowie Robert von Leyen und seine Frau Luise. Maihof baute sich sofort drohend vor Robert von Leyen auf, als dieser dem Wagen entstieg. Er hoffte darauf, dass er vielleicht doch etwas wusste und seinen Bruder schützen wollte. Maihof machte sich Hoffnungen, ihn durch forsches Auftreten einschüchtern zu können. Bei einem introvertierten Mann wie Robert von Leyen ein adäquates Mittel.

»Wenn Sie uns etwas verheimlichen, können wir Sie wegen Beihilfe zur Entführung oder vielleicht auch Mord festnehmen.« Das war glatt gelogen. Es war Robert von Leyen nicht nachzuweisen, dass er auch nur irgendetwas mit der Sache zu tun hatte. Allein der Vorwurf war eine Anmaßung. »Wenn Sie also etwas über den Aufenthaltsort Ihres Bruders wissen, sagen Sie es uns. Jetzt!«

Robert von Leyen kratzte sich an seinem Kinn und schwieg, doch Markus glaubte etwas in den Augen des Mannes lesen zu können. Diese suchten in der Umgebung nach einem Fixpunkt, an dem sie sich festhalten konnten, doch fanden sie nichts. Sie kreisten nur von einer Person zur nächsten. Er musste tatsächlich etwas wissen. Markus entschied sich an die ausgeprägte christliche Ader von Robert von Leyen zu appellieren.

»Herr von Leyen. Ich weiß, Sie sind ein treuer und frommer Mann und ein liebender Bruder. Aber Sie wissen, auch Sie werden irgendwann vor den Herrn treten und Zeugnis ablegen müssen. Glauben Sie mir, wenn Sie Ihrem Bruder helfen wollen, dann sagen Sie uns, wo er stecken könnte.«

Robert von Leyen nahm seine Brille ab und wischte sich über die feuchten Augen.

»A-A-Aber«, stotterte er, »er ist mein Bruder.«

»Ich weiß«, legte Markus ihm seine Hand auf die Schulter. Sein Herz raste dabei und er hätte ihn lieber geschüttelt und angeschrien. Doch das Zögern von ihm unterstrich, dass er etwas wusste.

»Glauben Sie mir, Sie tun das Richtige. Und tief in Ihrem Herzen wissen Sie das auch.«

Er rückte seine Brille wieder zurecht und rang vergebens nach Fassung und innerer Stärke. Ein kurzer Blick zu seiner aufgelösten Ehefrau folgte, die ihm ebenfalls schluchzend eine Hand auf die Schulter legte.

»Sag es ihnen, Robert. Wenn du etwas weißt, dann sag es ihnen.« Luise fiel ihm um den Hals und weinte nun hemmungslos. »Mein Gott, Herr Schuhmann hat Recht. Vielleicht kannst du Wilhelm so noch vor dem sicheren Tod retten.«

Er nickte.

»Gut, ich denke, ich weiß, wo er sich versteckt hält. Ich führe Sie zu ihm. Aber nur unter der Bedingung, dass Sie ihm nichts antun werden. Versprechen Sie mir, dass Sie ihn nicht töten werden.«

Hilfe suchend drehte er sich in alle Richtungen. Zu Maihof, zu Markus und wieder zurück. Maihof warf die Stirn in Falten und zog den Kopf zwischen die Schultern.

»Sie wissen, dass ich das nicht versprechen kann, aber ich versichere Ihnen, dass auch wir ihn lebend wollen.«

Ohne noch einmal nachzufragen, drehte sich Robert von Leyen um und ging einige Schritte aus dem Innenhof vom Haupttor mit dem thronenden Candens-Oculus-Symbol weg, hinaus aus dem Gut.

»Kommen sie, wir müssen hier entlang.«

Luise blieb aus Sicherheitsgründen bei einigen Beamten zurück. Die anderen gingen weiter an der Außenmauer entlang. Markus erkannte den Weg wieder. Obwohl er ihn damals in Nebel gehüllt beschritten hatte, wusste er, dass er schon einmal die identischen Schritte gegangen war. Nach etwa einhundertfünfzig Metern blieb Robert von Leyen stehen und deutete auf das alte Abwasserrohr.

»Hier. Das ist der Eingang zu einem alten Fluchtweg aus dem Gut. Der Geheimgang endet in den alten Kellern des Guts. Wilhelm hat das alte Gewölbe für Experimente umbauen lassen. Ich vermute, er ist dort unten.«

»Holt ein paar Taschenlampen«, rief Maihof zwei Kollegen zu.

Das Abwasserrohr hatte einen Durchmesser, der es gerade so erlaubte in gebückter Haltung den Weg weiter zu gehen. Nach zwanzig Metern mündete das Rohr in einen Gang, in dem man wieder aufrecht stehen konnte.

»In Kriegszeiten hat man den Gang als Fluchtweg und Schutzraum benutzt. Wir haben ihn auch nur durch Zufall entdeckt. Er ist in keiner Zeichnung eingetragen«, leuchtete Robert von Leyen in das tintenschwarze Dunkel des Geheimgangs. Einige kleine Wege kreuzten sich unter dem Gut und die Luft war so feucht und modrig, dass es in den Lungen kratzte. Das Rinnsal eines kleinen unterirdischen Bachs schlängelte sich vor ihren Füßen am Boden entlang und vereinzelt konnte man Fußspuren erkennen. Schließlich endete der Weg an einem Eisentor. Mit einem knarzenden Ton schob Robert von Leyen es zur Seite und sie gingen weiter. Nach weiteren zehn Metern erkannte Markus eine einfache Tür. Sie war verschlossen, doch machte sie nicht mehr den robustesten Eindruck.

»Gehen Sie alle mal zur Seite«, scheuchte Maihof die Gruppe mit ein paar angedeuteten Handbewegungen weg. Er ging zwei Schritte zurück und trat dann mit aller Wucht gegen die Tür. Fast ohne Gegenwehr sprang die Tür aus dem Rahmen und gab den weiteren Weg frei. Einige Überreste morscher Fässer lagen verstreut und aufgebrochen herum.

»Ganz früher waren hier wohl auch mal Weinfässer gelagert.« Robert vom Leyen ging nun schneller. »Einige Räume hat mein Bruder dann, wie erwähnt, für seine Forschung umbauen lassen. Candens Oculus durfte davon nichts mitbekommen. Deswegen gibt es auch nur diesen geheimen Zugang.«

»Forschung wofür?«, fragte Markus.

»Mein Bruder untersucht die Wirkungsweisen verschiedener Medikamente bei Hirnerkrankungen.«

»Hat ihn der Tod Ihres gemeinsamen Bruders angetrieben?«

Die Frage nach seinem verstorbenen Bruder ließ Robert von Leyen kurz zögern. Dann nickte er zustimmend.

»Ich kann mich nur noch sehr wenig an unseren Bruder erinnern. Fast alles, was ich von ihm weiß, hat uns unsere Mutter erzählt. Er war immer sehr still, da er an irreparablen Hirnschäden litt. Die Ärzte sagten, dass Wilhelm sich im Bauch unserer Mutter so gedreht hat, dass sich die Nabelschnur um den Hals unseres Bruders wickelte und diese Schäden hervorrief, an denen er schließlich einige Jahre später starb. Wilhelm hat sich das nie verziehen und wollte einen Weg zur Heilung finden. Dadurch kam er schließlich auch auf das Autismusphänomen. Er meinte, darin läge der Schlüssel aller Hirnerkrankungen. Wahrscheinlich spielte unser verstorbener Bruder da schon eine große Rolle.«

»Ich vermute, er hat aber irgendwann noch ganz andere Experimente hier unten durchgeführt.«

»Davon weiß ich nichts. Ich weiß nur, dass die Untersuchungen meines Bruders einem guten Zweck dienen und die offizielle Forschung meilenweit hinterher hinkt. Das war in der Geschichte doch schon immer so. Die größten Errungenschaften basierten auf revolutionären Ideen, die fernab der offiziellen Pfade erreicht wurden. Ich habe nur zugestimmt, weil ich wusste, dass er Erfolg mit seiner Arbeit um den Autismus haben würde. Er schafft immer alles, was er sich vornimmt. Er ist ein Genie auf seinem Gebiet. Allerdings hat er immer darum gebeten, dass ihn hier unten niemand stört. Er war meist allein mit seiner Arbeit.«

Der letzte Satz von Robert wurde abrupt unterbrochen. Sie vernahmen ein Jammern. Es klang unterdrückt und dumpf. Kurz danach ein weiteres Mal. Sie gingen schneller und folgten den Lauten in einen anderen Teil des Gewölbes.

»Wilhelm«, rief Robert und lief los.

Die zwei Männer und Anna rannten den Gang entlang hinter Robert her, der bereits um die nächste Ecke gebogen war. Erst in einem der letzten Räume konnten sie wieder zu ihm aufschließen und sahen, wie er vor einem Mann in Mönchshabit und mit tief ins Gesicht gezogener Kapuze stoppte. Der Mönch stand mit dem Rücken zu ihnen. Mit blutverschmierten Fäusten, einem blitzenden Messer und in drohender Pose hatte er sich vor Bischof Jeresmies aufgebaut, dem die Augen verbunden waren und dessen Mund mit einem breiten Paketband verklebt war. Nur ein von Schmerz durchzogenes Wimmern drang hervor.

»Das ist der Mönch, der Sie niedergeschlagen, uns gefesselt und den Bischof aus dem Planetarium geschleppt hat«, erkannte Maihof den Peiniger wieder. Und auch Markus wusste sofort, wer vor ihm stand. Es war der Mann, der für die blutigen Morde stand, der ihn mit seinen Briefen fast wahnsinnig gemacht hatte. Der Mann, den sie gejagt hatten.

»Nein, Wilhelm«, redete Robert beruhigend auf ihn ein. »Zwing sie bitte nicht dazu. Bleib ruhig stehen, leg das Messer auf den Boden und ergib dich. Ich bitte dich. Ich habe dich nie um etwas gebeten und du weißt, wir waren uns selten einig, aber bitte, nur dieses eine Mal. Hör auf mich. Hör auf deinen Bruder.«

Doch der Mönch achtete nicht auf die Anweisungen. Stattdessen drehte er sich plötzlich um und stürzte mit einem mächtigen Satz auf die Gruppe zu. Markus konnte kaum den Geschehnissen folgen, so wahnsinnig schnell ging alles. Er sah die blitzende Klinge, dann konnte er neben sich Mündungsfeuer erkennen und ein Schuss hallte in dem Gewölbe. Im nächsten Moment taumelte der in den Habit gehüllte Körper und stürzte getroffen zu Boden. Er lag keinen Meter vor ihnen mit dem Gesicht zum Boden. Langsam drang Blut unter der Kapuze hervor und verteilte sich in der Zelle. Markus stürzte an ihm vorbei und kümmerte sich zunächst um Bischof Jeresmies, der zwar im Gesicht blutete, ansonsten aber signalisierte, dass er wohlauf sei. Markus entfernte das Klebeband.

»Danke. Sie kamen genau richtig. Er hatte gerade erst mit seinen Schlägen begonnen.«

Maihof steckte seine Waffe zurück und kniete sich neben den Toten.

»Es tut mir leid, Herr von Leyen, aber Ihr Bruder hat unser aller Leben bedroht. Es blieb mir nichts anderes übrig.«

In einer fließenden Bewegung ließ Maihof schließlich die Kapuze zurückgleiten, die das Gesicht verbarg. Der gespannte Gesichtsausdruck aller in dem Raum wich dem puren Unglauben, als sie den Mann erkannten, der blutüberströmt vor ihnen lag. Es handelte sich dabei nicht um Professor Wilhelm von Leyen, sondern einen gänzlich anderen Mann.

Hartmut. Der Autist aus einer der Gruppen von Candens Oculus.

sechzig.

Allen stand die Überraschung ins Gesicht geschrieben. Hartmut. Ausgerechnet er sollte hinter den brutalen Geschehnissen stecken? Robert wusste nicht, ob er sich darüber freuen sollte. Sein Bruder konnte immerhin noch am Leben sein. Doch zu welchem Preis? In diesem Moment wurde ihm anscheinend die gesamte Tragweite der Experimente seines Bruders erst bewusst. Das hatte nichts von der revolutionären Errungenschaft für die Menschheit, die ihm sein Bruder immer in Aussicht gestellt hatte.

Und auch Maihof, Markus und Anna erkannten, was sich wirklich abgespielt haben musste. Der Professor hatte Hartmut manipuliert und ihn zu seinem willenlosen Werkzeug gemacht. Vor allem Maihof wurde es flau im Magen, wusste er doch, dass auch er einen Chip in sich trug, der ihn eventuell zu ebensolchen Taten verleiten lassen könnte. Oder hatte er sich, ohne dass er es wusste, bei vergangenen Ermittlungen sogar schon anders entschieden, als er es ohne Chip getan hätte? Doch allzu viel Zeit blieb nicht, um sich darüber Gedanken zu machen. Sie befreiten den Bischof von seinen restlichen Fesseln und machten sich auf die Suche nach Wilhelm von Leyen.

»Bischof, wissen Sie, wo der Professor und Seckbach stecken?«

»Nein. Nachdem man mich hierher gebracht hatte, begann der Mönch mit seinen Schlägen. Kurz darauf kamen Sie.«

»Robert, haben Sie eine Idee, wo er noch stecken könnte?«

Nur langsam sickerten die Worte zu Robert durch und ebenso langsam kam auch er wieder zu sich.

»Vielleicht können wir im Überwachungsraum etwas finden. Von dort aus kann man über die Kameras jeden Raum in dem Gewölbe beobachten und einsehen.«

Gemeinsam gingen sie einige Meter weiter, bis Robert vor einer Metalltür stoppte, die sich ohne Probleme öffnen ließ.

»Was ist das hier?«, schaute sich Maihof um. Überall standen technische Geräte neuesten Standes und Dioden blinkten im Rhythmus.

»Der Überwachungsraum. Von hier aus kann man alle Untersuchungsräume per Video überwachen. Mein Bruder hat sie für viel Geld installieren lassen. Mit Videoüberwachung, Feuermelder mit automatischer Berieselungsanlage, Schallschutzwänden und sonstigen Extras.«

»Für was benötigt denn ein Forschungslabor eine Videoüberwachung?«

»Das ist nichts Außergewöhnliches. Er hat hier Langzeittherapien durchgeführt, die auch über Nacht unter ständiger Überwachung stehen mussten. Wenn er irgendwo hier unten ist, müssten wir ihn über eine der Kameras finden.«

Robert setzte sich an einen Computer, strich sich mit den Fingern über sein Kinn und drückte im Anschluss einige Tasten. Sofort flackerten vier Bildschirme auf, die nebeneinander angebracht waren. Räume waren zu erkennen, einen von diesen erkannte Maihof sofort.

»Das ist doch der Raum für die Neuankömmlinge.«

»Ja, auch die kann man von hier überwachen.«

»Und warum sind die Bildschirme alle grün eingefärbt?«, wollte Markus wissen und deutete auf einen von ihnen.

»Das kommt von den Kameras. Sie haben eine Nachtsichtfunktion, damit wir auch nachts während des Schlafs eine Überwachung gewährleisten können. Wir befinden uns hier unter der Erdoberfläche und die Räume haben daher auch keine Fenster oder andere natürliche Lichtquellen.«

Robert überprüfte einen Raum nach dem anderen. Doch nirgends war eine Person zu erkennen. Bei einem der letzten Räume flackerte dann jedoch auf einem der Schirme ein Bild auf, das alle wachrüttelte.

Trotz des befremdlichen Farbkontrasts erkannte Markus nach ein paar Sekunden die am Boden kauernde Person.

Ein Mann saß zusammengesackt auf einem gekachelten Boden und tastete um sich. Der Raum war in absolute Dunkelheit getaucht.

»Das ist er. Seckbach. Er lebt.«

»Wo ist das?«, wollte Anna wissen.

»Das ist einer der Duschräume am Ende des Ganges.«

Maihof und Anna verloren keine Zeit und liefen ihrem Instinkt folgend sofort aus dem Büro, den Gang hinunter.

»Die letzte Tür auf der linken Seite«, rief Robert ihnen hinterher.

Dort angekommen, versuchten sie die massive Stahltür zu öffnen. Doch sie gab nicht nach. Anna hämmerte mit den Fäusten gegen das Metall.

»Kardinal Seckbach, halten Sie durch. Wir holen Sie da raus.«

Im Büro beobachteten Markus, Bischof Jeresmies und Robert von Leyen den entkräftet wirkenden Kardinal. Nun kroch er tastend über den Boden.

»Er kann Sie nicht hören. Die Türen sind zu dick und alle Räume sind schalldicht hier unten.«

Anna und Maihof kamen zurück in den Kontrollraum. Maihof wählte eine Nummer auf seinem Mobiltelefon. Nach wenigen Sekunden klappte er es wieder ein.

»Kein Empfang.«

»Es muss doch einen Schlüssel geben, oder?«

»Normalerweise hängen sie hier«, deutete Robert auf ein verwaistes Schlüsselbrett neben der Tür.

Alle starrten gebannt auf den Bildschirm und beobachteten Kardinal Seckbach. Erst jetzt fiel Anna etwas Sonderbares auf.

»Sagt mal, bewegt er seinen Mund?«

Markus schob die Augenbrauen angestrengt zusammen und fokussierte den Bildschirm.

»Allem Anschein nach führt er Selbstgespräche«, murmelte Jeresmies leise. »Was nicht wunderlich ist, nach Tagen in Einsamkeit und Dunkelheit in der Zelle.«

»Nein«, zuckte Markus zurück. »Er führt keine Selbstgespräche. Da muss noch jemand drin sein.«

»Können Sie die Kamera schwenken?«, fragte Anna aufgeregt.

»Nein. Es ist eine fest installierte Kamera, die nur einen gewissen Ausschnitt zeigt.«

Auf diesem Ausschnitt erkannte man gerade, wie Seckbach sich aufrichtete. Dann traf ihn eine Art Wasserstrahl. Jemand hatte ihm einen Eimer Wasser in das Gesicht geschüttet und Seckbach zuckte instinktiv beim Kontakt mit der Flüssigkeit zusammen. Dann fühlte er über seine Haut, was Markus seltsam vorkam. Einen Moment später drehte Seckbach sich in Richtung der Kamera und seine Mund formte einige Wörter. Dann bestätigten sich Markus Vermutungen. Ein weiterer Mann trat mit dem Rücken zur Kamera in den Ausschnitt und trug dabei eine seltsame Kopfbedeckung.

»Ein Nachtsichtgerät«, tippte Anna mit ihrem Finger auf die seltsame Kopfbedeckung auf dem Bildschirm. Sie war sich sicher. Sie kannte dieses Hilfsmittel durch ihre Ausbildung.

»Er trägt ein Nachtsichtgerät auf dem Kopf, um auch im Dunkeln sein Opfer beobachten zu können.«

Dann konnte man erkennen, wie der Mann mit dem Nachtsichtgerät sich selbst mit einer Flüssigkeit übergoss.

»Moment mal«, erkannte es Markus als erster, »das ist kein Wasser. Das muss Benzin sein. Seht doch, wie Seckbach sich immer wieder betastet und nun sogar daran riecht.«

Dann fasste der Mann in seine Hosentasche und kramte etwas hervor. Man konnte es nicht erkennen, da der Rücken des Mannes das Bild verdeckte. Doch im nächsten Moment flackerte eine kleine Flamme in der Hand des Mannes auf. Ein Feuerzeug oder Streichholz. Auf dem Bildschirm konnte man deutlich erkennen, wie Seckbach sich immer wieder über seine Haut wischte und die Flüssigkeit zwischen seinen Fingern verrieb. Sein Mund war dabei weit geöffnet und seine Augen starrten seinen Peiniger entsetzt an, als könne er nicht fassen, was seine Finger tasteten.

Im nächsten Moment geschah es. Mit einer kurzen Bewegung warf der Mann das Streichholz in Richtung des Kardinals. Alles, was man nun noch auf dem Bildschirm sah, war ein heller Strahl. Alle zuckten erschrocken zurück. Dann wurde der Bildschirm schwarz.

»Was zur Hölle war das?«, fragte Maihof.

»Das, das...«, stotterte Markus, »das muss eine Stichflamme gewesen sein.«

»Oh mein Gott, nein«, rannte Jeresmies den Gang hinunter und trommelte wild auf die Tür ein. Markus und Anna folgten ihm. Als sie ankamen, sackte er in sich zusammen.

»Kommen Sie, Sie können nichts mehr für ihn tun«, fasste Markus die Schultern des Bischofs und führte ihn mit Anna zurück in das Büro, wo auch Robert in seinem Stuhl saß und sein Gesicht in beide Hände vergrub. Er hatte mit eigenen Augen sehen müssen, wie sein Bruder sich selbst dem Flammenmeer geopfert hatte.

einundsechzig.

Es dauerte einige Zeit, bis endlich ein Fachmann gefunden und zum Gut gebracht werden konnte, der in der Lage war, die Sicherheitstür zur Zelle zu öffnen. Die ersten Versuche scheiterten und der Mann musste zu schwererem Gerät greifen. Er bohrte das Schloss schließlich auf und hebelte die Tür aus ihren Angeln, bis sie krachend ins Innere der Zelle fiel. Sofort drückte sich ein Schwall übel riechender Luft aus dem Raum hinaus in den Gang.

»Haltet euch Taschentücher vor Mund und Nase«, wies Maihof an und hielt sich selbst den Ärmel seines Hemds gegen den Gestank schützend vor das Gesicht. Eine Berieselungsanlage arbeitete auf Hochtouren und setzte die Zelle zusätzlich unter Wasser.

»Schaltet das Ding endlich ab«, rief Maihof einigen Kollegen zu, die den Auftrag umgehend ausführten und den künstlichen Regen stoppten. Maihof ging voran und leuchtete mit seiner Taschenlampe den Weg für die anderen. Hinter Maihof und Anna trat Markus in den Raum. Dahinter der Gerichtsmediziner Majewski, den Markus bereits von den anderen Tatorten kannte. Bischof Jeresmies zog es vor, bei den Beamten zu bleiben. Die Luft war feucht und roch nach verkohltem Fleisch. Sofort hob es Markus wieder den Magen und er glaubte sich übergeben zu müssen. Schnell drückte er sein Taschentuch noch fester vor Mund und Nase. Nach wenigen Sekunden und einigen Luftzügen beruhigte sich sein Magen wieder. Im Lichtkegel der Taschenlampe spiegelten sich die feuchten Fliesen. Markus folgte dem Licht. Irgendwo in diesem Raum wartete der Tod darauf, von ihnen entdeckt zu werden. Dann zeigte er sich in einer seiner hässlichsten Fratzen. Ein schwarzer Klumpen tauchte an der Wand lehnend auf. Die Gliedmaßen waren durch die starke Hitzeentwicklung abstrus verdreht und um den Hals konnte man den geschmolzenen Klumpen Metall erkennen, der früher mal ein Kreuz war. Kardinal Seckbach. Keine drei Meter davor lag eine weitere Leiche, die ebenfalls stark deformiert war und deren Arme in nicht weniger grotesker Pose den Todeskampf wiedergaben. An einem verkohlten Finger konnte man die geschmolzenen Überreste eines Ringes erkennen, dessen Initialen dennoch verschwommen zu entziffern waren. Ein C und ein O. Der Siegelring von Candens Oculus von Wilhelm von Leyen. Das Nachtsichtgerät war geschmolzen und die Männer der Spurensicherung hatten Mühe es dem Opfer vom Kopf zu nehmen. Als es ihnen endlich gelang, konnte man darunter das fast unverbrannte Gesicht von Leyens erkennen und Markus glaubte sogar ein süffisantes Grinsen darauf zu erkennen.

»Ich möchte, dass Sie das alles genau untersuchen«, deutete Maihof dem Gerichtsmediziner an. »Vergleichen Sie die Überreste der Leichen mit den genetischen Spuren, die wir von Seckbach zum Vergleich haben. Ich möchte keine Fragen offen lassen, haben Sie verstanden?«

Majewski nickte unbeeindruckt. In all seinen Dienstjahren hatte er wohl schon mehrere solcher Tatorte untersuchen müssen. Er schien abgestumpft und immun gegen den Gestank und die Bilder, die sich bei Markus einzubrennen drohten.

zweiundsechzig.

Die Tür zu Jakob Remonds Hotelzimmer war nur angelehnt, als Markus anklopfte. Obwohl ihn niemand hereinbat, trat er ein. Schon von dem kleinen Flur aus konnte er Remond sehen. Der Kirchenmann kniete wieder vor seinem kleinen Altar, den er sich provisorisch eingerichtet hatte. Als Markus nur noch wenige Schritte hinter ihm war, bekreuzigte er sich und stand auf.

»Es ist nett von Ihnen, dass Sie meiner Bitte gefolgt sind.«

»Natürlich. Ich bin gerne gekommen.«

»Bitte, Herr Schuhmann. Nehmen Sie doch Platz«, deutete er Markus mit einer Handbewegung an und sein Candens-Oculus-Ring blitzte kurz auf. Beide setzten sich auf die Couch. Erst jetzt bemerkte Markus, dass Remonds Augen tränengefüllt glitzerten. Mit Candens Oculus war sein Lebenswerk missbraucht und zerstört worden. Dennoch war seine Stimme klar und kräftig.

»Ich möchte mich bei Ihnen bedanken. Sie haben der ganzen Scharlatanerie ein Ende bereitet. Auch wenn ich nichts von dem falschen Spiel von Leyens wusste und immer nur im Namen Gottes handelte, habe ich mich doch mitschuldig gemacht. Schließlich war ich es, der Candens Oculus gegründet hat und somit den Nährboden für dieses kriminelle Treiben bereitet hat.«

»Sie können nichts dafür«, antwortete Markus. »Sehen Sie, der Professor begann mit seiner Arbeit, als er Ihnen das Gut zur Verfügung stellte, um an möglichst viele, entschuldigen Sie den Ausdruck, Probanden zu gelangen. Aber Sie hatten bereits ein großes Netzwerk gespannt, das auch ohne die Beeinflussung von Strahlen und Drogen funktionierte. Sie haben durch Ihre Gespräche und Ihre Arbeit Gutes getan und den Menschen geholfen. Denn auch wenn alle wieder in ihr Leben zurückkehrten, waren sie zufriedenere und bessere Menschen als zuvor. Und das schafft keine Waffe der Welt.«

Remond wischte sich mit einer Hand über die feuchten Augen.

»Ich danke Ihnen für diese Worte. Vielleicht sollte ich tatsächlich zurückkehren zu den Wurzeln, zur Basis. Eine Gemeinde übernehmen und dort meinen Beitrag leisten.«

»Das ist eine gute Idee«, nickte Markus zustimmend und sah ein erstes zögerliches Lächeln auf dem Gesicht Remonds.

»Wissen Sie, Herr Schuhmann, Candens Oculus war meine Hoffnung auf eine bessere Welt und die Erhebung zur Personalprälatur der Schlüssel dazu. Doch ich war so sehr mit den Möglichkeiten einer starken, großen Gemeinschaft beschäftigt, dass ich den Blick verlor. Glauben ist keine Frage von Macht und auch nicht abhängig von der Anzahl der Seelen, die Sie um sich sammeln. Wichtig ist nur, dass Sie selbst in Ihrem Inneren leuchten. Dann werden all die Suchenden automatisch zu Ihnen kommen. Egal, ob sie Bischof, Prälat oder ein einfacher Pfarrer sind.«

Es geschah nicht bewusst und im Anschluss wusste Markus auch nicht mehr, warum er gerade ihn fragte.

»Darf ich Sie etwas fragen?«

»Gerne.«

»Denken Sie, dass ich die Priesterweihe ablegen sollte?«

Remond antwortete nicht direkt, er wartete und suchte nach den geeigneten Worten.

»Denken Sie nicht so viel, fühlen Sie mehr. Sie sind ein außergewöhnlicher Mann, Markus. Und ob Sie sich nun zum Priester weihen lassen oder nicht, ist für Ihr Herz zweitrangig. Sie sind so oder so ein

Menschenfischer. Genau wie unser Herr Jesus es war. Und er hat sich nie die Frage gestellt, welchen Titel er dafür tragen muss.«

Markus nickte zustimmend und stand auf.

»Danke. Ich danke Ihnen von ganzem Herzen.«

Remond stand ebenfalls auf und sie schüttelten sich die Hände, dabei drückte er Markus etwas in die Hand, was er nicht erkennen konnte. Erst, als er wieder im Hotelflur stand, öffnete Markus seine Hand und sah, was Remond ihm vermacht hatte.

Seinen Rosenkranz.

dreiundsechzig.

Die Konferenz endete ohne weitere Zwischenfälle. Trotz der furchtbaren Dinge, die sich ereignet hatten, waren die Bischöfe zu ihren Abschlussgesprächen zusammengekommen und hatten ihre zukunftsweisenden Entscheidungen getroffen. Die Erhebung von Candens Oculus in den Stand einer Personalprälatur wurde abgelehnt. Stattdessen bot die Konferenz Remond an die Glaubensgemeinschaft unter bereits bestehenden Strukturen der Kirche einzugliedern. Er lehnte ab. Man konnte das Aufatmen der meisten Würdenträger spüren. Remond übergab die Finanzen und das komplette Konstrukt um Candens Oculus stattdessen einem privaten Träger, der den eingeschlagenen Weg unter neuem Namen und ohne finanzielle Zuschüsse der katholischen Kirche weiterführen wollte. Remond selbst verkündete im Anschluss, dass er sich gut vorstellen könnte, als Missionar in Südamerika zu arbeiten.

Die Untersuchungen im Labor hatten hingegen keine neuen Erkenntnisse gebracht. Weder über den Verbleib der Forschungsergebnisse von Leyens, noch um den Aufenthaltsort Mazaevs. Der Professor hatte all sein Wissen anscheinend vorher zerstört und mit in sein Flammengrab genommen. Sowohl den prominenten Personen als auch den Mitgliedern von Candens Oculus wurde der implantierte Chip wieder entnommen. Auch Maihof zeigte sich sichtlich beruhigt, als er sich des High-Tech-Parasiten entledigt hatte. Die ersten Nachforschungen ergaben, dass bisher noch keine aktive Manipulation stattgefunden hatte, keine Gelder angewiesen oder Entscheidungen getroffen worden waren, die im Zusammenhang mit Candens Oculus standen. Sie waren dem Ganzen in letzter Sekunde auf die Schliche gekommen und hatten somit alle Beteiligten vor schlimmeren Schäden bewahren können.

Nur zwei Tage nach dem Ende der Deutschen Bischofskonferenz fand die gemeinsame Beerdigung von Eleonore von Leyen und ihrem Sohn Wilhelm statt. Das Begräbnis wurde nur im engsten Kreise begangen. Robert und Luise von Leyen hielten dies für angemessener. Auch Remond war anwesend, verließ die Feier aber vorzeitig. Markus und Anna hielten sich am Rand des Friedhofs auf und beobachten die Trauerfeier in angemessenem Abstand. Erst bei der anschließenden kleinen Trauerfeier im Haus der von Leyens verabschiedeten sich Markus und Anna von den beiden.

Robert wirkte gefasst. Er hatte in seinem bisherigen Leben schon oft kummervolle Erfahrungen machen müssen, diese hatten Mechanismen geschult, die ein Weiterleben ermöglichten, aber auch seine Emotionen schließlich irgendwann zum Vereisen gebracht hatten. Doch selbst bei ihm erkannte man an den geröteten Augen, dass auch er den Tränen nicht Stand gehalten hatte. Anna und Markus hatten sich neben Luise von Leyen auf zwei Stühlen niedergelassen. Trotz ihrer starken inneren Haltung wirkte die Ehefrau Roberts heute noch schmächtiger als sonst. Robert trat näher, setzte seine Brille ab und nahm die Hand seiner Frau zärtlich in seine. Dann sank sein Blick in das Glas Wasser, dass er in seiner anderen Hand hielt.

»Wilhelm war schon als Kind der dickköpfigere von uns beiden. Vielleicht weil er der jüngere war. Ganze vier Minuten.«

Er zwang sich zu einem Lächeln, das kurz darauf wieder erfror.

»Er wollte sich ein Leben lang beweisen. Der Bessere sein. Die Welt und die Menschen verbessern. Nun hat er versucht sie zu zerstören.«

»Dank Ihrer Hilfe konnten wir aber noch schlimmeres verhindern«, antwortete Anna.

»Aber ist sein Werk auch fehlgeschlagen? Vielleicht trägt irgendwo ein Mensch diese Forschung weiter.«

»Ich kann Sie beruhigen. Unsere Experten haben die Rechner ihres Bruders gesichert. Es gibt keine Hinweise darauf, dass Personen außerhalb des Labors mit den Strahlen behandelt wurden. Da fällt mir ein, Sie müssten noch dieses Formular ausfüllen und unterschreiben. Damit bekommen Sie die persönlichen Sachen ihres Bruders aus dem Labor zurück.«

Anna legte ihm den mehrseitigen Ausdruck vor.

»Tut mir leid, dass ich Sie damit belästigen muss, aber lesen Sie es sich bitte kurz durch und unterschreiben Sie hier unten in dem kleinen Kästchen.«

Robert von Leyen legte seine Brille zur Seite, nahm sich das Formular vor, kratzte sich am Kinn und stellte noch einige Fragen zu dem ein oder anderen Absatz, dann unterzeichnete er es. Luise von Leyen schluchzte und im nächsten Moment übermannten sie die Gefühle und dicke Tränen liefen ihr über die Wangen.

»Wir werden dann aufbrechen, Herr von Leyen. Sie haben sicher noch viel mit ihrer Frau zu bereden.«, sagte Markus vorsichtig.

»Ja, natürlich«, antwortete er leise, setzte seine Brille wieder auf und deutete in Richtung der Haustür. »Ich bringe Sie noch hinaus.«

An der Tür angekommen, schüttelte Markus Robert von Leyen die Hand.

»Was haben Sie nun vor?«

Als Antwort zuckte von Leyen mit den Schultern. Er hatte keine Vorstellung, wie es weitergehen sollte.

»Meiner Frau und mir steht jedenfalls eine schwere Zeit bevor. Zunächst wollen wir aber aus diesem Haus ausziehen. Es stecken zu viele Erinnerungen darin. Vielleicht machen wir auch erstmal einen langen Urlaub, um auf andere Gedanken zu kommen.«

Markus konnte das gut nachvollziehen und auch er hätte gerne einige Tage an einem fernen Ort verbracht, doch seine Arbeit in Rom erwartete ihn bereits wieder. Markus und Anna traten vor die Tür, während Luises Weinen aus dem Haus immer lauter wurde.

»Kümmern Sie sich um ihre Frau.«

»Ja«, rang sich Robert ein schweres Lächeln ab. »Das werde ich.«

vierundsechzig.

In der Nacht vor seinem Rückflug nach Rom schlief er unruhig. Ein ums andere Mal wälzte er sich in seinem Bett umher. Er schaute auf die Uhr.

6:14 Uhr, verdammt, viel zu früh, dachte er. Markus hasste es, wenn er nicht einschlafen konnte und als Folge dessen am Morgen wie gerädert war. Die Frage nach Aslan Mazaevs Verbindung zu Candens Oculus ließ ihn einfach nicht zur Ruhe kommen. Er ließ sich die Zusammenhänge erneut durch den Kopf gehen. Kardinal Seckbach und Wilhelm von Leyen waren tot. Der Druck auf den Professor war wohl zu groß geworden, dass er keinen anderen Ausweg mehr sah, als sich und den Kardinal umzubringen. Die Schlinge hatte sich zugezogen und der Professor war mit seinem Vorhaben letztendlich gescheitert. Wohl aus Feigheit hatte er es vorgezogen lieber gemeinsam mit seiner Forschung unterzugehen, als sich für seine Morde zu verantworten. Jedenfalls würde es nun keine weiteren Briefe und Morde mehr geben. Nur Mazaev blieb verschwunden. Markus stand auf, um sich heißes Wasser aufzusetzen. Ein beruhigender Tee würde ihm vielleicht helfen, schneller einzuschlafen. Bloß kein Kaffee mehr, dachte er.

Roter Roibostee, stand in verschlungener Schrift auf den Beuteln. Er griff sich wahllos einen der Beutel mit den roten Schildchen. Markus goss etwas heißes Wasser darüber und setzte sich mit der Tasse auf die Couch. Der Tee bedurfte einiger Zeit, bis er genügend gezogen hatte, und er dachte derweil an Anna und Maihof. Ob sie noch eine Chance hatten? Er befand, dass es vielleicht noch eine gemeinsame Zukunft für die beiden geben könnte. Beide hatten schließlich ihre Lektion gelernt und konnten daher einen Neuanfang wagen.

Markus nahm den Teebeutel wieder heraus und legte ihn neben seine Tasse. Er nahm einen kleinen Schluck, doch der Geschmack überraschte ihn. Erstaunt zuckte er zurück und kniff die Augen zusammen, um das Etikett besser lesen zu können. Anscheinend wurde das Augenlicht auch bei ihm schwächer, erkannte er resignierend, denn das Kleingedruckte schwamm vor seinen Augen hin und her, sodass er sich wirklich konzentrieren musste. *Erdbeer-Vanille* stand darauf. Anscheinend hatte sich ein falscher Beutel unter die anderen gemischt. Ebenfalls mit rotem Pappschild, das nun die Flüssigkeit aus dem Beutel aufsaugte. Er verfolgte, wie die Schrift immer mehr vor seinen Augen verschwamm, als sein Handy klingelte.

»Ja?«

»Maihof hier, ich hoffe, ich habe Sie nicht geweckt.«

»Nein«, räusperte er sich, »nein, ich ähm, bin schon wach. Was gibt's?«

»Ich habe gerade das Ergebnis der Gerichtsmedizin vor mir. Ich dachte, es interessiert Sie vielleicht.«

»Warum? Gibt es denn etwas, das mich interessieren sollte?«

»Nein, nicht wirklich. Es hat sich alles bestätigt. Bei den beiden Leichen handelt es sich ganz sicher um Kardinal Seckbach und Wilhelm von Leyen. Wir haben das mit DNA-Spuren verglichen, die wir von beiden hatten. Ich dachte, Sie sollten das wissen. Ich habe Ihnen das Ganze auch per Mail geschickt.«

»Okay, danke.«

»Naja, ich wünsche Ihnen jedenfalls alles Gute. Auf Wiederhören.«

»Auf Wiederhören«, antwortete Markus, legte das Handy beiseite und musste an die letzten Worte aus dem Brief von Professor von

Leyen denken. Er hatte alles bedacht. Angefangen von der Erpressung Seckbachs über die Option selber in dessen Rolle zu schlüpfen, um die anderen Bischöfe weiter zu beeinflussen. Und selbst, als diese sich weigerten, hatte er noch den letzten Trumpf ausspielen wollen, indem er Jeresmies dazu bringen wollte, ein falsches Ergebnis vor der Versammlung zu verkünden.

Eine perfide Idee, befand Markus.

Und alles nur, um in aller Ruhe weiter an dieser Strahlenwaffe experimentieren zu können. Der arme Hartmut musste diesen Wahnsinn ebenso mit seinem Leben bezahlen wie Seckbach, Verhoven, Berger und Schneider. Und auch Severines Leben war nur mehr noch ein tägliche schmerzvolle Erinnerung, die sich wie Kaugummi bis an ihr Lebensende ziehen würde.

Sowieso sind die, die zurückbleiben, immer am meisten leidend, dachte Markus und wusste dies selbst nur zu gut. Seine Mutter und Schwester und nicht zuletzt er mussten seit dem Tod seines Vaters gegen ihre eigenen Dämonen kämpfen. So würde es nun auch Robert und Luise von Leyen ergehen.

Der eigene Bruder, mein Gott, dachte Markus weiter, wie schlimm muss das sein. Er stand auf und setzte sich an seinen Laptop. Er loggte sich ein und sah, dass sein Postfach randvoll war. Er überflog die ersten Eingänge und blieb an der Mail von Maihof hängen. Er klickte sie an und im Anhang befand sich der von Maihof angesprochene Bericht des Gerichtsmediziners.

Gerichtsmedizin Fulda

Opfer Nr. I
Geschlecht: Männlich
Herkunft: kaukasisch
Todesursache: starke Verbrennungen am gesamten Körper.
Blutgruppe: A-0,

Mageninhalt: geringe Mengen an Wasser, ansonsten unauffällig.
Sonstiges: Schnittwunde an rechter Hand zwischen Daumen und Zeigefinger prämortem
Ident.: Anhand von DNA Abgleich als Walter Seckbach, geboren 1943 in Osnabrück, identifiziert.

Opfer Nr. II
Geschlecht: Männlich
Herkunft: kaukasisch
Todesursache: starke Verbrennungen am gesamten Körper
Blutgruppe: A-B
Mageninhalt: Rückstände von Flunitrazepam, aufgrund von C2H5OH aber nicht näher valuierbar
Sonstiges: –
Ident.: Aufgrund von vorhandener DNA als Professor Wilhelm von Leyen, geboren 1954 in Erfurt, identifiziert.

Gez. Peter Majewski
Gerichtsmedizin

Markus suchte die Nummer der Gerichtsmedizin auf dem Schreiben, fand sie neben der Adresse unter Majewskis Namen und scheute sich nicht trotz der frühen Stunde die Nummer zu wählen. Zu seiner Überraschung wurde das Gespräch auch direkt angenommen.

»Majewski.«

»Markus Schuhmann, ich hoffe, Sie können sich an mich erinnern?«

»Herr Schuhmann, ja natürlich. Ich bin gerade dabei, die Leiche von Hartmut zu untersuchen. Wussten Sie, dass er polizeilich nicht geführt wurde?«

»Was heißt das?«

»Man weiß nichts über ihn. Es gibt keinen Ausweis, keine Papiere, kein Nachname, nichts. Da hat Candens Oculus gute Arbeit geleistet.«

»Nicht Candens Oculus, Herr Majewski, sondern Wilhelm von Leyen.«

»Naja, wie auch immer. Wie kann ich Ihnen helfen?«

»Herr Maihof war so nett, mir den Bericht der Obduktionsergebnisse zukommen zu lassen. Ich hätte da noch ein paar Fragen, um es auch richtig zu verstehen.«

»Schießen Sie los.«

»Sie listen bei dem zweiten Opfer Rückstände von Flunitrazepam auf. Was ist das? Um was handelt es sich dabei genau?«

»Flunitrazepam ist ein Beruhigungsmittel, das sehr häufig verschrieben wird. Es wird vorwiegend als Schlafmittel verschrieben und vor chirurgischen oder diagnostischen Eingriffen und gelegentlich auch noch danach kurzfristig zur Beruhigung des Patienten angewendet. Ist nichts Besonderes. Kann Ihnen Ihr Arzt auch verschreiben.«

»Könnte es bei übermäßiger Einnahme auch zum Tod führen?«

»Herr Schuhmann«, hörte er den Mediziner auflachen. »Viele Medikamente können bei Überdosierung zum Tod führen. Aber falls Sie auf etwas Bestimmtes hinauswollen: Das Opfer ist nicht an einer Überdosis gestorben, sondern ganz eindeutig verbrannt.«

»Also deuten die Spuren im Magen nicht auf eine Überdosierung hin?«

»Nein, wobei der Alkohol im Magen natürlich die Ergebnisse immer verfälscht.«

»Welcher Alkohol?«

»Na, das steht doch auch im Bericht. Durch den hohen C_2H_5OH-Gehalt ist eine genaue Dosierung nicht evaluierbar.«

»Ach das ist nur eine chemische Formel für Alkohol?«

»Ja. Irgendwas Hochprozentiges, wenn Sie mich fragen. Ich würde auf Cognac tippen.«

»Danke, Sie haben mir sehr geholfen.«

»Gerne. Wiederhören.«

Markus ging zurück in die Küche, wo er ein gequältes Zirpen hörte. Zunächst tippte er auf eine quietschende Tür. Um es genauer zu lokalisieren, ging er auf und ab, dann wusste er, woher die Laute kamen. Der brütende Vogel vor dem Fenster machte diesen Krach. Er sah hinaus und erkannte, dass sich dort gerade ein grausames Schauspiel der Natur vollzog. Die Bachstelze vor seinem Fenster hatte anscheinend gerade ihr mühsam erbautes Nest verlassen, als aus den Eiern die ersten Schnäbel in die Freiheit stießen. Erst schlüpfte ein Küken aus dem größten Ei des Nests, dann eins nach dem anderen, bis schließlich vier der fünf Küken geschlüpft waren. Doch das Küken aus dem ersten Ei hatte eine völlig andere Färbung des Gefieders und war um einiges größer als die anderen. Kaum, dass es geschlüpft war, krallte es sich in den Boden des Nestes und schob durch ruckartige Bewegungen seine Geschwister mit dem Rücken von sich weg. Dann verstand Markus, was hier geschah. Ein Kuckuck hatte sein Ei in das Nest gelegt. Es unterschied sich kaum von den restlichen Eiern und wurde somit von dem Wirtstier mit ausgebrütet.

Nun schob der Kuckucksnachwuchs mit aller Macht die kleineren Geschwister zum Nestrand. Immer weiter, bis das erste Küken aus dem Nest in den Tod stürzte. Der Brutparasitismus trieb das Kuckuckskind immer weiter. Langsam drückte er jedes einzelne Küken aus dem Nest, auch diejenigen, die noch nicht geschlüpft waren, bis er schließlich allein im Nest übrig blieb.

Ein unschönes Schauspiel der Natur und doch faszinierend, welche Mittel eine kleine Vogelart entwickelt, um die eigene Art zu schützen.

Markus setzte sich irritiert zurück auf die Couch. Das Kuckucksei ließ ihn auf eine seltsame Art und Weise nicht los. Er starrte auf den Tisch, auf dem der Teebeutel noch immer lag. Mittlerweile ausgetrocknet, das Schild gänzlich unleserlich. Er stand auf, ging hinüber zu dem Teesortiment und wühlte darin. Unter den sieben anderen

Roibos-Teebeuteln befand sich noch ein weiterer mit der Aufschrift *Erdbeer-Vanille*. Außer der Aufschrift waren die Beutel ansonsten identisch.

Es war zunächst nur ein loser Gedanke, den er nicht festhalten wollte, doch dann manifestierte er sich und wollte gehört werden. Im nächsten Moment brannte er sich geradezu in sein Hirn. Augenblicklich wich das Blut aus seinem Kopf und fiel ungebremst durch seinen Körper. Alles erstarrte in ihm, die Tasse glitt ihm aus der Hand und zersprang am Boden in zahllose Scherben. Von alledem bekam Markus nichts mehr mit. Er hastete zum Telefon und wählte die Nummer von Anna. Nach zweimaligem Läuten nahm sie ab.

»Markus«, erkannte sie die Nummer von ihm sofort. »Ich bin gerade mit Chris, ähm, ich meine Herrn Maihof auf dem Rückweg und...«

»Ihr müsst sofort umkehren«, unterbrach er sie barsch, »wir haben etwas Wichtiges übersehen. Es ist noch nicht vorbei.«

fünfundsechzig.

Die kleine Runde in Markus' Zimmer verfiel in ein nachdenkliches Schweigen. Keiner wagte es, zu der geäußerten Vermutung ein Wort zu sagen. Dennoch versuchte Markus, zu allen in der Runde Blickkontakt aufzubauen. Bischof Jeresmies schüttelte ungläubig den Kopf, Maihof schaute förmlich durch ihn hindurch und Anna schien jedes einzelne Wort noch einmal genau abwägen zu wollen, bevor sie sich äußerte. Markus erkannte, dass von ihm Beweise erwartet wurden, die er jedoch nicht hatte.

»Markus, Sie meinen also, dass das Ganze ein großer Bluff war? Und uns etwas vorgemacht wurde? Wie kommen Sie darauf?«

Jeresmies wirkte wieder gefasster. Markus setzte sich auf. Die Geschichte des Bachstelzennests vor seinem Fenster ersparte er ihnen. Sie würden ihn für verrückt halten.

»Es passt einiges nicht zusammen. Hier«, legte er den Bericht der Gerichtsmedizin auf den Tisch. »Hier steht es schwarz auf weiß. Von Leyen hatte einen so hohen Alkoholspiegel, dass man dadurch den Wert der ebenfalls eingenommenen Beruhigungsmittel nicht mehr feststellen konnte. Alkohol verfälscht die Auswertung.«

»Ja und?«, fragte Maihof. »Dann hatte Professor von Leyen eben etwas getrunken und ein Medikament genommen. Was mich ehrlich gesagt auch nicht wundert, wenn man bedenkt, unter welch enormem psychischen und physischen Druck er stand.«

»Nichts Ungewöhnliches für die meisten Menschen, richtig. Aber Wilhem von Leyen war Antialkoholiker. Er trank keinen Tropfen.«

Für einige Momente zeigte sich ein ungläubiges Staunen in den Gesichtern aller. Besonders Anna konnte kaum glauben, was sie hörte.

»Du meinst, ihm hat jemand den Alkohol zusammen mit den Medikamenten eingeflößt?«

»Nein, das denke ich nicht. Ich denke, dass wir gestern nicht Wilhelm von Leyen zu Grabe getragen haben, sondern seinen Bruder Robert.«

Beschwichtigend winkte Maihof mit seinen Händen ab.

»Also wirklich. Jetzt gehen die Pferde mit Ihnen durch, Herr Schuhmann.«

Doch Markus schenkte der Bemerkung Maihofs kaum Aufmerksamkeit. Er war sich seiner Sache sicher.

»Anna, erinnerst du dich, als wir gestern nach der Beerdigung seinen Bruder und dessen Frau Luise besucht haben?«

»Ja, natürlich. Aber was meinst du genau?«

»Wir waren gemeinsam in der Küche, als du ihm das Formular zum Gegenzeichnen vorgelegt hast. Er hatte seine Brille abgesetzt und sie vor sich auf dem Tisch liegen, als er es durchgelesen und anschließend unterschrieben hat.«

»Ja, er hat sogar noch Fragen zu ein paar Einzelheiten gestellt.«

»Dabei hatte er rot unterlaufene Augen, nicht wahr?«

»Er hatte wohl geweint, was man mehr als nachvollziehen kann, wenn gerade der eigene Bruder gestorben ist.«

»Ich behaupte aber, dass er nicht aus Trauer gerötete Augen hatte, sondern weil er die starken Brillengläser nicht gewohnt war. Er hätte den Beleg niemals unterschreiben, geschweige denn das kleingedruckte Formular lesen können. Unmöglich für jemanden wie Robert von Leyen, der ohne Brille so blind wie ein Maulwurf ist.«

»Richtig«, bestätigte Anna. »Das waren seine eigenen Worte. Ohne Brille bin ich blind wie ein Maulwurf.«

»Und dann sein ständiges Kratzen am Kinn. Gerade so, als würde er sich durch einen Bart streichen wollen, der nicht mehr da ist. Nichts Ungewöhnliches, wenn man sich frisch rasiert hat.«

»Moment«, unterbrach Maihof ein weiteres Mal, »nehmen wir mal an, Sie hätten Recht mit Ihrer These. Wie erklären Sie sich dann, dass wir alle mit eigenen Augen gesehen haben, wie er zusammen mit Seckbach in den Flammen umgekommen ist?«

»Das ist nicht ganz richtig«, verbesserte Markus, »wir haben lediglich auf dem Bildschirm gesehen, wie der Professor und Seckbach in der Zelle waren, als ein Feuer ausbrach.«

Anna sah Maihof an, dann wieder hinüber zu Markus.

»Wir haben vor der Tür gestanden, hinter der wir die beiden verbrannten Leichen gefunden haben. Niemand konnte unbemerkt zwischen dem Ausbruch des Feuers und dem Öffnen aus der Zelle fliehen.«

»Versteht ihr denn nicht?«, wurde Markus' Stimme lauter, »es hat zu diesem Zeitpunkt gar kein Feuer stattgefunden.«

»Aber die beiden Leichen?«

»Die beiden Leichen, die wir gefunden haben, waren schon lange dort. Durch das Löschwasser kann man die genaue Zeit des Ausbruchs nicht mehr rekonstruieren, richtig?«

»Ich muss Herrn Schuhmann recht geben«, stimmte Maihof zu. »Das Feuer und das automatische Löschsystem hätten alle Spuren zerstört, wenn man danach suchen würde. Und die Berieselungsanlage hätte man auch anderweitig auslösen können.«

»Moment«, unterbrach Jeresmies, »auch wenn das Feuer und das Wasser die Spuren zerstört haben und man nicht weiß, wie lange die Leichen schon dort lagen, so hat der Gerichtsmediziner den toten Professor einwandfrei anhand seiner DNA identifizieren können.«

Wieder wanderten alle Blicke zu Markus, der erkannte, dass eine weitere Erklärung erwartet wurde. Anstatt etwas zu sagen, griff er wieder zu den Teebeuteln und hielt zwei nebeneinander.

»Beide identisch, oder? Sie sehen gleich aus, obwohl der eine Erdbeere und der andere ein gänzlich anderer Geschmack ist.«

»Was soll das, Markus? Es ist nicht die richtige Zeit für Späße«, schüttelte Jeresmies entschieden den Kopf.

»Das ist kein Spaß, Bischof. Mir ist es damit sogar todernst. Identische Optik. Wie bei einem Kuckucksei. Und wir haben es die ganze Zeit ausgebrütet, ohne etwas zu merken. Bedenken Sie, wir haben es mit Zwillingen zu tun. Und eineiige Zwillinge verfügen sogar über eine identische DNA.«

»Allmächtiger, Sie wollen damit sagen, dass er seinen eigenen Bruder umgebracht hat.«

»Ich denke, das hat Luise für ihn erledigt. Sie muss eingeweiht sein, denn sie würde sicherlich merken, wenn ein anderer Mann neben ihr im Bett liegen würde. Sie hat ihm wahrscheinlich das Beruhigungsmittel in einem Drink verabreicht.«

Allmählich gab auch Anna zu, dass alles, was Markus gesagt hatte, zumindest einen Sinn ergab.

»Anschließend ist Wilhelm von Leyen in die Rolle seines Bruders geschlüpft. Er hat lediglich seine Frisur ändern und eine Brille auf seine Nase setzen müssen. Ich fasse es nicht, mit dieser Scharade hat er uns alle an der Nase herumgeführt. Dazu war noch weniger Maskerade nötig als bei seiner Rolle, in der er sich als Kardinal Seckbach ausgegeben hatte. Er führte uns zu Hartmut, den er vorher mit Drogen und ELF-Strahlen manipuliert hatte.«

»Aber er hat mich doch vor Hartmut gerettet«, äußerte Jeresmies noch immer einen Einwand.

»Nein, er hat vielmehr mit dieser Aktion den letzten Zeugen beseitigen lassen, ohne sich selbst dabei die Hände schmutzig machen zu müssen. Der gezielte Schuss in den Schädel vom Vizepräsidenten des Bundeskriminalamts. Zusammen mit Ihnen, Herr Bischof, hätte er sich keine besseren Zeugen aussuchen können. Der Mörder und sein Handlanger mussten für alle sichtbar sterben. Somit ist der Fall gelöst und die Schuldigen haben ihre gerechte Strafe erfahren. Es war die einzige Chance für den Professor, seine Experimente auch in Zukunft völlig ungestört weiterführen zu können.«

»Und ich bin auch noch so dämlich und sage ihm, dass wir nicht eine einzige Spur zu Mazaev in dem Labor gefunden haben.«

»Wir sind alle auf ihn hereingefallen, Anna. Der perfekte Plan. Ein Mann mit dem scharfen Geist wie unser Täter«, fuhr Markus fort, »hätte uns doch nicht so viele Brotkrumen auf den Weg gestreut. Er hat uns ja förmlich zu ihm gelotst. Der Professor hatte alle seine Karten ausgespielt, um die Abstimmung zu manipulieren. Dann folgte Phase zwei seines Plans: Alle Spuren verwischen und im Anschluss einen großen Abgang inszenieren. Er hat alles präzise geplant und ausgeführt. Das Einzige, was er noch für sein Verschwinden benötigte, waren glaubwürdige Zeugen und eine neue Identität. Und wir haben ihm beides ermöglicht. Niemand würde jemals die Aussagen von Würdenträgern und hohen Beamten des BKA anzweifeln.«

Die Worte wirkten. Auch Maihof erkannte nun, dass er als Marionette benutzt worden war. Man hatte den Bischof und ihn mit dem Brief ins Planetarium gelockt. Der Professor wusste, dass man den Mikrochip von Jeresmies anpeilen würde und lotste sie so zum Gut. Und die Pille des hilfreich auftretenden Bruders in den Katakomben hatten sie ohne zu zögern geschluckt.

Anna rieb sich die Stirn. Ihr schauderte bei dem Gedanken.

»Verdammt. Du hast Recht. Keiner von uns hat wirklich gesehen, wie Seckbach und der Professor umgekommen sind. Das Einzige, was wir sahen, war...«

»...ein Video. Er hatte Seckbach schon vorher den Flammen geopfert und dies mitgeschnitten. Später tat er das Gleiche mit seinem Bruder und legte die Leiche in den Raum zum Kardinal. Alles, was er noch tun musste, war das zusammengeschnittene Band der beiden Morde vor unser aller Augen ablaufen zu lassen. Schließlich führte er in dem Überwachungsraum selbst die Regie. Danach nahm er das Band einfach wieder unbemerkt an sich und spielte den trauernden Bruder.«

»Und Luise steckt mit ihm unter einer Decke.«

»Davon ist auszugehen. Sie unterstützt das Maskeradenstück und verhilft ihm so zur Perfektion.«

»Was machen wir nun?«, fragte der Bischof.

»Was für eine Frage«, antwortete Markus vehement, »wir sollten sie sofort festnehmen.«

»Nein.«

»Nein?«, glaubte Markus nicht richtig gehört zu haben. Doch Maihof wiederholte sogar noch einmal seine Meinung.

»Nein, Herr Schuhmann. Die beiden sind unsere einzige Möglichkeit, eventuell doch noch eine Verbindung zu Mazaev nachweisen zu können. Wenn dem so ist und Sie mit Ihrer Theorie tatsächlich Recht behalten sollten, dann wird von Leyen sicher bald Kontakt zu Mazaev aufnehmen. Er ist sich seiner Sache nun ganz sicher, und das ist unsere Chance.«

»Chance? Sie lassen einen mehrfachen Mörder frei herumlaufen, der voraussichtlich eine vernichtende Waffe in seinem Besitz hat. Und das nennen Sie Chance.«

»Verflucht, Herr Schuhmann, natürlich gefällt mir dieser Gedanke auch nicht, aber das ist vielleicht unsere letzte Möglichkeit, einen der meistgesuchten Terroristen der Welt zu schnappen.«

»Aber wenn wir sie nicht festnehmen, sind sie vielleicht schon morgen über alle Berge.«

»Das werden sie nicht sein. Wir werden sie vierundzwanzig Stunden am Tag überwachen. Sobald sie Kontakt zu Mazaev aufnehmen, um sich mit ihm zu treffen, werden wir uns an ihre Fersen heften.«

Gerade wollte Markus intervenieren und nochmals die Gefahr von Leyens unterstreichen, als Maihofs Mobiltelefon klingelte. Er nahm das Gespräch entgegen und bereits nach wenigen Sätzen ließen ihn die neuen Nachrichten ungläubig in seinen Stuhl sinken. Dann klappte er sein Handy zu.

»Das war noch mal der Gerichtsmediziner. Ihm ist an Hartmuts Leiche eine Besonderheit aufgefallen.« Verständnislos schüttelte er seinen Kopf, als wolle er nicht wahrhaben, welche Wendungen dieser Fall immer wieder nahm.

»Welcher Art?«

»Man konnte feststellen, dass auch er einen Mikrochip trug, doch nicht etwa in der Hautfalte zwischen Daumen und Zeigefinger. Hartmut wurde der Chip direkt in sein Hirn gepflanzt. Aber das ist noch lange nicht das Verrückteste an der Sache.«

»Sondern?«, wunderte sich Anna und ahnte, das noch weitere Informationen folgen würden.«

»Hartmuts DNA und die der Leiche von Leyens stimmen überein. Sie müssen Brüder gewesen sein. Der dritte Bruder, der angeblich früh starb. Nur war er kein eineiiger Drilling.«

sechsundsechzig.

Maihof drehte die Klimaanlage des Transporters auf maximale Leistung. Dann sah er auf die Uhr. Wieder hatte er einen Tag in kompletter Dunkelheit mit wenig Schlaf verbracht. Der dritte hintereinander ohne irgendeine Veränderung. Mit zwei Fahrzeugen in abwechselnden Schichten observierten sie rund um die Uhr das Haus der von Leyens. Eigens zu diesem Zweck hatten sie eine der neuesten Errungenschaften zur Verfügung gestellt bekommen.

Einen Elektroimpulsempfänger.

Egal welche elektronischen Geräte in dem Haus benutzt wurden, mit diesem Gerät konnte man alles dechiffrieren und lesbar machen. Normales Telefon, Handy, Fax oder Internet, sogar Morsecodes konnte das Gerät in Schrift auf dem Bildschirm kenntlich machen.

Die Nachricht, dass Hartmut ebenfalls ein Sohn von Eleonore von Leyen gewesen sein musste, hatte Markus' These untermauert, dass noch nicht alle Fragen geklärt waren. Doch was dies genau zu bedeuten hatte, war ebenso unklar wie die Frage, ob Wilhelm von Leyen davon wusste.

Unruhig rutschte Anna neben Maihof auf ihrem Sitz hin und her. Von außen war der Transporter als Einsatzfahrzeug des örtlichen Energieversorgers getarnt. Um die Tarnung so authentisch wie möglich zu machen, hatte man die Straße aufgerissen und eine Baustelle simuliert. Zur Sicherheit hatte man aber noch einen weiteren Transporter als Bäckereiauslieferer beschriftet, in dem zwei Techniker über

Funk mit Maihofs Fahrzeug verbunden waren.

Die Luft war stickig und seit zwei Tagen hatte sich dazu der schon vergessene Sommer noch einmal in Erinnerung gebracht. Die Sonne brannte vom Himmel, als wolle sie allen beweisen, dass noch immer mit ihr zu rechnen war. Das Fahrzeug hatte sich noch stärker aufgeheizt und die Temperatur überschritt die 30-Grad-Marke.

Anna zog ihr Hemd aus. Darunter trug sie nur einen Sport BH. Trotz der kurzen Abkühlung lief ihr der Schweiß über die Stirn bis in ihr Dekollete hinunter. Maihof sah zu ihr herüber. Anna bemerkte die Blicke und musste sich eingestehen, dass diese ihr nicht einmal unangenehm waren. Im Gegenteil.

Sie schloss die Augen und musste trotz der schmerzvollen Erinnerungen auch an die schöne Zeit mit ihm zurückdenken. An vergangene Sommernächte, in denen sie sich zusammen mit Christopher einer Zeit der Leidenschaft hingegeben hatte. In ihrer Erinnerung machte sich ein ganz spezielles Wochenende breit. Sie waren gemeinsam über einige heiße Augusttage nach Nordfrankreich in ein gemietetes Ferienhaus gefahren. Nach Nächten voller Lust tanzten sie morgens vor dem Haus zu französischer Musik aus dem Radio. Mittags badeten sie nackt in dem angrenzenden Weiher und lagen anschließend eng umschlungen stundenlang auf der Wiese und träumten von weiteren gemeinsamen Urlauben, um sich am Abend wieder unbeschwert zu lieben, als ob es kein morgen gäbe. Es waren die schönsten Tage ihres Lebens.

Sie öffnete ihre Augen und ihr wurde bewusst, dass ihre Träume ebenso dahingeflossen waren wie der Schweiß auf ihrer Haut.

»Anna«, spürte sie plötzlich Christophers Hand auf ihrem Arm. »Ich weiß, dass es viel zu spät für eine Entschuldigung ist. Auch wenn ich weiß, das du mir nie verzeihen wirst, möchte ich dir trotzdem sagen, dass...«

»Du musst dich nicht entschuldigen«, fiel sie ihm ins Wort. Sie wollte seine weiteren Worte gar nicht hören, denn sie hatte Angst, dass die Worte sie erreichen würden.

»Nein, lass mich bitte ausreden. Ich bin deswegen danach zu Candens Oculus gegangen. Ich brauchte Abstand.«

»Du bist was?«

»Ich bin einige Monate bei Candens Oculus gewesen, hat dir das dein neuer Freund nicht erzählt?«

»Mein neuer Freund? Wer soll das sein?«

»Na dieser Theologe, Markus Schuhmann.«

»Markus? Nein, hat er nicht«, schüttelte sie den Kopf. »Außerdem ist er nicht mein neuer Freund. Ich mag ihn. Mehr nicht. Aber warum rechtfertige ich mich eigentlich schon wieder vor dir?«

Maihof konnte ein kurzes, beruhigtes Lächeln nicht unterdrücken.

»Ach so, ich dachte ja nur.«

»Und was hattest du dort verloren?«

»Nichts«, antwortete Maihof und strich sich über die kleine Wunde zwischen Daumen und Zeigefinger. Der Eingriff war minimal gewesen und hatte nicht einmal genäht werden müssen. »Ich brauchte Orientierung und einen Ort, an dem keine Fragen gestellt wurden.«

»Und hat es geklappt?«

»Ich habe bald darauf meine Frau verlassen.«

»Wenn du denkst, dafür Applaus von mir zu bekommen, muss ich dich enttäuschen.«

»Darum geht es nicht. Unsere Ehe war längst am Boden und weißt du was? Sie hatte einen Anderen.«

Nun lächelte auch sie. Vielleicht ein klein wenig auffälliger, als es nötig war.

»Und die Kinder?«

»Denen geht es super. Ich sehe sie, wann immer es passt. Sie ist seit einiger Zeit sogar mit dem Neuen verheiratet. Er meint es gut mit ihr und den Kindern. Sie haben vor kurzem ein gemeinsames Baby bekommen.«

Bei dem Wort Baby wich die Fröhlichkeit aus ihrem Gesicht,

doch als sie ihn wieder anschaute, spielte ein Lächeln um seine Mundwinkel.

»Hör mal, was denkst du? Wenn das Ganze hier vorbei ist. Denkst du, wir könnten dann vielleicht mal etwas zusammen essen gehen?«

Innerlich pochte ihr Herz im Stakkatorhythmus. Doch äußerlich blieb sie gefasst. Was sollte sie ihm auf diese Frage antworten?

Gerne, unbedingt, komm bitte zurück zu mir, seitdem du aus meinem Leben gegangen bist, bin ich eine saufende Furie, die sich schlechtgelaunt in ihre Arbeit flüchtet?

»Ist das ein Ja?«, hakte er nach, doch statt einer Antwort meldete sich eine Stimme über Funk.

»Ich glaube, wir bekommen da was rein, Herr Maihof. Unsere Zielperson hat sich in einen anonymen Chatroom eingeklickt.«

»Okay, bringen Sie es auf den Bildschirm!«

Vor ihnen baute sich eine Seite auf. Ein User eröffnete einen privaten Chatroom in einer Schrift, die Maihof und Anna nicht verstanden. Weder Maihof noch Anna konnten den Usernamen entziffern:

ПроФессор.

»Das sieht russisch aus. Konnte der Professor russisch?«

»Denke schon«, antwortete Anna, »schließlich ist er in der DDR aufgewachsen, wo russisch gelehrt wurde. Aber was heißt das denn übersetzt?«

»Moment, die Maschine rechnet noch.«

Darauf geschah einige Zeit nichts. Dann loggte sich ein weiterer User mit dem Namen ВольФ ein.

»Verflucht, ich denke, diese Maschine kann so tolle Sachen, sehen Sie zu, dass wir hier etwas lesen können«, fuhr Maihof einen der Kollegen per Funk an, der für die Dechiffrierung zuständig war.

»Einen Moment noch, die Maschine berechnet gerade die Übersetzung.«

Nur wenige Sekunden später hatte es der Computer geschafft und die Begriffe wurden übersetzt.

»ПроФессор ist tatsächlich russisch und bedeutet ‚Professor'.«
Anna wechselte einen kurzen Blick mit Maihof. Das war der erste Volltreffer. Auch die Übersetzung für ВольФ war ein Treffer, es hieß *der Wolf*. Anna bezweifelte nicht, dass es sich dabei um Mazaev handeln musste.

Die Übersetzung des Computers verlief nun tadellos und das Gespräch der beiden Chatter wurde binnen Sekunden ins Deutsche transferiert:

Professor: Hallo Wolf
Wolf: Professor, läuft alles nach Plan?
Professor: Ja, war leichter als gedacht. Es hatte nur etwas gedauert, bis die Polizei endlich die Sache mit der Schreibmaschine entschlüsselt hatte. Ich dachte schon, der Kardinal muss im Keller verrotten.
Wolf: Was machen die Forschungen?
Professor: Leider musste ich meinen Probanden opfern. Bei ihm funktionierte aber alles ganz hervorragend. Zumindest mit dem Mikrochip im Hirn. Danach hat es auch schon gute Ergebnisse ohne Chipunterstützung gegeben. Die Waffe wird funktionieren, vertrau mir.
Wolf: Vertrauen ist gut, aber ich möchte Ergebnisse sehen. Wir brauchen dich.
Professor: Das wirst du. Ohne mich könnt ihr jedenfalls das Ding nicht bedienen.
Wolf: Ich weiß. Also, alles bleibt wie bereits besprochen.
Professor: Ja, ich komme mit meiner Frau. Als Erkennungszeichen trägt sie eine Blume im Haar, ich einen Stutson.
Wolf: Ich freue mich darauf dich zu sehen. Zwanzig Jahre sind eine lange Zeit.
Professor: Ja, sind es.

Wolf: Gut. Lass uns nochmal die Koordinaten durchgehen: MM 82 um 16:00 Uhr.
Professor: Habe ich so gespeichert. Der Platz wird mir sicher gefallen.
Wolf: Oh, auf jeden Fall. Schließlich bist du Deutscher. ‚Ich weiß nicht was soll es bedeuten...'
Professor: Bis dann
Wolf: Ja

»Das war es. Sie haben sich beide abgemeldet«, hörten sie die Stimme des Kollegen über Funk.
»Gut, versuchen Sie zu lokalisieren, von wo aus der andere User sich eingeloggt hat.«
»Schon geschehen. Wir konnten das Signal aber nur ungefähr orten. Es kam aus dem Großraum Miami in den Vereinigten Staaten.«
»Amerika«, schaute Maihof verblüfft.»Das wird immer verrückter. Was macht ein tschetschenischer Terrorist ausgerechnet in den Vereinigten Staaten?«

siebenundsechzig.

»Miami?«, wunderte sich Markus, als er Maihofs Erklärung am Telefon hörte.

»Ich war zunächst genau so überrascht darüber, aber man darf nicht vergessen, dass die tschetschenischen Rebellen lange Zeit von den USA gegen den Klassenfeind Russland unterstützt wurden. Dass sich das Bild einmal so wandeln würde, war nicht abzusehen. Denken Sie nur an den Irak oder Afghanistan. Alles Staaten, die früher von den USA finanziell und mit hohen Summen unterstützt wurden.«

»Und was wollen Sie von mir?«

»Sie kommen mit. Schließlich war Ihr Vater bei der US Army. Ich benötige jemanden, der sich in den Professor hineindenken kann und der perfekt Englisch spricht.«

»Nein.«

»Außerdem brauche ich jemanden, dem ich vertrauen kann.«

Markus atmete tief durch. Bilder seines Vaters tauchten in seinen Gedanken auf. Es war ein cleverer Schachzug von Maihof gewesen, seinen Vater in diesem Zusammenhang zu erwähnen. Markus erinnerte sich an eine Rede seines Vaters, die er an einem 4. Juli in der Kaserne vor Soldaten gehalten hatte. Mit fester Stimme in voller Überzeugung ermutigte er die jungen Männer und Frauen dazu an ihre Mission zu glauben, den Frieden zu bewahren, den Schwachen zu helfen und ihnen ein treuer Freund zu sein. In guten, aber noch viel mehr in schwierigen Zeiten. Dass bereits Generationen vor ihnen diese Uniform getragen und ihr Leben dafür gegeben hatten, in der Hoffnung, dass ihre Kinder einmal in Freiheit aufwachsen konnten. Er erinnerte die Soldaten daran, dass Frieden und Gerechtigkeit auf der Welt keine Selbstverständlichkeit waren, sondern jeden Tag wieder darum gekämpft und verteidigt werden musste. Ob zu Hause in den USA oder in Europa. Es waren keine Lippenbekenntnisse seines Vaters, sondern seine in Worte gefasste Lebenseinstellung. Und sowohl seine Soldaten als auch seine Familie glaubten an diese Worte und diesen Mann.

»Markus, sind Sie noch dran?«

»Ja, ich bin noch da. Wo genau soll es denn hingehen?«

»Irgendwo in die Nähe von Miami. Wir wissen noch nicht genau, wo. Wir müssen ihnen eben auf den Fersen bleiben.«

»Wann geht es los?«

»Bereits morgen.«

»Gut, ich bin dabei.«

achtundsechzig.

Im Flughafenterminal von Frankfurt wuselten die Menschen wild durcheinander, wie ein Volk Waldameisen bei der täglichen Verrichtung seiner Tätigkeiten. Nach außen chaotisch, aber doch strukturiert und mit einem klaren Ziel vor Augen, tippelten die Zweibeiner ihre vorgegebenen Wege ab. Wie auf Jahrhunderte bewährten Trampelpfaden zogen sie ihre Spuren vom Schalter zu den Gates und zurück.
Niemand hatte einen Blick für den anderen übrig.

Sie standen etwas abseits des Stroms, durch den sich die meisten Passagiere zu den Check-in-Schaltern drängten und dabei eine Mischung aus Schweiß und Müdigkeit absonderten. Alle hofften, dass die von Leyens keinen Verdacht schöpfen würden und hatten daher Vorkehrungen getroffen. Markus' Tarnung beschränkte sich auf eine Baseballkappe und eine dunkel getönte Sonnenbrille. Maihof und Anna hatten sich hingegen dazu entschieden, Uniformen der Fluggesellschaft zu tragen, mit der die von Leyens fliegen würden. Inklusive einer Kapitänsmütze für Maihof und einer nur wenig modischer wirkenden Kopfbedeckung für Anna, die sich in ihrem Outfit besonders lächerlich vorkam und immer wieder an ihrem Hütchen herumruckte.

Einige weitere Beamte des BKA reinigten den Boden des Terminals oder fuhren leere Gepäckstücke mit kleinen Elektrofahrzeugen ziellos durch die Gänge. Alle verkabelt und in Bereitschaft einzugreifen, falls etwas schieflaufen sollte.

»Es geht los, sie kommen jeden Moment die Treppe hoch«, hörte Markus die Stimme von Maihof, der das Signal eines Kollegen aus dem unteren Trakt des Flughafens an alle weitergab.

Ganz ruhig bleiben, sagte Markus zu sich selbst. *Ganz ruhig.* Dann fühlte er, wie seine Hände feucht wurden. Im gleichen Moment erkannte er zunächst Luise von Leyen, deren angebliche Trauer sich nicht in ihrer Kleiderauswahl widerspiegelte. Sie trug eine auffallend rote Bluse unter einem mit schimmernden Pailletten bestickten Blazer. Von Leyen wirkte dagegen fast kränklich. Eine beige Leinenhose und ein Hemd in identischer Farbe ließen seine Gesichtsfarbe noch blasser wirken. Ihre Koffer hatten sie auf einem Gepäckwagen gestapelt und rollten damit zu einem der zahllosen Schalter, die sich wie an einer Perlenschnur aneinanderreihten.

»Checkt nur kurz ihre Pässe und winkt sie dann durch«, gab Maihof den Befehl an zwei Beamte, die an den Schaltern postiert waren. Sie vermieden es zu antworten und nahmen stattdessen die Pässe der beiden Zielpersonen entgegen, warfen einen kurzen Blick darauf und winkten sie durch. Auch die Mitarbeiterin, die ihnen ihre Bordtickets aushändigte und das Gepäck entgegennahm, war eine Beamtin des BKA. Mit einer selbstverständlichen Routine klebte sie die Gepäckbänder an die Koffer und händigte ihnen die Papiere aus, als würde sie tatsächlich niemals etwas anderes machen. Von Leyen nickte ihr freundlich zu und schob Luise zu dem seitlichen Ausgang, wo es zu den Abfluggates ging.

»Gut so, alles läuft wie geplant bisher. Baut bloß keinen Scheiß, Leute, wir haben sie fast schon im Flieger«, klang es aus dem Funk und zeitgleich setzten sich ein Flugkapitän und eine Stewardess hinter den von Leyens in Bewegung. Dazu vervollständigten ein Elektrowagen mit Gepäckstücken, einige Reinigungskräfte und ein Mann mit Baseballkappe und Sonnenbrille den Tross.

Noch immer schlug Markus' Puls schneller als sonst. Sie durften sich keinen Fehler leisten. Nur so konnte ihnen Mazaev vielleicht doch noch ins Netz gehen. Das BKA hatte bereits mit den örtlichen Behörden in Miami Kontakt aufgenommen und die nötigen Schritte in die Wege geleitet. Wenn alles gutging, würde Markus bald wieder im Flieger zurück nach Deutschland sitzen. Dazu drei Verbrecher, die nie wieder irgendeinem anderen Menschen Schaden zufügen konnten.

Eine schöne Vorstellung, die Markus etwas beruhigte.

neunundsechzig.

– Miami, Florida, USA –

Es war bereits zum zweiten Mal früher Abend an diesem Tag, als der Flieger gelandet war und die kleine Gruppe um Maihof, Anna und Markus den Terminal des Flughafens in Miami verließ. Jedoch machte ihnen die Zeitumstellung weitaus weniger zu schaffen als das Wetter. Obwohl die Temperaturen bei weitem nicht mehr so hoch waren wie am Tage, animierte die Luftfeuchtigkeit sofort alle Poren zu Höchstleistungen. Einerseits freute sich Markus wieder einmal darauf das Heimatland seines Vaters besuchen zu können, andererseits hätte er sich einen Besuch unter gänzlich anderen Umständen gewünscht.

Das Auto, das sie abholte, erfüllte alle Klischees, die man sich unter amerikanischen Fahrzeugen der CIA vorstellte. Ein schwarzer Van mit abgedunkelten Scheiben und einem ebenso schwarz gekleideten Fahrer mit dunkler Sonnenbrille, der nur das Nötigste sagte. Vielleicht, weil er von den Englischkenntnissen seiner Passagiere nicht überzeugt war, vielleicht aber auch auf Befehl seiner Vorgesetzten. Markus, Maihof und Anna saßen, durch eine Mittelscheibe vom Fahrer getrennt, im hinteren Teil des Vans. Der gerade eben noch rinnende Schweiß schien aufgrund der eiskalt eingestellten Klimaanlage an Stirn und Rücken zu gefrieren. Die gut zwanzigminütige Fahrt stellte sich somit als große Herausforderung dar, bis sie endlich vor dem Bürogebäude angekommen waren. Nachdem sie zunächst eine weitere halbe Stunde in dem ebenfalls eisigen Büro gesessen hatten, war endlich ein Detective namens Luther Brown aufgetaucht, der als Verbindungsbeamter fungierte, und befragte sie zu ihrem Anliegen. Und das, obwohl das BKA die Unterlagen bereits per Mail vorausgeschickt hatte und sich an der Situation nichts geändert hatte. Doch das interessierte den Detective nicht im Geringsten und er ließ sich alles nochmals bis in das kleinste Detail schildern. Brown sprach ein erstaunlich gutes Deutsch, was er damit erklärte, dass er einige Jahre in Deutschland verbracht hatte. Das qualifizierte ihn wohl auch als Verbindungsbeamten und Dolmetscher. Dann erklärte ihnen der Beamte, dass die von Leyens direkt vom Flughafen aus in ihr Hotel nach Miami Beach gefahren waren und unter ständiger Beobachtung durch mehrere Detectives standen.

Ein weiterer Mann in schwarzem Anzug trat in das Büro. Ein farbiger Mann mit scharfen Gesichtszügen, die unmöglich jemals ein Lächeln hervorgebracht haben konnten. Er unterhielt sich kurz mit Detective Brown und machte sich dabei noch nicht einmal die Mühe, leise zu sprechen. Der Farbige sprach sehr schnell und dachte wohl, dass die Beamten aus Deutschland ihn daher kaum verstehen könnten, doch Markus verstand jedes Wort. Fast enttäuscht, dass der Detective so naiv agierte, schüttelte Markus den Kopf. Der Detective fragte Brown, ob man die Deutschen richtig empfangen hatte. Brown antwortete lächelnd mit »Ja, ich habe ihnen den frostigen Empfang bereitet, den Sie angeordnet hatten.« Da Brown das Wort ‚frostig' besonders betonte, wurde Markus klar, dass sie mit Absicht im Van heruntergekühlt worden waren. Eine unnötige Aktion, aber Markus wusste, dass die Amerikaner sich nur sehr ungern auf eine Zusammenarbeit mit anderen einließen. Schon gar nicht, wenn das BKA Informationen der Russen geheimgehalten hatte, die in Zusammenhang mit ELF-Strahlung zu bringen waren. Markus entschied, sich nicht als Halbamerikaner zu erkennen zu geben.

Im Gegenteil. Vielleicht konnte dies noch von Vorteil sein. Der farbige Mann stellte sich als Detective Jerry Everett vor und war der zuständige Beamte für die Operation. Und obwohl Maihof gerade alles erklärt hatte, ließ sich der Detective tatsächlich alles noch einmal schildern. Bei Maihofs Erklärung und Browns Übersetzung, dass von Leyen wohl die Waffe bei sich trug, man aber nicht wisse, wie er sie transportierte, zuckte Everett kurz auf, fing sich aber im nächsten Moment wieder. Er drehte sich zu Brown und fragte, ob dem BKA alle US-Informationen zur Strahlenforschung und deren Nutzung zur Verfügung gestellt worden waren.

»Nur das, was sie wissen müssen«, erklärte Brown.

»Dabei soll es auch bleiben«, antwortete Everett und musterte Markus. Ob er bemerkt hatte, dass Markus trotz des starken Slangs jedes Wort verstand? Es schien Everett nicht zu gefallen, dass ein Zivilist wie Markus mit in die Operation eingebunden war. Überhaupt schien es ihm am liebsten zu sein, das Ganze ohne Beteiligung Dritter durchzuführen. Und tatsächlich war der Verhandlungsspielraum der BKA-Beamten sehr gering. Sie waren in einem fremden Land, in dem sie weder handlungsberechtigt waren, noch sonst irgendwelche Befugnisse für die Untersuchung hatten. Es ging nur darum, solange an von Leyen dranzubleiben, bis er sie zu Mazaev führen würde.

»Was ist mit *ihm*?«, fragte Everett in Maihofs Richtung und deutete auf Markus.

»Herr Schuhmann steht uns als Berater zur Verfügung. Ich verbürge mich für ihn.«

»Berater wofür?«

Bisher hatte Markus geschwiegen, doch sah er nun eine Chance die eigene Position zu stärken. Wenn das CIA nicht mit offenen Karten spielte, warum sollte er es tun?

»Hightechwaffen. Ich bin der Experte für diese Waffe und bin der Einzige, der über die Funktionsweise der Waffe Informationen besitzt.«

Markus konnte die Überraschung von Maihof und Anna spüren, ohne dass er in ihre Richtung schaute. Eiskalt erwiderte er nun den Blick des Detectives.

»Was sind das für Informationen?«

»Streng geheim. Das verstehen Sie sicherlich«, bluffte Markus weiter und erkannte, dass er damit tatsächlich Wirkung hinterließ. Markus hatte absichtlich auf Deutsch geantwortet, so dass Brown übersetzen musste und ihm dadurch Zeit für seine nächsten Schritte blieb. Den Blick hatte er jedoch keine Sekunde von Everett genommen. Er überlegte, was er als nächstes sagen konnte, um seinem Bluff noch mehr Gewicht zu verleihen. Er entschied sich erneut für den Satz, den er mal in einem Krimi gehört hatte und den er auch schon Anna gegenüber geäußert hatte. Er hoffte auf einen ähnlichen Erfolg damit.

»Ich könnte es Ihnen sagen, Detective, aber dann müsste ich Sie und alle anderen hier im Raum daraufhin umbringen.«

Wie dämlich, sicherlich kennen die den Film, bereute Markus seinen Ausspruch schon wieder. Nur ein Idiot kann so etwas sagen. Doch sein Mund war schneller als sein Kopf gewesen. Everett und Brown tauschten einen kurzen Blick aus. Zu Markus' Erstaunen nahmen die Detectives ihm den harten Typen ab. Es musste wohl an der überzeugenden Übersetzung Browns gelegen haben.

»Gut. Sie können meinetwegen dabeibleiben.« Everett widmete sich wieder Maihof, wofür Markus dankbar war. Kaum hörbar atmete er beruhigt aus.

»Und Sie denken, dass dieser Professor Sie zu Mazaev führen wird?«

Maihof wirkte noch immer verwirrt von Markus' seltsamem Verhalten, doch spielte er mit und fuhr in seiner Erklärung einfach weiter fort.

»Ja, da sind wir uns sehr sicher. Wir wissen leider noch nicht, wo das Treffen stattfindet, aber wenn wir an von Leyen dranbleiben, kriegen wir ihn, die Waffe und Mazaev auf einen Schlag.«

»Sie verstehen sicher, dass ich ebensowenig fremde Beamte die Operation durchführen lassen kann wie ich es nicht zulassen kann, dass ein Verrückter mit einer so gefährlichen Waffe mitten durch Miami spaziert. Meinetwegen können Sie uns bei der Überwachung begleiten, aber Sie halten sich aus allen Sachen heraus.«

»Aber wir kennen ihn besser als Ihre Beamten. Er ist hochintelligent und wittert jede Falle. Lassen Sie uns die Ermittlungen führen, wir werden alles mit Ihnen absprechen.«

»Tut mir leid, das kann ich nicht tun. Und falls ich das Gefühl habe, dass irgendetwas schiefläuft und nur einer meiner Beamten in Gefahr ist, werde ich die Operation unverzüglich abbrechen.«

»Aber wir haben nur die Chance an Mazaev heranzukommen, wenn uns von Leyen zu ihm führt. Das ist doch sicher auch in Ihrem Interesse, oder wollen Sie, dass ein so gefährlicher Terrorist in den Besitz dieser Waffe kommt?«

»Mir geht es in erster Linie um den Schutz unserer Bürger. Das sind meine Bedingungen. Wenn sie Ihnen nicht gefallen, wünsche ich Ihnen noch einen schönen Tag und angenehmen Aufenthalt hier bei uns in Florida. Und zwar als Tourist.«

Maihof kämpfte sichtlich mit seiner Wut, doch versuchte er, es sich nicht allzu sehr anmerken zu lassen. Es blieb ihm nichts anderes übrig, als einzuwilligen. Ansonsten hätten die amerikanischen Behörden das BKA ganz aus der Operation ausgeschlossen.

»Gut, aber Sie informieren uns über jeden Ihrer Schritte.«

Everett nickte zufrieden mit einem arroganten Gewinnerlächeln und machte Anstalten das Büro zu verlassen. Dann drehte er sich jedoch noch einmal herum.

»Die Waffe. Sie sagten, Sie wissen nicht, wie sie aussieht oder zusammengebaut wird. Haben Sie denn eine Idee, wie er sie transportiert?«

»Unser Experte«, deutete Maihof schweren Herzens auf Markus, »geht davon aus, dass das Gerät nicht sehr groß sein kann, schließlich reist er mit übersichtlichem Gepäck. Unsere Beamten haben bei seinem Gepäck am Check-in jedoch keine Auffälligkeiten entdecken können. Aber um das Signal des Geräts zu senden, benötigt man eine leistungsstarke Antenne, einen Mobilfunkmast oder Ähnliches.«

»Verstehe«, antwortete Everett und wandte sich zu Markus. »Aber Sie können die Waffe bedienen und entschärfen, wenn er sie zusammenfügen sollte?«

»Das ist mein Job.«

Everett nickte zufrieden und befahl Brown in tiefstem Slang Markus im Auge zu behalten. Dann verließen beide das Büro.

»Was nun?«, flüsterte Anna und beugte sich zu Maihof. »Wir können doch nicht hier herumsitzen und darauf warten, dass irgendwas passiert.«

»Doch, genau das werden wir tun. Wir sind außerhalb unseres Zuständigkeitsbereichs und auf die Mitarbeit des CIA angewiesen.«

Enttäuschung machte sich breit, nur Markus wirkte amüsiert.

»Aber wir haben einen Joker.«

»Ach ja, welchen, Herr Schuhmann?«

»Mich.«

»Richtig, was sollte dieser Blödsinn mit dem Waffenexperten?«

»Dadurch können sie nicht auf uns verzichten. Außerdem spielen die Jungs hier nicht mit offenen Karten.«

»Wie meinst du das?«, wunderte sich Anna.

»Ich konnte hören, was sie untereinander redeten. Sie sagen uns nicht die volle Wahrheit. Sie verheimlichen uns etwas.«

Auch Maihof war von der Hilfsbereitschaft der CIA-Beamten nicht angetan.

»Es interessiert die hier einen Scheißdreck, was es mit den Morden der Bischofskonferenz auf sich hat. Ihnen scheint es nur um die Waffe zu gehen.«

siebzig.

In dem bunten Treiben von South Beach fielen die vielen Beamten in Zivil nicht weiter auf. Obwohl sich die von Leyens erst am nächsten Tag mit Mazaev treffen wollten, folgte dem Paar zu jeder Sekunde ein Tross aus Einsatzfahrzeugen und Beamten. Die beiden hatten sich ausgerechnet die Amüsiermeile Miamis für einen abendlichen Spaziergang ausgesucht. Nachdem sie zunächst in einem der zahlreichen Restaurants gespeist hatten, waren sie im Anschluss in ein Lokal mit dem Namen Mango's Tropical Bar gegangen und hatten an einem Tisch im oberen Bereich der Bar Platz genommen.

In der Bar brachte eine Live-Band mit Latinomusik das Partyvolk zum Tanzen. Dazu stiegen ab und an auch die knapp bekleideten Bedienungen auf Tische oder Tresen und bewegten gekonnt ihre Hüften, was die grölende Menge dazu animieren sollte noch ein paar Drinks mehr zu bestellen. Es funktionierte.

Immerhin war es im oberen Bereich etwas leiser, so dass eine Beamtin mit ebenso perfekter Figur wie die Bedienungen in eine der knappen Uniformen geschlüpft war und einen mit einer Wanze versehenen Salzstreuer auf den Tisch platziert hatte. Dazu hatte man sich innerhalb von nicht einmal zehn Minuten in die Videoüberwachung der Bar einschalten können, so dass man nun Ton und Bild des Geschehens hatte.

Markus, Anna und Maihof saßen im Inneren eines Vans, der die

Aufschrift ‚Royal Plumber Service – Miami' trug. Insgesamt drei dieser Fahrzeuge standen um das Gebäude verteilt. Dazu noch eine Einheit einer mobilen Einsatztruppe für Special Weapons and Tactics, kurz SWAT-Team genannt. Everett hatte damit geprahlt, dass er mit dieser Truppe innerhalb von 30 Minuten an jedem Punkt in Südflorida agieren konnte. Die Truppe war mit Hubschraubern, Schnellboten und den modernsten Waffen ausgestattet, um Miamis Drogenkurieren und sonstigen organisierten Verbrechen Einhalt zu gebieten. Mit im Van saß auch Brown, der von hier aus die Kommunikation mit den anderen Vans und dem SWAT-Team koordinierte. Außerdem sollte er übersetzen, aber er war zu sehr damit beschäftigt, die gesamte Technik am Laufen zu halten, als dass er sich auf von Leyen konzentrieren konnte. Auf einem der Bildschirme flackerte das Bild der von Leyens auf und im nächsten Moment folgte ein erstaunlich klarer Ton.

»Nun sag schon, warum du hierher wolltest«, hätte auch Brown die Stimme von Luise erkennen und jedes einzelne Wort pfeilschnell für die anderen Einsatzkräfte übersetzen sollen, doch seine Aufmerksamkeit galt weiterhin der Technik. Einen automatischen Elektroimpulsempfänger hatten sie nicht. Maihof freute diese Erkenntnis.

»Gefällt es dir hier nicht?«, fragte von Leyen.

»Doch natürlich, ich bin überall glücklich mit dir. Es ist wunderbar, endlich frei zu sein. Aber du hast so ein Geheimnis daraus gemacht, was wir heute Abend unternehmen. Dabei treffen wir uns doch erst morgen mit Aslan. Ich freue mich darauf ihn endlich kennen lernen zu dürfen.«

»Ja, ich bin gespannt, ob ich ihn gleich erkennen werde, schließlich habe ich ihn ja auch schon so viele Jahre nicht mehr gesehen. Aber diese Vorsichtsmaßnahme hat sich tausend Mal ausgezahlt.«

»Tausend Mal?«, lachte Luise auf, »nein, Millionen Mal. Wilhelm, so viel Geld wird es doch wert sein, oder? All unsere Träume werden wahr. Kannst du dir das vorstellen?«

»Robert«, verbesserte er sie amüsiert. »Mein Name ist von nun an Robert.«

»Du hast es dir verdient, Wilh... Robert. Alles ist genau so gekommen, wie du es geplant hast. Seckbach, den anderen Bischöfen und sogar deinem Bruder – allen hast du es gezeigt. Du bist brillant.«

»Da will ich dir nicht widersprechen. Nur mussten wir leider die Bombe ein paar Tage zu früh hochgehen lassen.«

»Ja, diese Beamtin und ihr nerviger Schoßhund, wie hießen die zwei doch gleich?«

»Anna Peterson und Markus Schuhmann.«

»Richtig. Die beiden waren so damit beschäftigt, sich gegenseitig zu übertreffen, dass wir sie ohne Probleme ausspielen konnten.«

Markus sah zu Anna hinüber, die im gleichen Moment seinen Blick suchte. Der Professor hatte Recht. Sie hatten sich lange gegenseitig blockiert, nur weil sie zu stolz waren einem anderen zu vertrauen und die Führung abzugeben. Fast hatte es zu lange gedauert und beide schämten sich in diesem Moment für ihr Verhalten.

»Deine Mutter wäre stolz auf dich.«

»Stolz? Meine Mutter? Nein, sicherlich nicht. Das Einzige, was ihr immer wichtig war, war ihre Gabe. Es ist ein Teufelsgeschenk gewesen, diese Gabe. Ich habe es schon als Kind gehasst. Immer wollte sie den Menschen helfen, sie beschützen, für sie da sein. Egal, ob sie gläubig oder irgendwelche dahergelaufenen Zigeuner waren. Jeder war gleich wichtig für sie. Nur bei ihren eigenen Söhnen hielt sie es nicht für nötig. Immer waren die Kranken ihr wichtiger als wir. Für die hatte sie immer Zeit.«

»Lass es gut sein. Du hast sie trotzdem geliebt.«

»Geliebt? Nein, ich wollte ihr ein Leben lang nur beweisen, dass die Menschen nicht nur gut sind und dass man sie mit harter Hand zurück auf die Spur eines einzig wahren Glaubens bringen muss. Dass man das Leben nicht nur durch ihre verfluchte Gabe steuern kann, sondern durch Forschung am Menschen und den Erkenntnissen, die man daraus gewinnt. Jahrhunderte hat man immer gedacht, dass Glaube und Forschung sich nicht vereinbaren lassen. Ich habe bewiesen, dass dem nicht so ist. Ich habe es allen bewiesen.«

»Das hast du.«

»Diese Waffe ist die Gelegenheit allen Menschen Frieden und einen gemeinsamen Glauben zu schenken. Leider blieb mir keine Zeit mehr für einen abschließenden Test.«

»Aber es hat doch immer wunderbar funktioniert.«

»Bei Hartmut. Aber das sind andere Parameter. Er war Autist und dazu konnte ich ihn mit Medikamenten und dem Mikrochip positiv beeinflussen. Aber ohne die Medikamente und jeglichen Chip haben wir es noch nicht bei einem gesunden Individuum probiert. Ein paar Tage wären noch nötig gewesen. Nur die Massenbestrahlung auf dem Gut funktionierte problemlos.«

»Und alle sind sie so handzahm gewesen. Die Mitglieder von Candens Oculus, die Prominenten, alle haben sie dir aus der Hand gefressen.«

»Richtig. Aber ich muss noch einen abschließenden Versuch bei einer einzelnen Person unternehmen. Ich denke, nun habe ich das letzte Mosaiksteinchen gefunden.«

»Aber brauchst du dazu nicht dein Labor?«

Von Leyen lachte laut und kehlig auf, dann lehnte er sich mit ausgestreckten Armen in seinem Stuhl zurück.

»Mein Labor ist das hier«. Er tippte sich gegen seine Stirn. »Alles hier drin.«

»Du weißt, ich habe mich nie für deine Forschung interessiert, aber du benötigst doch irgendwelche Funkwellen. Jedenfalls sagtest du das doch immer.«

»Das schon, aber die Zeit hat mir geholfen. Vor einigen Jahren war das noch ein großes Problem. Heute nicht mehr. Denn heute hat jeder einen kleinen Teil meiner Waffe schon bei sich. Sieh dich doch mal um.«

Luise schaute sich in der Bar um. Die Band spielte erneut ein bekanntes Lied, dass die Bedienungen veranlasste, genau dort, wo sie gerade standen, ihr Tablett abzustellen und auf den nächsten Stuhl, Tisch oder Tresen zu steigen, um zu tanzen.

»Verstehe ich nicht. Ich kann nicht erkennen, welche Waffen die Leute bei sich haben sollen.«

»Hier, das ist mein Waffe.«

Von Leyen legte sein Mobiltelefon, einen Blackberry, auf den Tisch. Und verschränkte zufrieden die Arme vor seiner Brust.

»Dein Handy?«

»Es ist mehr als ein Handy. Denn in erster Linie sendet und empfängt es was?«

Luise verstand nicht und zog fragend die Schultern nach oben.

»Funkwellen«, antwortete der Professor. »Alle jagen sich mit ihren Telefonen und wireless-lan-Verbindungen freiwillig die Wellen durch ihren Körper. Ich muss gar nicht viel mehr machen, als die Strahlenfrequenzen etwas abzuändern und zu kanalisieren. Heutzutage stehen in jeder Stadt starke Funkmaste, deren Frequenzen ich lediglich modifizieren und auf einen bestimmten Punkt lenken muss. Selbst wenn die Leute nicht telefonieren, kann man sie anpeilen und somit auch manipulieren. Und all meine Forschungsergebnisse passen mittlerweile auf den Speicherchip des Blackberrys. Das, meine Liebe, ist die perfekte Waffe.«

Markus sah hinüber zu Brown. Keine Gefühlsregung zeigte sich auf seinem Gesicht. Spätestens bei dem Wort Waffe hätte er reagieren müssen. Doch immer noch war er zu sehr damit beschäftigt die Technik am Laufen und den Funkkontakt zu den anderen Gruppen zu halten, als das er von dem eigentlichen Gespräch Notiz nahm. Niemandem der US-Spezialkräfte wurde gerade also ein einziges Wort übersetzt. Alle warteten wohl eher darauf, dass der Professor eine Waffe aus dem Hut zaubern würde, die als solche auch zu erkennen war.

»Aber wenn Aslan an dein Mobiltelefon kommt, besitzt er doch die ganze Macht. Ist das nicht zu gefährlich?« Luises Stimme klang besorgt und Markus wusste nicht, ob dies aus Angst vor Aslan Mazaev oder Wilhelm von Leyen geschah.

»Aslan hat keine Ahnung, wie die Technik funktioniert. Er würde ewig brauchen, um sie zu entschlüsseln. Es ist alles in meinem Kopf. Er braucht mich und ich ihn, um den Plan umzusetzen.«

»Welchen Plan? Es ist doch alles vorbei, oder?«

»Du glaubst doch wohl nicht wirklich, dass es jemals meine Absicht war, Aslan bei seinem Privatkrieg zu helfen und dafür ein paar Millionen zu kassieren? Ich halte eine Gottesmacht in meinen Händen. Das kann man nicht verkaufen wie auf einem Trödelmarkt.«

»Aber was willst du dann?«

»Die Russen wissen von der Forschung der ELF-Strahlen und haben den Kreml mit einer Art Schutzschild umspannt, der für herkömmliche Funkantennen undurchdringlich ist. Es gibt weltweit nur eine einzige Station, die die nötige Kraft besitzt, um dieses Schutzschild zu durchbrechen. HAARP. Die amerikanische Superantenne in Alaska. Deswegen sind wir hier in den Staaten, meine Liebe. Mit Hilfe meiner Technik und dieser Superantenne werden wir den Kreml zunächst dazu bringen sich aus Tschetschenien zurückzuziehen. Zudem wollte Aslan unbedingt noch einen ehemaligen Gefolgsmann namens Vlad mit der Strahlung ausschalten. Dieser Vlad war bei dem Anschlag von Beslan dabei. Um Aslan immer bei der Stange zu halten, musste ich ihm nur vorgaukeln, dass ich Informationen darüber hätte, wo dieser Vlad sich versteckt hält. Dabei habe ich keinen blassen Schimmer, wo dieser Typ steckt oder ob er überhaupt noch lebt.«

»Du hast ihn angelogen?«

»Wen interessiert das schon? Jedenfalls wird mir Aslan dadurch im Gegenzug wichtige Informationen geben. Und schon bald darauf werde ich dadurch Zugang zur zweiten Megaantenne in Russland haben. Mit diesen beiden Sendestationen kann ich die komplette Welt mit der Niederfrequenzstrahlung umspannen. Und ich verspreche dir, die Welt wird nach diesem Tag nicht mehr die gleiche sein. Was der Papst und die Katholische Kirche mit all ihren Kreuzzügen nicht vermochten, werde ich innerhalb weniger Wochen erreichen. Mit der Macht dieser Waffe werde ich alle Menschen in einem neuen Glauben vereinen. Und ich werde die Pfeilspitze dieses Glaubens sein. Ein Gott auf Erden.«

»Du machst mir Angst.«

Von Leyen faltete seine Hände über dem Bauch und lehnte sich in seinem Stuhl zurück. Zuerst umspielte ein Lächeln seine Mundwinkel, dann verhärteten sich seine Gesichtszüge. Luise schwieg. Jedoch konnte man erkennen, dass selbst sie nun dachte, was bereits in allen Köpfen vorging, die dieses Gespräch verfolgt hatten. Er ist größenwahnsinnig. Sie saß stumm vor ihm und sah ihm zu, wie er auf der Tastatur seines Blackberrys etwas eintippte.

»Was tust du da?«

»Ich werde nun meine Forschung mit einem letzten Experiment abschließen. Es genügt, wenn derjenige das Telefon nur bei sich trägt, es muss nur einmal klingeln und schon habe ich ihn angepeilt. Sobald ich Verbindung mit dem Empfänger über dessen Handy aufgenommen habe, wird sich dieser durch meinen Willen das Leben nehmen. Das ist der letzte Beweis, den ich benötige, dass meine Waffe funktioniert.«

»Wen? Du kennst hier doch niemanden.«

In diesem Moment zuckte Luise zusammen und sah von Leyen mit großen Augen an, als könne sie nicht glauben, was gerade geschah. Tränen füllten ihre Augen, als sie in ihre Tasche griff und ihr Telefon herausnahm. Sie sah auf das Display, und ihre Befürchtung bestätigte sich. Ihr Telefon klingelte.

»Ich?«, flüsterte sie schwach, »du willst mich töten?«

Der Professor zog nur kurz entschuldigend seine Schultern nach oben, als könne er dies leider auch nicht ändern.

»Du und Aslan seid die einzigen, die von der Waffe und meinem Wechsel mit Robert wissen. Es muss einfach sein. Nimm es nicht persönlich.«

»Verdammt, er setzt die Waffe ein«, rief Markus reflexartig auf und Brown zuckte vor Schreck zusammen. Ihm wurde wohl in diesem Moment bewusst, dass er dem Gespräch im Inneren der Bar kaum gefolgt war. Sofort gab Brown im Affekt den Einsatzbefehl und Sekunden später hallte es über den Funk in die Vans der anderen Einheiten. »Zugriff. Wiederhole, Zugriff. Stürmt das Gebäude und nehmt diesen Bastard fest. Aber Vorsicht, der Mann ist bewaffnet.«

Alles geschah rasend schnell. Die Türen der Vans flogen auf und das SWAT-Team stürmte in die Bar. Laute Schreie der anderen Gäste waren überall zu hören, die sich mit Anweisungen der Beamten überwarfen. Alle mussten sich auf den Boden knien und ihre Hände über den Kopf nehmen. Markus, Anna und Maihof verfolgten den Einsatz auf dem Bildschirm. Sie konnten erkennen, dass nur wenige Meter von dem Tisch des Professors als Gäste getarnte Beamte aufsprangen und mit einem Satz bei dem Professor und Luise waren. Sofort warfen sie sich auf die beiden Zielpersonen und überwältigten sie.

# einundsiebzig.

Alle saßen sich gegenüber in einem Raum, der ihnen von den amerikanischen Behörden zur Verfügung gestellt worden war. Der Professor und Luise von Leyen waren verhaftet, doch rechte Freude wollte sich nicht einstellen. Mazaev war ihnen damit wohl endgültig entkommen. Maihof hatte beschlossen zunächst Wilhelm und danach Luise von Leyen zu vernehmen. Der Professor wirkte bereits jetzt, kurz nach seiner Verhaftung, erstaunlich klaren Geistes. Er versuchte erst gar nicht, seinen Kopf aus der Schlinge zu ziehen. Er saß Maihof gegenüber und beantwortete alle seine Fragen ohne den geringsten Anflug von Reue. Vor ihm lag provokativ sein Blackberry, den die Amerikaner ihm zunächst abgenommen hatten. Der CIA war stinksauer darüber, dass man einen Großeinsatz durchgeführt hatte, um anstatt der angekündigten Waffe ein handelsübliches Mobiltelefon sicherzustellen. Ein Fehlschlag, da man sich auf die Informationen des deutschen Bundeskriminalamts verlassen hatte. Sie glaubten in dem Professor lediglich einen Wichtigtuer verhaftet zu haben, der sich aufspielen wollte, ansonsten aber harmlos war. Der CIA hatte von Anfang an nicht an die Fähigkeiten des BKA geglaubt und hatte sich daher beim Verhör auch nicht besonders viel Mühe gegeben. Sie glaubten den Ausführungen der deutschen Kollegen nicht, dass sich die weltweit gefürchtete Strahlenwaffe in Form eines Blackberry darstellen würde. Sie hielten es noch nicht einmal für nötig einen Experten hinzuzuziehen. Und als auch Markus, der vermeintliche

Experte aus Europa, nichts Auffälliges daran erkennen konnte, hatten sie von Leyen den Blackberry wieder zurückgegeben. Etwas anderes blieb ihnen, trotz allen Einwirkens Maihofs, auch nicht übrig. Immerhin hatte Everett noch gestattet, ein Verhör mit den von Leyens durch-zuführen. Doch der Professor war sich seiner Sache im Verhör mit Maihof ganz sicher und leugnete nicht einmal seine Verstrickungen.

»Woher kennen Sie ihn?«

»Wen?«

»Sie wissen genau, wen ich meine. Mazaev.«

»Ach so, den. Wir gingen zu DDR-Zeiten gemeinsam auf die Friedrich-Engels-Militärakademie in Dresden. Daher sprach Aslan auch nahezu perfekt deutsch und ich ebenso gut russisch. Später arbeiteten wir gemeinsam an einem geheimen Forschungsprojekt der Russen.«

Allen im Raum war sofort klar, dass es sich bei dem Geheimprojekt um die Erforschung der ELF-Strahlung handeln musste und keiner zweifelte daran, dass beide auch für die Bestrahlung der US-Botschaft in Moskau verantwortlich waren.

»Strahlenforschung«, warf Maihof ein. Das war keine Frage als vielmehr eine Feststellung.

Wilhelm von Leyen nickte anerkennend.

»Sie wissen von dem Projekt? Dann erzähle ich Ihnen ja nichts Neues. Ich arbeitete als Wissenschaftler und Aslan als verantwortlicher Mitarbeiter des Militärs. Nachdem die Forschungsgelder aber knapp wurden und Aslan sich von dem russischen Militär losgesagt hatte, um im tschetschenischen Untergrund zu kämpfen, hatten wir uns aus den Augen verloren.«

»Wann und wie kam es dann wieder zur Kontaktaufnahme?«

»Erst vor einigen Jahren, nachdem ich meine Forschung über Autismus begonnen und damit bekannt geworden war, hatte Aslan erneut Kontakt aufgenommen und schickte seine Tochter zu uns, um sie im Schoße von Candens Oculus sicher aufwachsen zu lassen. Er war immer noch in dem Glauben, dass ein gewisser Vlad den beiden nach dem Leben trachtete. Wie auch immer, mein Bruder nahm sich der Kleinen jedenfalls an, ahnte aber nicht, wer sie wirklich war.«

»Aber wir. Es geht um Susanne, nicht wahr?«

»Ja, die kleine Susanne. Ein wirklich aufgewecktes Kind. Die Kleine sollte nicht als Tochter eines Terroristen, sondern wie ein normales Mädchen aufwachsen und Aslan beschloss, alle Spuren, die zu ihm führten, zu verwischen. Er ließ Susanne als Waise bei Candens Oculus und setzte sich im Anschluss ins Ausland ab. Seither nahm er mit mir nur Kontakt über das Internet auf. Ich habe ihn seit unserer Militärzeit nicht mehr persönlich zu Gesicht bekommen.«

»Aber das war noch nicht alles. Der Plan zur Forschung an der neuen Strahlenwaffe, wer hat ihn ausgeheckt?«

Mit stolz geschwellter Brust rückte Wilhelm näher an den Tisch und tippte mit den Fingerspitzen erneut auf das Display des Blackberrys.

»Na wer wohl? Ich. Aslan meinte, Candens Oculus sei nicht nur ein ideales Versteck für seine Tochter, sondern auch der perfekte Schutzmantel für einen neuen Schritt in der Forschung. Bisher war die Waffe immer nur auf eine große Gruppe oder ein Gebäude anwendbar. Dazu musste man große Antennen in der unmittelbaren Nähe aufbauen, die man für die Strahlung benötigte. Auf Dauer also viel zu aufwändig und teuer.«

»Dennoch nutzten Sie diese Entdeckung und implantierten allen Mitgliedern den Chip, um sie für Forschungszwecke zu benutzen?«

»Ja, schon«, schmunzelte von Leyen, »das wissen Sie doch am besten, Herr Maihof. Die Daten waren hochinteressant und auch die Manipulation gelang in Kombination mit der Dauerbestrahlung. Die Kontakte zu Wirtschaft, Politik und den Medien hätten mir dazu noch sehr nützlich sein können.«

»Spätestens, wenn die Waffe erstmal weiterentwickelt und auf einzelne Personen anwendbar war.«

»Respekt, Herr Maihof. Ja, unter dem Vorwand der Erforschung des Autismus baute ich zunächst mit Geldern von Candens Oculus einen Teil des Gewölbes zu meinen Zwecken um. Dort konnte ich ungestört forschen und hatte stets genügend Menschenmaterial zur Verfügung. Ich hatte schon zuvor die Wirkung von ELF-Strahlung bei Autisten untersucht und erstaunliche Erkenntnisse gewonnen. Ich konnte quasi in ihren Kopf schauen und dort mit ihnen kommunizieren. Ihre Gefühle und Emotionen erkennen und sie...«

»Manipulieren«, beendete Maihof den Satz. Wilhelm von Leyen gefiel die Aussage nicht und er verbesserte sie so, dass sie in seinen Ohren angenehmer klang.

»Sagen wir unterstützen.«

Markus erinnerte sich an Hartmut, die arme Seele, die der Professor als Marionette in diesem Spiel benutzt hatte. Der Professor hatte ihn und seine körperliche Stärke benutzt, um als Handlanger zu dienen.

»Und die Morde an den Bischöfen und dem Kardinal waren von Anfang an beschlossene Sache und dienten nur der Geldbeschaffung.«

»Ich benötigte in den letzten Jahren viel Geld. Sehr viel. Ich musste also Geldquellen auftun, die die Möglichkeit boten, es an allen öffentlichen Ämtern vorbeizuschleusen.«

»Wie meinen Sie das?«

»Schauen Sie, jedes Bistum entscheidet nahezu selbstständig, was mit den vielen Millionen Kirchensteuergeldern passiert. Niemand wagt es, das in Frage zu stellen. Das Einzige, was wir tun mussten, war die Bischöfe dazu zu bringen uns diese Gelder zu übergeben.«

»Und wie erreichten sie das? Die Bistümer gaben Ihnen doch nicht freiwillig diese Summen.«

»Natürlich nicht. Aber nachdem ich Kardinal Seckbach über die Möglichkeiten der Waffe informiert hatte, war er Feuer und Flamme dafür. Er und der konservative Flügel der deutschen Bischöfe sahen darin die Möglichkeit, Einfluss auf die neue Ausrichtung der Katholischen Kirche nehmen zu können.«

»Aber das war nicht Ihre eigene Motivation. Es genügte Ihnen nicht, Sie wollten gottgleich sein.«

»Nein, nicht gottgleich. Ich bin eine Gottheit des 21. Jahrhunderts.«

»Und dazu sicherten Sie sich durch das Wissen über die Fehltritte der Bischöfe ab.«

»Ein Kinderspiel. Seckbach fungierte in seiner Funktion als Vorsitzender der Bischofskonferenz sozusagen als Vermittler für alle Probleme. Diese Informationen konnten wir sehr gut nutzen.«

»Wie die Informationen über Severine Gerrard und ihren Sohn?«

»Mit dem Sohn Schneiders hatten wir natürlich einen perfekten Druckpunkt erhalten.«

»Druckpunkt? Sie haben das Kind umgebracht.«

»Wir wollten Schneider eigentlich nur einen Denkzettel verpassen, aber ich gebe zu, dass wir den Tod von seinem Sohn und Frau Gerrard in Kauf nahmen.«

»Sie bezogen also über die Bistümer das nötige Geld für Ihre Forschung. Aber Schneider und Seckbach weigerten sich plötzlich.«

»Ja, Schneider überfielen Gewissensbisse und auch Kardinal Seckbach musste ich eliminieren. Es war jedoch wichtig, dass er noch einmal auf der Konferenz auftrat und so weiterhin der Druck auf die anderen Bischöfen aufrecht erhalten wurde.«

»Also hielten Sie den Glauben aufrecht, dass Kardinal Seckbach noch am Leben war.«

»Das war kein Problem. Ich hatte von ihm den gesamten Ablauf der Konferenz erhalten. Ich schlüpfte bei der Ankunft der Bischöfe lediglich in seine Haut, um die anderen Bischöfe weiter unter Druck setzen zu können. Ein wenig Maskerade und niemand merkte in dem Trubel dieser eitlen Pfauen etwas. Es war letztlich wie überall: Die Menschen sehen nur das, was sie sehen wollen.«

»Doch Sie mussten noch ein weiteres Mal in seine Haut schlüpfen.

Beim Gebet der Bischöfe in der Bonifatiusgruft.«

Wilhelm zeigte sich verblüfft, dass Maihof auch darüber Bescheid wusste. Es ließ ihn kurz an der Perfektion des Planes zweifeln, dann fing er sich aber schnell wieder.

»Ganz richtig, Herr Maihof. So war es. Jedoch wusste ich, dass ich nur stumm in einer der vorgegebenen Reihen sitzen musste. Dazu kam mir die speziell für diesen Anlass zu tragende Kleidung der Bischöfe zugute. Niemand merkte etwas.«

»Dort bekamen Sie dann die Nachricht von Schneider zugesteckt, dass Verhoven, Berger und er nun endlich Ergebnisse sehen wollten, da sie und ihre Gelder ansonsten nicht mehr länger zu Verfügung stehen würden.«

»Allerdings. Finden Sie das nicht auch makaber? Ausgerechnet mir haben sie diesen Zettel zugesteckt. Damit waren deren Todesurteile gefällt. Doch das war auch schon vorher klar. Ich hatte ja bereits die einzelnen Szenarien ihres Ablebens geplant.«

»Sie rechneten aber nicht damit, dass Schneider überleben würde und die kleine Susanne die Vergangenheit wieder aufleben lassen würde.«

»Ich wusste, dass Susanne fantasierte. Daher wollte ich sie auch nicht auf dem Gut haben, als Ihre Kollegin mit Herrn Schuhmann zu Gast war. Aber Hartmut hat sich ja dann dieses Problems angenommen.«

Anna konnte sich nur schwer zügeln und ballte ihre Faust in der Tasche. Am liebsten hätte sie diese jedoch dem Professor ins Gesicht geschlagen. Doch sie wollte sich nicht provozieren lassen. Von Leyen fuhr unbeirrt in seiner Erläuterung fort.

»Und die Nacht, in der Schneider beseitigt werden sollte, stand einfach unter keinem guten Stern.«

»Das brachte Ihren Plan durcheinander, denn plötzlich gab es wieder jemanden, der uns auf die Spur der veruntreuten Gelder bringen konnte und somit auf die Spur von Mazaev und Ihnen.«

Maihof schien einen empfindlichen Punkt getroffen zu haben. Der Perfektionist Wilhelm von Leyen konnte sich nicht eingestehen, dass ihm eventuell ein Fehler unterlaufen war.

»Dieser verdammte Vollmond.«

»Ich verstehe nicht?«

»Nach elf Uhr abends, nachdem alle im Hofgut Bettruhe hielten, war die Zeit, in der Hartmut immer zu seiner Aufgabe aufbrechen sollte. Es hatte zuvor stets funktioniert. Doch an diesem Abend war Vollmond und es war zu hell. Wir mussten den Zeitplan um zwei Stunden verschieben. Nur deshalb konnte Schneider überleben, sonst wäre er komplett ausgeblutet. Sie sollten alle sterben. Die Forschungen waren soweit vorangeschritten, dass ich mich aller Mitwisser entledigen musste. Doch wie tötet man eine ganze Handvoll Bischöfe, ohne dabei den Fokus auf die veruntreuten Gelder zu lenken? Ich muss gestehen, dass mir der Zufall in die Hände spielte. Der Gedanke reifte erst, als Jakob Remond den Antrag auf eine Personalprälatur stellte. Ich begann damit das Szenario minutiös zu planen. Zunächst der entführte Kardinal Seckbach, der in Wahrheit schon längst in meinem Labor in der Zelle vor sich hin vegetierte. Ich verfasste den Drohbrief, manipulierte die Buchungen der Übernachtungen und schrieb im Anschluss mit Seckbachs Blut eine Nachricht an die Wand. Ich gebe zu, dass dies ein klein wenig zu melodramatisch war, aber es verfehlte nicht seine Wirkung. Schließlich sorgte das bei Ihnen für so viel Wirbel, dass Sie alles andere aus dem Blick ließen.«

Von Leyen berauschte sich an der Erpressung und Ermoderung von unschuldigen Menschen derart, dass Markus am liebsten aufgestanden wäre, um ihn zu ohrfeigen. Er blieb stattdessen sitzen und musste sich die weiteren Details anhören.

»Sie schufen somit das Bild eines religiös motivierten Psychopathen.«

»Ich war mir ganz sicher, dass nun der Verdacht auf einen geistig verwirrten Extremisten fallen musste, also weit weg von der Veruntreuung von Kirchengeldern und somit weit weg von mir und meiner Forschung.«

»Und Ihre Mutter? Musste auch sie Ihrem Plan weichen?«

»Himmel, nein, was denken Sie von mir?«

Er schien glaubhaft entrüstet darüber, dass Maihof ihn fragte, ob auch die alte Frau umgebracht worden war.

»Wir wussten, dass sie nicht mehr lange zu leben hatte, und der Herr hat sie aus freien Stücken zu sich genommen.«

»Im Gegensatz zu Ihrem Bruder. Den haben Sie geopfert.«

»Robert? Der war schwach und unselbstständig. Ein Leben lang musste ich ihm den Weg vorgeben. Für eine neue Weltreligion war er nicht geschaffen.«

»Er wusste also nicht über ihre Tätigkeiten Bescheid?«

»Wissen Sie, er war sehr leicht beeinflussbar und ich überzeugte ihn davon, dass es nicht im Sinne Gottes sei, dass Candens Oculus anerkannt wird. Dass es Remond dabei nur um das viele Geld gehe. Ich weihte ihn ein, dass die Bischöfe schwere Fehler begangen hatten. Ich zeigte ihm Fotos, Zeitungsartikel und andere Beweise. Und ich sagte ihm, dass bereits ein Kämpfer Gottes beauftragt sei, der die Ungläubigen strafen soll.«

»Hartmut.«

»Ja, Hartmut. Er ist schon sein ganzes Leben in der Obhut der Kirche gewesen. Anfangs wuchs er wohl in einem von katholischen Nonnen geführten Kinderheim auf, irgendwann kam er dann auf das Gut in der Rhön. Robert kümmerte sich seit Hartmuts Zugehörigkeit zu Candens Oculus um ihn. Hartmut nannte ihn liebevoll seinen Padre, seinen Vater. Aber eigentlich war er vielmehr wie ein Bruder zu ihm.«

»Wie ein Bruder«, wiederholte Maihof den letzten Satz und lachte dabei.

»Was ist daran so lustig?«

»Wollen Sie mir etwa sagen, dass Sie es wirklich nicht wissen?«

»Was meinen Sie?«

Das Lachen Maihofs verstummte und sein Blick gefror von einer Sekunde auf die andere. Dann fixierte er von Leyen.

»Ihre Mutter hat es Ihnen also all die Jahre über verschwiegen und es schließlich mit ins Grab genommen.«

»Wovon sprechen Sie?«

»Neben Robert hatten Sie doch noch einen weiteren Bruder, den sie im Mutterleib mit der Nabelschnur beinahe töteten. Ein Drillingsbruder, der den anderen beiden nicht eineiig glich und angeblich an den Folgen seiner Behinderung bereits im Kindesalter starb.«

»Ja, er liegt in unserem Familiengrab.«

»Nein, Herr von Leyen, das tut er nicht. Er starb nämlich gar nicht, sondern Ihre Mutter hatte ihn in ein Kinderheim gegeben. Sie fuhr eines Tages mit ihm von Ihrem Zuhause in Thüringen in ein Heim in Hessen, das von Nonnen geführt wurde. Bald darauf wurde die Grenze undurchlässig und dann, all die vielen Jahre später, als die Grenze fiel, kam er ausgerechnet zu Candens Oculus. In seine alte Heimat, in die Institution, in der Sie an der Forschung des Autismus arbeiteten. Sie haben Ihren eigenen Bruder für die Forschung missbraucht. Hartmut war Ihr Bruder. Wir haben den DNA-Beweis.«

Es war der einzige Augenblick, an den sich Markus später erinnern konnte, in dem von Leyen nachhaltig überrascht wirkte. Doch er versuchte sich schnell wieder zu fangen und in seine Rolle zurückzufinden.

»Das erklärt zumindest, warum Robert diese besondere Verbundenheit zu Hartmut verspürte.«

»Und Sie nutzten diese innige Beziehung aus?«

»Wir waren Zwillinge... entschuldigen Sie, ich meine Drillinge. Ich musste Hartmut nur ein wenig Drogen verabreichen und er fraß mir geradezu aus der Hand. Als ich ihm einen Mikrochip einpflanzte und mit ihm erste Strahlenexperimente durchführte, hatte ich damit entscheidende Erfolge. Ich drang zu ihm in sein Gedächtnis vor und gab ihm später die Aufträge.«

»Sie setzten ihm den Chip in seinen Kopf, nicht wahr?«

»Ja, es war die erste Generation der Chips. Natürlich wusste ich, dass ich nicht jedem einen Chip in sein Hirn pflanzen konnte. Die Neuen, wie Sie, Herr Maihof, bekamen den Chip nur in die Hautfalte gespritzt. Ohne Operation, ohne Narbe und vor allen Dingen ohne Erinnerung.«

»Und Robert?«

»Der zitterte zwar am ganzen Leib, war aber einverstanden. Von den Drogen und den Experimenten ahnte er natürlich nichts. Außerdem fuhr er Hartmut zu den jeweiligen Orten, an die Bischof Berger seine Kollegen berief.«

»Berger war also Ihr Informant.«

»Nach der Entführung Seckbachs schlotterten ihm vor Angst die Knie. Er war ein Angsthase. Er hätte alles getan, um seine eigene Haut zu retten. Also lockte ich mit seiner Hilfe die Bischöfe zu den geheimen Treffpunkten. Den Rest kennen Sie ja. Danach war Berger wertlos für uns. Er war eine falsche Schlange, er hätte mich ebenfalls an den Nächstbesten verraten.«

»Und Robert war bei den Morden immer anwesend?«, wollte Maihof weiter wissen.

»Wir mussten vorsichtig sein. Auf dem ganzen Gut wimmelt es von Überwachungskameras. Er brachte Hartmut also über den geheimen Tunnel raus und rein und fuhr ihn zu den vereinbarten Orten. Er hatte auch die Idee mit dem Mönchsgewand, damit man Hartmut und ihn nicht erkennen konnte. Nachdem Hartmut seine Arbeit verrichtet hatte, sprach Robert sein letztes Gebet mit den Bischöfen, um ihnen die Beichte abzunehmen. Schließlich hatten sie sich tatsächlich fehlverhalten. Beichten. Sie sollten vor dem Angesicht des Todes ihre Beichte ablegen.«

»Es waren also immer zwei Personen an den Tatorten«, schlussfolgerte Anna. »Hartmut und Robert. Da beide aber in ein Mönchsgewand gehüllt waren, war es Schneider nicht bewusst geworden. Lediglich die Gebete, die Robert sprach, hatte er zum Teil wahrgenommen.«

Wilhelm von Leyen nickte zustimmend und ein stiller Moment unterbrach das Verhör. Dann lehnte sich Maihof zu ihm und sprach in leisem Ton weiter.

»Verraten Sie uns doch bitte, warum Sie uns das alles erzählen. Sie belasten sich doch mit dieser Aussage.«

»Ach wirklich? Tue ich das? Vielleicht ist mein Plan aber auch so perfekt, dass ich Ihnen davon erzählen kann. Denn natürlich würde ich vor Gericht alles bestreiten. Und seien wir doch mal ehrlich, wer wird diese Geschichte schon glauben, zumal man mir nichts nachweisen kann. Schauen Sie, mein Bruder und ich sind Zwillinge und besitzen sogar die absolut identischen Gene. Niemand wird beweisen können, dass ich nicht Robert bin. In meinem Plan waren drei Faktoren elementar wichtig. Erstens musste ich einen plausiblen Täter und seinen Handlanger kreieren. Meinen Bruder und Hartmut. Dann mussten alle, die von der Veruntreuung wussten, sterben, und zu guter Letzt mussten die Täter vor glaubwürdigen Zeugen ihr Leben lassen. Vielen Dank noch mal dafür. Und schließlich wartete ich sogar, bis die Staatsanwaltschaft die Untersuchungen einstellte und die Akte schloss. Sie sehen, es gibt überhaupt keinen Fall mehr. Kein Staatsanwalt wird diesen heißen Fall nochmals aufgrund von abstrusen Vermutungen neu aufrollen. Der Richter würde Sie auslachen, Herr Maihof.«

Von Leyen drehte sein Mobiltelefon in den Händen und lächelte süffisant in die Runde. So verrückt es auch klang, alles, was von Leyen gesagt hatte, stimmte. Man konnte ihm tatsächlich nichts nachweisen und der Fall der ermordeten Bischöfe war mit den überführten Tätern abgeschlossen worden. Vor allen Dingen fehlte die Tatwaffe. Der Professor steckte sein Blackberry in seine Tasche, wurde aus dem

Büro geführt und eine beängstigende Stille blieb zurück. Sie wurde erst aufgelöst, nachdem Luise von Leyen hereingeführt wurde.

zweiundsiebzig.

Frau von Leyen, ich habe nur ein paar kurze Fragen an Sie. Was können Sie uns über Ihren Mann Robert und seinem Verhältnis zu seinem Bruder sagen?«

Auch Luise von Leyen schien sich schnell von ihrem ersten Schock erholt zu haben. Sie wirkte gefasst und geradlinig in ihrem Auftreten. Von ihr erhoffte sich Maihof die meisten Erkenntnisse. Sie war die Einzige, die Wilhelm von Leyen noch belasten konnte. Und nachdem er sie in der Bar bedroht hatte, konnte man auch davon ausgehen, dass sie ihn nicht mehr länger decken wollte. Doch schon bei ihrem ersten Satz schien sie nichts aus den Vorfällen gelernt zu haben. Immer noch glorifizierte sie den Professor.

»Robert war ein Schwächling. Wilhelm ist da ganz anders. Er ist stark, visionär und sprüht nur so vor Ideen und Kraft. Schon lange vor der Hochzeit mit Robert war ich von ihm fasziniert. Aber ihn bekam man nicht so einfach. Er war wie ein wildes Tier, dem man keine Ketten anlegen konnte. Und noch viel weniger einen Ring.« Sie lachte laut und kehlig über ihren eigenen Witz auf. Doch sie blieb die Einzige in dem Raum, die darüber lachen konnte. »Wissen sie, am Hochzeitstag, als Robert mit unseren Gästen bereits auf dem Weg zur Kirche war, kam Wilhelm in mein Schlafzimmer. Ich war gerade dabei, mich für die Trauung umzuziehen. Er kam herein, schloss die Tür hinter sich und nahm mich einfach. Er fragte nicht einmal, er nahm mich einfach. Es war kein Vergleich zu dem langweiligen Sex mit Robert, es war ein Feuerwerk. So war er immer. Was er wollte, nahm er sich. Daher nahm ich mit Robert eben die bestmögliche Kopie als Mann. Besser als nichts, dachte ich mir. Sie hatten nicht viel gemeinsam, die beiden Brüder. Wären sie keine Zwillinge gewesen, ich hätte nicht geglaubt, dass sie Brüder sind. Wussten Sie, dass es sogar Drillinge waren? Doch der Dritte ist früh gestorben.« Maihof sowie alle anderen schwiegen dazu. Auch Luise wusste demnach nichts von der Tatsache, dass Hartmut der dritte Bruder war. Und sie ließ auch nicht viel Platz für Zwischenfragen. Sie sprühte geradezu vor Mitteilungsbedürfnis. »Robert hat sich deswegen immer Vorwürfe gemacht. Ich sagte ja, er war schwach. Wilhelm hasste Robert für diese Schwäche. Ich glaube, es verlangte Wilhelm keine große Überwindung ab, Robert zu verbrennen. Gibt es da nicht so eine Geschichte in der Bibel?«, drehte sie sich zu Markus herum, der ihr zunickte.

»Kain und Abel.«

»Ja genau. So war das bei den beiden. Wie bei Kain und Abel. Ich bin mir sicher, es fiel ihm leicht, nachdem ich Robert die Medikamente in seinen Nachttrunk gegeben hatte. Es war die einzige Sünde, die er sich erlaubte. Jeden Abend ein Glas Cognac. Er meinte immer, dass der Herr ihm das nie verzeihen würde und dass es ihn noch mal umbringen würde. Ha, wie Recht er damit hatte.«

Anna hatte genug von dieser Huldigung des Tyrannen und schlug mit ihrer Faust auf den Tisch.

»Luise, Ihnen ist aber schon bewusst, dass Ihr Wilhelm Sie heute Abend umbringen wollte, oder?«

Das Lächeln erfror, verschwand aber nicht aus ihrem Gesicht. Es schien ihr zwar bitter aufzustoßen, doch nicht einmal dies schien ihre Liebe zu Wilhelm von Leyen zu zerstören.

»Wissen Sie, lieber würde ich durch Wilhelms Hand sterben als in Roberts Armen weiter zu leben.«

Kurz darauf wurde auch Luise von Leyen abgeführt und sie waren wieder alleine in dem kargen Raum. Obwohl die von Leyens verhaftet waren, stellte sich keine wirkliche Genugtuung ein. Die Chancen, dass der Professor tatsächlich freigesprochen werden würde, standen für ihn ausgesprochen gut. Wahrscheinlich würde es nicht einmal zu einer Anklage kommen. Die einzige Möglichkeit, ihm die Verbrechen nachweisen zu können, beruhte auf der Hightech-Waffe. Es war zwar allen bewusst, dass die Technik in den Komponenten seines Blackberrys steckte, doch für alle anderen war es ein alltäglicher Gebrauchsgegenstand. Falls jedoch ein Experte das Ganze untersuchen würde, könnte er vielleicht die Wirkungsweise nachvollziehen. Doch dazu müssten sie erst einmal in den Besitz des Blackberrys gelangen.

Und die amerikanischen Kollegen zeigten sich nicht motiviert auch nur irgendetwas weiter zu unternehmen. Für sie war der Fall erledigt. Auch Maihof und Anna wirkten enttäuscht. Sie hatten darauf gehofft, den großen Coup zu landen und den gesuchten Terroristen zu stellen. Doch Mazaev, der ganz dicke Fisch, war ihnen von der Angel gesprungen.

»Was machen wir nun?«, fragte Anna.

»Gar nichts. Wir können gar nichts machen. Wir wissen noch nicht einmal, wo von Leyen Mazaev treffen wollte. Und er wird einen Teufel tun uns dies zu verraten.«

So leicht wollte Markus aber noch nicht aufgeben. Schließlich hatten sie einige Anhaltspunkte.

»Wir wissen immerhin, dass sie sich irgendwo im Süden Floridas treffen wollten. Und die Uhrzeit haben wir auch. Er wird bis zu dem Treffpunkt keinen neuen Kontakt zu Mazaev aufnehmen können.«

Doch Maihof zerstörte jegliche Hoffnung auf eine Lösung im Keim. Zu groß waren die Fragen und zu gering die Zeit, um Antworten zu finden.

»Wenn Sie möchten, können Sie ja morgen gerne um 16 Uhr durch Miami fahren und Ausschau halten, ob Ihnen Mazaev vor die Kühlerhaube läuft.«

»Naja«, grübelte Markus dennoch weiter, »wahrscheinlich hat es was mit dieser komischen Aussage aus dem Chat der beiden zu tun, dass es von Leyen dort gefallen wird, da er ja Deutscher ist.«

Anna stand auf und ging konzentriert in Richtung eines Fensters. Sie schaute hinaus, wo die bunten Lichter der Hochhäuser wie ein übergroßer Malkasten wirkten.

»Markus hat Recht, Chris. Noch haben wir ein paar Stunden. Was verlieren wir schon, wenn wir es wenigstens probieren?«

Es war das erste Mal, dass Anna ihn wieder Chris genannt hatte. Allein darum schien er gewillt, es zu versuchen.

»Okay, lasst uns meinetwegen überlegen, was er damit meinen könnte. Was würde einem Deutschen also im Ausland gefallen?«

»Bier und Lederhosen. Die Amerikaner denken doch, wir laufen alle so durch die Gegend.«

»Zu trivial, Markus«, glaubte Anna nicht an diese Erklärung.

»Außerdem ist es nicht möglich das einzugrenzen. Wenn wir alle deutschen Bars in Südflorida überwachen wollen, können wir gleich die Nationalgarde verständigen. Das sind einfach zu viele. Und Everett wird uns nach dem Reinfall nicht einen einzigen Streifenpolizisten abstellen.«

»Vielleicht können wir die Treffer einschränken, wenn wir uns mit dem genannten Zitat aus dem Chat auseinandersetzen.«

»Ich weiß nicht was soll es bedeuten…«, wiederholte Anna das Zitat. »Weiter kann ich es nicht, aber das ist doch aus dem Gedicht über die Loreley von Heinrich Heine, oder?«

Markus nickte zustimmend.

»Ja, aber Friedrich Silcher war derjenige, der es vertonte und damit berühmt machte.«

Ungeduldig verdrehte Maihof die Augen. Er hatte für diese Dinge kein Interesse und wusste auch nicht, wie diese Erkenntnisse sie weiterbringen sollten.

»Schön, dass ihr kulturell so interessiert seid, aber könnten wir zum eigentlichen Thema zurückkehren? Also, was hat es mit der Loreley auf sich?«

»Der Sage nach soll die Nixe Loreley auf einem Felsen sitzend mit ihrem Gesang die Rheinschiffer in Untiefen gelockt haben, wo sie dann an Sandbänken und Felsen zerschellten.«

»Und weiter, Herr Schuhmann?«

»Nichts weiter. So gut kenne ich mich damit nun auch nicht aus. Aber vielleicht finden wir in dem Text des Lieds etwas, das uns weiterhilft.«

»Gute Idee, also los.«

Sie fragten nach einem internetfähigen Rechner. Brown verdrehte zunächst die Augen, führte sie dann aber aus dem Büro in einen anderen Raum. Eine Mitarbeiterin saß dort vor einem Bildschirm an ihrem Arbeitsplatz, war aber so höflich und überließ ihnen den Rechner und verabschiedete sich in eine Kaffeepause.

»Gib Loreley ein.«

Markus tippte den Namen bei einer Suchmaschine ein und erhielt 2,2 Millionen Treffer.

»Vielleicht sollten wir die Suche ein klein wenig präzisieren.«

»Geben wir zu Loreley noch den Zusatz ‚Lied' hinzu.«

Die Treffer reduzierten sich auf immer noch beachtliche 209.000, doch schon an zweiter Stelle fanden sie die gesuchten Strophen. Sechs Strophen bauten sich vor ihnen auf. Sorgsam lasen sie sich jede einzelne mehrmals durch, ohne dabei aber einen Anhaltspunkt zu finden, der einen Hinweis auf den Treffpunkt mit Mazaev geben konnte. Die Zeilen handelten von der schönen Jungfrau namens Loreley, ihrem goldenen Haar und dem Kentern der Schiffe an den Felsenriffen.«

»Vielleicht wollen sie sich dort treffen. An der Loreley am Rhein.«

»Nein, Anna. Wir wissen doch, dass *der Wolf* sein Territorium momentan nicht verlassen kann und sich daher hier in den USA treffen wollte. Und denk' an von Leyens Aussage zu HAARP. Sie wollen diese Megaantenne hier in den Staaten nutzen. Es muss einen anderen Hinweis geben.«

»Ob er vielleicht die Wellen des Rheins mit den Elektrowellen vergleicht? Probieren wir es doch mal mit Loreley und Wellen?«

Markus tat, wie Maihof es gesagt hatte, doch auch hier gab es keine Hinweise auf eine Örtlichkeit, die einem möglichen Treffpunkt entsprach. Sie testeten es noch in englischer Schreibweise und den Zusätzen HAARP und ELF-Strahlen, jedoch immer mit dem gleichen unbefriedigenden Ergebnis.

»Was könnte eigentlich diese komische Buchstaben-Zahlen Kombination bedeuten, MM 82?«

»Vielleicht Funkfrequenzen, auf denen sie sich vorher verständigen wollen.«

Erschöpft rieb sich Maihof seine müden Augen. Er hatte seit über 48 Stunden nicht geschlafen.

»Es kann aber auch eine Art Adressanschrift oder ein Postfach sein. Himmel, es kann für alles mögliche stehen.«

»Okay«, versuchte Anna die Situation wieder zu beruhigen. »Lasst uns noch mal zusammenfassen. Wir wissen, dass das Treffen am Sonntag um 16 Uhr irgendwo in Florida stattfindet und es mit der Sage von der Loreley zu tun haben muss.«

Brown trat in diesem Moment zu ihnen ins Büro.

»Wie es ausschaut, müssen wir die von Leyens spätestens morgen Abend aus der Untersuchungshaft entlassen. Da wir nichts gegen sie vorbringen können und in Florida nichts weiter gegen sie vorliegt, werden wir sie wieder in ein Flugzeug zurück nach Deutschland setzen. Tut mir leid.«

dreiundsiebzig.

Es war Mittag und die Sonne brannte vom Himmel auf den gelben Sonnenschirm herunter, unter dem sie Schutz gesucht hatten. Sie saßen in einem Café in der Nähe des Flughafens und hatten bereits Unmengen Kaffee in sich hinein geschüttet, um wach zu bleiben. Die ganze Nacht hindurch hatten sie vergeblich versucht eine Lösung auf ihre Fragen zu finden. Bisher aber ohne Ergebnis. In wenigen Stunden würden sie alle wieder zurück sein in Deutschland und in ihre Leben zurückkehren. Leider auch Wilhelm und Luise von Leyen.

»Es wird uns nichts anderes übrig bleiben als darauf zu hoffen, dass von Leyen irgendwann einen Fehler begehen wird. Und auch Mazaev wird irgendwann ins Netz gehen«, versuchte Maihof Optimismus zu verbreiten. Es gelang ihm nicht. Markus und Anna schenkten den Worten des BKA-Mannes wenig Glauben. Und auch er selbst erkannte die Ausweglosigkeit.

»Scheiße, ihr habt ja Recht. So clever, wie sie das Ganze eingefädelt haben, werden sie nicht so dumm sein und leichtsinnig werden.«

»Eben«, antwortete Markus enttäuscht. »Ich geh' mal austreten«, stand er auf und ging zu den Toiletten im Inneren des Cafés. Er stellte sich vor eines der freien Urinale, wo ein Mann mit Baseballkappe und Sonnenbrille neben ihm stand und leicht aufstöhnte, als er seine Blase entlud. Über dem Urinal lockte ein Werbeplakat mit einem sonnigen Bild für einen Schnuppertauchgang für 89 Dollar in den Florida Keys.

Eher uninteressiert las Markus die Werbung, bis ihn etwas stutzig machte. Bei der Adresse der Werbung erkannte er etwas, dass er schon einmal gesehen hatte. Dort stand neben dem Namen der Tauchschule ein Zusatz: MM 45, eine ähnliche Buchstaben-Zahlenkombination, wie sie auch in der abgefangenen Mail Mazaevs genannt wurde. Neben ihm betätigte der Mann mit der Baseballkappe seine Spülung und wollte gerade gehen, als Markus ihn ansprach.

»Entschuldigen Sie, Sir. Ich hätte eine Frage, vielleicht können Sie mir dabei helfen.«

Etwas irritiert blieb der Mann stehen und wartete auf Markus' Frage.

»Klar, wenn ich kann.«

»Wissen Sie, was dies hier zu bedeuten hat«, zeigte Markus auf die Anzeige über dem Urinal. Der Mann las die Werbung und grinste.

»Dass die Sie abzocken wollen. Viel zu teuer. Ich kann Ihnen eine Adresse in Key West geben, wo Sie das Ganze für die Hälfte bekommen.«

»Nein, das meine ich nicht. Ich meine diesen Zusatz hier unten. Was bedeutet das: MM 45?«

»Ach so, das. Das ist eine Besonderheit und typisch für die Florida Keys. Die haben da unten in den Keys kaum Straßennamen wie hier. Schließlich gibt es nur einen einzigen Highway, der dort runter führt. Jedes Haus, das direkt an dieser Hauptstraße Richtung Süden liegt, hat stattdessen seinen eigenen Meilenanzeiger, den so genannten Mile Marker. Und zur leichteren Orientierung sind diese Meilenstände bis nach Key West immer am Straßenrand angegeben. Alle Hotels, Häuser oder auch Bars haben keine Adresse, sondern nur diesen Mile Marker als Anschrift. Sie fangen in Key Largo an und hören am südlichsten Punkt der USA, in Key West, auf. Wenn hier also MM 45 steht, bedeutet es, dass Ihre Tauchschule am Mile Marker 45 liegt.«

Markus hing dem Mann gebannt an den Lippen, als dieser seine

Erklärung abgab. Das war der entscheidende Hinweis, den sie benötigten. Vielleicht gab es tatsächlich noch eine Chance.

»Danke, sie haben mir sehr geholfen«, klopfte Markus dem Mann dankbar auf die Schulter, der das aufgrund des soeben beendeten Toilettengangs aber nicht als so freudig empfand wie Markus. Doch der war schon nach draußen in Richtung der Terrasse geeilt.

vierundsiebzig.

Sie hatten keine Zeit verloren und waren sofort aufgebrochen. Es bestand kein Zweifel daran, dass der Treffpunkt am Mile Marker 82 lag. Maihof hatte versucht, Detective Everett ans Telefon zu bekommen, doch dieser war nicht zu erreichen. Alle anderen Beamten schienen nicht besonders motiviert zu sein, als sie den Namen Maihof hörten und empfahlen es später noch einmal zu versuchen. Alles Betteln half nichts, niemand würde ein SWAT-Team aufgrund einer erneuten Vermutung von ihm in die Keys beordern. Allerdings drängte die Zeit und sie mussten sich beeilen. Es blieb ihnen nichts anderes übrig, als ohne einen genauen Plan in Richtung der Keys zu fahren, um es mit einem der meistgesuchten Terroristen der Welt aufzunehmen.

Nach einstündiger Fahrt erreichten sie Islamorada. Eine Insel in den mittleren Keys. Die Zahlen der Mile Marker wanderten immer weiter nach unten, als Markus direkt am Mile Marker 82 das riesige Hinweisschild einer Bar erkannte. Sofort wussten sie, dass sie mit ihrer Vermutung richtig gelegen hatten. Der Schriftzug über dem Mile Marker zeigte in großen Lettern den Namen der Bar: ‚Lor-E-Lei'. Eine steinerne Meerjungfrau in Übergröße empfing hier die Gäste unübersehbar und lockte sie, wie das deutsche Original, mit Versprechungen auf eine unvergessliche Zeit. Die Bar selbst lag ebenfalls unweit der Straße, wie alles in den Florida Keys nahe an der Straße und noch näher am Wasser lag. Markus stellte den Wagen ab und sie gingen in Richtung des Gebäudes, das sich malerisch in die Bucht fügte. Sie nahmen einen Platz nah am Wasser ein, von wo aus sie sowohl die gesamte Bar als auch die kleine Bucht überblicken konnten. Gut ein Dutzend Boote schaukelten auf dem Wasser gleichmäßig mit den Wellen. Die Sonne brannte zu Markus' Freude nicht mehr ganz so unbarmherzig. Er rückte einen Stuhl zurecht und blickte hinauf, wo sich die Wedel einer Palme in einem kaum wahrnehmbaren Lüftchen wogen. Eine traumhafte Atmosphäre, die lediglich durch einen großen Antennenmast am anderen Ende der Bucht gestört wurde. Ein Arbeiter versuchte dort in schwindelerregender Höhe die Schäden zu beseitigen, die der letzte Hurricane hinterlassen hatte.

Die Lor-E-Lei-Bar war gut besucht und die Gäste lauschten den Klängen einer Steel Drum Band, die Klassiker der amerikanischen Countrymusik in reggaeartige und zu dem Wetter passende Musik zu vertonen versuchte. Dies nahm zum Teil skurrile Formen an und der Versuch scheiterte öfter, als er gelang. Die meisten Gäste nahmen daran jedoch keinen Anstoß und spendeten der überforderten Band nach jeder Runde aufmunternden Applaus. Eigentlich wollten sie wohl sowieso nur den versprochenen Sonnenuntergang und ein paar Drinks genießen. Einige andere Übereifrige fuhren bereits mit kleinen Kayaks oder Jetskis in Richtung des nahenden Sonnenuntergangs. Alle paar Minuten ließen sie ihre Blicke durch die Bar wandern, um nach Mazaev Ausschau zu halten. Markus hatte die ganze Fahrt über versucht, sich die markanten Partien seines Gesichts einzuprägen. Die breite Nase und der stechende Blick sollten ihn gut erkennbar machen. Doch von Mazaev war nichts zu sehen. Wieder versuchte Maihof vergeblich den Detective zu erreichen und klappte genervt sein Telefon zu.

»So ein Mist. Was machen wir nun?«

Auch Anna hatte keine Lösung parat. Doch Aufgeben kam für sie nun nicht mehr in Frage.

»Wir müssen doch irgendwas unternehmen können. Wir haben es

bis hierher geschafft und ich werde nicht zulassen, dass alles umsonst gewesen ist. Dass wir von Leyen nicht festnageln können, ist schon schlimm genug, aber Mazaev werde ich nicht auch noch durchs Netz schlüpfen lassen.«

»Aber was, Anna, was können wir machen?«

»Keine Ahnung, Chris, aber irgendwas wird uns doch wohl einfallen.«

Wieder hatte sie ihn Chris genannt. Und auf eine besondere Weise schien es ihn zu befreien und seinen Geist zu stimulieren. Ihm kam eine Idee in den Sinn. Eine verwegene Idee, aber immerhin eine Chance.

»Was wäre, wenn wir ihn mit von Leyens eigenen Waffen schlagen?«

»Wie meinst du das?«

»Wir wissen von Wilhelm von Leyen und aus dem Chat, dass die beiden sich seit vielen Jahren nicht mehr gesehen haben. Ihr Kontakt bestand aus Sicherheitsgründen ja immer nur per Internet. Folglich wissen sie auch nicht, wie sie heute aussehen. Deswegen haben sie ja die Erkennungsmerkmale im Chat besprochen.«

»Den Hut und die Blume. Ja und?«

»Wir könnten theoretisch auch irgendjemand anderen dort platzieren, der in etwa das Alter von ihm hat und sich als Professor von Leyen ausgibt. Mit Sonnenbrille und Hut haben wir vielleicht eine Chance. Wie sagte doch der Professor: Die Menschen sehen nur, was sie sehen wollen. Also geben wir Mazaev das, was er sehen will.«

»Ja«, stimmte Anna zu und führte weiter aus, »Blumen stehen hier an jedem Tisch, aber wo zur Hölle bekommen wir jetzt so schnell solch einen Hut her? Hier hat wohl kein Geschäft auf, das zufällig so einen Hut verkauft.«

Markus blickte sich um. Dann lächelte er.

»Wartet, ich denke, ich kann euch diesen Hut besorgen.«

Er ging zu einem Tisch, an dem ein Pärchen einen Drink genoss.

Der Mann trug einen Hut, der einem Stutson zumindest ähnlich war. Das Pärchen drehte sich kurz um, als Markus auf Maihof zeigte. Dann lachten alle kurz auf. Nach nicht einmal drei Minuten kam Markus mit dem Hut in seiner Hand zurück.

»Wie hast du das gemacht?«, fragte Anna.

»Ich habe ihnen gesagt, dass Maihof ein verrückter Hutsammler aus Europa ist und er ihnen anbietet heute Abend alles auf seine Rechnung schreiben zu lassen, wenn er dafür den Hut bekommt.«

fünfundsiebzig.

Nach einer kurzen Lagebesprechung hatten sie sich darauf verständigt, dass Maihof und Anna als Lockvögel dienen sollten und Markus weiterhin versuchen sollte Detective Everett zu erreichen. In der Kürze der Zeit hatten sie noch versucht eine Attrappe zu besorgen, die sie Mazaev als Waffe präsentieren wollten, die Wahrheit mit dem Handy erschien ihnen zu unglaubwürdig. Mit dem Ergebnis waren sie nicht zufrieden, doch ihnen blieb keine andere Wahl. Es handelte sich um eine Apparatur, die sie bei einem benachbarten Meeresaquarium ausgeliehen hatten und eigentlich dazu diente, mit einem Sender markierte Delfine zu orten. Dazu gehörten eine kleine Parabolantenne sowie ein Empfänger mit einigen bunten Knöpfen. Es war das Einzige, was sie in der kurzen Zeit besorgen konnten. Sie konnten nur darauf hoffen, dass ihr Bluff funktionierte und sie so etwas Zeit gewinnen konnten.

Markus saß etwas abseits von Maihof und Anna und sah alle paar Minuten in Richtung des Parkplatzes, an dem immer wieder Wagen abgestellt wurden und neue Gäste eintrafen. Maihof und Anna vermieden es zwar tunlichst ständig auf die Uhr zu blicken, doch merkte man ihnen ihre Nervosität trotz aller Erfahrung in ihrem Beruf an. Schließlich hatten auch sie nicht jeden Tag die Möglichkeit, einen der meistgesuchten Terroristen der Welt festzunehmen. Mit dem Strohhut wirkte Maihof jedoch irgendwie deplatziert. Er erinnerte Markus an Anthony Hopkins in seiner Paraderolle als Doktor Hannibal Lecter aus dem Film *Das Schweigen der Lämmer*. In der Schlussszene des Films trug Hannibal Lecter einen ähnlichen Hut und wirkte damit genauso unpassend dekoriert wie Maihof in dieser Bar. Vielleicht war es sogar aus demselben Grund. Lecter und sein Hut wirkten deswegen unpassend, weil man durch die grausamen Szenen zuvor ein anderes, düstereres Bild hatte, als einen fast sympathisch wirkenden Serienkiller mittleren Alters am Strand telefonieren zu sehen. Und auch Maihof kannte er bisher nur in steifen Anzügen und mit strengem Blick. Und die blutigen Erinnerungen der letzten Tage taten ihr übriges. Anna sah hingegen mit der Blume im Haar relativ glaubwürdig aus.

Die Zeit verstrich und je später es wurde, desto mehr Menschen drängten in die Bar, um den versprochenen Postkartensonnenuntergang zu genießen. Eine gute Wahl von Mazaev, dachte sich Markus. Viele Menschen bedeuten immer ein gewisses Maß an Sicherheit. Man kann in der Masse untertauchen oder sie auch als Schutzschild benutzen. Ein prüfender Griff nach dem Telefon in seinem Rucksack ließ Markus wahnsinnig werden. Er hatte noch einmal angerufen und darum gebeten, dass Everett ihn sofort zurückrufen sollte. Es gehe um Leben und Tod, was in dieser Situation nicht übertrieben war. Eine ganze Weile geschah nichts und Markus überlegte, ob man die Aktion nicht besser abbrechen sollte, als sich plötzlich doch noch etwas tat. Jedoch nicht von der Parkplatzseite her, wie sie es vermutet hatten. Stattdessen bog eine Yacht in die Lagune, ankerte und ließ ein Beiboot zu Wasser, das nun langsam auf die Anlegestelle der Lor-E-Lei zusteuerte. Direkt am Bug des Schiffs erkannte Markus sofort den kräftig gebauten Mann mit dunklem Haar und schwarzem Bart, der wie eine Galionsfigur über dem Wasser thronte. Er sah braungebrannt und erholt aus, anders als auf dem Bild. Doch seine zerklüftete Nase stach unter der breiten Sonnenbrille hervor.

Es war *der Wolf*, Aslan Mazaev.

Gemeinsam mit zwei seiner Männer ging er an Land und steuerte direkt auf Maihof und Anna zu, die gut durch die verabredeten Zeichen zu erkennen waren. Mazaev und zwei seiner Leute traten näher und setzten sich zu den vermeintlichen von Leyens. Sie redeten miteinander und die beiden Beamten schienen zwar angespannt, jedoch Herr der Lage zu sein. Mazaev bestellte für alle eine Runde Wodka. Der gesuchte Terrorist schien von dem Bluff tatsächlich nichts zu merken. So lange sie nicht russisch sprechen mussten, würde es vielleicht noch eine Weile funktionieren. Ausgerechnet in diesem Moment klingelte Markus' Telefon und die Nummer von Detective Everett blinkte in seinem Display. Er kannte sie mittlerweile auswendig.

»Detective Everett hier, was wollen Sie, Herr Schuhmann?«, klang die mürrische und müde Stimme des Detective. Markus drehte sich mit seinem Oberkörper etwas ab.

»Mazaev. Er ist hier in einer Bar auf Islamorada. Schicken Sie sofort Ihr SWAT-Team hierher.«

Markus sprach in perfektem Englisch zu Everett, was ihm sofort den nötigen Respekt verschaffte.

»Was zur Hölle erzählen Sie da? Ich kann nicht einfach...«

»Halten Sie jetzt einfach ihren Mund und hören Sie mir genau zu«, fluchte Markus im tiefsten Slang und Everett merkte nun endgültig, dass es Markus sehr ernst war. »Wir sitzen hier in einer Bar namens Lor-E-Lei bei Mile Marker 82. Packen Sie Ihren Hintern in einen Hubschrauber und verdienen Sie sich einen Orden damit, diesen Terroristen zu verhaften.«

»Und wenn Sie wieder danebenliegen?«

»Wollen Sie lieber das Risiko eingehen, dass hier eine Menge Leute sterben, weil Sie Ihren Arsch nicht aus dem Sessel gehoben haben? Noch was, Mazaev liegt mit einer Yacht in der Lagune, riegeln Sie die Bucht ab. Haben Sie verstanden?«

Eine kurze Pause folgte und Markus dachte, dass Everett vielleicht aufgelegt hatte.

»Geben Sie uns dreißig Minuten, wir sind unterwegs.«

Erleichtert klappte Markus sein Handy zu und versuchte Augenkontakt zu Maihof und Anna aufzubauen, um ihnen mitzuteilen, das Hilfe unterwegs war. Und tatsächlich, ihre Blicke trafen sich und Markus nickte ihnen zu, deutete mit seinem Daumen ein Okay an und hoffte, dass sie dieses Zeichen verstehen würden und sich daran erinnern konnten, dass Everett ihnen voller Stolz erzählt hatte, mit seinem SWAT-Team innerhalb kürzester Zeit an jedem Punkt in Südflorida zu sein. Er betete, dass dies auch die abgelegenen Florida Keys mit einbezog.

Zu Markus' Erstaunen verlief alles besser als geplant, bis sich nach zehn Minuten Anna und einer der Gefolgsleute Mazaevs plötzlich erhoben und in Richtung des Parkplatzes gingen.

»Mist«, zischte Markus.

Kurze Zeit später kam Anna zurück in die Bar mit der Sporttasche unter dem Arm, in der die vermeintliche Waffe verstaut war. Anna und ihr Begleiter nahmen wieder am Tisch Platz. Dann konnte Markus erkennen, wie Mazaev in Richtung des Boots gestikulierte. Kurz darauf erhoben sich alle und gingen hinter Mazaev zum Anlegesteg. Markus wusste nicht, was er tun sollte. Wenn Mazaev jetzt etwas bemerkte, würde es ein Blutbad geben. Es waren verdammt viele Menschen in der Bar.

Maihof und Anna bestiegen das Beiboot und wurden hinüber zur Yacht gebracht. Markus sah auf seine Uhr. Everett und sein Team würden mindestens noch fünfzehn Minuten benötigen bis sie von der Wasserseite aus die Lagune mit dem Schiff abriegeln könnten. Mittlerweile war die Gruppe um Mazaev auf dem Boot angekommen. Unsicher stand Markus auf und ging in Richtung des Anlegestegs. Ohne zu zögern ging er direkt zu dem Verschlag, in dem Wassersportutensilien ausgeliehen werden konnten. Niemand war dort. Er schaute sich kurz um und erkannte, das sogar die Schlüssel für Jetskis und Miniboote in den Zündschlössern steckten. Er wählte einen der Jetskis und legte vom Ufer ab mit Kurs auf die noch immer in der Lagune liegende Yacht. Er brauchte sich noch nicht einmal heimlich zu nähern, da noch weitere Jetskis in der Lagune kreuzten und auf den kurz bevorstehenden Sonnenuntergang warteten. Nur wenige Meter neben dem Boot stoppte er und konnte sogar schwach die Stimmen der Personen an Bord vernehmen.

Mazaev hatte bereits die Tasche geöffnet, um die Waffe genauer zu inspizieren. Er hielt die Parabolantenne in seiner rechten und den Empfänger in der linken Hand. Anscheinend sollte Maihof die Wirkung der Waffe präsentieren, doch es geschah natürlich nichts. Ungläubig wanderten Mazaevs Augen zwischen den Geräten und Maihof, der verzweifelt versuchte die Situation zu retten, indem er irgendeine Geschichte erfand, warum die Waffe noch nicht zu einhundert Prozent einsetzbar war. Ohne Maihof ausreden zu lassen gab Mazaev sofort einem seiner Männer ein Zeichen. Der dickere der Männer trat nach vorn, rammte Anna den Ellenbogen in den Magen, zog zeitgleich unter seinem Jackett eine Pistole hervor und schraubte ohne Emotion einen Schalldämpfer auf den Lauf. Anna kniete nun wie bei einer Hinrichtung vor dem Mann. Maihof schrie kurz auf und wollte zu der am Boden knienden Anna, doch auch Mazaev und der zweite Gangster zogen ihre Waffen und nahmen ihn ins Fadenkreuz.

Markus ließ sich an die Außenwand des Boots treiben. Nun konnte er jedes Wort verstehen und hatte dazu einen idealen Blickwinkel.

»Ich habe von Anfang an bemerkt, dass Sie nicht Wilhelm von Leyen sind. Er trank nie Alkohol und Sie haben den Wodka ohne zu zögern in sich hineingeschüttet. Wer sind Sie und was wollen Sie? Wo ist Wilhelm?«

»Hören Sie, Sie haben Recht, ich bin nicht Wilhelm von Leyen, aber wir handeln in seinem Auftrag und sollen Ihnen die Waffe übergeben.«

»Eine Waffe, die nicht funktioniert? Erzählen Sie mir keinen Scheiß, Sie sind Bullen.«

»Erschieß die Frau, Dimitri.«

Anna sprang auf.

»Nein, warten Sie. Ich weiß von Ihrer Tochter, Angela Mazaeva. Oder soll ich sie lieber Angelotschka nennen?«

Sofort wurde sie von dem Dicken wieder zurück auf den Boden gedrückt.

»Warte, Dimitri. Angelotschka? Woher kennen Sie den Kosenamen meiner Tochter?«

Langsam hob Anna ihren Kopf. Jede Sekunde war kostbar.

»Weil ich sie persönlich kenne. Ich habe mit ihr gesprochen. Sie vermisst ihren Vater.«

»Sie, Sie haben mit ihr...«, stotterte Mazaev und schien tatsächlich irritiert. »Das verstehen Sie nicht, ich musste sie alleine lassen, damit sie eine faire Chance auf eine Zukunft hat. Ich werde dafür sorgen, dass sie in einem freien Tschetschenien aufwachsen kann. Das ist alles, was ich noch will.«

»Doch, ich verstehe das sehr gut. Ich hatte auch eine Tochter. Nur habe ich den Fehler gemacht und sie im Stich gelassen. Machen Sie nicht den gleichen Fehler.«

»Mein Leben ist mir nichts mehr wert. Es geht nur noch um die Zukunft meiner Tochter und das Versprechen, das ich meiner Frau gegeben habe. Außerdem muss ich noch eine alte Rechnung begleichen.«

»Sie meinen Vlad.«

»Sie kennen auch ihn?«

»Nein, nicht persönlich. Weil er schon seit Jahren tot ist. Er starb bei dem Massaker in Beslan.«

»Nein, Sie lügen. Wilhelm hat Informationen, dass er noch lebt.«

»Er hat Sie angelogen. Er wusste, dass Sie ohne diese Motivation nicht weiter dafür kämpfen würden. Aber er braucht Sie, damit Sie weiter seine Forschung unterstützen und ihm den Weg zur russischen Forschungsstation für ELF-Strahlung und zur russischen Variante der Superantenne ebnen.«

»Nein, Sie sind es, die lügt. Sie stehen der Zukunft Tschetscheniens im Wege und das werde ich nicht zulassen.«

»Dem Professor ging es nie um Tschetschenien. Er ist verrückt, er möchte eine neue Weltreligion gründen, alles andere gehörte nur zu seinem Plan. Auch Sie werden früher oder später sein Opfer werden.«

»Halten Sie endlich die Klappe. Dimitri, bring sie beide um und mach das Boot klar zur Abfahrt.«

Markus hatte Anna zugehört. Wie sie versucht hatte, Mazaev mit der Erinnerung an seine Tochter davon abzubringen sie zu erschießen. Immerhin verschaffte es ihnen wieder ein wenig Zeit. Doch auch die schien nun abgelaufen und das Todesurteil für Anna und Maihof gesprochen. Niemand sonst schien von dem Vorgehen auf der Yacht Notiz zu nehmen. Er überlegte nur kurz, dann traf er seine Entscheidung instinktiv. Er stand auf, versuchte sein Gleichgewicht auf dem schaukelnden Jetski zu finden und begann seinen Bluff mit lauten Ausrufen.

»Code *Sunset saver*!«, rief Markus in sein Handy zu einer imaginären Person. »Sobald sich das Speedboot aus der Lagune bewegt, gehen Sie mit der Strahlung auf siebzig Prozent hoch.«

Sofort wirbelte Mazaev mit der Pistole herum und nahm nun Markus ins Fadenkreuz. Der Terrorist wirkte verblüfft und trat an die Außenseite des Speedboots. Markus nahm einen tiefen Atemzug und ließ die Luft vorsichtig aus seinen Lungen entweichen. Es gab kein Zurück mehr.

»Wer zur Hölle sind Sie?«

»Das tut nichts zur Sache. Aber hören Sie, Mazaev, Sie kennen doch die Gewalt der Strahlungswellen nur zu gut. Sie haben einst als russischer Geheimdienstmann das Massaker in der amerikanischen Botschaft zu verantworten gehabt, nicht wahr?«

»Wer sind Sie und für wen arbeiten sie? FSB, CIA oder für den Mossat?«

»Kommt das nicht am Ende alles auf dasselbe heraus? Sollten Sie nicht kooperieren, wird ein Strahlungsexperte die Elektrowellen erhöhen und jeden Einzelnen auf dem Boot dazu bringen sich selbst zu erschießen. Sie haben keine Chance. Geben Sie auf und Sie und Ihre Männer werden wenigstens noch diesen Sonnenuntergang erleben.«

Zu Markus' Erstaunen verstand wohl auch der Dicke mit der Pistole, was Markus gesagt hatte. Unsicher schaute er sich zu seinem Kollegen um und wechselte einige kurze Wörter auf Russisch mit ihm. Anscheinend übersetzte er ihm, was Markus gerade behauptet hatte. Sein Plan ging bis hierher auf. Er wollte sich nicht als Partner von Anna und Maihof ausgeben, sondern undefinierbar bleiben.

»Nein, das ist nur ein Bluff von ihm. Er versucht uns aufzuhalten«, versuchte Mazaev seine Leute auf Kurs zu halten. »Wie wollen sie uns denn unter Strahlung setzen? Etwa hiermit?«, deutete Mazaev auf die Sporttasche, die Anna ihm übergeben hatte. Das Überraschungsmoment hatte Markus bisher gut genutzt, doch war dieser gerade verpufft. Nun galt es eiskalt weiter zu pokern. Gerade er, der schlechte Lügner, musste nun eine Horde tschetschenischer Terroristen an der Nase herumführen, um sein eigenes Leben sowie das von Anna und Maihof zu retten. Er lachte so laut und verachtend, wie er konnte, was nach seinem Empfinden nicht sehr authentisch war.

»Nein, sicher nicht. Diese beiden Spinner mit ihrem Spielzeug interessieren mich nicht. Wir haben von Leyen in unserer Gewalt und herausgefunden, wie die Waffe funktioniert. Sehen Sie den Mann dort oben auf dem großen Mast?«, deutete Markus hinter sich in Richtung der großen Antenne, auf der immer noch der Monteur versuchte die Schäden zu beheben, »das ist einer unserer Männer, ein Experte für ELF-Strahlen. Er hat uns bereits fest im Visier und ich stehe im Funkkontakt mit ihm.«

Zur Untermauerung zeigte Markus für alles gut sichtbar auf sein Mobiltelefon. Der Mann, der Anna bedrohte, wurde immer nervöser und rief seinem Kollegen anscheinend erneut die russische Übersetzung zu. Jedenfalls wurden auch sie ungeduldig und fuchtelten mit ihren Waffen wild umher. Als Markus das Deck musterte, konnte er erkennen, wie Maihof sein rechtes Hosenbein etwas nach oben schob. Ein Halfter mit einem Revolver blitzte kurz in der untergehenden Sonne auf. Markus deutete ihm an, ihn stecken zu lassen. Bisher funktionierte der Bluff schließlich besser, als er es selbst erwartet hatte. Das SWAT-Team müsste jeden Moment kommen.

»Legen Sie sofort Ihre Waffen nieder oder Sie werden alle sterben.«

»Aslan«, rief der Dicke nervös mit einem russischen Akzent, »diese Strahlen können unser Hirn zum Schmelzen bringen. Du weißt doch, wie damals alle elend verreckt sind. So will ich nicht sterben.«

»jebis wse konjom« antwortete Mazaev etwas auf Russisch. Markus hatte zwar keine Ahnung, was es bedeutete, doch schien er seine eigenen Männer zu beschimpfen.

»Wer weiß, ob der da oben überhaupt tatsächlich zu ihm gehört.«

Ich ziehe das jetzt durch, dachte Markus. Doch schon im nächsten Moment rief sich sein erbärmliches Talent für Lügen ins Gedächtnis. Lange konnte er das Lügengeflecht nicht mehr aufrecht halten. Spätestens, wenn die Terroristen losfuhren und keine Strahlung sie aufhalten würde, wäre es aus. Aus mit der Lüge und aus mit ihrer aller Leben.

»Okay, Sie haben es nicht anders gewollt.« Markus hielt sein Telefon vor den Mund und sprach hinein. »Erhöhen Sie die Intensität nun langsam nehmen Sie einen nach dem anderen unter Strahlung und befehlen Sie, dass sich der erste nun selbst erschießen soll.«

Mazaev, der Dicke und der Dritte wechselten einen kurzen Blick, ob der jeweilig andere bereits in irgendeiner Form reagierte. Sie warteten noch einige Sekunden. Als noch immer keine Reaktion eintrat, entspannten sich die Gesichtszüge der Terroristen und lachten verachtend ihr Zahnfleisch frei. Es hörte sich realistischer an als das vorangegangene Lachen von Markus. Der Dicke spannte den Hahn seiner Pistole und legte das Ende des Laufs auf Annas Stirn. Mazaev zielte auf Markus.

»Ihr Experte kann Sie wohl nicht verstehen, was? Netter Versuch, aber nun werden Sie sterben.«

»Waffe runter«, erklang Maihofs Stimme, der seinen Revolver gezogen hatte und auf Mazaev zielte. Markus erkannte, dass dieser Versuch Maihofs keinen Erfolg bringen konnte. Die Überzahl der Terroristen war einfach zu groß. Es wunderte ihn, dass Maihof das nicht erkannte. Markus blickte in Richtung des Laufes der Pistole, die weiterhin auf ihn gerichtet war. Auch Mazaev entsicherte seine Waffe, dann verschwand das süffisante Lächeln aus dem Gesicht des Terroristen und er war bereit Markus zu erschießen.

»Sie haben keine Chance. Mein Partner wird der kleinen Schlampe ein großes Loch in ihr hübsches Gesicht blasen. Wollen Sie das wirklich?«

Der Hahn der Pistole wartete nur noch darauf endlich eine Kugel aus dem Lauf feuern zu dürfen. Noch immer hatten die Terroristen genügend Zeit, um sich aus dem Staub zu machen. Der Bluff schien zu platzen. Die Terroristen würden alle erschießen und im Anschluss mit ihrem Boot flüchten. Maihof blickte zu Anna, dann zu Mazaev. Auch ihm war das anscheinend längst bewusst, dennoch hatte er seine Waffe gezogen. Irgendetwas ging in ihm vor, das konnte Markus erkennen. Nur hatte er keinen blassen Schimmer, was es war. Natürlich wusste Maihof, dass Markus nur bluffte und niemand unter der Bestrahlung irgendeiner Hightechwaffe stand. Und auch die Terroristen schienen von dem Bluff nicht mehr überzeugt zu sein. Dann sah Maihof Markus noch einmal tief in die Augen, bevor er begann zu krampfen. Er brach schreiend zusammen und hielt sich vor Schmerzen krümmend die Schläfen. Er schrie dabei so laut auf, dass nun auch die anderen Personen in der Lagune aufmerksam wurden. Zunächst wusste Markus nicht, was mit ihm passiert war. Es gab keine Waffe, noch irgendwelche Strahlung, die ausgesendet wurde. Unmöglich.

»Nein, nein«, winselte Maihof und spuckte schaumigen Speichel aus seinem Mund, »bitte schalten Sie das verdammte Ding aus!«

Wie von Sinnen schrie er und schien wahnsinnige Schmerzen zu haben. Die Terroristen schauten sich verwirrt und ängstlich an. Dann kniete sich Maihof langsam auf. In seinen Augen lag ein wahnsinniger Blick, den Markus nicht zuordnen konnte. Gekrümmt stellte er einen Fuß nach dem anderen auf.

»Die Strahlung, Scheiße, Aslan. Sie setzen sie wirklich ein«, brüllte der Dicke in Richtung Mazaev, der sich seiner Sache auch nicht mehr sicher schien und hilflos zurück zu Maihof sah. Jetzt verstand Markus, was Maihof vorhatte. Das SWAT-Team musste jeden Moment hier sein und das wusste auch Maihof. Er wollte den Bluff bis zum Äußersten aufrecht halten und war bereit sich für Anna und Markus zu opfern. Auch Anna ahnte, was nun folgen würde, und rief ihm flehend zu.

»Nein, Chris, tu es nicht. Bitte!«

Im gleichen Moment hob Maihof seine Waffe, öffnete seinen Mund und schob den metallenen Lauf seiner Waffe hinein. Seine Augen versuchten einen letzten Blick zu Anna zu finden, doch schafften sie es nicht mehr. Ein lauter Knall zerriss die Stille der Bucht und ließ Markus sowie alle anderen Menschen in der Bucht zusammenzucken. Das Nächste, was er wahrnahm, war, wie Maihofs Kopf nach hinten gerissen wurde und sein gesamter Oberkörper mitfederte. Wie ein Boxer nach dem entscheidenden Treffer knickten zunächst seine Beine ein, dann schlug sein Körper ungebremst von jeglicher Muskelspannung hart auf den Schiffsplanken auf.

Steh auf, dachte sich Markus noch im ersten Moment. Steh einfach auf. Markus musste sich an Maihofs Worte im Planetarium von Fulda erinnern. Als er sagte, dass er sein Leben geben würde, um Anna ein weiteres Leid ersparen zu können. Genau das hatte er nun getan.

Und Maihofs Plan ging auf. Der Dicke blickte noch einmal kurz zu dem großen Mast hinauf, warf dann seine Waffe über Bord und sprang selbst in panischer Angst vor den Strahlen hinterher. Sein Kollege tat es ihm gleich und stürzte sich ins Wasser. Selbst Mazaev stand sichtlich unter Schock. Mit weit aufgerissenen Augen und gesenkter Waffe stand er stumm an der Reling. Einige Momente vergingen, in denen niemand ein Wort sagte. Die Zeit schien stillzustehen, und Markus beobachtete die Szene, als würde er durch eine Glaskugel in eine fremde Welt schauen. Nicht der geringste Laut war zu vernehmen. Es war, als hätte Gott persönlich den Stecker für einige Sekunden aus dem Planeten gezogen und die Szene fror in einer schnürenden Ruhe vor Markus' Augen ein. Er hatte noch nie in seinem Leben einen Moment solch absoluter Stille erlebt. Erst als das SWAT-Team mit zwei Booten in die Lagune bog, begann sich die Welt wieder behutsam weiter zu drehen. Eines der Boote sicherte die Lagune ab, das andere fischte den Dicken und seinen Kollegen aus dem Wasser, die sich widerstandslos festnehmen ließen. Kurz darauf klickten auch um die Hände von Aslan Mazaev die Handschellen. Anna kniete indes noch immer bewegungslos auf dem Boot, die Hände apathisch vor das entsetzte Gesicht geschlagen. Kein Wort drang aus ihrem Hals, doch konnte Markus spüren, wie alles in ihr laut aufschrie und ein glühendheißer Schmerz durch ihr Herz fuhr.

sechsundsiebzig.

Detective Everett hatte sofort die gesamte Bucht evakuieren und alle Beteiligten an Land bringen lassen. Anna saß in sich versunken am Ufer und schaute wortlos über das Wasser. Sie wollte niemanden sehen oder sprechen. Gerade als Markus zu ihr hinübergehen wollte, kam Everett auf ihn zu.

»Sie haben mir nicht gesagt, dass Sie Amerikaner sind.«

»Bin ich auch nicht. Aber mein Vater war es. Tut mir leid, wenn ich etwas grob zu Ihnen war.«

»Schon in Ordnung. Ich hatte es wohl auch verdient. Aber Sie sollten sich da etwas ansehen.«

»Was?«

»Kann ich Ihnen nicht sagen, es ist besser, wenn Sie das mit eigenen Augen sehen. Ist auf jeden Fall das Verrückteste, was ich jemals erlebt habe und gottverdammt, ich habe schon viel bei solchen Einsätzen erlebt.«

Markus wollte eigentlich nur noch fort von diesem Ort, doch was es auch immer war, er war es Everett schuldig es sich anzusehen. Sie gingen hinüber zu einem Krankenwagen, der mit zu dem Einsatz gefahren war. Everett öffnete die Hecktür des Fahrzeugs. Ein Arzt beugte sich über die bewegliche Trage. Dann trat auch dieser zurück und Markus schreckte zurück und stieß sich dabei den Kopf.

»Nein, das kann nicht sein. Ich habe es doch mit eigenen Augen gesehen. Sie sind ein Geist.«

»Sehe ich etwa aus wie ein Geist?«, stand ein Mann mit Kopfbandage von der Trage auf, den er für tot gehalten hatte.

»Maihof, aber Sie sind doch tot.«

»Ich dachte, dass nicht nur Sie in den Genuss von meiner Fortbildung kommen sollten«, murmelte er unter sichtlichen Schmerzen, so, dass man ihn kaum verstehen konnte. Markus erinnerte sich erst jetzt an Maihofs Aussage, dass sie bei einer Fortbildung nicht nur den Trick mit dem Auskugeln des Daumengelenks lernten, sondern auch sich eine Kugel so durch die Wange zu schießen, dass keine lebensgefährlichen Verletzungen zurückblieben. »Sie wissen doch noch, die Japaner.« Maihof musste lachen, doch das bereitete ihm im gleichen Moment Schmerzen. Dennoch konnte er es nicht unterdrücken.

»Sie verdammter Schauspieler«, schlug Markus erleichtert Maihof auf die Schulter. »Ich hätte es wissen müssen. Sie arroganter Mistkerl würden sich doch nie im Leben für andere opfern.«

»Nein, und schon gar nicht für Sie«, lächelte Maihof. »Aber ich denke, ich muss nun noch jemanden über meine Auferstehung aufklären.«

»Ja, tun sie das«, deutete Markus hinter sich, »Sie sitzt dort unten am Wasser.«

Maihof öffnete die Tür des Krankenwagens. Der Arzt wollte ihn zurückhalten, doch er winkte ab und setzte einen Fuß hinaus. Dann drehte er sich noch einmal zu Markus.

»Nur noch eins, Herr Schuhmann. Ich hätte es auch getan, wenn ich diesen Trick nicht gekannt hätte.«

»Ich weiß«, antwortete Markus, »ich weiß.«

siebenundsiebzig.

– Frankfurt, Deutschland –

Der Rückflug verlief ruhig. Maihof und Anna hatten sich viel zu erzählen und Markus hatte es daher vorgezogen, ein paar Reihen weiter hinten zu sitzen. Es war ihm auch nicht wirklich unangenehm gewesen. So konnte er sich einige Gedanken machen. Über die zurückliegenden Tage, seine Doktorarbeit, die nächsten Wochen in Rom und was danach folgen sollte. Auch die von Leyens waren mit in dem Flieger. Und obwohl die Medien nun über den Vorfall in Miami berichtet hatten und die Bilder der von Leyens über das Fernsehen verbreitet worden waren, würden sie sich nach der Landung zunächst wie freie Bürger bewegen können. Maihof hatte wenig Hoffnung, dass ein Haftbefehl von großem Erfolg gekrönt sein würde. Es fehlte an allem, um sie verurteilen zu können. Es gab keine Beweise, keine vorweisbare Strahlenwaffe und vor allen Dingen keinen Fall, da die Morde allesamt auf das Konto von Hartmut gingen. Jeder zweitklassige Anwalt würde von Leyen vor einer Gefängnisstrafe bewahren können. Es war unbefriedigend, auch wenn Maihof versprochen hatte, von Leyen so lange auf den Füßen zu stehen, bis sie etwas Verwertbares finden würden.

Nachdem sie alle den Zoll passiert hatten, sah Markus die von Leyens noch zweimal in dem Gedränge. Dann bogen sie in einen Zwischengang ab, in dem sich einige Geschäfte und Bars befanden.

Die Massen drängten sich an diesem Punkt noch etwas enger, als es zuvor schon der Fall war. Markus verlor die von Leyens aus den Augen und er streckte seinen Hals, um besser sehen zu können. Dann tauchten von Leyen und Luise plötzlich wie aus dem Nichts wieder gut zwanzig Meter vor ihm auf. Doch vor ihnen stand eine weitere Person. Eine Frau. Markus konnte ihr Gesicht nicht erkennen, jedoch redete die Frau erregt auf von Leyen ein. Dann lachte sie kurz laut auf. Doch es war kein Lachen, dem ein Witz oder etwas Amüsantes vorausgegangen war. Es war ein verachtendes, zynisches Lachen. Und Markus erkannte nun auch das Gesicht.

Doch es war bereits zu spät.

In diesem Moment zückte die Frau eine Waffe und richtete sie auf von Leyen aus. Schon im nächsten Moment ließ ein lauter Knall die Menschen ringsherum in Panik ausbrechen. Schrille Schreie wechselten sich mit weiteren Schüssen ab. Körper stürzten übereinander und versuchten sich so schell wie möglich zu entfernen. Die Masse schob sich in Todesangst in Richtung der Ausgänge. Aus den Augenwinkeln konnte Markus noch erkennen, wie zwei Personen in Richtung der Schüsse liefen.

*

»Das waren Schüsse«, hämmerten ihr die Salven im Ohr, bevor sich eine unzählmbare Menschenmasse panisch in Bewegung setzte. Sofort hatte Anna ihre Waffe gezogen und war mit Christopher Maihof in Richtung der Schüsse gestürmt. Von ihrem Blickwinkel aus konnte sie nicht erkennen, wer die Schüsse abgefeuert hatte. Es bedurfte all ihrer Kraft sich gegen den Strom durchzusetzen, um in die Passage zu gelangen. Schließlich gelang es ihr. Um den Ort, an dem der Schuss abgegeben worden war, hatte sich in einem Radius von zehn Metern ein menschenleerer Kreis gebildet, der immer größer wurde. In der Mitte lag der Professor am Boden, neben ihm kniete verstört Luise von Leyen mit weit aufgerissenen Augen. Direkt davor stand eine weitere Frau. Als Anna das Gesicht sah, durchfuhr sie ein Schauer und sie blieb bewegungslos mit offenem Mund einige Meter vor ihr stehen. Wie Markus erkannte auch sie die Frau, die mit gezücktem Revolver vor ihr stand, obwohl sie nur ein altes Foto von ihr kannte.

Severine Gerrard, die Geliebte von Bischof Schneider, stand über dem am Boden liegenden Professor von Leyen und feuerte immer noch auf dessen Körper. Auf eine seltsam bizarre Art wollte ein Teil von Anna sie davon nicht abhalten. Zunächst dachte sie an die blutigen Tatorte, die er zu verantworten hatte, dann dachte sie an Susanne und ihre eigene Kindheit. Und sie dachte an ihr ungeborenes Kind. Wie in einem alten Super-Acht-Film, die sie als Kind in der Schule geliebt hatte, rauschten die Bilder in roboterartigen Bewegungen an ihr vorbei. Keines der Bilder konnte sie festhalten. Sie zeigten sich nur kurz, um im nächsten Moment Platz für ein weiteres zu machen.

Ja, lass ihn dafür bluten. Jag ihm soviel Blei in seinen Schädel, dass er daran erstickt, ertappte sie ihre eigenen Gedanken und Gefühle.

Severine feuerte die gesamte Trommel des Revolvers leer, bis nur noch ein Klicken zu hören war, das signalisierte, dass keine weitere Patrone mehr in der Waffe vorhanden war. Doch immer noch drückte Severine den Abzugshahn der Waffe, bis Maihof sich langsam von hinten näherte und sie zu Boden riss. Ohne eine Regung ließ sie ihn gewähren und sich festnehmen. Zeitgleich traf Markus am Tatort ein. Luise stand paralysiert neben der Leiche. Sie starrte mit aufgerissenen Augen auf den vor ihr in einer immer größer werdenden Blutlache liegenden Wilhelm von Leyen. Ihm war sein Blackberry aus der Tasche gefallen und einige Meter über den Boden geschlittert und lag nun direkt dort, wo Markus stand.

»Scheiße«, schrie Maihof, »verdammte Scheiße. Das ist doch Ihre Bekannte, nicht wahr?«

Markus nickte nur wortlos. Er erinnerte sich, wie Severine in Maihofs Büro nachgefragt hatte, ob es sich bei dem Mann auf dem Bild um den Mörder handelte.
Hatte er nicht sogar seinen Namen erwähnt?
Von Leyen?
Sie hatte sich an die Fersen des vermeintlich falschen Herrn von Leyen geheftet, wahrscheinlich sein Bild in den Nachrichten gesehen und sich aufgemacht, um den Mann zu töten, der ihr sowohl den Mann als auch den geliebten Sohn geraubt hatte. Markus wusste, dass dies die blutige Rache einer Frau war, die ein Leben im Schatten gefristet hatte.

EPILOG

– Rom, Italien –

Er gähnte. Es war noch früher Morgen und der Vortrag am vorherigen Abend war anstrengend, aber auch erfolgreich gewesen. Markus hatte vor einer Gruppe Theologiestudenten in Mailand über die Möglichkeiten der Rekonstruktion alter Pergamentschriften gesprochen und dafür viel Lob und Anerkennung erhalten. Es war der erste Vortrag nach seiner erfolgreichen Promotion. Nun saß er im Taxi, das ihn vom Flughafen Leonardo da Vinci nach Hause fuhr. Er sah aus dem Fenster hinaus in die Frühlingslandschaft. Der Flughafen wandelte sich zur Industrielandschaft und die wiederum kurz darauf zu den ersten Ausläufern der Stadt. Die Häuser und prächtigen Bauwerke Roms strahlten ihn an, als das Fahrzeug sich zielsicher dem Vatikanstaat näherte. Gerade so, als wollten sie ihn wieder zu Hause begrüßen. Seit langer Zeit fühlte er sich das erste Mal heimisch und war sogar froh über die Hektik der Stadt. Er gab dem Fahrer ein großzügiges Trinkgeld, da er Markus die ganze Fahrt über nicht angesprochen hatte. Und das war außergewöhnlich. Ihm war nicht nach Reden zumute. Weder über das Wetter, noch über die neuesten Fußballergebnisse von Roma oder Lazio.

Markus stieg aus dem Taxi, ging zur Haustür, schloss sie auf und schaute in seinen Briefkasten. Neben ein paar Werbezetteln fand er einen Brief. Er drehte ihn in seinen Händen und sofort stach ihm der Name des Absenders am unteren Ende der Rückseite ins Auge.

Anna Peterson.

Seit dem Vorfall am Frankfurter Flughafen vor fünf Monaten hatte Markus nichts mehr von ihr gehört. Ein-, zweimal hatte er versucht sie telefonisch zu erreichen, jedoch ohne Erfolg. Einige Male hatte er noch an sie und Maihof gedacht. Er nahm den Brief mit hinauf in seine Wohnung und legte ihn auf den Küchentisch. Durstig nahm er einen großen Schluck aus einer Wasserflasche, setzte sich und öffnete den Brief. Er war handgeschrieben. Wieder musste er lächeln und an Annas Worte denken, nachdem handschriftlich verfasste Texte immer ein Spiegelbild der Seele darstellten. Zügig saugte er die Worte des Briefes auf und schon nach den ersten Sätzen erkannte er zu seiner Erleichterung, dass die Zeilen zuversichtlich klangen. Sie war zu der Überzeugung gelangt, dass sie und Christopher eine Chance erhalten sollten. Außerdem wollte sie eine Entziehungskur machen. Ihr war also bewusst, dass ihr Alkoholproblem Markus nicht entgangen war. Der Brief endete mit einem großen Dankeschön und stellte in Aussicht vielleicht sogar mal wieder zur Kirche zu gehen, unter der Voraussetzung, dass ein Priester wie Markus die Messe halten würde.

Doch das Beste kam noch.

Ein Foto war dem Brief beigelegt. Darauf lachten Anna und Christopher Maihof neben einem weiteren fröhlichen Gesicht in die Kamera. Zwar waren die Haare noch nicht wieder ganz auf die Länge gewachsen, wie er es in Erinnerung hatte, dennoch erkannte er das kleine, lachende Gesicht sofort wieder. Susanne.

Auf der Rückseite waren noch ein paar Infos dazu geschrieben. Sie hatten Susanne auf einen Kurzurlaub eingeladen und verbrachten mit ihr einige unbeschwerte Tage. Es schien allen gut zu tun. Das Foto war mit Selbstauslöser aufgenommen worden und zeigte die drei lachend vor einer Statue, die Markus erst auf den zweiten Blick identifizieren konnte. Dann musste er jedoch laut lachen. Es war nicht irgendeine Statue. Es war die Loreley.

Er trat an das Küchenfenster, blickte hinaus und fühlte eine tiefe Genugtuung. Der Gedanke, dass es den Dreien gut ging, war überwältigend. Ob sie eine bessere Zukunft hatten als es ihre Vergangenheit in Aussicht gestellt hatte? Zumindest hatten sie ihre Dämonen besiegt und konnten nun frei von Zwängen und Ängsten einen Neuanfang wagen.

Mit frischen Gedanken und Gefühlen.

Dazu beobachtete er noch etwas. Ein kleiner Vogel schien einen Versuch zu unternehmen ein Nest unterhalb des gegenüberliegenden Dachs zu bauen.

Gut so, dachte sich Markus. *Niemals aufgeben.*

Er überlegte nur einen Moment. Dann ging er zu seinem Schreibtisch und schloss das obere Fach auf. Er griff sich den Blackberry, der darin lag. Lange hatte er überlegt, ob er ihn den Behörden übergeben sollte. Doch alle Vorstellungen, was diese mit der potenziellen Waffe anfangen würden, gefielen ihm nicht. Irgendein heller Kopf würde die Waffe früher oder später entschlüsseln. Andererseits hatte er sie entwendet und auch nicht herausgegeben, als das BKA von Leyens Sachen nach der Waffe durchsucht hatte. Sie gingen seither davon aus, dass er sie vermutlich aus Angst doch entsorgt hatte.

Markus entnahm die Chipkarte des Blackberrys und ging damit zu einem Schrank, in dem ein Werkzeugkoffer stand. Er griff sich eine Zange, ging zurück zu seinem Schreibtisch und zerbrach den Chip in drei Teile. Dann entschied er, dass es nun genau das Richtige sein würde, seine Gedanken und Gefühle mit frischer Energie zu beflügeln. Er zog sich in aller Ruhe um, schnürte seine Laufschuhe und verließ die Wohnung wieder. Vor der Tür hielt er kurz inne und sah sich um. Seit Wochen nahm er zum ersten Mal wieder das Leben ganz bewusst wahr. Er füllte seine Lungen mit Sauerstoff. Die Luft roch klar und geläutert, wie sie sich in dieser Stadt nur am frühen Morgen entwickeln konnte. Über der Piazza del Popolo schreckte ein Schwarm Tauben auf und als er die Mitte der Brücke erreichte, die sich über den Tiber spannte, blieb er für einen Moment stehen, griff in seine Tasche und warf die drei Teile der Chipkarte in den Fluss. Glocken läuteten von irgendwoher und der Kies knirschte unter den raumgreifenden Schritten, als er wenig später in den Park der Villa Borghese bog und in einen neuen Tag lief.

WAHRHEIT, MYTHOS UND FIKTION

Die Deutsche Bischofskonferenz
Die Vollversammlung ist das wichtigste Organ der Deutschen Bischöfe und dient nicht nur der Förderung pastoraler Aufgaben. In ihr beraten die Würdenträger vielmehr über die kirchliche Arbeit, erlassen gemeinsame Entscheidungen und halten Verbindung zu anderen Bischofskonferenzen. Sie stellt ebenso das verbindende Glied zum Vatikan dar. Die Frühjahrskonferenz tagt an wechselnden Orten, wohingegen die Herbstkonferenz stets in Fulda stattfindet.

Candens Oculus
Die Geschichte um die katholische Glaubensgemeinschaft Candens Oculus ist ebenso frei erfunden wie deren Hauptsitz in der Rhön.

Digital Angel
Die US-Firma Applied Digital Solutions vertreibt seit Anfang dieses Jahrtausends den als *digital angel* bezeichneten Chip. Der notwendige Strom für den unter die Haut gespritzten Mikrochip wird dabei wie beschrieben aus Muskelbewegungen des Körpers gewonnen. Der *digital angel* wird mit satellitengestütztem „Global Positioning System" GPS verbunden, das den Träger des Chips jederzeit lokalisieren kann und dessen Daten übermittelt. Einsatzbereiche sind bisher laut offiziellen Angaben: Krankenhäuser, Gefängnisse, Diskotheken, medizinisch gefährdete Menschen (Demenz, Epilepsie, etc.), aber auch Personen des öffentlichen Lebens, die Entführungen vorbeugen wollen.

Das Malzeichen des Teufels
Tatsächlich finden sich die genannten Offenbarungen und deren Warnungen vor dem Malzeichen des Teufels in der Bibel. In diesem Zusammenhang stehen erste Warnungen von Seiten der Kirche bezüglich des o.g. *digital angel*.

ELF Strahlenwaffe
(psychotronische Mind-Control-Waffen)
Seit Beginn des 20. Jahrhunderts werden Forschungen an den extrem niederfrequenten Strahlen (ELF) durchgeführt, welche die natürlichen Gehirnwellen nachahmen. Die Großmächte liefern sich seither einen Wettlauf um die Vorherrschaft dieser Waffe, die menschliches Handeln steuerbar machen soll. In den 70er Jahren wurde bekannt, dass die Russen die US-Botschaft in Moskau mit Mikrowellen bestrahlten. Ein Drittel der Angestellten starb in Folge dessen an Krebs. Ebenso soll die Waffe erfolgreich von US-Streitkräften im Irakkrieg eingesetzt worden sein, bei dem es zu den im Buch genannten Kapitulationen kam.

HAARP
Die stärkste Sendeanlage der Welt befindet sich in Gakona, Alaska. Hinter der Forschungsanlage verbirgt sich ein teils ziviles, teils militärisches Forschungsprogramm, das offiziell der Untersuchung von Atmosphäre, Funkwellenausbreitung, Kommunikation und Navigation dient. Inoffiziell soll HAARP mit Hilfe von 100 Milliarden Watt aber nicht nur in der Lage sein das Weltwetter, sondern sogar das menschliche Bewusstsein beeinflussen zu können. Ähnliche Anlagen befinden sich in Russland, Norwegen und auch in Deutschland.

Die Geiselnahme von Beslan
Die Geiselnahme von Beslan war ein Terrorakt schwer bewaffneter tschetschenischer Kämpfer, die am 1. September 2004 mehr als 1200 Schulkinder und Erwachsene in Beslan, Nordossetien, in ihre Gewalt brachten. Einige der maskierten Angreifer waren mit Sprengstoffgürteln für Selbstmordattentate ausgerüstet, darunter auch 2 Frauen (so genannte Smertnizy - Schwarze Witwen). Das Massaker forderte mindestens 396 Todesopfer.
Nach Augenzeugenberichten soll mehreren Geiselnehmern die Flucht geglückt sein, was die russischen Medien zunächst vehement

verneinten. Erst Ende 2006 gab die russische Seite zu, mindestens einen Terroristen von Beslan auf die Fahndungsliste gesetzt zu haben.

Die Charaktere
Alle handelnden Personen dieser Geschichte sind frei erfunden. Jegliche äußerliche Parallelen zu lebenden Personen sind rein zufällig und keinesfalls beabsichtigt. Zeitliche Abläufe sind aufgrund der Dramaturgie begradigt worden und sollen keinen realen Zeitrahmen darstellen.

Die Orte
Die beschriebenen Settings, Bauwerke und Lokalitäten der einzelnen Szenen in Fulda, Rom, Miami und den Florida Keys entsprechen der Wahrheit und sind vor Ort begehbar. Sogar der große Antennenmast neben der Bar Lor-E-Lei in der kleinen Lagune von Islamorada, Florida findet sich dort wieder...

Ein Mythos. Zwei Epochen. Drei Mächte. Der Vierte Codex.

Zeno Diegelmann
Der Vierte Codex
Kriminalroman

Markus Schuhmann, Student am Fuldaer Priesterseminar, steht kurz vor seinem Examen, als eines Morgens der Spiritual der Fakultät, Professor Weithofen, tot aufgefunden wird. Einige Ungereimtheiten lassen Markus Schuhmann an dem natürlichen Tod seines Mentors zweifeln. Er beginnt auf eigene Faust, Nachforschungen anzustellen. Welche revolutionäre Entdeckung hatte der Professor gemacht? Musste er diese vielleicht sogar mit dem Tod bezahlen? Welche Schlüsselrolle nimmt dabei der große mittelalterliche Gelehrte und frühere Fuldaer Abt Rabanus Maurus ein? Und welche Bedeutung haben die jahrhundertealten Schriften der Biblioteca Fuldensis in diesem Verwirrspiel?

Ein Labyrinth aus Vertuschungen und versteckten Botschaften kommt zum Vorschein. Es wird immer deutlicher, dass im Falle der Enträtselung der Geheimnisse nicht nur die deutsche Kirchengeschichte neu geschrieben werden müsste. Gleichfalls versuchen auch ebenso einflussreiche wie skrupellose Gegner an die brisanten Informationen zu gelangen. Kirche, CIA und ein als ausgestorben geltender Nazi-Geheimorden sind in einen erbarmungslosen Wettlauf verstrickt. Auf der Suche nach einem Mythos… auf der Spur des VIERTEN CODEX!

»Der variantenreiche Krimi wird so ganz nebenbei zum spannenden Geschichtsunterricht, der einen das Buch nicht mehr aus der Hand legen lässt. Ein Muss für alle Klosterkrimi- und Mittelalterfans!«
Frankfurter Rundschau

Parzellers Buchverlag ISBN 978-3-790-00383-3 – Gebundene Ausgabe
Bastei Lübbe ISBN 978-3-404-16328-1 – Taschenbuch-Ausgabe

LESEPROBE „Der Vierte Codex"

Priesterseminar Fulda - 21. Jahrhundert

Mit einem befreienden Seufzer kickte Markus Schuhmann seine Schuhe in die Ecke, ohne sich die Mühe zu machen, die Schnürsenkel zu öffnen. Er griff zum Telefon und wählte die Nummer von Konrad Leinweber. Nach kurzem Warten erklang dessen markante Stimme am anderen Ende.

»Leinweber«.

»Guten Abend, Herr Leinweber. Markus Schuhmann.«

Markus hörte Konrad Leinweber etwas zu jemandem sagen. Dann wurde eine Tür geschlossen. Kurz darauf begann Markus mit seinem Bericht.

»Was würden Sie dazu sagen, wenn ich ein Indiz für den gewaltsamen Tod von Professor Weithofen vorweisen könnte?«

»Ein Indiz?«, zeigte sich Leinweber verwundert. »Wovon sprichst du, mein Junge?«

»Ich habe einen Zeugen gefunden, der mit eigenen Augen ein seltsames Symbol im Labor gesehen hat. Würde das nicht bedeuten, dass noch eine weitere Person im Labor war, als der Professor starb?«

»Ein Symbol! Das hat noch keine Bedeutung«, bezweifelte Leinweber einen Zusammenhang und eine Hustenattacke überfiel den alten Mann. »Das kann auch schon lange vorher dort gewesen sein. Wer ist denn dieser Zeuge?«

»Das kann ich Ihnen nicht sagen.«

»Dann müssen wir das wenigstens der Polizei melden.«

»Das können wir leider auch nicht.«

Nun wurde Leinweber langsam ungeduldig. Sein Ton wurde etwas schärfer.

»Was soll *das* nun schon wieder heißen?«

»Sie müssen das verstehen. Die Informationen sind streng vertraulich und stehen unter dem heiligen Schutz der Beichte.«

»Aber du sagtest doch gerade, dass es sich hier womöglich um Mord handeln könnte, Markus.«

»Ja, könnte es.«

»Markus! Wenn tatsächlich ein Mord stattgefunden hat, ist das

437

die Arbeit von Profis. Ein angehender Priester und ein pensionierter Polizeipräsident, der im Rollstuhl sitzt, sind nicht die Idealbesetzung für ein schwerwiegendes Verbrechen.«
»Noch viel weniger dürfen aber diese Naziverbrecher ungeschoren davonkommen.«
»Welche Naziverbrecher?« Konrad Leinweber klang mit einem Mal hellwach und seine Stimme hatte plötzlich eine Härte, die er Markus gegenüber noch nie erhoben hatte.
»Das Symbol. Es könnte eine Art anonymer Bekennerbrief sein.«
»Was für ein Symbol war das denn jetzt genau?«
»Ein Hakenkreuz mit einem aufrecht davor stehenden Schwert.«
Markus konnte Leinwebers Atem durch den Hörer wahrnehmen. Er hustete schwer und seine Stimme klang mit einem Mal zittrig, wie jemand, der gerade die Todesnachricht eines guten Freundes erhalten hatte.
»Herr Leinweber? Kennen Sie das Symbol?«
»Was, wie bitte?«, versuchte sich Leinweber zusammenzureißen.
»Ja doch, ja. Ich kenne dieses Symbol. Das ist das buddhistische Rad der Weisheit.«
»Buddhistisch? Nein, nein, Sie haben mich nicht verstanden. Es ist ein Hakenkreuz.«
»Ich habe dich schon richtig verstanden«, verbesserte Leinweber.
»Ein Hakenkreuz. Viele Symbole des Dritten Reichs haben ihren Ursprung im buddhistischen Glauben. Nur weiß dies kaum jemand. Und so bleibt uns das Hakenkreuz immer nur als blutbeflecktes Symbol in Erinnerung.«
»Und das Schwert? Was hat das für eine Bedeutung?«
»Bist du dir ganz sicher, dass es sich um ein Hakenkreuz mit einem davor stehenden Schwert handelt?«
»Ja. Der Augenzeuge hat es mir sogar aufgezeichnet. Was ist das besondere daran?«
»Das ist ein Zeichen, das ich schon sehr lange nicht mehr gesehen habe.«
»Sie kennen die Bedeutung des Zeichens also?«
»Himmel, ja. Leider. Es ist das Zeichen des Thule-Ordens.«
»Thule-Orden?« Markus überlegte für einen Moment. »Nie davon gehört.«

»Das wundert mich nicht. Ist auch schon einige Zeit her. 1918 formierte sich in Bayern ein Kreis von Männern, die wissenschaftliche Magie, Astrologie, Templerwissen und Okkultismus mit Politik zu verbinden versuchten. Die Thule Gesellschaft, so ihr offizieller Name, glaubte an einen kommenden Messias. Der sogenannte dritte Sargon, der Deutschland zu Ruhm und einer neuen arischen Kultur verhelfen sollte.«

»Von solch einer Gruppe habe ich noch nie gehört. Ihr Vorhaben ist wohl fehlgeschlagen?«

»Leider nein, Markus. Ich wünschte, es wäre so. Die gesamte Ideologie des Dritten Reiches soll angeblich auf den Grundsätzen und Überzeugungen dieses Geheimordens beruhen.«

»Aber darüber müsste doch auch die Führungselite der Nazis informiert gewesen sein.«

»Informiert ist gut. Ich kann dir ja mal ein paar der Namen von Personen nennen, von denen man ausgeht, dass sie Gründungsmitglieder des Thule-Ordens waren.«

Leinweber machte eine kurze Pause, in der er erneut stark husten musste, dann setzte er seine Erläuterung fort.

»Hermann Göring, späterer Reichsmarschall und SS-Obergruppenführer, Heinrich Himmler, Reichsführer SS, Rudolf Hess, Stellvertreter des Führers sowie SS-Obergruppenführer und schließlich ein gewisser Herr Schicklgruber.«

Die Namen und Ämter trafen Markus wie Pistolenkugeln. Leinweber hatte soeben die komplette Führungsriege des Dritten Reichs aufgezählt. Männer, die für den Tod von Millionen Menschen verantwortlich waren. Nur der letzte Name sagte Markus nichts. Er wollte gerade nachfragen, als Leinweber fortfuhr.

»Schicklgruber, ja. Dieser Mann nahm erst später den Namen seines Vaters an. Ein geborener Hitler.«

»Adolf Hitler war Thule-Mitglied?«

»Davon kann man ausgehen.«

Markus war geschockt.

»Ich versteh das alles nicht. Weithofen wird tot in seinem Labor gefunden. Dazu steckt ein Papier in seinem Rachen, von dem man nicht weiß, wie es dort hingeraten ist. Auf der Tür hinterlässt man das Symbol eines geheimen Naziordens und Regens Heese lässt das

Symbol sofort wieder entfernen. Was um alles in der Welt geht hier vor?«

»Das kann ich dir leider auch nicht beantworten. Ich habe keine Ahnung. Wichtig ist jetzt allerdings erst einmal, Ruhe zu bewahren. Ich schlage vor, dass wir zunächst einmal eine Nacht darüber schlafen. Dann sehen wir morgen weiter.«

Sie beendeten das Gespräch ohne langes Reden. Noch einmal versuchte Markus seine Gedanken zu ordnen und das Erlebte zu verarbeiten. Was konnte der Spiritual nur herausgefunden haben, dass er es plötzlich mit einem alten Nazigeheimbund zu tun bekam. Doch so sehr er sich auch bemühte, er fand keine Antwort. Entkräftet fiel er auf sein Bett. Sein Körper fühlte sich bleiern und matt an. Wenige Sekunden später schlief er tief und fest.

*

Konrad Leinweber blickte noch lange auf den Hörer, den er gerade aufgelegt hatte. Er hatte gelogen. Er ahnte sehr wohl, was an diesem Tag geschehen war.

Langsam rollte er mit seinem Rollstuhl hinüber zu dem Ölgemälde neben dem Schreibtisch. Das Bild war mit einem Scharnier verbunden, das man ohne Probleme aufklappen konnte. Hinter dem Ölgemälde kam ein kleiner Safe zum Vorschein, der in die Wand eingelassen war. Kalter Schweiß stand ihm auf der Stirn, als er die beiden obersten Knöpfe seines Hemds öffnete und die Kette, die er immer um den Hals trug, abnahm. Ein kleiner, goldener Schlüssel hing daran. Mit einem kurzen Klicken öffnete sich nur einen Moment später die Tür des Safes. Zielsicher griff Konrad Leinweber nach einer Holzschatulle, die kaum größer war als eine großzügige Zigarrenschachtel.

»Endlich. Wie lange habe ich darauf gewartet«, stellte er mit zittriger Stimme die Schatulle auf seinem Schoß ab. Auf dem Deckel war in goldener Farbe mit viel Aufwand und Geschick etwas eingraviert:

Ein Hakenkreuz. Mit einem aufrecht davor stehenden Schwert.

»Und der Wirt ist gut und gerne über vierzig«, bemerkte Hatto weiter.

»Der Leibhaftige ist aus der Hölle gestiegen und hat sich das Kind genommen. Er ist in ihren kindlichen Körper gefahren.«

Die Frau ereiferte sich und fügte noch eine weitere Information hinzu.

»So hat es der Wirt gesagt, als man die beiden im Stall erwischt hat.«

Das Gespräch wurde von einer Schelle unterbrochen, die laut geschlagen wurde und die Anwesenden auf dem Platz zur Ruhe rief. Der Laienmeister trat hinter den Tisch, bekreuzigte sich und breitete die Arme über die Anwesenden aus.

»Hört nur, ihr Leut! In eurer Mitte hat sich Schändliches ereignet. Es wurde auf infamste Weise gotteslästerliche Fleischeslust vollzogen. Der Gehörnte soll in dieses junge Mädchen gefahren sein und von ihr Besitz ergriffen haben.«

Irmhild wurde in einem schlichten Leinengewand vor den Tisch geschoben. Mit tiefen Augenringen, die eher zu einer alten Frau gepasst hätten als zu einem jungen Mädchen, warf sie sich vor den Laienmeister in den Staub des Bodens.

»Herr, nichts von dem ist wahr. Hört mir doch zu. Ich wollte es doch gar nie. Der da«, deutete sie auf den Wirt »der hat mich in den Stall gezogen und mir die Kleider vom Leib gerissen.«

Der Laienmeister atmete scharf ein.

»Warum habt ihr euch dann nicht gewehrt?«

»Seht ihn euch doch an. Er ist hundertmal so stark wie ich. Ich schrie, aber er ließ nicht von mir ab, bis es endlich vorbei war.«

»Du bezichtigst den ehrbaren Wirt also der Lüge«, hallte die Antwort laut und für alle hörbar über den Platz zurück. »Wirt, stimmt das, was dieses junge Gör behauptet?«

Der Wirt trat zögerlich einen Schritt nach vorn.

»Nein«, stammelte er mit zittriger Stimme. Ein merkwürdiger Blick huschte über das Gesicht des stämmigen Mannes, als er fortfuhr.

»Ich war im Stall, um nach dem Vieh zu sehen. Da schwebte sie plötzlich von der Decke herab. Es war der Leibhaftige, den ich sah. Ich konnte mich nicht wehren.«

Gezeter und Geseier brach unter den Anwesenden los. Die Menschen ereiferten sich laut, als der Wirt seine Version erzählte. Einige bekreuzigten sich immer wieder. Wieder andere warfen verdorbene Essensreste nach Irmhild. Warum sollte der angesehene Wirt lügen? Er hatte doch Frau und Kinder.

»Er lügt. Schon lange stellt er unserer Tochter nach«, brach eine schwangere Frau mit einem Mal aus der Menge. Es war Gudula, die Frau des Schmieds. Sofort eilte ihr Mann hinterher und zog sie zurück.

»Entschuldigt, edler Herr. Mein Weib ist wohl durch die keimende Frucht ihres Leibes verwirrt. Sie weiß nicht, was sie spricht.«

Mit einem Weinkrampf brach Gudula in seinen Armen zusammen. Er zerrte sie zurück in die Menge und redete auf sie ein. Wer einen ehrwürdigen Bürger beschuldigte, musste mit Problemen rechnen. Man würde die Familie ächten. Keiner würde mehr seine Pferde beschlagen oder seinen Karren bei ihm reparieren lassen. Die Familie müsste hungern und die restlichen fünf Kinder würden niemals ein normales Leben führen können. Außerdem erwartete Gudula schon bald wieder ein Kind. Wie sollte er es ernähren ohne Einkünfte?

»Seht ihr. Selbst eure Familie schenkt eurer Schilderung keinen Glauben. Und jeder gläubige Bürger ebenso wenig.«

Irmhilds große Augen hafteten immer noch fassungslos an ihrem Vater, der Gudula fest in seinen Armen hielt. Als sich ihre Blicke trafen, biss sich der Vater fest auf seine Lippen, schloss die Augen und drehte Irmhild den Rücken zu. Kurz darauf verschwand er mit ihrer Mutter in der geifernden Menge. Irmhild verstand das Verhalten ihres sonst so fürsorglichen Vaters nicht, doch verstand sie, dass etwas Furchtbares geschehen sein musste.

»Irmhild, du sollst den Wölfen der Finsternis entgegentreten, dem höllischen Geschmeiß.«

Die Augen des Laienmeisters verengten sich vor Abscheu. Dann bekreuzigte er sich und betrachtete Irmhild.

»Ich verurteile dich zum Tode auf dem Scheiterhaufen, damit aus Furcht vor den Flammen die menschliche Bosheit im Zaume gehalten und die Unschuld unter den Ehrbaren gesichert werde. Dagegen unter den Böswilligen durch die Furcht vor der Strafe die Gelegenheit Schaden zu stiften eingedämmt werde.«

Wieder überrollte ein Raunen den gesamten Platz. Rabanus wusste, dass er auf das Urteil keinen Einfluss hatte. Dazu hätte er früher von diesem Vorfall erfahren müssen. Ihm waren die Hände gebunden. Nur der Abt hätte dem Urteil noch sein Wort entgegenstellen können. Doch bis dieser hier vor Ort wäre, würde das Urteil längst vollstreckt worden sein. Rabanus selbst hatte immer wieder von Erscheinungen des Bösen gehört, bei denen der Gehörnte in die Körper der Opfer gefahren sei. Doch der Wirt sprach offensichtlich nicht die Wahrheit und versuchte lediglich seine eigene Haut zu retten. Nervös trat dieser die gesamte Zeit von einem Fuß auf den anderen und traute sich nicht seiner Frau und den Kindern in die Augen zu schauen, die nur wenige Schritte von ihm entfernt standen. Der Angstschweiß stand auf seiner Stirn. Rabanus überlegte, was er unternehmen könne. Dann fiel ihm etwas ein. Er erhob sich von dem Wagen. Erschrocken blickte ihn Hatto an. Vergeblich versuchte er ihn zurückzuhalten. Die Kirchenmänner hatten die klare Weisung erhalten, sich möglichst nicht mit den Flagellanten einzulassen. Das brachte nur noch mehr Ärger zwischen den beiden Lagern. Sekunden später ertönte Rabanus tragende Stimme über den Platz.

»Ehrenwerter Herr. Gewiss habt Ihr die Rechte und Regeln fleißig studiert, um über das Strafmaß dieser Besessenen zu richten. Doch kennt Ihr sicherlich auch das Gesetz, das junge Menschen nur eingeschränkt straf- und handlungsfähig sind, wenn sie das vierzehnte Lebensjahr noch nicht vollendet haben.«

Der Laienmeister erhob seinen Kopf und suchte den Mann, der es wagte seine Stimme gegen ihn zu erheben und den Platz in helle Aufruhr zu versetzen. Dann sah er den Aufrührer. Oben auf dem Wagen stehend. Die Augen des Meisters funkelten überrascht, aber entschlossen unter der Kopfbedeckung hervor. Einen Bruder des Klosters Fulda hatte er anscheinend nicht an diesem Ort erwartet.

»Nun, ehrwürdiger Mönch«, begann er seine Ausführung behutsam. Offensichtlich suchte er noch nach einer passenden Antwort. »Ich kenne dieses Gesetz und achte es natürlich. Doch haben wir es hier mit einem besonders gotteslästerlichen Fall zu tun. Der Herr der Finsternis macht keinen Unterschied zwischen Alter oder Geschlecht. Dieses Mädchen ist nicht mehr länger das junge Mädchen, das es einst war. Er steckt in seinem Leib und versucht sich hinter seinem unschuldigen Gesicht zu verstecken.«

Die Antwort war wohl gewählt. Rabanus schluckte. So leicht würde es der Laienmeister ihm also nicht machen. Ehrerbietig verbeugte sich Rabanus vor dem Laienmeister und deutete auf die Meute, die sensationsgierig auf das lauerte, was nun kommen sollte.

»Ich weiß eure Gottesfürchtigkeit zu schätzen und sicherlich habt Ihr Recht. So beweist es auch all denjenigen, die nicht mit solch scharfem Blick und wachem Geist gesegnet sind.«

Rabanus wollte den Laienmeister unter Zugzwang setzen. Er wusste nicht, ob es von Erfolg gekrönt sein würde, doch etwas Besseres fiel ihm in diesem Moment nicht ein. Sofort ertönten Stimmen aus der Menge.

»Ja. Beweis es uns. Beweis uns, dass sie nicht mehr sie selbst ist. Zeig uns die Fratze des Gehörnten.«

»Einen Beweis wollt ihr?«

Diesmal schien der Meister schlucken zu müssen, trat dann aber bestimmend vor den Tisch und ließ den Blick über den menschengefüllten Platz wandern.

»Gut. Um ihre wahre Reife und damit ihre Schuldfähigkeit zu überprüfen, werde ich sie auf eine Probe stellen.«

Immerhin ein Teilerfolg, war Rabanus erleichtert. Vielleicht könnte er Irmhild noch vor den Flammen retten. Der Meister trat wieder hinter den Tisch zurück. Er flüsterte einem Helfer etwas ins Ohr. Dieser verschwand darauf in der Menge und kam nach einem kurzen Moment wieder zurück. Er legte einen Apfel und eine Münze auf den Tisch. Sofort wusste Rabanus, was der Meister vorhatte. Er kannte diesen Test. Die Prüfung entsprang einer jüdischen Überlieferung. Dabei saß der dreijährige Moses mit seiner Adoptivmutter am Tische des Pharaos und griff nach dessen Krone. Und setzte sie sich gar selbst auf. Als der Pharao daraufhin seine Ratgeber fragte, was infolge dieser todeswürdigen Majestätsbeleidigung zu geschehen habe, sprach ein Engel in Gestalt eines der Weisen, man solle dem kleinen Moses Edelsteine und glühende Kohlen zur Wahl vorlegen, dann werde man sehen, ob er mit bewusstem Verstand gehandelt hatte oder alles nur eines Kindes unbewusstes Handeln war. Der Engel lenkte nun die Hand des Kindes und dies griff nach der Kohle und steckte sie sogar in den Mund, so daß es sich nicht nur die Hand, sondern auch die Lippen und die Zunge verbrannte. Der Pharao war beruhigt und konnte so das Handeln des Kindes entschuldigen.

»Führt die Besessene an den Tisch und lasst sie einen Gegenstand frei wählen.«

Irmhild trat verstört an den Tisch und schaute ängstlich in die bewegungslosen Augen des Laienmeisters. Dann drehte sie sich zu Rabanus und blickte ihn fragend an. Doch er konnte ihr nun nicht helfen. Dann streckte sie ihre Hand aus und kreiste hin- und hergerissen über den Apfel. Rabanus wusste, dass die Kleine einen wachen Verstand besaß. Der Schmied hatte seinen Töchtern eine gewisse Bildung gewährt. Als Rabanus zuletzt die Abtei Johannesberg besucht hatte, um Candidus den Auftrag zu überbringen, war ein Teil seines Rads am Karren gebrochen. Der Schmied besserte den Schaden umgehend aus. Während Rabanus auf die Reparatur wartete, hatte Irmhild den fremden Mönch mit Fragen gelöchert. Wo die Menschen denn überhaupt herkämen. Rabanus hatte ihr von Adam und Eva erzählt und wie sie im Garten Eden von den verbotenen Früchten gekostet hatten.

Wie vom Blitz getroffen durchfuhr es Rabanus: Die verbotenen Früchte! Der Apfel! Die Sünde! Würde sie sich doch um Gottes Willen bitte nicht daran erinnern. Sie sollte einfach ihren kindlichen Gedanken folgen und sich den Apfel nehmen.

Dann griff Irmhild zielsicher zu. Mit einem verlegenen Lächeln hielt sie dem Laienmeister den gewählten Gegenstand entgegen.

DANKSAGUNG

Ein großes Dankeschön an Parzellers Buchverlag, insbesondere Rainer Klitsch, für die erneut tolle Zusammenarbeit. Des Weiteren bedanke ich mich bei meinen beiden ‚Ersthelfern' Ulrike Diegelmann und Patrick Schmelz für die vielen hilfreichen Anregungen und Verbesserungen, bei Dr. Hinrich Bäsemann für die Bereitstellung des Coverfotos und Peter Link für Layout und Umschlaggestaltung.

Für ihre Unterstützung und das unerlässliche, abschließende Feilen danke ich außerdem Peter Scholz und Dennis Martin sowie allen anderen Freunden für ihre wertvolle Meinung. Ein besonderer Dank gilt Angela Kropp für das einzigartige Portraitfoto *(tick, tick, ...)*.